Wörlen · Metzler-Müller | BGB AT

BGB AT

mit Einführung in das Recht

Begründet von

Dr. iur. Rainer Wörlen †

Ehemals Professor an der Fakultät Wirtschaftsrecht
der Hochschule Schmalkalden

unter Mitarbeit sowie seit der 11. Auflage fortgeführt von

Dr. iur. Karin Metzler-Müller

Professorin an der
Hessischen Hochschule für Polizei und Verwaltung

15., überarbeitete und verbesserte Auflage 2019

Verlag Franz Vahlen

Zitiervorschlag: *Wörlen/Metzler-Müller* BGB AT Rn.

www.vahlen.de

ISBN Print 978 3 8006 6024 7
ISBN E-Book 978 3 8006 6124 4

Wilhelmstraße 9, 80801 München
Druck: Druckhaus Nomos
In den Lissen 12, 76547 Sinzheim

Satz: R. John + W. John GbR, Köln
Umschlaggestaltung: Martina Busch Grafikdesign, Homburg Saar

Gedruckt auf säurefreiem, alterungsbeständigem Papier
(hergestellt aus chlorfrei gebleichtem Zellstoff)

Studium Juris longe praestantissimum est[*]

[*] Übersetzung und Quelle auf der nächsten Seite – besonders zu beherzigen von künftigen »Wirtschaftsjuristen«!

„Nett, Sie kennenzulernen.“

* Das Rechtsstudium steht weitaus an erster Stelle. [*von Goethe,* Positiones Juris, These 41, Straßburg 1771 (B 2 S. 57, Übersetzung S. 318) zit. nach *Pausch/Pausch,* Goethe-Zitate für Juristen, Köln 1994.]

Vorwort zur 15. Auflage

Das vorliegende Lernbuch soll Studierende der Rechts- und Wirtschaftswissenschaften an Universitäten, (Fach-)Hochschulen und Berufsakademien den Einstieg ins BGB oder eine auf das Wesentliche komprimierte Wiederholung vor Prüfungen erleichtern. Übungsfälle, Prüfungsschemata sowie Lern- und Prüfungshinweise erleichtern die Vorbereitung.

Mit dem darin umgesetzten didaktischen Konzept des »Lernens im Dialog« – das von Rainer Wörlen begründet und in seinen zahlreichen Lernbüchern umgesetzt worden ist – sollen die Leser Spaß am Lernen haben und damit einen leichteren Einstieg in ein Rechtsgebiet erhalten. Die Zielsetzung dieses Werks wurde von Rainer Wörlen in seinem nachfolgend abgedruckten »Vorwort zur ersten Auflage« umfassend erläutert. Es vermittelt den Studierenden, wie sie mit diesem Lehrbuch besonders effektiv arbeiten – und das Sie daher unbedingt lesen sollten.

In der Neuauflage wurden die Ersetzung des Signaturgesetzes durch die Verordnung (EU) Nr. 910/2014 des Europäischen Parlaments und des Rates vom 23.7.2014 über elektronische Identifizierung und Vertrauensdienste für elektronische Transaktionen im Binnenmarkt und zur Aufhebung der Richtlinie 1999/93/EG (eIDAS-VO), die für die elektronische Form (§ 126a BGB) von Bedeutung ist, berücksichtigt und weitere Übersichten und zusätzliche Lern- und Prüfungshinweise sowie Beispiele eingefügt. Rechtsprechung und Literatur befinden sich auf dem aktuellen Stand.

Frau Dr. iur. *Sabrina Leinhas* (Schmalkalden) danke ich für die zahlreichen Anregungen und Verbesserungsvorschläge sowie die kritische Durchsicht des Manuskripts.

Von Lesern der Vorauflagen habe ich wertvolle Hinweise erhalten und zum Teil eingearbeitet. Konstruktiv-kritische Anregungen und »Fehlermeldungen« nehme ich dankbar und gerne entgegen. E-Mail: metzler-mueller@t-online.de

Bad Orb, im Juni 2019 *Karin Metzler-Müller*

Aus dem Vorwort zur ersten Auflage – zugleich eine Arbeitsanleitung[1] –

Meine Bücher zum BGB, Handelsrecht und Arbeitsrecht basieren auf meinen Arbeitsgemeinschaften für Studienanfänger an den Universitäten Würzburg und Freiburg sowie auf meinen Vorlesungen zum »Wirtschaftsrecht« im ehemaligen »Fachbereich Versicherungswesen« an der Hochschule Köln.

»Einführungen«, »Grundrisse« und dergleichen haben gemeinsam, dass sie niemals vollständig sein können. So ist es nicht Ziel dieses Buches, die Vielzahl der auf dem Markt befindlichen, zum Teil vorzüglichen und viel umfassenderen Einführungswerke nur um eine andersartige Stoffauswahl zu ergänzen. (Auf einige dieser Werke wird bisweilen unter der Überschrift »Literatur zur Vertiefung« ebenso verwiesen wie auf speziellere Lehrbücher.)

Der Zweck dieses Buchs ist vornehmlich ein »didaktisch-pädagogischer«:

Den Studierenden soll der Stoff nicht in einem vortragsähnlichen Monolog nahe gebracht werden, sondern in Form eines »Lehrgesprächs«. Ihnen soll anhand von zur Thematik hinführenden Fragen oft Gelegenheit gegeben werden, sich **zunächst eigene Gedanken** zu **machen**, bevor sie die Antworten lesen, die den Stoff lehrbuchartig darbieten.

Bei dieser Darstellung des Stoffs wird weitgehend die »Fall-Methode« angewandt: »Das Recht« wird in der Praxis des täglichen Lebens von Rechtsfällen (Rechtsstreitigkeiten) beherrscht. Ein Fall endet regelmäßig mit einer Frage, und zu dieser Frage sollten die Studierenden bei der Durcharbeitung dieses Buches wiederum – auch ohne besondere Aufforderung – zunächst eigene Überlegungen anstellen, bevor sie weiterlesen.

Erfolgreiches Lernen bedeutet schließlich nicht nur **Lesen** und **Nachdenken**, sondern immer und immer wieder: **Wiederholen!** Um den Studierenden Gelegenheit zu geben zu überprüfen, was von dem zuvor im Lehrgespräch Erarbeiteten (bzw. hier Gelesenen) im Gedächtnis haften geblieben ist, werden am Ende von Teilabschnitten Stoffgliederungsübersichten, Merksätze und Prüfungsschemata dargeboten. Sollte man bei der Lektüre dieser Übersichten feststellen, dass man der Zusammenfassung nicht ohne Schwierigkeiten folgen kann, sollte man tunlichst zurückblättern, um den Stoff nachzuarbeiten! Gegebenenfalls mache man sich Notizen, um einem »Problem« anhand von vertiefender Literatur nachzugehen.

Juristische »Probleme« werden in diesem Buch ohnehin bewusst nicht erörtert – dies bleibe den Juristen »unter sich« überlassen! Wer sich an einer Hochschule als Wirtschaftswissenschaftler mit »Recht« befassen muss, soll nur einen Blick über die Grenze seiner (Wirtschafts-)Wissenschaft werfen; nicht mehr und nicht weniger! In einem juristischen Einführungswerk, das sich in erster Linie an Wirtschaftswissenschaftler wendet – selbstverständlich kann es auch angehenden Juristen einen ersten Einstieg geben –, haben Zitate wie »BGHZ« oder »BGH NJW« ebenso wenig zu

1 Mit notwendigen Aktualisierungen.

suchen wie solche von umfangreichen »Klassiker«-Lehrbüchern oder dickleibigen Kommentaren!

Um Missverständnisse dieser »Kritik« zu vermeiden: Solche Zitate haben **dann** in Einführungswerken wie dem vorliegenden »nichts zu suchen«, wenn sie dazu dienen sollen, die Studierenden zu animieren, einen angesprochenen »Meinungsstreit« zu einem juristischen »Problem« durch die Lektüre dieser Zitate (zB: »vgl. dazu Palandt/*Weidenkaff* Einf. v. § 433 Rn. 23, mwN zum Meinungsstreit«) nachzuarbeiten! Das trägt meist eher zur Verwirrung als zur Klärung bei. Zur Nacharbeitung des dargebotenen Stoffs dienen die konkreten Literaturhinweise zur Vertiefung am Ende von Abschnitten innerhalb des **Textes**.

Wenn zB »Palandt«, ein sog. »Lehrbuchklassiker«, ein BGH-Urteil, ein ganz spezieller Zeitschriftenaufsatz und Ähnliches in meinen Fußnoten manchmal dennoch erscheinen, dann nur, um – der Zitierwahrheit entsprechend – zu belegen, dass die eine oder andere Passage den Formulierungen dieser zitierten Werke nachempfunden wurde (weil man es selbst treffender nicht mehr ausdrücken kann).

Damit die Studierenden durch die Fußnoten in diesem Buch nicht unnütz vom Lernen abgelenkt werden, empfehle ich, wie folgt zu verfahren:

Betrachten Sie nur die halbfett gedruckten Fußnotentexte als Pflichtlektüre!

Den in Normalschrift gedruckten Fußnoten sollten Sie nur nachgehen, wenn Sie Zeit und Interesse haben, etwas mehr zu erfahren als in den Prüfungen von Ihnen verlangt wird. Ein Teil davon sind Quellenangaben (= »Belege/Zitierwahrheit«).

Schließlich soll dieses Buch bei der Stoffvermittlung auch schon ein wenig an die zivilrechtliche, gutachtliche Denkweise heranführen, deren Beherrschung für die Anfertigung von Prüfungsklausuren geboten ist. Bisweilen wird der Stoff, den ein Fall vermitteln soll, daher in gutachtenähnlicher Form »klausurmäßig« aufbereitet.

Nach intensiver Durcharbeitung sollten die Studierenden schon gut in der Lage sein, die Fälle zum ›Allgemeinen Teil des BGB‹ in meiner (in demselben Verlag erschienenen) »Anleitung zur Lösung von Zivilrechtsfällen« selbstständig zu lösen bzw. nach dem im dort Vorwort unterbreiteten Arbeitsvorschlag nachzuarbeiten.

Es ist kein Zufall, dass in diesem Vorwort so häufig vom »**Arbeiten**« (**Durch**arbeiten, **Nach**arbeiten – auch **Vor**arbeiten kann nicht schaden!) die Rede ist. Es soll ja zugleich eine **Arbeits**anleitung sein!

»Ohne Arbeit kein Erfolg!« oder »Ohne Fleiß kein Preis!« sind keine Allgemeinplätze, sondern reine Wahrheit, »nichts als die Wahrheit!« Das Arbeiten (Synonym: Studieren!) kann dieses Buch, wie auch andere, nicht ersetzen. Es kann und soll die Arbeit aber etwas erleichtern und auflockern!

Bevor Sie mit der Lektüre beginnen, noch ein letzter Ratschlag, der, obwohl eigentlich selbstverständlich, nicht oft genug wiederholt werden kann: **Lesen Sie jede zitierte Vorschrift (= §!) sorgfältig durch**; wenn Sie diesen Band durcharbeiten, ist die ständige Benutzung (Lektüre) eines Textes des BGB unerlässlich. Ausreichend und empfehlenswert ist die Anschaffung der jeweils neuesten Auflage der Gesetzessammlung »BGB – Bürgerliches Gesetzbuch«, der Reihe »Beck-Texte im dtv«, Nr. 5001 mit einer Einführung von *Köhler* oder die »NWB-Textausgabe: Wichtige

Gesetze des Wirtschaftsprivatrechts« mit einer Einführung von *Güllemann*. Beide Einführungen sind zum Einstieg sehr lesenswert. Den Hinweis »**Lesen!**« werden Sie im Text dieses Buches immer wieder finden. Wenn ich die Wichtigkeit der Gesetzeslektüre in meiner »Anleitung zur Lösung von Zivilrechtsfällen«[2] noch mit dem Satz »Die halbe Juristenwahrheit steht im Gesetz« unterstrichen habe, so möchte/muss ich dem noch hinzufügen: »**Die Hälfte aller Fehler in juristischen Anfängerklausuren könnte vermieden werden, wenn die Bearbeiter die zitierten Vorschriften (genauer) lesen würden.**«

[Köln, im Mai 1990 — *Rainer Wörlen*]

2 Vgl. Literaturverzeichnis.

Inhaltsverzeichnis

Verzeichnis der Übersichten

(Die rechten Zahlen beziehen sich auf die Seiten.)

Verzeichnis der Prüfungsschemata

Abkürzungsverzeichnis*

ABGB	Allgemeines Bürgerliches Gesetzbuch (Österreich)
ABl.	Amtsblatt
Abs.	Absatz
Abschn.	Abschnitt
AcP	Archiv für die civilistische Praxis (Zeitschrift)
AdVermiG	Gesetz über die Vermittlung der Annahme als Kind und über das Verbot der Vermittlung von Ersatzmüttern (Adoptionsvermittlungsgesetz)
aE	am Ende
AEUV	Vertrag über die Arbeitsweise der Europäischen Union
AG	Aktiengesellschaft
AGB	Allgemeine Geschäftsbedingungen
AGBG	Gesetz zur Regelung der Allgemeinen Geschäftsbedingungen (AGB-Gesetz)
AGG	Allgemeines Gleichbehandlungsgesetz
AK-BGB	Alternativkommentar zum Bürgerlichen Gesetzbuch
AktG	Aktiengesetz
Anm.	Anmerkung
ArbGG	Arbeitsgerichtsgesetz
ArbR	Arbeitsrecht
arg.	Argument (argumentum)
Art.	Artikel
AT	Allgemeiner Teil
Aufl.	Auflage
ausf.	ausführlich
BauGB	Baugesetzbuch
BayObLGZ	Entscheidungen des Bayerischen Obersten Landesgerichts in Zivilsachen
BB	Betriebs-Berater (Zeitschrift)
BBiG	Berufsbildungsgesetz
Bd.	Band
BeckRS	Beck-Rechtsprechung
begr.	begründet
ber.	berichtigt
betr.	betreffend, betrifft
BetrVG	Betriebsverfassungsgesetz
BeurkG	Beurkundungsgesetz
BGB	Bürgerliches Gesetzbuch
BGB AT	Allgemeiner Teil des BGB
BGBl.	Bundesgesetzblatt
BGH	Bundesgerichtshof
BGHZ	Entscheidungen des Bundesgerichtshofs in Zivilsachen
BR	Bundesrat
Bsp.	Beispiel
BT	Besonderer Teil
Buchst.	Buchstabe
BürgerlR	Bürgerliches Recht
bzw.	beziehungsweise

* Vgl. dazu *Kirchner, H.*, Abkürzungsverzeichnis der Rechtssprache, 9. Aufl. 2019.

ca.	circa
CAD	engl.: Canadian dollar = kanadischer Dollar
c. i. c.	culpa in contrahendo
CISG	United Nations, Convention on Contracts for the International Sale of Goods = Übereinkommen der Vereinten Nationen über Verträge über den internationalen Warenkauf
CompR/CoR	Computerrecht
CZK	tschechische Kronen
DB	Der Betrieb (Zeitschrift)
dgl.	der-/desgleichen
dh	das heißt
DKK	dänische Kronen
DNotZ	Deutsche Notar-Zeitschrift
DRiZ	Deutsche Richterzeitung
Drs.	Drucksache
dt.	deutsch/e/r/s
dtv	Deutscher Taschenbuch Verlag
EAG-Vertrag	Vertrag zur Gründung der Europäischen Atomgemeinschaft
EG	Europäische Gemeinschaften
EGBGB	Einführungsgesetz zum Bürgerlichen Gesetzbuche
EGKS	Europäische Gemeinschaft für Kohle und Stahl
EGV	Vertrag zur Gründung der Europäischen Gemeinschaften
EGZPO	Gesetz betreffend die Einführung der Zivilprozeßordnung
Einf.	Einführung
eIDAS-VO	Verordnung (EU) Nr. 910/2014 des Europäischen Parlaments und des Rates über elektronische Identifizierung und Vertrauensdienste für elektronische Transaktionen im Binnenmarkt und zur Aufhebung der Richtlinie 1999/93/EG v. 23.7.2014
ErbbauRG	Gesetz über das Erbbaurecht (Erbbaurechtsgesetz)
ErbR	Erbrecht
etc	et cetera
EU	Europäische Union
Euro-I-VO	Verordnung (EG) Nr. 1103/97 des Rates vom 17.6.1997 über bestimmte Vorschriften im Zusammenhang mit der Einführung des Euro
EuropaR	Europarecht
EUV	Vertrag über die Europäische Union
e.V.	eingetragener Verein
evtl.	eventuell
f., ff.	folgende (Seite), fortfolgende (Seiten)
FamR	Familienrecht
FamRZ	Zeitschrift für das gesamte Familienrecht
FernAbsG	Fernabsatzgesetz
FernUSG	Gesetz zum Schutz der Teilnehmer am Fernunterricht (Fernunterrichtsschutzgesetz)
Fn.	Fußnote
FS	Festschrift
»fSaE«	»für Studenten aufbereitete Entscheidung«
GastG	Gaststättengesetz
GBO	Grundbuchordnung
gem.	gemäß
GG	Grundgesetz für die Bundesrepublik Deutschland
ggf.	gegebenenfalls
Ggs.	Gegensatz
GK	Grundkurs

GmbH	Gesellschaft mit beschränkter Haftung
GmbHG	Gesetz betreffend die Gesellschaften mit beschränkter Haftung
GVG	Gerichtsverfassungsgesetz
GWB	Gesetz gegen Wettbewerbsbeschränkungen
Halbbd.	Halbband
HandelsR	Handelsrecht
hess.	hessisches
HGB	Handelsgesetzbuch
HK	Handkommentar (vgl. Literaturverzeichnis: *Schulze* ua)
hM	herrschende Meinung
Hrsg.	Herausgeber
Hs.	Halbsatz
idR	in der Regel
iErg	im Ergebnis
iHv	in Höhe von
insbes.	insbesondere
IntVertragsR	Internationales Vertragsrecht
IPR	Internationales Privatrecht
iSd	im Sinne des/der
iSv	im Sinne von
iVm	in Verbindung mit
JA	Juristische Arbeitsblätter (Zeitschrift)
JArbSchG	Gesetz zum Schutze der arbeitenden Jugend (Jugendarbeitsschutzgesetz)
JGG	Jugendgerichtsgesetz
Jh.	Jahrhundert
jP	juristische Person
JR	Juristische Rundschau (Zeitschrift)
JURA	Juristische Ausbildung (Zeitschrift)
jurisPK	juris Praxiskommentar (vgl. Literaturverzeichnis: *Herberger* ua)
JuS	Juristische Schulung (Zeitschrift)
JZ	Juristenzeitung
Kap.	Kapitel
Kfz	Kraftfahrzeug
KG	Kommanditgesellschaft/Kammergericht
KGaA	KG auf Aktien
KSchG	Kündigungsschutzgesetz
L	Lernbogen (JuS)
LadSchlG	Gesetz über den Ladenschluss
lat.	lateinisch
LG	Landgericht(e)
LPartG	Gesetz über die Eingetragene Lebenspartnerschaft (Lebenspartnerschaftsgesetz)
LSK	Leitsatzkartei
MDR	Monatsschrift des deutschen Rechts
MMR	Multimedia und Recht (Zeitschrift)
MüKo	Münchener Kommentar (Literaturverzeichnis)
MuSchG	Gesetz zum Schutz von Müttern bei der Arbeit, in der Ausbildung und im Studium (Mutterschutzgesetz)
mwN	mit weiteren Nachweisen
NATO	North Atlantic Treaty Organization (= Nordatlantische Allianz)
NJW	Neue Juristische Wochenschrift
NJW-RR	Neue Juristische Wochenschrift (Rechtsprechungs-Report Zivilrecht)

Nr.	Nummer
NWB	Neue Wirtschaftsbriefe (= Verlag)
obj.	objektiv
öff.	öffentliche/r/s
OHG	Offene Handelsgesellschaft
OLG	Oberlandesgericht(e)
OLGZ	Entscheidungen der Oberlandesgerichte in Zivilsachen
OR	(schweizerisches) Obligationenrecht
PAuswG	Gesetz über Personalausweise und den elektronischen Identitätsnachweis (Personalausweisgesetz)
PK	Praxiskommentar (vgl. Literaturverzeichnis: *Herberger* ua)
preuß.	preußisch
PrivatR	Privatrecht
ProdHaftG	Gesetz über die Haftung für fehlerhafte Produkte (Produkthaftungsgesetz)
Prof.	Professor
ProstG	Gesetz zur Regelung der Rechtsverhältnisse der Prostituierten (Prostitutionsgesetz)
RelKErzG	Gesetz über die religiöse Kindererziehung
RGBl.	Reichsgesetzblatt
RGZ	Entscheidungen des Reichsgerichts in Zivilsachen
RL	Richtlinie
Rn.	Randnummer(n)
röm.	römisch
RRegeln	Rechtsregeln
Rspr.	Rechtsprechung
RÜ	Rechtsprechungsübersicht (Zeitschrift)
S.	Satz/Seite/Siehe
SachenR	Sachenrecht
ScheckG	Scheckgesetz
SchuldR	Schuldrecht
SchwarzArbG	Gesetz zur Bekämpfung der Schwarzarbeit und illegalen Beschäftigung (Schwarzarbeitsbekämpfungsgesetz)
SGB	Sozialgesetzbuch
Slg.	Sammlung der Rechtsprechung
sog.	sogenannt/e/er
StGB	Strafgesetzbuch
StPO	Strafprozessordnung
SV	Sachverhalt
TB	Taschenbuch
TVG	Tarifvertragsgesetz
TzWrG	Gesetz über die Veräußerung von Teilzeitnutzungsrechten an Wohngebäuden (Teilzeit-Wohnrechtegesetz)
ua	und andere
uÄ	und Ähnliche/s
Überbl.	Überblick
UrhG	Gesetz über Urheberrecht und verwandte Schutzrechte (Urheberrechtsgesetz)
Urt.	Urteil
USD	United States Dollar (= Währungseinheit der Vereinigten Staaten)
usf.	und so fort
usw	und so weiter
uU	unter Umständen

UWG	Gesetz gegen den unlauteren Wettbewerb
v.	von/vom/vor
Var.	Variante
VDG	Vertrauensdienstegesetz
VerbrKrG	Verbraucherkreditgesetz
VerlG	Gesetz über das Verlagsrecht
vgl.	vergleiche
VO	Verordnung
Vor	Vorbemerkung
VVaG	Versicherungsverein auf Gegenseitigkeit
VVG	Versicherungsvertragsgesetz
VwGO	Verwaltungsgerichtsordnung
VwVfG	Verwaltungsverfahrensgesetz
WE(en)	Willenserklärung(en)
WEG	Gesetz über das Wohnungseigentum und das Dauerwohnrecht (Wohnungseigentumsgesetz)
WG	Wechselgesetz
WirtschaftsPrivatR	Wirtschaftsprivatrecht
wissArb	wissenschaftliches Arbeiten
zB	zum Beispiel
ZGS	Zeitschrift für das gesamte Schuldrecht
ZJS	Zeitschrift für das Juristische Studium
ZPO	Zivilprozessordnung

Literaturverzeichnis

Aufsätze ...erscheinen mit vollem Titel nur in der jeweiligen »Literatur zur Vertiefung« am Ende von Kapiteln und Unterabschnitten und werden in den Fußnoten nur mit den Fundstellen zitiert. Vereinzelt zitierte Werke werden nur in den Fußnoten genannt.

Alpmann und Schmidt, BGB AT 1, 22. Aufl. 2018 und BGB AT 2, 21. Aufl. 2019 (von *J. Lüdde* – zit.: *Alpmann und Schmidt* BGB AT 1 bzw. BGB AT 2)

Bitter, G./Röder, S., BGB AT, 4. Aufl. 2018 (zit.: *Bitter/Röder* BGB AT)

Brox, H./Walker, W.-D., Allgemeiner Teil des Bürgerlichen Gesetzbuchs, 42. Aufl. 2018 (zit.: *Brox/Walker* BGB AT)

Creifelds, C., Rechtswörterbuch, 22. Aufl. 2017 (zit.: *Creifelds* RechtWB)

Duden (Hrsg.), Das Fremdwörterbuch, 11. Aufl. 2015 (zit.: Duden)

Führich, E., Wirtschaftsprivatrecht, 13. Aufl. 2017 (zit.: *Führich* WirtschaftsPrivatR)

Güllemann, D., Internationales Vertragsrecht, 3. Aufl. 2018 (zit.: *Güllemann* IntVertragsR)

Hakenberg, W., Europarecht, 8. Aufl. 2018 (zit.: *Hakenberg* EuropaR)

Herberger, M./Martinek, M./Rüßmann, H./Werth, S., juris PraxisKommentar BGB, Band 1 – Allgemeiner Teil, 8. Aufl. 2017 (zit.: jurisPK-BGB/*Bearbeiter*)

Hirsch, C., BGB Allgemeiner Teil, 9. Aufl. 2016 (zit.: *Hirsch* BGB AT)

v. Hoffmann, B./Thorn, K., Internationales Privatrecht, 9. Aufl. 2007 (zit.: *v. Hoffmann/Thorn* IPR)

Hüßtege, R./Ganz, A., Internationales Privatrecht, 5. Aufl. 2013 (zit.: *Hüßtege/Ganz* IPR)

Jauernig, O. (Hrsg.), Bürgerliches Gesetzbuch, Kommentar, 17. Aufl. 2018 (zit.: Jauernig/*Bearbeiter*)

Kallwass, W./Abels, P., Privatrecht, 23. Aufl. 2018 (zit.: *Kallwass/Abels* PrivatR)

Klunzinger, E., Einführung in das Bürgerliche Recht, 17. Aufl. 2019 (zit.: *Klunzinger* BürgerlR)

Köhler, H., BGB Allgemeiner Teil, 40. Aufl. 2018 (zit.: *Köhler* BGB AT)

Medicus, D./Petersen, J., Bürgerliches Recht – Eine nach Anspruchsgrundlagen geordnete Darstellung –, 26. Aufl. 2017 (zit.: *Medicus/Petersen* BürgerlR)

Metzler-Müller, K., Wie löse ich einen Privatrechtsfall? – Aufbauschemata, Mustergutachten, Klausurschwerpunkte –, 7. Aufl. 2016 (zit.: *Metzler-Müller* Privatrechtsfall)

Model, O./Creifelds, C., Staatsbürgertaschenbuch, 34. Aufl. 2018 (zit.: *Model/Creifelds* Staatsbürger)

Möllers, Th., Juristische Arbeitstechnik und wissenschaftliches Arbeiten, 9. Aufl. 2018 (zit.: *Möllers* Arbeitstechnik)

Münchener Kommentar zum Bürgerlichen Gesetzbuch, Bd. 1 Allgemeiner Teil, §§ 1–240, AllgPersR, ProstG, AGG, 8. Aufl. 2018; Bd. 3 Schuldrecht – Allgemeiner Teil II, 8. Aufl. 2019 (zit.: MüKoBGB/*Bearbeiter*)

Musielak, H.-J./Hau, W., Grundkurs BGB, 15. Aufl. 2017 (zit.: *Musielak/Hau* GK BGB)

Palandt, O. (Hrsg.), Bürgerliches Gesetzbuch, Kommentar, 78. Aufl. 2019 (zit.: Palandt/*Bearbeiter*)

Schade, F./Graewe, D., Wirtschaftsprivatrecht, Grundlagen des Bürgerlichen Rechts sowie des Handels- und Wirtschaftsrechts, 4. Aufl. 2017 (zit.: *Schade/Graewe* WirtschaftsPrivatR)

Schäfer, P., Studienbuch/Europarecht – Das Wirtschaftsrecht der EG –, 3. Aufl. 2006 (zit.: *P. Schäfer* EuropaR)

Schulze, R./Dörner, H./Hoeren, T./Kemper, R./Schreiber, K./Schulte-Nölke, H./Saenger, I., Bürgerliches Gesetzbuch, Handkommentar, 10. Aufl. 2019 (zit.: HK-BGB/*Bearbeiter*)

Stadler, A., Allgemeiner Teil des BGB, 19. Aufl. 2017 (zit.: *Stadler* BGB AT)

Westermann, H.-P., Grundbegriffe des BGB, 17. Aufl. 2013 (zit.: *Westermann* Grundbegriffe BGB)

Wörlen, R., Familienrecht, 2008 (zit.: *Wörlen* FamR)

Wörlen, R./Kokemoor, A., Arbeitsrecht, 12. Aufl. 2017 (zit.: *Wörlen/Kokemoor* ArbR)

Wörlen, R./Kokemoor, A., Handelsrecht mit Gesellschaftsrecht, 13. Aufl. 2018 (zit.: *Wörlen* HandelsR)

Wörlen, R./Kokemoor, A., Sachenrecht, 10. Aufl. 2017 (zit.: *Wörlen/Kokemoor* SachenR)

Wörlen, R./Leinhas, S., Erbrecht, 2009 (zit.: *Wörlen/Leinhas* ErbR)

Wörlen, R./Metzler-Müller, K., Schuldrecht AT, 13. Aufl. 2018 (zit.: *Wörlen/Metzler-Müller* SchuldR AT)

Wörlen, R./Metzler-Müller, K., Schuldrecht BT, 13. Aufl. 2018 (zit.: *Wörlen/Metzler-Müller* SchuldR BT)

Wörlen, R./Schindler, S., Anleitung zur Lösung von Zivilrechtsfällen – Methodische Hinweise und 22 Musterklausuren, 9. Aufl. 2009 (zit.: *Wörlen/Schindler* ZivilR)

Wolf, M./Neuner, J., Allgemeiner Teil des Bürgerlichen Rechts, 11. Aufl. 2016 (zit.: *Wolf/ Neuner* BGB AT)

Zerres, T., Bürgerliches Recht – Ein einführendes Lehrbuch in das Zivil- und Zivilprozessrecht, 9. Aufl. 2019 (zit.: *Zerres* BürgerlR)

1. Teil. Allgemeine Rechtslehre – Einführung in das Recht

1. Kapitel. Begriff, Inhalt, Erscheinungsformen und Durchsetzung des Rechts

I. Die Sprache der Juristen[1]

Sie werden sich zu Beginn des Studiums unseres gemeinsamen Lehr- bzw. Lerngebiets mit einer Reihe von Grundbegriffen aus dem juristischen Sprachgebrauch befassen müssen, um sich mit der für den Nichtjuristen bisweilen nicht ganz leicht zu verstehenden Terminologie der Rechtswissenschaft vertraut zu machen. Die Sprache der Juristen ist, wie die von Angehörigen anderer Fachrichtungen auch, manchmal durch eine sehr spezifische und scheinbar eigenartige Ausdrucksweise gekennzeichnet, an die man sich erst gewöhnen muss. 1

Wenngleich es sehr wichtig ist, dass man eine Reihe von juristischen Fachausdrücken und -begriffen beherrscht, sollte man bei ihrem Erlernen allerdings nie vergessen, dass unsere eigentliche Sprache Deutsch (vgl. auch § 184 GVG: »Die Gerichtssprache ist Deutsch«) und nicht »Fachchinesisch« ist! Dann kann uns sicherlich nicht das passieren, was den Richtern des ehrwürdigen Reichsgerichts passiert ist, als sie 1871 den Begriff der damals (1838) noch recht neuen Eisenbahn juristisch definieren sollten. Das liest sich folgendermaßen:

»Eine Eisenbahn ist ein Unternehmen, gerichtet auf wiederholte Fortbewegung von Personen oder Sachen über nicht ganz unbedeutende Raumstrecken auf metallener Grundlage, welche durch ihre Konsistenz, Konstruktion und Glätte den Transport großer Gewichtsmassen bzw. die Erzielung einer verhältnismäßig bedeutenden Schnelligkeit der Transportbewegung zu ermöglichen bestimmt ist, und durch diese Eigenart in Verbindung mit den außerdem zur Erzeugung der Transportbewegung benutzten Naturkräften – Dampf, Elektrizität, tierischer oder menschlicher Muskeltätigkeit, bei geneigter Ebene der Bahn auch schon durch die eigene Schwere der Transportgefäße und deren Ladung usf. – bei dem Betriebe des Unternehmens auf derselben eine verhältnismäßig gewaltige, je nach den Umständen nur bezweckterweise oder auch Menschenleben vernichtende und menschliche Gesundheit verletzende Wirkung zu erzeugen fähig ist.«[2] 2

Mit solch spitzfindigen Definitionen werden wir es gottlob nicht zu tun haben, wenn wir uns mit dem (Wirtschafts)Privatrecht befassen!

Mit »Spitzfindigkeit« hat es allerdings nichts zu tun, wenn Sie sich bei der Anwendung und Wiedergabe juristischer Vorschriften (= Paragrafen) genau an die dort benutzten Worte und Begriffe halten! Denn Ihrer Meinung nach scheinbar gleichbedeutende Begriffe haben rechtlich oft sehr unterschiedliche Bedeutung: »Gegenstand« ist nicht dasselbe wie »Sache«, und »Einwilligung« ist etwas anderes als »Genehmigung«, um nur wenige Beispiele zu nennen! 3

1 Vgl. dazu auch *Emile Zola*, »Was für eine barbarische Sprache doch die Sprache des Gesetzes ist«, gefunden in: *Günther* (Hrsg.), BGB in Reimen, 1994, sowie in *Zimmermanns* Zitaten-Lexikon für Juristen, 1998, 88; *Schnapp* JURA 2004, 22; *Schnapp* JURA 2006, 583.

2 RGZ 1, 247 (252).

II. Recht und Gesetz

4 Das Wirtschaftsprivatrecht,[3] das an den verschiedensten Fachbereichen und Fakultäten von Fachhochschulen bzw. Hochschulen für angewandte Wissenschaften und Universitäten in mehr oder minder groben Grundzügen dargeboten wird, wird von Studierenden, die rechtswissenschaftliche Vorlesungen als »Nebenfach« hören, zur Abgrenzung von anderen Fächern wie »Mathematik«, »Allgemeine Betriebswirtschaftslehre«, »Statistik«, »Rechnungswesen« usw meist nur »Recht« genannt.

■ [4]Was heißt das eigentlich: »Recht«? Was verbirgt sich hinter diesem Begriff?
Wie würden Sie mit eigenen Worten als Laie einem anderen Laien definieren, was »Recht« ist?
Versuchen Sie es einmal ...

Bevor Sie weiterlesen, sollten Sie selbst ernsthaft überlegen, wie Sie auf die Ihnen, zB bei einer Fernsehumfrage auf der Straße, plötzlich gestellte Frage »Was ist Recht?« antworten würden! (Überlegen Sie!)

Sie werden gemerkt haben, dass es gar nicht so einfach ist, einen scheinbar jedermann geläufigen, häufig benutzten Begriff umfassend und präzise zu definieren. Das liegt nicht daran, dass es Ihnen an Wissen oder Phantasie fehlt, sondern einfach daran, dass es eine allumfassende Definition für »das Recht«, die man in einem Satz formulieren könnte, gar nicht gibt.

5 ▶ Man muss zunächst unterscheiden zwischen

Recht im objektiven Sinn

und

Recht im subjektiven Sinn.

■ Was bedeutet »Recht im objektiven Sinn«?

▶ Unter Recht im objektiven Sinn versteht man die Gesamtheit der mündlich überlieferten oder schriftlich niedergelegten Grundsätze, die sich eine Gemeinschaft gibt, und die in bindender Weise das menschliche Zusammenleben ordnen und regeln.

Handelt es sich bei dem objektiven Recht um Grundsätze oder Normen, die sich durch langjährige Übung entwickelt haben und mündlich überliefert wurden, spricht man von Gewohnheitsrecht. Gewohnheitsrecht sind ungeschriebene Rechtsnormen. Die Bedeutung des Gewohnheitsrechts ist heute nur noch gering, weil die meisten Lebensvorgänge durch geschriebene Rechtsnormen geregelt sind.

Die schriftliche Festlegung von Rechtsnormen wird oft mit dem Fremdwort »Kodifizierung« bezeichnet. Das schriftlich festgelegte Recht heißt deshalb auch »kodifiziertes Recht«. Zur Abgrenzung vom Gewohnheitsrecht nennt man es auch gesetztes Recht; denn das kodifizierte Recht hat sich nicht durch langjährige Übung und mündliche Überlieferung entwickelt, sondern es wird von den staatlichen Gesetzgebungsorganen »gesetzt«.

Deswegen haben die meisten Rechtsnormen dieses »gesetzten Rechts« auch einen ganz bestimmten Namen: »Gesetz«!

---

3 Der Inhalt dieses Begriffs wird an späterer Stelle etwas genauer erklärt.

4 »■« bedeutet im Folgenden immer, auch wenn das nicht ausdrücklich erwähnt wird: »Achtung, erst selbst nachdenken!!« Der Pfeil (»▶«) weist dann auf die Antwort hin.

Stellen Sie sich vor, Sie gehen durch einen Stadtteil von (zB) Köln, wo gerade eine bekannte WDR-Moderatorin ihre Ü-Wagen-Sendung live produziert, und Sie würden von dieser Dame vors Mikrofon geholt. In penetranter Art stellt sie Ihnen die Frage:

■ »Was ist ein Gesetz?« Wie würden Sie antworten?
Überlegen Sie einige Momente!
Sicherlich sind Ihnen auch zu dieser Frage Antworten eingefallen, aber in den meisten Fällen werden diese Antworten nicht ganz vollständig gewesen sein; denn der Begriff »Gesetz« ist ähnlich schwierig zu definieren wie der Begriff »Recht«. Auch dieser Begriff wird in doppeltem Sinne verwendet, und zwar spricht man von

▶ **Gesetz im materiellen Sinn** 6

und

Gesetz im formellen Sinn.

■ Bevor Sie weiterlesen, sollten Sie sich erst wieder selbst einige Gedanken darüber machen, worin der Unterschied besteht, indem Sie sich zB an Ihren – sofern Sie einen solchen genießen durften – »Staatsbürger- bzw. Rechtskunde«-Unterricht erinnern. Nicht selten erfährt man dort in groben Zügen etwas über das »Gesetzgebungsverfahren des Bundes« und in diesem Zusammenhang könnte – zumindest mittelbar – der Begriff des »Gesetzes im formellen Sinne« angesprochen worden sein …

▶ Gesetz im materiellen Sinn ist jede Rechtsnorm, die für eine unbestimmte Vielzahl von Personen allgemein verbindliche Regelungen enthält.

▶ Gesetz im formellen Sinne ist jeder Beschluss der zur Gesetzgebung zuständigen Organe, der im verfassungsmäßig vorgesehenen Gesetzgebungsverfahren ergangen, ordnungsgemäß ausgefertigt und verkündet worden ist.

Um diese Unterscheidung zu verstehen, muss man wissen, wie überhaupt ein Gesetz zustande kommt.

Wir wollen deshalb einen kleinen Ausflug, einen **Exkurs**, wie man das wissenschaftlich bezeichnet, in die Staatsbürgerkunde, juristischer formuliert: ins Staats- und Verfassungsrecht, unternehmen und uns in groben Zügen das formelle Gesetzgebungsverfahren des Bundes vergegenwärtigen.

Exkurs: Das Gesetzgebungsverfahren in Deutschland

Wie Sie teilweise vielleicht (noch) wissen, wird unser Staatssystem vom Grundsatz der sog. Gewaltenteilung beherrscht, deren Schöpfer der französische Staatsdenker Montesquieu (1689–1755) war (1748: »De l'esprit des lois«). 7

Nach Art. 20 unseres Grundgesetzes (GG) geht die Staatsgewalt vom Volke aus und wird vom Volk in Wahlen und Abstimmungen sowie durch getrennte Organe ausgeübt. Welche drei Organe dies sind, könnte Ihnen noch bekannt sein!

■ Nämlich welche?

▶ Die gesetzgebende / die vollziehende / die rechtsprechende } Gewalt { Legislative / Exekutive / Judikative

Während die Gesetzgebung dem Bundestag unter Beteiligung des Bundesrats zugewiesen ist, obliegt die Ausführung der Gesetze der Bundesregierung und den übrigen Verwaltungsbehörden des Bundes und der Länder. Die Rechtsprechung ist unabhängigen Gerichten übertragen. Die Gerichte führen die Gesetze nicht aus, sondern sie entscheiden, ob Gesetze beachtet, eingehalten oder richtig angewendet wurden!

Der Weg der Gesetzgebung vollzieht sich in fünf groben Abschnitten bzw. Phasen.

■ Wissen Sie zufällig noch ungefähr, welche Phasen dies sind? Versuchen Sie, sich zu erinnern, bevor Sie weiterlesen!

▶ (1) Einbringen eines Gesetzentwurfs beim Bundestag (sog. »Gesetzesinitiative«)
(2) Feststellung des Gesetzesinhalts durch den Bundestag in drei Lesungen
(3) Beteiligung des Bundesrats
(4) Ausfertigung des Gesetzes durch den Bundespräsidenten nach Gegenzeichnung durch den sachlich zuständigen Bundesminister und
(5) Verkündung (Publikation) im Bundesgesetzblatt

Das Gesetzgebungsverfahren ist im Grundgesetz in den Art. 76–78 verfassungsrechtlich verankert. Sehr anschaulich ist dieses Verfahren in der folgenden Übersicht 1 von *Model/Creifelds*[5] (→ Rn. 9) dargestellt, nach deren Lektüre Sie bitte wieder hier weiterlesen.

8 Soweit unser Exkurs ins Verfassungsrecht, zu dem uns die Definition des Begriffs »Gesetz« Anlass gab.

Gesetz im formellen Sinne, so hatten wir festgestellt, ist jedes von den zuständigen Gesetzgebungsorganen beschlossene Gesetz, während mit Gesetz im materiellen Sinn jede Rechtsnorm gemeint ist, die allgemein verbindliche Regelungen für eine Vielzahl von Personen enthält. Die meisten formellen Gesetze – formell, weil im förmlichen Gesetzgebungsverfahren ergangen – sind zugleich materielle Gesetze, da sie überwiegend Regelungen enthalten, die für eine unbestimmte Vielzahl von Personen gelten.

Eine Ausnahme ist zB der Haushaltsplan einer Regierung, weil er zwar im förmlichen Gesetzgebungsverfahren verabschiedet wird, aber keine Rechte und Pflichten für die einzelnen Staatsbürger erzeugt, sondern nur für die Staatsorgane verbindlich ist. Umgekehrt gibt es viele Gesetze im materiellen Sinne, die nicht im förmlichen Gesetzgebungsverfahren erlassen wurden, zB Rechtsverordnungen und Satzungen. »Gesetz« im materiellen Sinn ist auch das Gewohnheitsrecht. Nicht zu verwechseln mit dem Gewohnheitsrecht ist das Richterrecht, das sich im Wege der Rechtsfortbildung entwickelt hat.

Mit dem Gewohnheitsrecht werden Sie sich im Verlaufe Ihres Studiums ebenso wenig näher beschäftigen müssen wie mit Rechtsverordnungen oder Satzungen; Sie sollten aber wenigstens einmal erfahren, dass es so etwas gibt;[6] zur Verdeutlichung dazu abschließend zwei Beispiele:

5 Staatsbürger 261.
6 → Rn. 5.

Übersicht 1 9

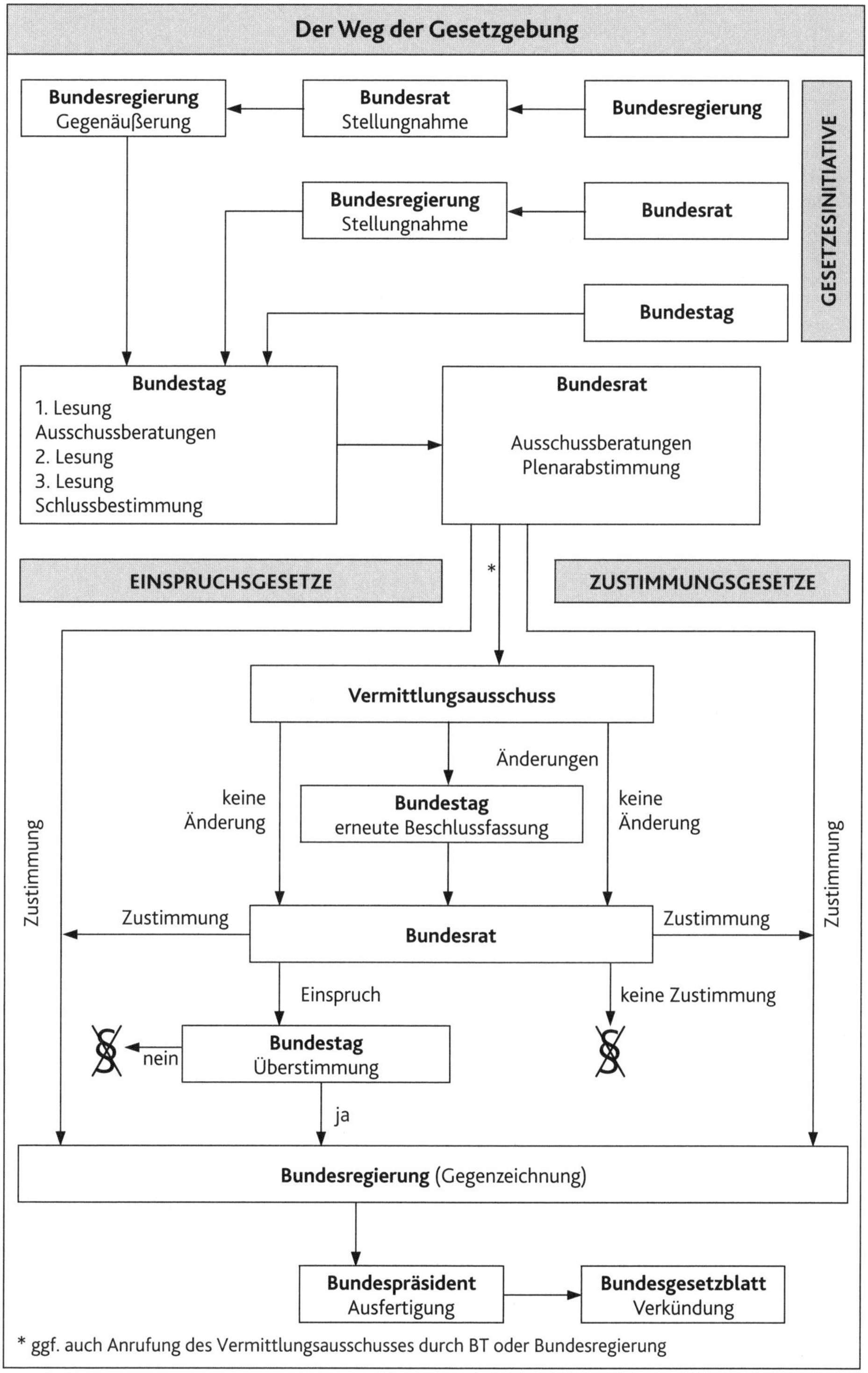

Das Gewohnheitsrecht spielt manchmal noch eine Rolle im Bereich des Landwirtschaftsrechts und im privaten[7] Nachbarrecht mancher Bundesländer. So sieht zB das nirgendwo niedergeschriebene, vielerorts in Hessen noch geltende »Wenderecht« vor, dass ein Bauer beim Ackern mit seinem Traktor das Nachbargrundstück befahren darf, damit er mit dem Pflug auch jeden Winkel seines Ackers erfassen kann.
Gewohnheitsrecht ist in manchen Gegenden Deutschlands auch das »Hammerschlag- oder Leiterrecht«. Dieses sieht vor, dass der Eigentümer eines dicht an der Grundstücksgrenze stehenden Hauses zu Reparaturarbeiten die Leiter schräg an die Hauswand lehnen darf, auch wenn die Füße der Leiter dabei auf dem Nachbargrund zu stehen kommen. Wie anders sollten sonst Ausbesserungen an einer solchen Außenwand in gewisser Höhe vorgenommen werden?

10 Mit diesen Beispielen wollen wir das Gewohnheitsrecht endgültig verlassen und uns nach dem objektiven Recht mit dem subjektiven Recht befassen.

■ Recht im objektiven Sinne, um es zu wiederholen, ist die Gesamtheit der mündlich oder schriftlich niedergelegten Grundsätze, die sich eine Gemeinschaft gibt und die in verbindlicher Weise das menschliche Zusammenleben ordnen und regeln. Zu Rechtsnormen formuliert richten sich diese Grundsätze des objektiven Rechts an eine unbestimmte Vielzahl von Personen. An wen richtet sich wohl das subjektive Recht? Anders ausgedrückt: Wer ist davon betroffen?

▶ Hier ist der Einzelne, eine bestimmte Person, ein Subjekt angesprochen!
Unter subjektivem Recht versteht man eine Befugnis, die sich aus einer Rechtsnorm des objektiven Rechts für den Berechtigten unmittelbar ergibt.

■ **Wiederholung**: Was ist »Recht«? (Über das bisher Gelesene nachdenken!)

▶ Eine umfassende Definition des Begriffs »Recht« gibt es nicht! Man muss vielmehr unterscheiden zwischen »objektivem« und »subjektivem« Recht:

Objektives Recht	**Subjektives Recht**
= Gesamtheit der mündlich überlieferten oder schriftlich niedergelegten Grundsätze (Rechtsnormen), die sich eine Gemeinschaft gibt und die in bindender Weise das menschliche Zusammenleben ordnen oder regeln.	= Befugnis, die sich aus einer Rechtsnorm des objektiven Rechts für den Berechtigten unmittelbar ergibt.

11 Dazu ein **Beispiel:** Das objektive, für jedermann geltende Recht ist, wie Sie erfahren haben, zum größten Teil in Gesetzen geregelt. Ein solches Gesetz, mit dem wir uns künftig ständig beschäftigen werden, ist (auch) das Bürgerliche Gesetzbuch, das BGB. Das BGB, als objektives Recht, regelt in § 903[8] die »Befugnisse des Eigentümers«. Lesen Sie diese Vorschrift! (Hinweis: Gesetz immer wieder lesen!)[9]

■ Wenn Sie sich noch einmal die Definition des objektiven Rechts und des materiellen Gesetzes (→ Rn. 5, 6 und 10) ansehen, müssten Sie selbst darauf kommen

7 »Privat« hat in der juristischen Terminologie eine besondere Bedeutung, die Ihnen am Ende dieses Kapitels sicher geläufig sein wird.
8 Alle in diesem Buch ohne Gesetzesbezeichnung zitierten Paragrafen (»§§«) sind solche des BGB!
9 »Es ist nie zu spät«: Im Vorwort (zur ersten Auflage) wurde darauf hingewiesen, dass Sie zum Studium des Rechts als Begleitlektüre immer einen Gesetzestext benötigen (hier: BGB!). Dort müssen Sie jeden Paragrafen (der Jurist schreibt dieses Wort beim Zitieren desselben nicht aus, sondern benutzt das Zeichen »§« – Plural: »§§«!), der zitiert wird (auch ohne gesonderte Aufforderung!), lesen. Dann sollten Sie über den Inhalt erst einmal nachdenken, bevor Sie weiterlesen!

können, warum diese Vorschrift des BGB – wie alle anderen Vorschriften des BGB auch – zum objektiven Recht zählt?

▶ Auch § 903 trifft eine Regelung, die für jedermann gilt, sie ist allgemein verbindlich; mit anderen Worten: **Jeder** Eigentümer kann gem. § 903 mit seiner Sache nach Belieben verfahren und andere von jeder Einwirkung ausschließen! Gleichzeitig folgt aus § 903 aber auch ein subjektives Recht!

■ Nämlich welches?

▶ Wenn Sie die Definition des subjektiven Rechts betrachten (→ Rn. 10), kann die Antwort nicht so schwer sein:
Da diese Vorschrift allgemein verbindlich ist, gilt sie, wie gesagt, für jeden Eigentümer, also auch für Sie persönlich, sofern Sie Eigentum an einer Sache haben. Gemäß § 903 haben Sie selbst grundsätzlich das Recht, mit Ihrem Eigentum nach Belieben zu verfahren! Diese Befugnis ist Ihr subjektives Recht, das sich aus dem objektiven Recht, hier aus § 903 BGB, unmittelbar ergibt!

Lesen Sie abschließend Übersicht 2 (→ Rn. 12).

12 Übersicht 2

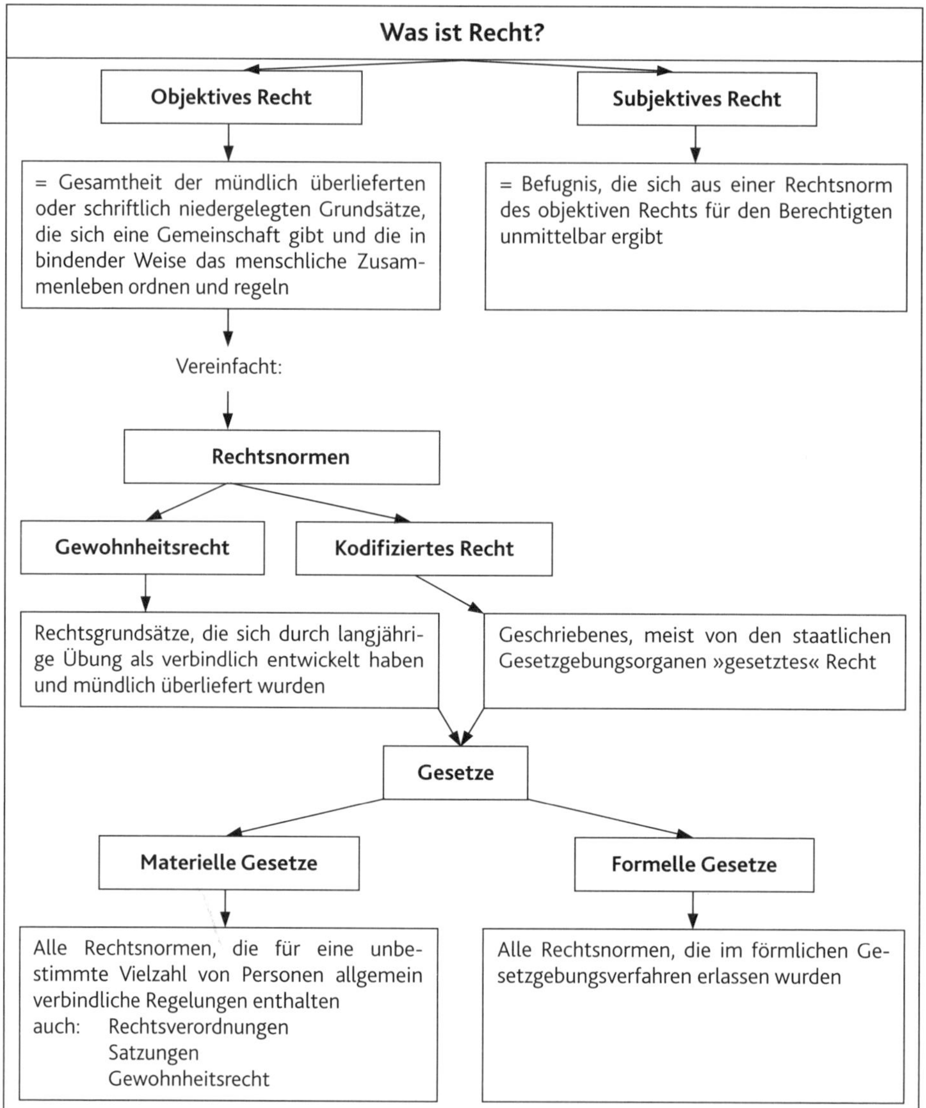

Recht, Moral und Sitte (Abgrenzung):

Recht und Moral (Sittlichkeit) decken sich nicht immer; die Moral wendet sich an die Gesinnung des Menschen, während das Recht sein äußeres Verhalten regelt. Moralisches Verhalten ist – ebenso wie die Beachtung der Sitte (= die in der Gemeinschaft geltenden Anstandsregeln und Gebräuche) – nur erzwingbar, soweit es auch von Rechtsvorschriften gefordert wird.

III. Privatrecht und öffentliches Recht

Über § 903 sind wir direkt beim BGB angelangt und wollen das Bürgerliche Recht nun in unser Rechtssystem einordnen. Das Bürgerliche Recht, aufgrund der lateinischen Bezeichnung »ius civile« bisweilen »Zivilrecht« genannt, gehört dem Bereich des »Privatrechts« an. **13**

Als Privatrecht bezeichnet man den Teil unserer Rechtsordnung, der dazu dient, die Belange und Interessen der Einzelnen, nämlich der Privatpersonen,[10] zu schützen und der zu diesem Zweck die Beziehungen der Privatpersonen zueinander auf der Grundlage ihrer Gleichordnung, Gleichberechtigung und Selbstbestimmung regelt:

Privatrecht

»Regelt die Rechtsbeziehungen zwischen Rechtssubjekten, insbes. Bürgern und von ihnen gebildeten Vereinigungen auf der Ebene der Gleichordnung«. Auch Träger öffentlicher Gewalt können privatrechtlich handeln (zB Kauf von Büromaterial für Behörde ... dazu sogleich!).

Den Gegensatz zum Privatrecht bildet ein anderer großer Rechtsbereich, dessen Namen Sie sicher schon gelesen haben:

Das »öffentliche Recht«!

■ Was versteht man darunter?
Überlegen Sie! = Was würden Sie der oben zitierten Rundfunkmoderatorin antworten, wenn sie Ihnen diese Frage stellt?

▶ Darunter versteht man denjenigen Teil unserer Rechtsordnung, der dazu dient, die Belange und Interessen der Gesamtheit zu schützen und der zu diesem Zweck die Verhältnisse staatlicher Hoheitsträger untereinander und deren Organisation sowie das Verhältnis des einzelnen Bürgers zu den staatlichen Hoheitsträgern regelt. In diesem letzten Fall ist das öffentliche Recht durch ein sog. Über- oder Unterordnungsverhältnis gekennzeichnet:

Öffentliches Recht

»Recht der staatlichen Organisationen, der Beziehungen des einzelnen Bürgers zum Staat (und anderen Trägern öffentlicher Gewalt) im Unter-/Überordnungsverhältnis sowie der Beziehungen zwischen verschiedenen Trägern öffentlicher Gewalt«.

Zur Abgrenzung »Privatrecht« und »öffentliches Recht« einige ›Standard‹-Beispiele:

1. Kaufmann V fordert von seinem Kunden K die Bezahlung eines Gebrauchtwagens. Laut Rechnung hat K 5.200 EUR zu begleichen. **14**

10 Damit nähern wir uns schon ein wenig an das an, was in Fn. 3 und Fn. 7 angedeutet wurde: Wir befassen uns hier mit dem »Wirtschafts**privat**recht«.

■ Zu welchem Bereich unserer Rechtsordnung gehört dieser Fall? Zum Privatrecht oder zum öffentlichen Recht?

▶ Zum Privatrecht!

■ Warum?

▶ Weil sich zwei Bürger gleichrangig gegenüber stehen. V hat gegenüber K aufgrund eines Kaufvertrages, der im BGB geregelt ist, einen Anspruch,[11] wie der Jurist sagt, auf Bezahlung des Kaufpreises. Wenn K sich aus irgendeinem Grunde weigert, die Rechnung zu bezahlen, kann V dem K nicht »befehlen« zu zahlen und K muss »gehorchen«, sondern V ist darauf angewiesen, seinen Anspruch beim Landgericht (vgl. §§ 23, 71 GVG – zu den »Gerichten« und ihrem Aufbau lesen Sie sogleich noch etwas) einzuklagen und muss beweisen, dass sein Anspruch tatsächlich besteht.

15 2. Hauseigentümer H möchte sein Haus um einen Anbau erweitern und beantragt beim Bauamt der Gemeinde G eine Baugenehmigung. Der zuständige Beamte der Gemeinde meint, das Haus des H sei schon groß genug und lehnt den Antrag ab. Gegen diesen ablehnenden Bescheid erhebt H Widerspruch, den er im Rathaus zur Niederschrift vorträgt.

■ Privatrecht oder öffentliches Recht?

▶ Öffentliches Recht!

■ Warum?

▶ Zwischen der Gemeinde G und dem H besteht ein Über- bzw. Unterordnungsverhältnis. H muss dem Bescheid der Gemeinde zunächst »gehorchen«, dh, bis über seinen Widerspruch durch die nächsthöhere Behörde entschieden ist, darf er nicht bauen! Wird sein Widerspruch zurückgewiesen, darf er ebenfalls nicht bauen; er kann dann allerdings beim Verwaltungsgericht Klage erheben!

16 3. Dieselbe Gemeinde G will ein neues Rathaus bauen und deswegen mit H, der Inhaber einer Baufirma ist, die entsprechenden Verträge schließen. H, der nach dem Ärger mit der Baugenehmigung die Nase voll hat, weigert sich.

■ Kann die Gemeinde G den H mit einem entsprechenden Bescheid zwingen, die Verträge mit ihr abzuschließen?

▶ Die Gemeinde handelt nicht als Baubehörde, nicht als Hoheitsträger, sondern wie eine Privatperson, die einen Vertrag abschließen will. Die Gemeinde handelt als »Fiskus«! In diesem Fall ist sie den Regeln des Privatrechts genauso unterworfen wie jeder Bürger und steht dem H im Verhältnis der Gleichordnung gegenüber. Zum Vertragsschluss kann niemand gezwungen werden; im Vertragsrecht herrscht vielmehr die Vertragsfreiheit bzw. sog. »Privatautonomie«, über die Sie noch einiges lesen werden.

17 **Wir merken uns:**
Auf dem Gebiet des öffentlichen Rechts stehen sich Staat und Bürger im Verhältnis der Über- und Unterordnung gegenüber. Im Privatrecht stehen sich die Beteiligten auf der Ebene der Gleichordnung gegenüber.
Zu den beiden großen Bereichen unserer Rechtsordnung, dem öffentlichen Recht und dem Privatrecht, gehören eine Vielzahl von Teilrechtsgebieten mit den dazugehörigen Gesetzen (Übersicht 3 → Rn. 18):

11 Ein »Zentralbegriff« des BGB, über den Sie noch viel lesen und lernen müssen!

Übersicht 3 18

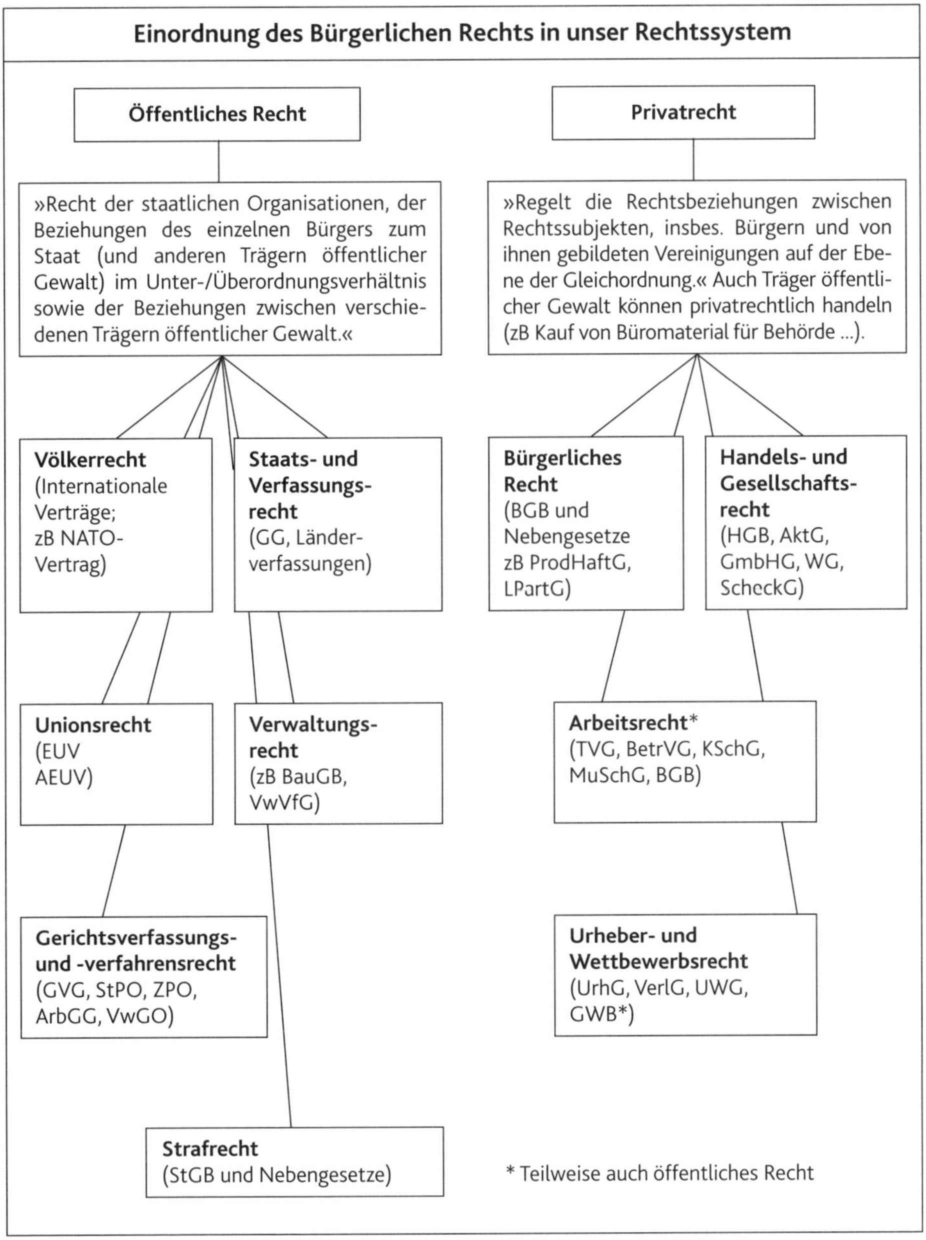

IV. Wirtschaftsrecht und Wirtschaftsprivatrecht

19 Nach überwiegender Meinung wird unter Wirtschaftsrecht die Summe der Normen verstanden, die die selbstständige Erwerbstätigkeit in Industrie, Handel, Handwerk, Landwirtschaft, Verkehr und den freien Berufen regeln.[12]

Innerhalb des Wirtschaftsrechts ist entsprechend der aufgezeigten generellen Unterscheidung zwischen privatem und öffentlichem Wirtschaftsrecht zu differenzieren, wobei auf Letzteres in diesem Grundriss nicht einzugehen ist.

Zum »Wirtschaftsprivatrecht« zählen vor allem die drei ersten »Bücher«[13] des BGB, der Allgemeine Teil, das Recht der Schuldverhältnisse (»Schuldrecht«) und das Sachenrecht. Im Allgemeinen Teil sind Grundsätze und Grundbegriffe des Bürgerlichen Rechts niedergelegt, die weitestgehend für das Wirtschaftsprivatrecht gleichermaßen relevant sind. Das Schuldrecht[14] erfasst unter anderem die Rechtsbeziehungen der durch eine Vielzahl von Verträgen (zB Kauf-, Miet-, Darlehens-, Kreditsicherungsverträge) am Wirtschaftsleben Beteiligten. Das Sachenrecht regelt unter anderem das rechtliche Schicksal von Besitz und Eigentum sowohl an beweglichen als auch unbeweglichen Sachen (»Mobilien« und »Immobilien«), von denen namentlich die letztgenannten hochwertige Wirtschaftsgüter verkörpern können.

20 Auch das Familienrecht[15] (zB rechtliches Schicksal der von den Ehepartnern mit in die Ehe gebrachten Wirtschaftsgüter) und das Erbrecht[16] (zB »Wer erbt das Wirtschafts-Unternehmen?«) weisen im vierten und fünften »Buch« des BGB Berührungspunkte zum Wirtschaftsrecht auf. Vorschriften des gesamten BGB sind also ein wesentlicher Bestandteil des Wirtschaftsprivatrechts.

21 Einen Zentralbereich des Wirtschaftsprivatrechts bildet das Handelsrecht[17] als »Sonderrecht der Kaufleute«, das vornehmlich im HGB kodifiziert ist. Daneben ist das Gesellschaftsrecht, davon besonders das AktG und das GmbHG, zu nennen.

Von grundsätzlicher Bedeutung ist das UWG, vor allem im Bereich des Marketings.

22 Last, but not least ist auch das Arbeitsrecht[18] zu erwähnen, welches unter anderem die Rechte und Pflichten von Arbeitnehmer und Arbeitgeber bestimmt.

Angesichts dieser Flut von Gesetzen, die als Bestandteile des Wirtschaftsprivatrechts für das Wirtschaftsleben gelten, mag es allen angehenden Juristen und Wirtschaftswissenschaftlern einleuchten, dass Grundkenntnisse über dieses Rechtsgebiet für sie unerlässlich sind.

---

12 Vgl. *Creifelds* RechtWB »Wirtschaftsrecht«.
13 Mit »Aufbau und Systematik« des BGB werden wir uns unten (→ Rn. 62 ff.) ausführlicher beschäftigen.
14 Vgl. dazu *Wörlen/Metzler-Müller* SchuldR AT und SchuldR BT.
15 Vgl. *Wörlen* FamR.
16 Vgl. *Wörlen/Leinhas* ErbR.
17 Vgl. *Wörlen/Kokemoor* HandelsR.
18 Vgl. *Wörlen/Kokemoor* ArbR.

V. Internationales Recht

Weltweite Wirtschaftsbeziehungen und das unaufhaltsame Zusammenwachsen des europäischen Marktes werfen auch im Wirtschaftsprivatrecht Probleme auf, die sich nur auf internationaler Ebene lösen lassen. 23

Zum »internationalen Recht« gehört auch das supranationale Recht, dh das Recht, das in Form von bilateralen oder multilateralen, also zwei- oder mehrseitigen Verträgen und/oder Abkommen übernationaler Instanzen – wie zB der Europäische Rat bzw. die Kommission der EU[19] – für mehrere Staaten einheitlich erlassen wird.

1. Internationales Privatrecht (IPR)

Durch die Zunahme des Welthandels, von Reisen, der Internetnutzung und auch der Aus- und Zuwanderung ist die Bedeutung des IPR gestiegen. 24

Der Begriff »international« ist hier insofern missverständlich, als man daraus schließen könnte, dass die Vorschriften des IPR nationalen Regelungen vorgehen. Das IPR ist allerdings kein einheitliches Internationales Recht. Vielmehr hat Deutschland sein eigenes IPR wie auch Italien, Japan usw. Es bestimmt also jedes Land selbst – vorbehaltlich internationaler Abkommen –, nach welchen Regeln ein Sachverhalt mit Auslandsberührung behandelt wird. Jeder Staat hat also sein eigenes IPR. Das im EGBGB[20] geregelte IPR ist weder internationales noch übernationales (supranationales) Recht, sondern nationales, innerstaatliches Recht. Lesen Sie zur ersten Information die Überschriften der Art. 3– 6 EGBGB, in denen allgemeine Grundsätze aus den Regeln des IPR normiert sind. Bei Sachverhalten in Verbindung zum Recht eines ausländischen Staates bestimmt das IPR, welches Recht anwendbar ist, also inländisches oder ausländisches Recht (vgl. Art. 3 EGBGB). Es wird also nicht in der Sache selbst entschieden, sondern nur eine Entscheidung zwischen den kollidierenden Rechtsordnungen getroffen. Deshalb spricht man auch vom sog. **Kollisionsrecht**. Da das **IPR auf das materiell anwendbare Recht verweist**, wird es auch **Verweisungsrecht** genannt.[21] Das anzuwendende Recht wird mithilfe der Kollisionsnormen ermittelt. Diese enthalten keine Aussage für den Inhalt des anwendbaren Rechts.[22] Mit der Verweisung auf ein bestimmtes Recht wird allerdings auch eine Vorentscheidung getroffen, denn die Auswahl des anwendbaren Rechts beeinflusst indirekt die Sachentscheidung.[23]

Anknüpfungspunkte für das IPR zur Bestimmung der anwendbaren Rechtsordnung können persönliche Umstände sein

Beispiele: Staatsangehörigkeit, Wohnsitz

oder räumliche Umstände.

Beispiele: Ort der belegenen Sache, um die sich der Rechtsstreit dreht

19 Falls Sie mehr über die Organe der EU – auch »Institutionen« genannt – erfahren möchten: *Hakenberg* EuropaR Rn. 101 ff. lesen.
20 Das EGBGB finden Sie in nahezu jeder BGB-Textausgabe; zB Beck-Texte im dtv, Nr. 2.
21 Hierzu *Güllemann* IntVertragsR 13.
22 *Hüßtege/Ganz* IPR 1.
23 *v. Hoffmann/Thorn* IPR 3.

Wird im IPR auf das Recht eines anderen Staates verwiesen, so ist auch dessen IPR anzuwenden. Sofern das Recht des anderen Staates auf deutsches Recht zurückverweist, sind nur noch die deutschen Sachnormen anzuwenden (Art. 4 I EGBGB). Andernfalls, also bei erneuter Anwendung deutscher Kollisionsnormen des IPR, würden die Verweisungen kein Ende nehmen. Um die Schwierigkeiten zu vermeiden, die sich bei der Anwendung des IPR ergeben können, zumal die nationalen Rechte verschiedener Staaten teilweise erheblich voneinander abweichen, sollten die Parteien das anwendbare Recht möglichst im Vertrag vereinbaren.

25 Das IPR beantwortet also die Frage, welches nationale Privatrecht im jeweiligen Fall anwendbar ist. Seitdem durch den **Vertrag von Amsterdam** (1999)[24] die Gesetzgebungskompetenz im IPR auf die durch den **Vertrag von Maastricht** 1993 gegründete[25] EU übertragen wurde, geht die Bedeutung des IPR kontinuierlich zurück. Dies gilt insbesondere für **außervertragliche Schuldverhältnisse**, für welche die seit dem 11.1.2009 geltende VO (EG) Nr. 864/2007 v. 11.7.2007 (»Rom-II-VO«) das anzuwendende Recht bestimmt. Für **vertragliche Schuldverhältnisse** bestimmt sich das anzuwendende Recht nach der VO (EG) Nr. 593/2008 v. 17.6.2008 (»Rom-I-VO«), die ab dem 17.12.2009 gilt.

Zu Verdeutlichung folgendes **Beispiel:**[26]
Ein deutscher Staatsangehöriger verbringt seinen Urlaub in Gardone am Gardasee und mietet deshalb im Ort eine Ferienwohnung von einem Italiener. Da der Urlauber sein Geld lieber in Essen und Trinken investiert, aber nicht für Miete verwendet, verklagt der italienische Vermieter den deutschen Mieter vor einem deutschen Gericht auf Mietzahlung. Welches Recht muss der deutsche Richter anwenden?
Lösung: Wegen der Lage der Ferienwohnung in Italien und der italienischen Staatsangehörigkeit des Vermieters weist der Sachverhalt eine Auslandsberührung auf (vgl. Art. 3 Nr. 1 Buchst. b EGBGB, Art. 1 Rom I-VO). Der deutsche Richter muss also überlegen, ob evtl. italienisches Recht zur Anwendung kommt. Sofern die Mietvertragsparteien nicht die Anwendbarkeit eines bestimmten Rechts vereinbart haben, ist nach Art. 4 I Buchst. c Rom I-VO auf diesen Mietvertrag über eine Immobilie im Ausland das Recht des Staates anzuwenden, in dem die unbewegliche Sache gelegen ist. Da sich die Ferienwohnung in Italien befindet, muss der deutsche Richter italienisches Recht anwenden.

Weitere **Beispiele** aus der Praxis für die Anwendung des IPR und des EGBGB sind:
(1) Architekt A aus Osnabrück besitzt in Spanien eine Ferienwohnung und verbringt dort drei Wochen während des Winters. Für seine Wohnung kauft er von einem in Spanien ansässigen Händler eine neue Küche. Welches Recht ist anwendbar?[27]
(2) Ein afrikanischer Stammesangehöriger zieht mit seinen drei Frauen, die er wirksam in seiner Heimat geheiratet hat, nach Deutschland. Hier sterben zwei seiner Frauen, dann er selbst. Ein Testament ist nicht vorhanden, ebenso wenig eine Rechtswahl des einheimischen afrikanischen Rechts. Kann die dritte Frau erben?[28]
(3) M und F, beides griechische Staatsangehörige, heiraten in Deutschland nach griechisch-orthodoxem Ritus, wobei der Pope (= Bezeichnung für einen orthodoxen Priester) keine Ermächtigung der griechischen Regierung nach Art. 13 IV 2 EGBGB besaß. Vor einem deutschen Standesbeamten fand keine Trauung statt. Ist die Ehe wirksam?[29]

---

24 Vgl. dazu *P. Schäfer* EuropaR § 5, 3.
25 Vgl. *P. Schäfer* EuropaR § 5, 2.
26 Nach *Güllemann* IntVertragsR 13.
27 Nach *Güllemann* IntVertragsR 25.
28 Nach *Güllemann* IntVertragsR 31.
29 Nach *Güllemann* IntVertragsR 34.

Diese Fälle können und müssen Sie hier nicht lösen. Bei Interesse können Sie die Ausführungen und Lösungen bei *Güllemann* (s. Literaturverzeichnis) nachlesen.

Merke: Unter IPR werden alle Rechtsnormen verstanden, die bestimmen, welche von mehreren nebeneinander bestehenden Privatrechtsordnungen bei einem Sachverhalt mit einer Verbindung zu einem ausländischen Staat zur Anwendung kommen.

2. Die Rechtsordnung der Europäischen Union (Unionsrecht)

Die Mitgliedstaaten der Europäischen Union haben einen Teil ihrer Souveränitäts- 26
rechte abgetreten. Hauptkennzeichen dafür ist, dass die EU **eine eigenständige, supranationale (überstaatliche) Rechtsordnung** hat. Sie ist also auch eine »**Rechtsunion**«. Diese eigenständige Rechtsordnung kann die Rechtsordnungen der Mitgliedstaaten überlagern und ersetzen.[30]

Im Unionsrecht unterscheidet man zwei große Gruppen: das primäre und das sekundäre Unionsrecht.

Bestandteile des **primären Unionsrechts** sind die zwischen den Mitgliedstaaten geschlossenen Gründungsverträge (EGKS-, E(W)G- und EAG-Vertrag) einschließlich ihrer Anhänge, Protokolle usw. Außerdem zählen die zu ihrer Änderung und Ergänzung geschlossenen Verträge dazu: Die Einheitliche Europäische Akte (= eine der wichtigsten Revisionen der Gründungsverträge), der Maastrichter und der Amsterdamer Vertrag, der EUV und der AEUV in der Fassung des Lissabonner Vertrages sowie die Beitrittsverträge mit neuen Mitgliedstaaten.[31] Diese Gründungsverträge sind völkerrechtliche Verträge, die aufgrund von Art. 23 GG abgeschlossen und durch Zustimmungsgesetz des Bundestages nach Art. 59 II GG ratifiziert werden und so Verbindlichkeit für die BRD erlangen. Sie bestehen hauptsächlich aus Regelungen über die Organisation der Europäischen Institutionen und Ermächtigungen zum Erlass von Rechtsnormen.

Das **sekundäre Unionsrecht** ist das von den Unionsorganen auf der Grundlage der genannten Gründungsverträge gesetzte Recht. In den Gründungsverträgen wurden die Unionsorgane von den Mitgliedstaaten ermächtigt, in bestimmten Grenzen eigenständig Recht zu setzen, das europaweit Geltung erlangen kann. Meist handelt es sich hierbei um Verordnungen oder Richtlinien.[32]

Verordnungen gelten unmittelbar in jedem Mitgliedstaat für die Bürger. Es bedarf keiner Umsetzung in nationales Recht, sie haben als Primärrecht unmittelbare Gesetzeswirkung (vgl. Art. 288 II AEUV).

Beispiele: Die am 20.6.1997 in Kraft getretene »Verordnung über bestimmte Vorschriften im Zusammenhang mit der Einführung des Euro (Euro-I-VO)«[33] sowie die seit 25.5.2018 geltende Datenschutz-Grundverordnung (DSGVO).[34]

30 *Hakenberg* EuropaR Rn. 209.
31 Ausf. hierzu *Hakenberg* EuropaR Rn. 212 f.
32 *Hakenberg* EuropaR Rn. 215.
33 Dazu *Hakenberg* BB 1998, 1491.
34 Verordnung (EU) 2016/679 des Europäischen Parlaments und des Rates zum Schutz natürlicher Personen bei der Verarbeitung personenbezogener Daten, zum freien Datenverkehr und zur Aufhebung der Richtlinie 95/46/EG vom 27.4.2016, ABl. 2016 L 119, 1, ber. ABl. 2016 L 314, 72, ABl. 2018 L 127, 2.

Richtlinien entfalten dagegen grundsätzlich **keine unmittelbare Wirkung für den Bürger**. Sie wenden sich nur an den nationalen Gesetzgeber, dem bei deren Umsetzung in nationales Recht die Wahl der Form und Mittel überlassen bleibt (Art. 288 III AEUV) und haben also nur mittelbare Geltung. Dabei lassen sie den nationalen Parlamenten einen mehr oder weniger großen Spielraum. Sie sind lediglich hinsichtlich ihrer Ziele verbindlich. Richtlinien setzen regelmäßig eine Frist, innerhalb derer sie in innerstaatliches Recht umgesetzt werden müssen. Mit der Umsetzung wird der Richtlinieninhalt Teil der nationalen Rechtsordnung und gilt somit für alle, die vom Umsetzungsakt (zB ein Gesetz) betroffen sind. Während in den Vorauflagen noch eine Reihe von Richtlinien[35] beispielhaft genannt wurde, wird nunmehr davon abgesehen.

Im Bereich des Wirtschaftsprivatrechts ist die Rechtsvereinheitlichung insbesondere im Arbeitsrecht, Gesellschaftsrecht, Wettbewerbsrecht, Reiserecht, Produkthaftungsrecht, im E-Commerce-Recht und im Verbraucherschutzrecht recht weit fortgeschritten.

27 Dem Unionsrecht kommt ein **Anwendungsvorrang** vor dem nationalen Recht der einzelnen Mitgliedstaaten zu, wenn gleiche Regelungsinhalte betroffen sind. Steht nationales Recht nicht im Einklang mit Unionsrecht, wird es also durch das Unionsrecht verdrängt. Das nationale Recht, das mit dem Unionsrecht nicht vereinbar ist, ist nicht nichtig, sondern wird lediglich nicht angewendet.[36]

Die europäische Rechtsvereinheitlichung (Integration) hat seit der Gründung der EU einen solchen Umfang erfahren, dass sie in diesem Rahmen nicht näher dargestellt werden kann. Hier sei auf das Lehrbuch von *Hakenberg* (vgl. Literaturverzeichnis) verwiesen.

VI. Materielles und formelles Recht

28 Das Wirtschaftsprivatrecht und insbesondere das im BGB geregelte Bürgerliche Recht sind Bestandteile des sog. »materiellen Rechts«. Als materielles Recht bezeichnet man die Rechtsnormen, die den Inhalt des Rechts festlegen und ordnen.

Als »formelles Recht« bezeichnet man dagegen die Vorschriften, die der Durchsetzung des materiellen Rechts dienen. Dazu gehören zB sämtliche Verfahrensvorschriften, die in Prozessordnungen (ZPO, StPO unter anderem) enthalten sind.

VII. Durchsetzung des Rechts

29 Um ein Recht, das man hat, durchsetzen zu können, muss man im Streitfall vor Gericht gehen. Je nachdem, in welchem Rechtsgebiet es zu einem Rechtsstreit kommt, sind für Entscheidungen dieses Rechtsstreits verschiedene Gerichte zuständig. Privatrechtliche Streitigkeiten werden vor ordentlichen Gerichten entschieden. Der Begriff »ordentliche Gerichtsbarkeit« ist historisch. Früher waren nur die Gerichte der Justiz

---

35 Eine Vielzahl dieser Richtlinien ist abgedruckt in der Gesetzessammlung **CompR** (IT- und Computerrecht) – Beck-Texte im dtv, 13. Aufl. 2018. Dort sehr lesenswert und lehrreich die »Einführung« von *Schneider*!

36 EuGH Urt. v. 15.7.1964 – 6/64, Slg. 1964, 1141 = NJW 1964, 2371.

(die Zivil- und Strafgerichte) mit unabhängigen Richtern besetzt (also »ordentlich«); dagegen wurde die Verwaltungs- und Finanzgerichtsbarkeit von weisungsgebundenen Beamten ausgeübt.

Das heißt nicht, dass es sich bei den anderen Gerichten um »unordentliche«, sondern um »außerordentliche« Gerichte handelt. Das sind Gerichte, die sich nicht mit gewöhnlichen, sondern mit spezielleren, eben außergewöhnlichen bzw. außerordentlichen Rechtsstreitigkeiten befassen. Dazu gehören insbesondere die öffentlich-rechtlichen Streitigkeiten. Hierfür gibt es zB Verfassungsgerichte, Verwaltungsgerichte, Finanz- und Sozialgerichte.

Informationen über den Gerichtsaufbau in Deutschland finden Sie in der folgenden Übersicht 4 (→ Rn. 35).

Zuvor aber noch einige kurze Anmerkungen zu den Gerichten, der Gerichtsbarkeit 30
und dem Aufbau der Gerichte bzw. der Gerichtsorganisation in Deutschland, die Ihnen das Verständnis dieser Übersicht erleichtern sollten.

Das Gericht ist ein aus einer oder mehreren Personen (Richtern) bestehendes Organ, dem die Rechtsprechung (=Judikative → Rn. 7) obliegt. »Das« Gericht entscheidet unter Anwendung des geltenden objektiven Rechts nach seiner Überzeugung, was bei konkreten, streitigen Sachverhalten rechtens ist. Je nachdem, welche Rechtsmaterie (→ Rn. 18) der Rechtsstreit tangiert, sind Gerichte verschiedener Gerichtsbarkeiten zuständig.

Unter Gerichtsbarkeit versteht man gemeinhin die Ausübung der Rechtspflege bzw. Rechtsprechung, die den Richtern anvertraut ist. Die Gerichtsbarkeit gliedert sich nach der sachlichen Zuständigkeit grob (vgl. Art. 92, 95 GG) in: Verfassungsgerichtsbarkeit, ordentliche Gerichtsbarkeit, Arbeitsgerichtsbarkeit, Verwaltungsgerichtsbarkeit, Finanzgerichtsbarkeit, Sozialgerichtsbarkeit sowie (untergeordnet) Disziplinargerichtsbarkeit und Ehrengerichtsbarkeit. Dabei handelt es sich durchweg um staatliche Gerichtsbarkeiten.

Daneben gibt es die private Schiedsgerichtsbarkeit, der vor allem – aber nicht nur – 31
bei grenzüberschreitenden (internationalen) Rechtsstreitigkeiten besondere Bedeutung zukommt. Aufgrund einer Vereinbarung (Schiedsklausel) der Parteien entscheidet ein Schiedsgericht anstelle des staatlichen Gerichts bürgerlich-rechtliche Streitigkeiten. Entscheidungen von Schiedsgerichten sind für die Parteien gleichermaßen bindend wie die von Staatsgerichten. Das »schiedsrichterliche Verfahren« ist daher ebenso den Vorschriften der ZPO (dort: §§ 1025 ff.) unterworfen wie das Verfahren vor den staatlichen »Zivilgerichten«. Der Begriff des Schiedsrichters bei Sportwettkämpfen hat also durchaus juristische Bedeutung!

Jede Gerichtsbarkeit hat verschiedene Instanzen (Rechtszüge), die – vereinfacht ausgedrückt – nach der Bedeutung des Rechtsstreits zuständig sind. Dies näher zu erläutern, würde unsere »Einführung in das Recht« zu weit ausdehnen. Dazu bedarf es einer eingehenderen Beschäftigung mit dem vielfältigen Prozess(= Verfahrens-)recht, die von Ihnen in der Anfangsphase Ihres Studiums regelmäßig nicht verlangt wird. Dennoch sollten Sie zumindest wissen, wodurch die Zuständigkeit der Gerichte, die über bürgerlich-rechtliche Streitigkeiten entscheiden, begründet wird.[37] Das Bürgerliche Recht bildet schließlich den Schwerpunkt Ihres »Rechts«-Studiums!

32 Bei bürgerlich-rechtlichen Streitigkeiten richtet sich die sachliche Zuständigkeit der Gerichte in erster Linie nach der Höhe des Streitwertes, über den im Einzelnen die Vorschriften der §§ 2–9 ZPO und insbesondere Vorschriften des Gerichtsverfassungsgesetzes (GVG) etwas aussagen.

Die sachliche Zuständigkeit der Amtsgerichte in erster Instanz umfasst gem. § 23 GVG in bürgerlich-rechtlichen Streitigkeiten, soweit diese nicht ohne Rücksicht auf den Wert des Streitgegenstands (wegen ihrer besonderen rechtlichen Bedeutung) den Landgerichten zugewiesen sind, vor allem Streitigkeiten über vermögensrechtliche Ansprüche, deren Streitwert 5.000 EUR nicht übersteigt. Das Landgericht ist – abgesehen von der streitwertunabhängigen Zuständigkeit – für alle vermögensrechtlichen Streitigkeiten »über 5.000 EUR« in erster Instanz zuständig (§ 71 GVG). Die örtliche Zuständigkeit des Gerichts richtet sich grundsätzlich nach dem Wohnsitz des Schuldners, dem sog. »Gerichtsstand«, vgl. § 13 ZPO.

33 Gegen Urteile der Gerichte erster Instanz ist gem. § 511 ZPO die Berufung statthaft, bei vermögensrechtlichen Streitigkeiten allerdings nur, wenn der Wert des Beschwerdegegenstands 600 EUR übersteigt (§ 511 II Nr. 1 ZPO) oder das erstinstanzliche Gericht die Berufung im Urteil zugelassen hat (§ 511 II Nr. 2 ZPO).

Berufungsinstanz für Entscheidungen des Amtsgerichts ist grundsätzlich das (örtlich zuständige) Landgericht (§ 72 GVG). Berufungsinstanz für erstinstanzliche Urteile des Landgerichts ist regelmäßig das Oberlandesgericht (§ 119 GVG).

34 Gegen Berufungsurteile des LG und des OLG ist unter den Voraussetzungen der §§ 542 ff. ZPO die Revision statthaft (§ 542 I ZPO). Über die Revision hat (gem. § 133 GVG) der in Karlsruhe ansässige Bundesgerichtshof (BGH) zu entscheiden. Wird die Revision nicht zugelassen, kann gem. § 544 ZPO Nichtzulassungsbeschwerde erhoben werden. Dies allerdings nur, wenn der Wert der mit der Revision geltend zu machenden Beschwer 20.000 EUR übersteigt (vgl. § 26 Nr. 8 EGZPO).

Literatur zur Vertiefung (→ Rn. 1–35): *Böhm*, Grundlagen und Rechtsquellen der Europäischen Union – Teil 1, JA 2008, 838; *Brox/Walker* BGB AT §§ 1–3; *Hakenberg*, Das Euro-Einführungsgesetz, BB 1998, 1491; *Hakenberg* EuropaR 4. Teil; *Klunzinger* BürgerlR §§ 1–3; *Köhler* BGB AT §§ 1–2; *Schapp*, Einführung in das Bürgerliche Recht: Das System des Bürgerlichen Rechts, JA 2003, 125; *Schnapp*, Da hab ich einen Satz gemacht: Über Bildung und Missbildung von Sätzen, JURA 2004, 22; *Schnapp*, Das Gebot der Sachlichkeit, JURA 2006, 583; *Stadler* BGB AT §§ 1–2; *Stürner*, Das Privatrecht der Europäischen Union, JURA 2016, 1133; *Walter*, Über den juristischen Stil, JURA 2006, 344; *Zehnthöfer*, Was ist Moral, Recht, Gerechtigkeit? – Grundprobleme der Rechtsphilosophie, JURA 2004, 822.

35 Die Übersicht zum Gerichtsaufbau finden Sie auf der folgenden Seite. Mehr Informationen über die Gerichte erhalten Sie wie folgt:

Auf der Homepage des **Bundesministeriums der Justiz und für Verbraucherschutz (http://www.bmjv.de)** klicken Sie die Reiter

- »Service« sowie

37 Die »§§«, die ich hierzu zitiere, brauchen Sie ausnahmsweise nicht nachzulesen – es genügt schon, wenn Sie nur wissen, dass es diese Vorschriften gibt!

- »Gerichte und Staatsanwaltschaften« an. Bei dem Unterpunkt
- »Wie funktioniert eigentlich der Gerichtsaufbau in Deutschland?« finden Sie unter der Übersicht das
  → »**Schaubild Gerichtsaufbau**«.

Die aktuelle Anzahl der Gerichte erhalten Sie bei dem Unterpunkt

- »Wie viele Bundes- und Landesgerichte gibt es in Deutschland?«
  → »**Anzahl der Gerichte des Bundes und der Länder**«

Die Anschriften und Telekommunikationsdaten der ordentlichen Gerichte des Bundes und der Länder finden Sie unter

- »Wie kann ich die Gerichte oder Staatsanwaltschaften erreichen?«
  → »**Anschriftenverzeichnis der Gerichte**«.

Dort erfahren Sie, dass es 24 Oberlandesgerichte gibt. In Berlin heißt das OLG »Kammergericht«. Die meisten Oberlandesgerichte sind nach der Stadt benannt, in der sie etabliert sind (zB OLG Bamberg bis OLG Stuttgart). Andererseits gibt es das Brandenburgische, Hanseatische, Pfälzische, Saarländische sowie das Thüringer OLG. Letzteres befindet sich in Jena.

Sie finden außerdem 115 Landgerichte von A (Aachen) bis Z (Zwickau). Es folgen 638 Amtsgerichte von A (wieder: Aachen) bis Z (wieder: Zwickau).

»Außerordentliche« (→ Rn. 29) Gerichte, wie Verwaltungsgerichte, Sozialgerichte, Arbeitsgerichte, Finanzgerichte können Sie ebenfalls unter

- »Wie kann ich die Gerichte oder Staatsanwaltschaften erreichen?«
  → »**Anschriftenverzeichnis der Gerichte**«

finden.

Und zur »Deutschen Justiz« gehören auch noch »Staatsanwaltschaften«. Diese zählen allerdings nicht mehr zur »ordentlichen Gerichtsbarkeit«. Sie sind auch in einem Buch über Bürgerliches Recht mit einer kleinen »Einführung in *das* Recht« fehl am Platz.

Übersicht 4

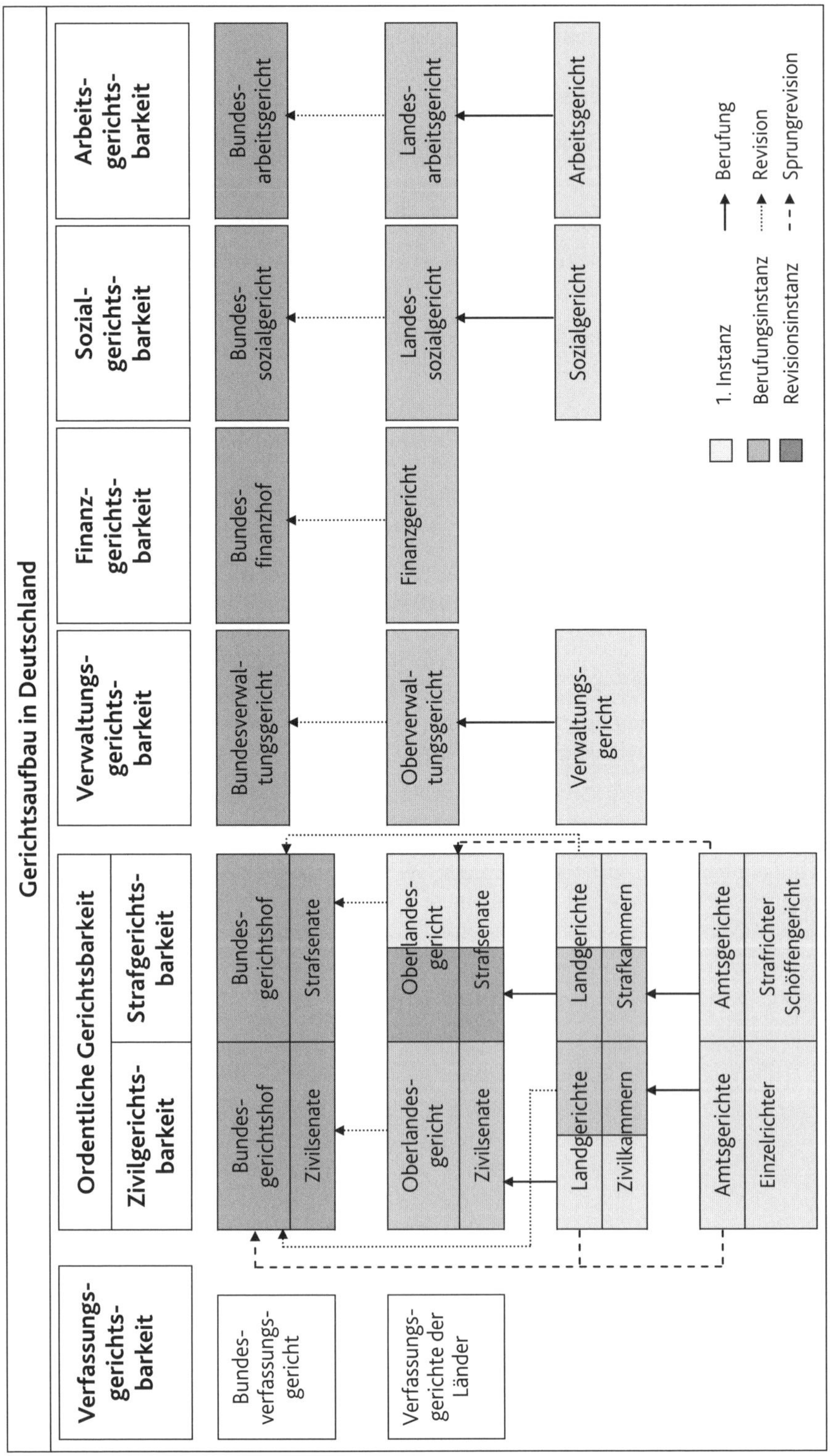
Gerichtsaufbau in Deutschland
Verfassungs-gerichts-barkeit
Ordentliche Gerichtsbarkeit
Zivilgerichts-barkeit
Strafgerichts-barkeit
Verwaltungs-gerichts-barkeit
Finanz-gerichts-barkeit
Sozial-gerichts-barkeit
Arbeits-gerichts-barkeit
Bundes-verfassungs-gericht
Verfassungs-gerichte der Länder
Bundes-gerichtshof
Zivilsenate
Bundes-gerichtshof
Strafsenate
Oberlandes-gericht
Zivilsenate
Oberlandes-gericht
Strafsenate
Landgerichte
Zivilkammern
Landgerichte
Strafkammern
Amtsgerichte
Einzelrichter
Amtsgerichte
Strafrichter
Schöffengericht
Bundesverwal-tungsgericht
Oberverwal-tungsgericht
Verwaltungs-gericht
Bundes-finanzhof
Finanzgericht
Bundes-sozialgericht
Landes-sozialgericht
Sozialgericht
Bundes-arbeitsgericht
Landes-arbeitsgericht
Arbeitsgericht
1. Instanz
Berufungsinstanz
Revisionsinstanz
Berufung
Revision
Sprungrevision

2. Kapitel. Die Entstehung des Bürgerlichen Gesetzbuchs

Den Schwerpunkt Ihrer Vorlesungen über »Recht« und dieses Buchs wird das im Bürgerlichen Gesetzbuch geregelte Bürgerliche Recht bilden. 36

Bevor wir uns mit dem Inhalt des BGB näher befassen, sollten Sie einiges darüber wissen, wie es überhaupt zur Kodifizierung (also zur schriftlichen Festlegung der Rechtsregeln im förmlichen Gesetzgebungsverfahren) dieses Gesetzes kam. Das Deutsche Bürgerliche Recht ist nicht schon seit Urzeiten im BGB geregelt; dazu kam es erst relativ spät.

■ Wissen Sie zufällig, wann das Bürgerliche Gesetzbuch in Kraft getreten ist?
▶ Selbst überlegen! Antwort: Fn.[38]

Das BGB gilt als **die** große deutsche Gesetzeskodifikation des 19. Jahrhunderts.

Sie sollen zwar nicht die lückenlose Entstehungsgeschichte des BGB erfahren, doch einige Meilensteine seiner Entwicklung sollten Sie ruhig kennen! 37

Der Sinn eines akademischen Studiums darf nicht nur darin liegen, »stur« den Examensstoff zu pauken, sondern es soll zugleich Gelegenheit geben, die – wenn auch fachbezogene – »Allgemeinbildung« etwas zu erweitern. Um sich zum hochqualifizierten, aber einseitig »verbildeten« Fachmann, um nicht zu sagen »Fachidioten«, zu entwickeln, muss man nicht unbedingt ein akademisches Studium auf sich nehmen. Für jemand, der sich mit dem »Recht«, hier mit dem Bürgerlichen Gesetzbuch, befassen muss, wird das Verständnis grundsätzlich erleichtert, wenn er ungefähr weiß, aus welchem Zeitgeist heraus sich dieses Gesetz entwickelt hat.[39]

Vor dem In-Kraft-Treten des BGB herrschte im deutschen Raum eine starke Rechtszersplitterung, die den Ruf nach der Schaffung eines einheitlichen Gesetzeswerks im Bereich des Privatrechts laut werden ließ. Bis zur Gründung des Deutschen Reichs (wann?)[40] nahmen die einzelnen deutschen Staaten (Preußen, Bayern, Sachsen, Württemberg, Baden, Mecklenburg usw) das Recht der Gesetzgebung und auch die Gerichtsbarkeit jeweils für sich in Anspruch.

Vorläufer dieser einzelnen Landesrechte, dieser partikularen Rechte, wie man sie auch bezeichnet, war das sog. Gemeine Recht (für Lateiner: ius commune). Als »gemein« wurde dieses Recht nicht bezeichnet, weil es nur garstige Vorschriften enthielt, sondern weil es für alle deutschen Staaten gemeinsam galt! Es war nur zum geringen Teil deutschen Ursprungs und beruhte im Wesentlichen auf übernommenem (rezipiertem) fremdem Recht, insbesondere auf dem Gedankengut des römischen Rechts. Man spricht in diesem Zusammenhang häufig sehr vereinfacht von der Rezeption (Über- 38

38 **Am 1.1.1900!**

39 Wenn Sie tiefer in die Deutsche Rechtsgeschichte oder in die Privatrechtsgeschichte eindringen möchten, nachdem Sie diesen kleinen Appetithappen (2. Kapitel) gelesen haben, empfehle ich *Kroeschell*, Deutsche Rechtsgeschichte, Bd. 1 (bis 1250), 13. Aufl. 2008, Bd. 2 (1250–1650 [9. Aufl. 2008 von *Kroeschell/Cordes/Nehlsen-v. Stryk*]), Bd. 3 (seit 1650), 5. Aufl. 2008 (glänzende, moderne Darstellung; das zeitgenössische Standardwerk zur deutschen Rechtsgeschichte!); *Gmür/Roth*, Grundriss der deutschen Rechtsgeschichte, 15. Aufl. 2018. Dort finden Sie wichtige und interessante Literatur, wenn Sie noch »mehr« wollen.

40 1871!

nahme) des römischen Rechts, die im 15. Jahrhundert ihren Höhepunkt hatte.[41] Das gemeine Recht, das auf Gewohnheitsrecht (→ Rn. 5) beruhte, war auch nach Schaffung der sog. »Partikularrechte« in den einzelnen deutschen Staaten gültig. »Partikular« bedeutet: Einen Teil(aspekt) der Minderheit betreffend. Die Partikularrechte galten also nur für den einzelnen Staat, nicht aber für alle Staaten, wie das »gemeine Recht«. Letztgenanntes galt gegenüber den Partikularrechten nur subsidiär.

39 ■ Was bedeutet das: Es galt subsidiär? Können Sie sich darunter etwas vorstellen?

▶ Subsidiär bedeutet so viel wie »zweitrangig« dh, das gemeine Recht wurde nur angewendet, sofern keine einzelstaatliche Regelung des jeweiligen Partikularrechts vorhanden war (= Subsidiaritätsprinzip)[42].

Es galt der Grundsatz »Landesrecht bricht gemeines Recht«. Die Landesrechte waren in einigen Partikularstaaten bereits in großen Gesetzeswerken kodifiziert (»Kodifizierung« = schriftliche Zusammenfassung; die Zusammenfassung von Rechtsvorschriften eines bestimmten Rechtsgebiets in einem einheitlichen Gesetz wurde Codex genannt).

Von den wichtigsten sollte man einmal etwas gehört bzw. gelesen haben. Dies waren vor allem:

In **Bayern** der »Codex Maximilianaeus Bavaricus Civilis« (1756),
in **Preußen** das »Allgemeine Landrecht für die preußischen Staaten« (1794),
in **Sachsen** das »Bürgerliche Gesetzbuch für das Königreich Sachsen« (1863),
in den **linksrheinischen Gebieten** das unter Napoleon geschaffene französische Zivilgesetzbuch, der »Code civil« (1804),
in **Baden** das »Badische Landrecht« (1809); dieses beruhte im Wesentlichen auf einer Übersetzung des »Code civil«.

40 Nicht zuletzt die Tatsache, dass Frankreich mit dem »Code civil« bereits seit 1804 ein einheitliches Gesetzeswerk für das Privatrecht besaß, war Auslöser für die Schaffung eines einheitlichen deutschen Gesetzeswerks auf dem Gebiet des Bürgerlichen Rechts; denn was der französischen Nation gelungen war, so meinte man, könne auch der deutschen Nation gelingen. Sinn der Schaffung des BGB war es nicht, etwas inhaltlich völlig Neues zu verfassen, sondern das bereits vorhandene, teilweise unterschiedliche, Privatrecht der verschiedenen Landesteile zu vereinfachen und zu vereinheitlichen. In Teilgebieten des Privatrechts war das schon früher gelungen, so zB durch Schaffung der »Allgemeinen Deutschen Wechselordnung« von 1848 und des »Allgemeinen Deutschen Handelsgesetzbuchs« von 1861, das 1897 von dem heute noch – natürlich mit zwischenzeitlichen Änderungen – geltenden HGB abgelöst wurde.

Auf die Notwendigkeit der Schaffung eines einheitlichen Bürgerlichen Gesetzbuchs hatte erstmals der Heidelberger Rechtsgelehrte *A. F. Justus Thibaut* (trotz des französischen Namens ein Deutscher) hingewiesen, als er 1814 seine Schrift »Über die Notwendigkeit eines Allgemeinen Bürgerlichen Rechts für Deutschland« veröffent-

41 Für Interessenten, die mehr wissen wollen, als den Prüfungsstoff (vgl. Vorwort): Über die Rezeption des römischen Rechts bzw. über die »Anfänge des gelehrten Rechts«, können Sie sich informieren im gleichnamigen Werk von *Trusen* (1962) – dazu brauchen Sie aber wirklich Interesse und Zeit! »Die Rezeption des römischen Rechts« wird kurz und gut in dem Aufsatz von *Schildt* JURA 2003, 450 dargestellt.

42 Auf diesen Begriff kommen wir nochmals zurück!

lichte. Er hatte sich aber mit seinen Bemühungen nicht durchsetzen können, weil unter anderem der Marburger Rechtsprofessor *Friedrich Carl von Savigny* (ebenfalls ein Deutscher und von 1842–1848 preußischer Justizminister) der Auffassung war, dass die Zeit für ein solches Gesetzeswerk noch nicht reif gewesen sei.

Erst nach der Gründung des Reiches im Jahre 1871 war es möglich, vielerorts bestehende Kodifikationsabsichten zu verwirklichen. Die Arbeiten für ein einheitliches Bürgerliches Gesetzbuch wurden verstärkt aufgenommen und von sog. Kommissionen geleitet, die vorwiegend aus Universitätsgelehrten sowie hohen Richtern und Ministerialbeamten bestanden.

Nachdem 1873 auf Initiative der Abgeordneten *Lasker* und *Miquel* die Gesetzgebungszuständigkeit des Reichs für das gesamte Bürgerliche Recht (lex Lasker) begründet worden war, wurde 1874 die erste Kommission berufen, die sich aus elf Juristen aus den elf größten Einzelstaaten zusammensetzte. Sie begann ihre eigentliche Arbeit 1881 mit den Hauptberatungen und legte als Ergebnis 1887 den »Ersten Entwurf« vor, der 1888 – zusammen mit einer ausführlichen Begründung, den sog. »Motiven« – veröffentlicht wurde. Federführend war in dieser Kommission der Leipziger Juraprofessor *Bernhard Windscheid* (1817–1892), den man bisweilen auch als »Vater des BGB« bezeichnete. Dieser »Erste Entwurf« wurde mit heftiger Kritik aufgenommen, bei der sich neben *Anton Menger* (»Das bürgerliche Recht und die besitzlosen Volksklassen«, 1890) namentlich der berühmte Berliner Rechtsgelehrte *Otto von Gierke* (1841–1921) hervortat.[43] Ihm war dieser Entwurf zu sehr am römischen Recht ausgerichtet; das Werk sei nicht Deutsch genug und außerdem volks- und lebensfremd, zu formalistisch, und es berücksichtige seiner Ansicht nach die sozialen Forderungen seiner Zeit zu wenig. Diese Kritik führte zur Bearbeitung durch eine zweite Kommission, der außer Juristen auch Vertreter der Wirtschaft angehörten und die von 1890–1895 tagte. Der von dieser Kommission verfasste »Zweite Entwurf« war wesentlich klarer formuliert und gewährte dem wirtschaftlich Schwachen mehr Schutz. Dieser zweite Entwurf wurde 1896 vom Reichstag – mit wenig Änderungen durch das Reichsjustizamt in einer Denkschrift[44] – verabschiedet und zusammen mit den Begründungen, den sog. »Protokollen«, nach Unterzeichnung durch Kaiser Wilhelm II. am 24.8.1896 im Reichsgesetzblatt verkündet.

Am 1.1.1900 trat das BGB in Kraft, zusammen mit dem HGB und einigen Nebengesetzen, wie zB der Grundbuchordnung (GBO).[45]

Seither hat das BGB eine Vielzahl von Änderungen erfahren, von denen die »Schuldrechtsreform« aufgrund des Schuldrechtsmodernisierungsgesetzes v. 26.11.2001 zum 1.1.2002 die tiefgreifendsten Wirkungen hatte.

Dies soll als Überblick über die Entstehung des BGB genügen. Sehen Sie sich die Entstehungsgeschichte anhand von Übersicht 5 (→ Rn. 41) noch einmal an.

---

43 In seiner sog. »Kampfschrift« (vgl. *Wieacker,* Privatrechtsgeschichte der Neuzeit, 2. Aufl. 1967 [2. Nachdruck 1996], 453) »Der Entwurf eines Bürgerlichen Gesetzbuches und das deutsche Recht« (1888/89) kritisierte er das BGB mit dem markigen Satz: »Unser Privatrecht muss ein Tropfen sozialistischen Öles durchsickern!« (Zitat nach *Kroeschell,* Deutsche Rechtsgeschichte, Bd. 3, 5. Aufl. 2008, 221; bei *Wieacker* Privatrechtsgeschichte 470 ist dieser Tropfen Öl nur »sozial« …).

44 Bisweilen auch als »Dritter Entwurf« bezeichnet.

45 Dazu mehr in *Wörlen/Kokemoor* SachenR Rn. 196 ff.

41 Übersicht 5

Entstehungsgeschichte des BGB

Inkrafttreten: 1.1.1900
= einheitliche Kodifizierung (= schriftliche Festlegung) des deutschen Privatrechts

Situation vorher: Starke Rechtszersplitterung → Bis zur Gründung des deutschen Reiches (1871) lag Gesetzgebung bei deutschen Einzelstaaten = Partikularstaaten
→ Partikularrechte bzw. -gesetze

Vorläufer der Partikularrechte:

»Gemeines Recht« (ius commune) — **Gewohnheitsrecht**

Basis: übernommenes (»rezipiertes«) römisches Recht
(→ »Rezeption« des römischen Rechts, 15. Jh.)

Geltung in allen deutschen Staaten, aber »subsidiär« [= zweitrangig: gemeines Recht galt nur, sofern nicht einzelstaatliche (partikulare) Sonderregelungen vorhanden waren]

Die wichtigsten Gesetze der Partikularstaaten
- Codex Maximilianaeus Bavaricus Civilis (1756) – Bayern
- Allgemeines Landrecht für die preußischen Staaten (1794) – Preußen
- Bürgerliches Gesetzbuch für das Königreich Sachsen (1863) – Sachsen
- »Code civil (français)« (1804) – linksrheinische Gebiete
- Badisches Landrecht (1809) – Baden

Schaffung des »Code civil« war Auslöser für Forderung nach einheitlichem deutschem Privatrechtsgesetzbuch; Initiative: Heidelberger Rechtsprofessor *A. F. Justus Thibaut* (1772–1840)

→ »Über die Notwendigkeit eines allgemeinen Bürgerlichen Rechts für Deutschland« (1814)

→ Dagegen: *Friedrich Carl von Savigny* (1779–1861) (v. 1842–1848 preußischer Justizminister)
→ »Zeit noch nicht reif«

Einzelne Gesetzwerke in Teilgebieten des deutschen Privatrechts
- Allgemeine Deutsche Wechselordnung, 1848
- Allgemeines Deutsches Handelsgesetzbuch, 1861

Nach Gründung des deutschen Reiches
- 1874 Beauftragung der 1. Kommission (11 Juristen)
  → Professoren, Richter, Ministerialräte; *Bernhard Windscheid* (1817–1892) = »Vater des BGB«
- 1881 Beginn der Hauptberatungen
- 1888 1. Entwurf mit »Motiven« (= Begründungen)
- Kritik: *Otto von Gierke* (1841–1921) → »Zu undeutsch, zu römisch, zu formalistisch, zu lebens- und volksfremd, zu unsozial«
- 1890 2. Kommission
- 1895 2. Entwurf mit »Protokollen«
  → Änderungen, Verbesserungen (Schutz der wirtschaftlich Schwachen)
- 1896 Verabschiedung 2. Entwurf durch Reichstag/mit »Denkschrift« Reichsjustizamt (sog. 3. Entwurf)
- 24.8.1896 Verkündung des BGB im RGBl.
- **1.1.1900 Inkrafttreten des BGB**
- **1.1.2002 »Schuldrechtsreform«**

3. Kapitel. Einige wichtige Grundbegriffe des Bürgerlichen Rechts – Terminologie des BGB

Nachdem wir auf diese Weise einen kleinen Überblick über die Entstehungsgeschichte des BGB bekommen und das Bürgerliche Recht in unser Rechtssystem eingeordnet haben, wollen wir einige Begriffe und Grundprinzipien des Bürgerlichen Rechts betrachten, um uns mit der Terminologie des BGB vertraut zu machen. 42

I. Bedeutung und Inhalt bürgerlich-rechtlicher Regelungen

Das Bürgerliche Recht ist alles andere als eine trockene oder gar lebensfremde Materie, wie manchmal von Laien zu hören ist. Lebensfremd kann das Recht schon deshalb nicht sein, weil es sozusagen das Leben selbst ist. Tagtäglich werden Sie, meist ohne sich dessen gerade bewusst zu sein, mit dem Recht, vor allem mit dem Bürgerlichen Recht, konfrontiert. Das fängt schon an, wenn Sie sich morgens bei Ihrem Bäcker Ihre Brötchen kaufen (falls Sie Brötchen mögen ...), diese bar bezahlen und mitnehmen. Mit diesem Beispiel habe ich eigentlich schon einen kleinen »Fall« gebildet. Meine Frage dazu lautet: 43

- ■ »Wie viele Verträge wurden in diesem Fall geschlossen«? (Überlegen Sie!)
  Einen Vertrag, der hier geschlossen wurde, müssten Sie, auch ohne das BGB zu kennen, nennen können?
- ▶ Ein Kaufvertrag über die Brötchen! (§ 433 lesen!)
  Außerdem wurden noch zwei Eigentumsübertragungsverträge geschlossen. Sie haben nämlich, wenn auch stillschweigend – durch schlüssiges oder »konkludentes« Verhalten, wie der Jurist das nennt – mit dem Bäcker dahingehend eine **Einigung** erreicht, dass Sie Eigentümer der Brötchen werden sollen, und zum anderen haben Sie sich mit ihm darüber geeinigt, dass er Eigentümer des Geldes werden soll!
  Durch **Übergabe** der Brötchen und durch Übergabe des Geldes sind diese Eigentumswechsel sofort vollzogen worden, und zwar jeweils durch einen »dinglichen Vertrag« gem. § 929 S. 1 (zur ersten Information schon einmal durchlesen!).

Wir werden auf dieses Beispiel bei Gelegenheit (→ Rn. 272 f.) noch einmal zurückkommen und uns dann die Vorschriften des BGB, in denen diese Vorgänge geregelt sind, genauer ansehen.

- ■ Was also – allgemeiner betrachtet – regelt das BGB und welchen Prinzipien folgt es dabei?
- ▶ Zunächst hatten wir bereits festgestellt, dass im BGB ein Teilbereich des Privatrechts geregelt wird. 44
  Das Bürgerliche Recht, für das bekanntlich auch der Begriff »Zivilrecht« verwendet wird, regelt Rechtsbeziehungen zwischen Privatpersonen, hauptsächlich Rechtsbeziehungen des Wirtschafts- und Gesellschaftslebens und der Familie.

Privatpersonen sind alle Menschen, aber auch, wie Sie vielleicht schon wissen oder demnächst noch lernen werden, Vereine und Gesellschaften, wie zB eine Aktiengesellschaft. Selbst der Staat ist nicht nur Hoheitsträger, sondern kann, wie Sie bereits erfahren haben, auch als »Privatperson« auftreten, etwa als Eigentümer, Vermieter oder Käufer und heißt dann Fiskus. Rechtsbeziehungen des Wirtschafts- und Gesellschaftslebens regelt das Bürgerliche Recht vor allem in zwei Teilgebieten: dem »Schuldrecht« und dem »Sachenrecht«.

Das Schuldrecht, oder wie es im Gesetzestext heißt, das »Recht der Schuldverhältnisse«, hat mit Rechtsbeziehungen zu tun, in denen einer etwas schuldet, das ist der »Schuldner«, und der andere das Geschuldete fordern kann, das ist der »Gläubiger«.[46] In der Terminologie des Bürgerlichen Rechts heißt das, dass der Gläubiger gegen den Schuldner einen »Anspruch« hat. Die rechtliche Vorschrift, den Paragrafen also, aus dem er diesen Anspruch herleiten kann, nennt man »Anspruchsgrundlage«. Mit diesem Begriff werden wir uns noch sehr ausführlich beschäftigen. Ansprüche einer Privatperson gegen eine andere können nicht nur im Schuldrecht entstehen, sondern auch in anderen Bereichen des Bürgerlichen Rechts, so zB auch im Sachenrecht, im Familienrecht und im Erbrecht.

Wie das Schuldrecht ordnet das Sachenrecht verschiedenartige Lebensbereiche. Das BGB versteht unter »Sachen« einerseits zB den gesamten Grund und Boden mit allen seinen Bestandteilen (wie Pflanzen und Gebäude). Das sind die sog. »unbeweglichen Sachen«, die Immobilien. So wird verständlich, warum man Grundstücksmakler auch Immobilienmakler nennt …

Neben den unbeweglichen Sachen kennt das BGB den Begriff der »beweglichen Sachen«. Das sind vor allem Waren jeder Art, zB auch die bereits erwähnten Brötchen vom Bäcker!

Das Sachenrecht ist aber nicht Thema dieses Buchs. Wir wollen deshalb noch nicht näher darauf eingehen, sondern uns erst einmal mit den **Personen** beschäftigen, die von den Regelungen des BGB betroffen werden.

II. Personen und Rechte

1. Rechtsfähigkeit; Rechtssubjekte

Übungsfall 1

Der alleinstehende, reiche Moosmeisel liebt sein Schoßhündchen Daisy über alles. Deshalb möchte er das Tierchen in seinem Testament als Erbe einsetzen oder den Lebensabend von Daisy durch eine sog. »Pensionszusage« sicherstellen. Wie kann er das erreichen?

45 Die Antwort auf diese Frage heißt schlicht: »Überhaupt nicht!«

■ Warum wohl nicht?

▶ »Erbe« oder »Gläubiger eines Pensionsanspruches« kann nur jemand werden, wenn er auch Rechte haben kann. Entscheidend ist, ob Daisy Rechte haben kann! Damit ist die Frage nach der Rechtsfähigkeit gestellt. Eine Definition der Rechtsfähigkeit werden Sie im BGB nicht finden. Lesen Sie dazu § 1!

Was Rechtsfähigkeit bedeutet, wird nicht erklärt, sondern es wird nur gesagt, wann die Rechtsfähigkeit des Menschen beginnt, nämlich mit der Vollendung der Geburt. Vollendung der Geburt bedeutet, dass der Säugling nach Austritt aus dem Mutterleib mindestens einen Atemzug getan haben muss. In Zweifelsfällen ist die Feststellung, ob ein Säugling gelebt hat, mittels einer Lungenprobe möglich (Wasserprobe).

Die Rechtsfähigkeit wird von der Rechtslehre folgendermaßen definiert:

46 Lesen Sie zur ersten Information § 241 I! In *Wörlen/Metzler-Müller* SchuldR AT werden Sie unter Rn. 6 f. mehr dazu erfahren.

Unter Rechtsfähigkeit versteht man die Fähigkeit, Träger von Rechten und Pflichten zu sein.

Mit der Formulierung des § 1 können wir die Antwort auf unsere Hundefrage begründen: Träger von Rechten und Pflichten können nur Menschen, nicht aber Tiere sein. Tiere sind juristisch gesehen zwar gem. § 90a keine Sachen mehr,[47] aber wie wollte man zB Daisy zur Verantwortung ziehen, wenn sie den ungeliebten Postboten beißt und dieser Schadensersatz verlangt? Dafür muss nun einmal Moosmeisel geradestehen bzw. »haften«, wie es im juristischen Sprachgebrauch heißt. Auf die sog. »Tierhalterhaftung«, die im BGB ausdrücklich geregelt ist, kommen wir zu einem späteren Zeitpunkt kurz zurück! Bleiben wir noch bei der Rechtsfähigkeit des Menschen. Wie Sie gelesen haben, bedeutet Rechtsfähigkeit, dass eine Person – Abschnitt 1 von Buch 1 (»Allgemeiner Teil«) des BGB ist mit dem Titel »Personen« überschrieben – Träger von Rechten und Pflichten sein kann. Wenn Sie sich an unsere Unterscheidung von objektivem und subjektivem Recht erinnern, können Sie vielleicht diese Frage beantworten:

■ Welches Recht wird in der Definition der Rechtsfähigkeit angesprochen? 46
▶ Das subjektive Recht!
■ Wissen Sie noch, wie oben (Übersicht 2 → Rn. 12) das subjektive Recht definiert wurde?
▶ Als Befugnis, die sich aus einer Rechtsnorm des objektiven Rechts für den Berechtigten unmittelbar ergibt.

Man nennt die Personen, die Träger von Rechten und Pflichten sein können, deshalb auch »Rechtssubjekte«. Rechtssubjekt iSd BGB ist in erster Linie der Mensch oder die »natürliche Person«, wie dies in der Überschrift des ersten Titels über § 1 ausgedrückt wird. Daraus könnte man fast schließen, dass es im Gegensatz dazu auch »unnatürliche Personen« gibt … 47

Solche Personen mag es tatsächlich geben, doch ist dies zumindest juristisch unbedeutend, solange sie nicht in Erscheinung treten …

■ Vielleicht wissen Sie schon, welche Personen im BGB den natürlichen Personen gegenüberstehen?
▶ Die »juristischen Personen«! 48
■ Was bzw. wer sind nun juristische Personen?

47 Die frühere formale Betrachtungsweise der Tiere als Sachen widerspricht »der im Tierschutzrecht verankerten Anschauung, dass das Tier ein Mitgeschöpf des Menschen und ein schmerzempfindendes Lebewesen ist, demgegenüber der Mensch zu Schutz und Fürsorge verpflichtet ist.« Dieser Grundgedanke ist in dem »Gesetz zur Verbesserung der Rechtsstellung des Tieres im bürgerlichen Recht« innerhalb der gesamten Rechtsordnung und im Bürgerlichen Gesetzbuch durch die Beseitigung der formalen Gleichstellung des Tieres mit einer Sache zum Ausdruck gekommen. Dieses am 1.1.1990 in Kraft getretene Gesetz (BGBl. I 1762) legt fest, dass Tiere auch im bürgerlichen Recht keine Sachen, sondern Lebewesen sind, die unter dem besonderen Schutz der Gesetze stehen. Die für Sachen geltenden Vorschriften dürfen daher nur angewandt werden, wenn nicht besondere Bestimmungen zum Schutz der Tiere entgegenstehen. Dieser zentrale Grundgedanke wurde im Schadensrecht (§ 251 II 2), im Sachenrecht (§ 903 S. 2) und Zwangsvollstreckungsrecht (§§ 765a I 3 und 811c I ZPO) durch konkrete Einzelregelungen ergänzt. Vgl. hierzu den lesenswerten, kritisch hinterfragenden Aufsatz von *Steding* § 90a – nur juristische Begriffskosmetik? Reflexionen zur Stellung des Tieres im Recht, Neue Justiz 1994, 1.

▶ Juristische Personen sind durch die Rechtsordnung zugelassene, mit eigener Rechtsfähigkeit ausgestattete Zusammenschlüsse bzw. Vereinigungen mehrerer Personen: So zB Vereine, Kapitalgesellschaften, wie Aktiengesellschaft, GmbH usw. Die juristischen Personen werden wir unter → Rn. 84 ff. noch ausführlicher behandeln.

49 Wenn Sie eben gelernt haben, dass die Rechtsfähigkeit der natürlichen Personen an das Menschsein geknüpft ist und mit der Vollendung seiner Geburt beginnt, können Sie leicht die Frage beantworten, wann die Rechtsfähigkeit der natürlichen Person endet.

■ Zu welchem Zeitpunkt wird die Rechtsfähigkeit wohl enden?
▶ Sollten Sie sich soeben die Mühe gemacht haben, im Gesetz nach einer Antwort zu suchen, war das diesmal vergeblich. Dass die Rechtsfähigkeit des Menschen mit dem Tod endet, ist selbstverständlich. Das BGB »schweigt« deshalb.

Damit nicht alle Rechte und Pflichten, die der Mensch sich zu Lebzeiten erworben hat, beziehungslos im Nichts verschwinden, hat das BGB an die Stelle des Verstorbenen, des sog. Erblassers, den oder die Erben gesetzt.

Wer das im Einzelnen sein kann, werden Sie genauer erfahren, wenn Sie sich dem »Erbrecht« zuwenden.

Dennoch schon ein kleines Beispiel dazu:

50 Der Vater V des Kindes K ist zwei Monate vor der Geburt des Kindes verstorben. Kann K trotzdem Erbe des V sein?

■ Was ist nach dem, was Sie bisher gelesen haben, Voraussetzung dafür, dass jemand Erbe sein kann, also Rechte und Pflichten des Erblassers übernehmen kann?
▶ Er muss rechtsfähig sein!
■ War K zum Zeitpunkt des Eintritts des Erbfalls, nämlich des Todes des V, rechtsfähig?
▶ Nach § 1 beginnt die Rechtsfähigkeit mit der Vollendung der Geburt!
Das wird im Erbrecht in § 1923 I nochmals ausdrücklich bekräftigt (lesen!).
Da es sehr ungerecht wäre, dass K aufgrund des unglücklichen frühzeitigen Todes seines Vaters als Erbe ausscheidet, hat der Gesetzgeber mit der Vorschrift des § 1923 II – lesen! – geholfen.
Er kann zwar nicht erreichen, dass K tatsächlich rechtzeitig vor dem Tod des Vaters, der das Kind bereits erzeugt hatte, zur Welt kommt; wohl aber kann er bestimmen, dass das bereits erzeugte Kind die gleichen Rechte haben soll wie das geborene Kind. Durch die Formulierung »gilt als vor dem Erbfall geboren« fingiert der Gesetzgeber einen Zustand, der in Wirklichkeit (noch) nicht vorliegt (= »Fiktion«, am Wort »gilt« zu erkennen). Das noch nicht geborene, aber bereits erzeugte Kind, das man auch mit dem lateinischen Fremdwort »nasciturus« (= Leibesfrucht) bezeichnet, wird durch § 1923 II für erbfähig erklärt. Für den Erbfall wird somit entgegen § 1 die Rechtsfähigkeit vorverlegt.

Die Vorverlegung einer Art von »Rechtsfähigkeit« gibt es auch in anderen Rechtsgebieten, und wenn Sie ab und zu aufmerksam die Medien verfolgen, müssten Sie eigentlich wissen, welches Rechtsgebiet damit angesprochen sein könnte.

■ Welchen Rechtsbereich meine ich?

- Den des »Strafrechts« mit seinen viel diskutierten und viel beschriebenen »Abtreibungsparagrafen«, den §§ 218–219b StGB.

Wir bleiben weiterhin beim BGB und wollen uns das, was wir bisher an juristischen Begriffen kennengelernt haben, nochmals anhand der folgenden Zusammenfassung (Übersicht 6) in Erinnerung rufen, bevor wir neue Begriffe kennenlernen.

Übersicht 6 51

Allgemeine Begriffe aus dem Bürgerlichen Recht (Teil 1)			
Das Bürgerliche Recht regelt Rechtsbeziehungen zwischen Privatpersonen im Wirtschafts- und Gesellschaftsleben und in der Familie			
Rechtssubjekte	**Schuldrecht**	**Sachenrecht**	**Familien- und Erbrecht**
natürliche Personen ↓ einzelne Menschen **juristische Personen** ↓ »von der Rechtsordnung zugelassene, mit eigener **Rechtsfähigkeit** ausgestattete Vereinigungen mehrerer Personen«	= »Recht der Schuldverhältnisse« Rechtsbeziehungen zwischen zwei »Parteien«: Schuldner ↓ »schuldet« »Gläubiger« ↓ kann »fordern«, hat »Anspruch« (§, der Anspruch enthält = Anspruchsgrundlage) Rechte (und Pflichten) bestehen nur zwischen diesen beiden Parteien! ↓	Regelt Rechte an **beweglichen und unbeweglichen Sachen**. Schützt Eigentum und Besitz Herrschaftsrechte, die gegenüber **jedermann** wirken! ↓	↓ Regelt unter anderem Eltern-Kind-Verhältnis ↓ Regelt Schicksal des Vermögens des Verstorbenen (Erblasser)
	relative Rechte	**absolute Rechte**	
Rechtsfähigkeit … … ist die Fähigkeit, Träger von Rechten und Pflichten zu sein. Beginn: § 1 = Geburt; Ausnahme: »nasciturus« ist erbfähig → § 1923 II = »**Fiktion**« = Gesetz nimmt Sachverhalt an, der in Wirklichkeit nicht besteht Ende: Tod			

2. Formen der privatrechtlichen Handlungsfähigkeit

52 Ein weiterer wichtiger Begriff, dessen Kenntnis für das Grundverständnis des BGB erforderlich ist, ist die »Handlungsfähigkeit«.

■ Versuchen Sie einmal mit eigenen Worten zu formulieren, was darunter »rechtlich« zu verstehen sein könnte!

▶ Handlungsfähigkeit ist die Fähigkeit, verantwortlich oder »rechtserheblich« handeln zu können.

Etwas genauer:

Unter Handlungsfähigkeit versteht man die Fähigkeit, Rechte und Pflichten zu begründen, aufzuheben oder zu verändern.

Die Handlungsfähigkeit gliedert sich in die »Geschäftsfähigkeit« und die »Deliktsfähigkeit«. Dazu lösen wir…

Übungsfall 2

Der achtjährige Fritz kauft sich einen Fußball. Beim Spielen verwechselt er das Tor mit einer Fensterscheibe des Nachbarhauses, die dadurch zu Bruch geht.

■ Welche beiden Rechtsfragen wirft dieser kleine Fall auf? – **Hinweis:** Jeder einzelne Satz der beiden Sätze dieses Falles wirft eine rechtliche Frage auf. Überlegen Sie wieder selbst, bevor Sie weiterlesen!

▶ 1. Kann der achtjährige Fritz wirksam einen Kaufvertrag abschließen(?)
und
2. muss Fritz den Schaden der zerbrochenen Fensterscheibe ersetzen?

Wenden wir uns zunächst der ersten Frage zu:

■ Wovon hängt es wohl ab, ob Fritz (F) einen Kaufvertrag abschließen kann?

▶ Von der Handlungsfähigkeit des F, genauer: von seiner Geschäftsfähigkeit.

53 Die Geschäftsfähigkeit ist im BGB in den §§ 104–113 geregelt. Wenn Sie dort aber nach einer Definition der Geschäftsfähigkeit suchen, werden Sie keine finden. Das BGB setzt in diesen Vorschriften lediglich fest, wann bzw. mit welchem Alter jemand geschäftsfähig ist oder nicht, und regelt die Wirkungen von »Willenserklärungen«, die ein noch nicht (voll) Geschäftsfähiger abgibt. Lesen Sie zur ersten Information einmal § 105 I.

Der Begriff der Geschäftsfähigkeit ist überall dort von Bedeutung, wo Willenserklärungen abgegeben werden. Damit haben wir wieder einen neuen Begriff, dessen juristische Definition Sie noch nicht kennen und die Sie im BGB ebenfalls nicht finden werden!

54 ■ Was versteht der Jurist unter einer Willenserklärung? Und was unter Geschäftsfähigkeit?

▶ Allgemein gilt folgende Definition: Eine Willenserklärung ist eine auf einen rechtlichen Erfolg gerichtete Willensäußerung. Unter Geschäftsfähigkeit versteht man die Fähigkeit, wirksame Willenserklärungen abzugeben.

In welchem Alter der Mensch über diese Geschäftsfähigkeit verfügt, ist, wie gesagt, im BGB ausdrücklich geregelt.

■ Wenn Sie sich in Ruhe § 2 und dann die §§ 104–106 durchlesen, müssten Sie die Frage beantworten können, ob der achtjährige F über die erforderliche Geschäftsfähigkeit verfügte, um einen wirksamen Kaufvertrag abschließen zu können. (Versuchen Sie, bevor Sie weiterlesen, Ihre Antwort anhand der gelesenen Vorschriften kurz schriftlich zu begründen!)

▶ Antwort (vgl. »Radio Eriwan«)[48]: »Im Prinzip ja; aber (nur wenn) …«
Also: F ist zunächst Minderjähriger; volljährig wird er gem. § 2 erst mit 18 Jahren. Da F acht Jahre alt ist, ist er ein Minderjähriger, der das siebte Lebensjahr vollendet hat und somit gem. § 106 nach Maßgabe der §§ 107–113 in der Geschäftsfähigkeit beschränkt ist. Da zur Wirksamkeit eines Vertrags zwei sich deckende Willenserklärungen, Angebot und Annahme, erforderlich sind (damit werden wir uns später noch eingehend beschäftigen), müssen wir im BGB nach einer Vorschrift suchen, die etwas über die Willenserklärung eines beschränkt geschäftsfähigen Minderjährigen aussagt.

■ Welche Vorschrift kommt hier in Betracht?

▶ § 107 – lesen!

■ Was bedeutet das?

▶ Zunächst muss es sich bei der auf Abschluss des Kaufvertrags gerichteten Willenserklärung des F um eine Willenserklärung handeln, durch die er nicht lediglich einen rechtlichen Vorteil erlangt.

■ Trifft das in unserem Fall zu? Was meinen Sie?

▶ Auch ohne das BGB schon zu kennen, wissen Sie, dass der Käufer einer Sache zur Zahlung des Kaufpreises verpflichtet ist (§ 433 II – lesen!). Indem F mit dem Fußballverkäufer einen Kaufvertrag abschließt, verpflichtet er sich zur Kaufpreiszahlung. Eine Verpflichtung bedeutet immer einen rechtlichen Nachteil!

■ Was folgt daraus für unseren Fall? (Die Antwort finden Sie in § 107!)

▶ F bedurfte zu seiner auf den Abschluss des Kaufvertrags gerichteten Willens- **55**
erklärung der Einwilligung seines gesetzlichen Vertreters. Das sind in der Regel die Eltern (vgl. §§ 1626 und 1629, jeweils Abs. 1) oder ein Vormund (§§ 1773, 1793).
Da unser Fall über eine vorliegende Einwilligung der Eltern des Fritz nichts aussagt, nehmen wir einmal an, dass sie nicht vorlag. Was in diesem Fall mit dem Kaufvertrag geschieht, beantwortet § 108 I (lesen!). Schon wieder ein neuer Begriff: »Genehmigung«.

■ Was meinen Sie, worin der Unterschied zwischen Einwilligung und Genehmi- **56**
gung besteht? (Wenn man § 107 und § 108 I genau liest, könnte man den Unterschied herausfinden!)

▶ Das BGB verwendet für diese beiden Begriffe den Oberbegriff »Zustimmung«. »Einwilligung« ist demnach die »vorherige Zustimmung« und »Genehmigung« ist die »nachträgliche Zustimmung«. Lesen Sie dazu die §§ 183 und 184 (jeweils nur die erste Zeile).

Das Gesetz gibt selbst, indem es einen Begriff, der vorher erklärt wird, in Klammern aufführt, eine Definition dieses Begriffs. Man nennt diese Art der Definition »Legal-

48 Hauptstadt von Armenien! Hat unter anderem eine Universität und einen Rundfunksender, dessen Sprecher(innen) bemüht sein sollen, eine möglichst »klare und verwirrende« Antwort zu geben …

definition«. Sie werden davon im Laufe des Studiums noch einige mehr kennenlernen.

Lernhinweis: Markieren Sie den in Klammern stehenden Begriff mit einer Farbe. Dann brauchen Sie diesen nicht auswendig lernen, denn: Ein Blick ins Gesetz genügt?!

■ Die Frage, wovon die Wirksamkeit des Kaufvertrages zwischen Fritz und dem Fußballverkäufer abhängt, sollten Sie nun selbst beantworten können; wovon nämlich?

▶ Grundsätzlich von der Genehmigung der Eltern (arg. aus §§ 107, 108)! Wenn der Jurist das Wort »grundsätzlich« benutzt, dann heißt das: »in der Regel« ist das so, wenn nicht eine Ausnahme eingreift.

57 ■ Lesen Sie § 110. Was könnte dieser »Taschengeldparagraf« für unseren Fall bedeuten?

▶ Je nachdem, wie teuer der Fußball war und je nachdem, wie viel Taschengeld F von seinen Eltern bekommt, könnte der Vertrag auch ohne deren Zustimmung voll wirksam sein, sofern F den Ball sofort bezahlt (= die Leistung »bewirkt«) hat!

Damit haben wir die erste Frage unseres kleinen Falls gelöst. (Auf die »Geschäftsfähigkeit« werden wir später noch ausführlicher zurückkommen.)

■ Wie sieht es mit der zerbrochenen Fensterscheibe aus?

58 ▶ Ob F dafür aufkommen muss, hängt von der »Deliktsfähigkeit« des F ab. Auch dieser Begriff wird im BGB nicht definiert. Nach der Rechtslehre ist »Deliktsfähigkeit« die Fähigkeit, unerlaubte Handlungen mit Verantwortlichkeit für deren Folgen vorzunehmen.

Unter einer unerlaubten Handlung iSd BGB versteht man einen widerrechtlichen Eingriff in ein vom Gesetz geschütztes Rechtsgut, durch den ein Schaden entsteht. Lesen Sie dazu § 823 I.

Sie sehen, dass das Gesetz eine Reihe von Rechten und Rechtsgütern aufzählt, für deren Verletzung der Schädiger Schadensersatz leisten muss. Erinnern wir uns daran, dass Fritzchen die Fensterscheibe des Nachbarhauses zerstört hat.

■ Welches der in § 823 I genannten Rechtsgüter des Nachbarn hat F verletzt?

▶ Das Eigentum!

Diese Eigentumsverletzung geschah auch widerrechtlich und fahrlässig (im Einzelnen werden wir uns auch mit diesen Begriffen später auseinandersetzen), sodass Fritzchen gem. § 823 I (eigentlich) zum Schadensersatz verpflichtet ist. Da F aber minderjährig ist, gilt für ihn § 828, der etwas über die Deliktsfähigkeit aussagt, ohne das Wort freilich zu benutzen – § 828 I lesen!

■ Passt diese Vorschrift auf unseren Fall?

▶ Nein! F ist acht Jahre alt.

Ebenso wenig passt § 828 II, da kein Verkehrsunfall stattgefunden hat.

59 Also: § 828 III – lesen!

Entscheidend für eine Schadensersatzhaftung des F ist danach, ob F im konkreten Fall die erforderliche Einsicht hatte, und ob er dieser Einsicht entsprechend handeln konnte. Man nennt die in § 828 III für Minderjährige ab sieben Jahre geltende Deliktsfähigkeit übrigens »bedingte« Deliktsfähigkeit. Ob der achtjährige F in unserem Fall über die Einsichtsfähigkeit verfügte, müssen wir offen lassen, da unser Sachverhalt zu den konkreten Umständen der Zerstörung der Scheibe zu wenig aussagt. »Im Zweifel« entscheiden wir uns immer zugunsten des Minderjährigen, denn ihn will der Gesetzgeber zu Recht geschützt sehen!

Zur vollständigeren Information wollen wir abschließend einen Blick auf § 832 I werfen (= lesen!).

■ Wenn Sie diese Vorschrift genau gelesen haben, müssten Sie mir folgende Frage beantworten können: Warum ist der häufig auf Schildern (zB an Baustellen) zu findende Satz »Eltern haften für ihre Kinder« juristisch falsch?

▶ Die Eltern haften nicht für ein eventuelles Verschulden ihres Kindes, sondern sie haften für ihr **eigenes** Verschulden, wenn sie ihre Aufsichtspflicht verletzt haben!

Zur Aufsicht über ein Kind sind kraft Gesetzes (gem. § 1631 I) die Eltern oder gem. § 1793 gegebenenfalls ein Vormund verpflichtet. Sofern die Eltern des F in unserem Fall ihre Aufsichtspflicht verletzt hätten, müssten sie dem Nachbarn den Schaden ersetzen, dh die neue Fensterscheibe bezahlen.

Prägen Sie sich die wichtigsten der neuen Begriffe, die Sie kennengelernt haben, anhand der nächsten Zusammenfassung (Übersicht 7) ein.

60 **Übersicht 7**

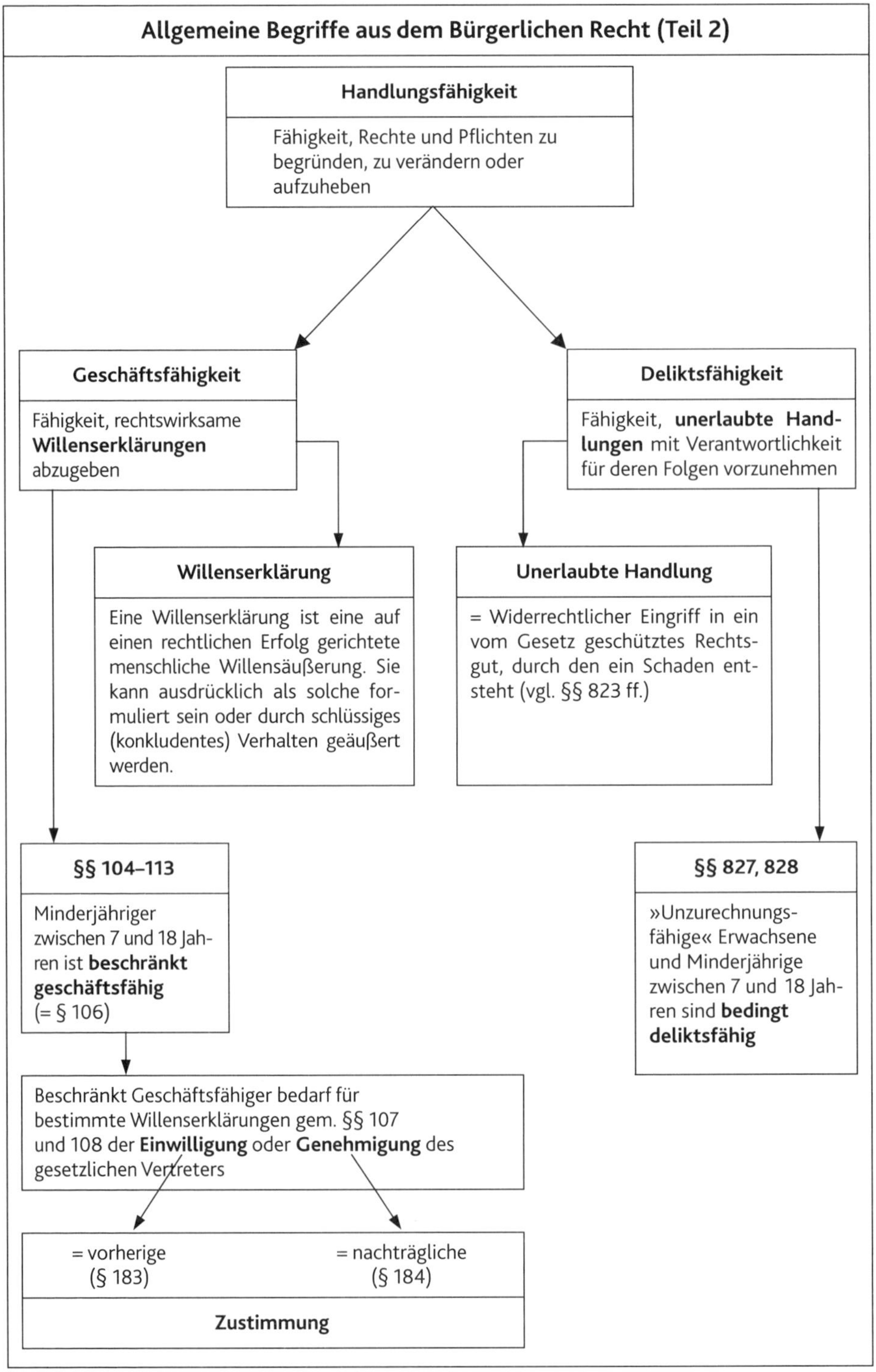

3. Altersabhängige Rechte und Pflichten der natürlichen Personen

Unter → Rn. 45 ff. dieses Kapitels und in den zusammenfassenden Übersichten 6 und 7 **61**
haben Sie erfahren, dass Rechtsfähigkeit, Geschäftsfähigkeit und Deliktsfähigkeit von bestimmten Lebensaltersstufen des Menschen (den das BGB in »Abschnitt 1, Titel 1« von »Buch 1« als »natürliche Person« bezeichnet) abhängig sind. Das Lebensalter hat aber nicht nur im Bürgerlichen Recht, sondern auch in anderen Rechtsbereichen besondere Bedeutung. Einige der wichtigsten Rechte und Pflichten nennt die folgende Übersicht.

Übersicht 8

Altersabhängige Rechte		
Lebensalter	Rechte und Pflichten	Bedeutung (rechtliche Grundlage)
»nasciturus« (gezeugt, aber noch nicht geboren)	• Erbfähigkeit	• Die Erbfähigkeit des Menschen wird durch die »Fiktion« von § 1923 II (gegenüber § 1) vorverlegt.
Vollendung der Geburt	• Rechtsfähigkeit	• Fähigkeit, Träger von Rechten und Pflichten zu sein (vgl. § 1)
Vor Vollendung des 7. Lebensjahres	• Geschäftsunfähigkeit • Deliktsunfähigkeit • »interessant«: Mitnahme von Kindern auf Fahrrädern noch erlaubt	• Willenserklärungen sind nichtig (§§ 104, 105) • Keine Verantwortungsfähigkeit für Schadenszufügung (§ 828 I). • Ab Vollendung des 7. Lebensjahres nicht mehr erlaubt
Vollendung des 7. Lebensjahres (»bis 18« = siehe dort)	• beschränkte Geschäftsfähigkeit • bedingte Deliktsfähigkeit	• Rechtsgeschäftliches Handeln grundsätzlich nur mit Zustimmung des gesetzlichen Vertreters wirksam (§§ 106, 107, 108) • Verantwortungsfähigkeit für Schadenszufügung nur bei Einsichtsfähigkeit (§ 828 III)
Vollendung des 10. Lebensjahres	• Anhörung bei Konfessionsänderung	• Meinungsäußerungsrecht des Kindes (§ 3 II 5 RelKErzG)
Vollendung des 12. Lebensjahres	• Kein Konfessionswechsel gegen den Willen des Kindes	• »Mitbestimmungsrecht« des Kindes (§ 5 S. 2 RelKErzG)
Vor Vollendung des 14. Lebensjahres	• Strafunmündigkeit	• Keine Schuldfähigkeit des Kindes (§ 19 StGB).
Vollendung des 14. Lebensjahres	• Beginn der strafrechtlichen Verantwortlichkeit als »Jugendlicher« • Religionsmündigkeit	• Strafrechtliche Verantwortlichkeit 14-Jähriger bis vor Vollendung des 18. Lebensjahres bei Einsichtsfähigkeit (§§ 1 II, III 1 JGG) • Freie Wahl des religiösen Bekenntnisses (§ 5 S. 1 RelKErzG)

Übersicht 8 (Fortsetzung)

Lebensalter	Rechte und Pflichten	Bedeutung (rechtliche Grundlage)
Vollendung des 15. Lebensjahres	• Beginn der Eigenschaft als »Jugendlicher« auch im Arbeitsrecht • Sozialrechtliche Handlungsfähigkeit	• § 2 II JArbSchG • Recht, Anträge auf Sozialleistungen zu stellen und zu verfolgen sowie Sozialleistungen entgegenzunehmen, sofern keine Einschränkung durch den gesetzlichen Vertreter erfolgt (§ 36 I SGB I).
Vollendung des 16. Lebensjahres	• Personalausweisführungspflicht • Testierfähigkeit	• § 1 I 1, Hs. 1 PAuswG • Fähigkeit, ein Testament zu errichten (§§ 2229 I, 2233 I, 2247 IV).
Vollendung des 18. Lebensjahres	• Volljährigkeit	• Volle Geschäftsfähigkeit (arg. §§ 106, 2), volle Testierfähigkeit (arg. aus § 2229 I), volle Deliktsfähigkeit (arg. aus § 828 III), Ehemündigkeit (§ 1303), Prozessfähigkeit (§ 52 ZPO).
	• Strafrechtliche Verantwortlichkeit als »Heranwachsender« • Wahlrecht	• Unter bestimmten Voraussetzungen gemilderte Anwendung des materiellen Strafrechts auf 18- bis 21-Jährige (§§ 1 II, 105, 106 JGG). • Aktives und passives Wahlrecht für den Bundestag (Art. 38 II GG).
Vollendung des 21. Lebensjahres	• Volle strafrechtliche Verantwortlichkeit	• keine Anwendung des Jugendstrafrechts mehr (§ 1 II JGG).
Weitere mit besonderen Rechten verbundene Altersstufen bleiben unberücksichtigt.		

Literatur zur Vertiefung (→ Rn. 36–61): *Bitter/Röder* BGB AT § 2 II; *Brox/Walker* BGB AT § 12; *Hähnchen*, Der werdende Mensch – die Stellung des Nasciturus im Recht, JURA 2008, 161; *Kaser*, Der römische Anteil am deutschen bürgerlichen Recht, JuS 1967, 337; *Köhler* BGB AT § 3; *Krause*, Der deutschrechtliche Anteil an der heutigen Privatrechtsordnung, JuS 1970, 313; *Kroeschell*, Deutsche Rechtsgeschichte, Bd. 3, 5. Aufl. 2008, 189 ff., 247 ff.; *Laufs*, Die Begründung der Reichskompetenz für das gesamte bürgerliche Recht, JuS 1973, 740; *Medicus*, Die Entwicklung des bürgerlichen Rechts seit 1900, JA 1971, 343; *Petersen*, Die Rechtsfähigkeit des Menschen, JURA 2009, 669; *Schapp*, Einführung in das Bürgerliche Recht: Das System des Bürgerlichen Rechts, JA 2003, 125; *Schildt*, Die Rezeption des römischen Rechts, JURA 2003, 450; *Schmockel*, 100 Jahre BGB: Erbe und Aufgabe, NJW 1996, 1697; *Schulte-Nölke*, Die schwere Geburt des Bürgerlichen Gesetzbuchs, NJW 1996, 1705; *Stürner*, Der hundertste Geburtstag des BGB – nationale Modifikation im Greisenalter, JZ 1996, 741.

4. Kapitel. Aufbau und Systematik des BGB

Nachdem Sie inzwischen einige Vorschriften des BGB kennengelernt haben, müssen Sie sich den Aufbau und die Gesetzessystematik des BGB genauer ansehen. 62

Das BGB besteht aus fünf sog. »Büchern«, die in insgesamt 2385 Paragrafen[49] verschiedene Rechtsgebiete des Bürgerlichen Rechts regeln. Welche Materien in den einzelnen Büchern geregelt sind, erfahren Sie am schnellsten, wenn Sie einen Blick ins Inhaltsverzeichnis des Gesetzes werfen:

■ Welche fünf Bücher des BGB gibt es danach und welche Paragrafen umfassen sie?

► Buch 1: Allgemeiner Teil (§§ 1–240)
Buch 2: Recht der Schuldverhältnisse (Schuldrecht) (§§ 241–853)
Buch 3: Sachenrecht (§§ 854–1296)
Buch 4: Familienrecht (§§ 1297–1921)
Buch 5: Erbrecht (§§ 1922–2385)

Wie Sie aus dem Inhaltsverzeichnis des Gesetzes ersehen, ist jedes dieser »Bücher« zunächst in »Abschnitte«, danach in »Titel« und schließlich in Paragrafen (§§) unterteilt. Die Überschrift »Allgemeiner Teil« für Buch 1 des BGB ist kennzeichnend für die Systematik des gesamten BGB:

Das BGB unterscheidet eine Vielzahl von allgemeinen und speziellen Begriffen und Grundsätzen. Dabei werden die allgemeinen Grundsätze den spezielleren immer wieder vorangestellt.

Am deutlichsten wird diese Systematik anhand eines Beispiels:

Wie Sie dem Inhaltsverzeichnis entnehmen können, trägt Abschnitt 3 von Buch 1 die Überschrift »Rechtsgeschäfte«. Unter einem Rechtsgeschäft versteht man einen Tatbestand, der aus einer Willenserklärung einer oder mehrerer Personen und sonstigen Wirksamkeitsvoraussetzungen besteht, die die Herbeiführung eines rechtlichen Erfolgs bezwecken. 63

Rechtsgeschäfte kommen in allen Bereichen des Privatrechts vor, können aber sehr unterschiedlichen Inhalt haben und sehr verschiedene Rechtsfolgen nach sich ziehen. Typisches Beispiel für ein Rechtsgeschäft ist ein Vertrag. Die Willenserklärungen, die die beiden Vertragspartner bei Abschluss dieses Rechtsgeschäfts abgeben, heißen Angebot und Annahme.

Die Rechtsfolge, welche die Vertragsparteien mit ihren Willenserklärungen herbeiführen wollen, ist die Wirksamkeit des jeweiligen Vertrags, aus dem für beide Parteien bestimmte Rechte und Pflichten folgen. Bei einem Kaufvertrag zB hat der Verkäufer die Pflicht, dem Käufer die Kaufsache zu übergeben und ihm das Eigentum daran zu verschaffen, während der Käufer den Kaufpreis zahlen muss.

Lesen Sie hierzu § 433 I 1 und II!

---

49 Während die Formulierung der Paragrafen-Überschriften früher den Redaktionen von Gesetzestextsammlungen überlassen war, sind diese Überschriften seit Inkrafttreten des Schuldrechtsmodernisierungsgesetzes zum 1.1.2002 »amtlich«!

Die beiden Absätze regeln die besonderen Rechte und Pflichten des Verkäufers und des Käufers. § 433 befindet sich, wie Sie sehen, in Abschnitt 8 von Buch 2, der mit der Überschrift »Einzelne Schuldverhältnisse« versehen ist. Man bezeichnet Abschnitt 8 von Buch 2 auch mit dem Begriff »Besonderes Schuldrecht«. In diesem Abschnitt sind die besonderen Rechte und Pflichten von Schuldnern und Gläubigern der dort beschriebenen speziellen Schuldverhältnisse beschrieben. Dagegen werden Sie zB in § 433 und den nachfolgenden Vorschriften, die sich auf den Kaufvertrag beziehen, kein Wort dazu finden, wie ein solcher Vertrag zustande kommt. Für den Kaufvertrag gilt nichts Besonderes: Er kommt zustande wie jeder Vertrag, eben durch Angebot und Annahme. Verträge gibt es auch im Sachenrecht, Familienrecht und im Erbrecht!

■ Wo würden Sie nach einer Regelung suchen, die etwas über das Zustandekommen von Verträgen im Allgemeinen sagt?

▶ Im Allgemeinen Teil des BGB!

Da Sie eben gelesen haben, dass es sich beim Vertrag um ein ganz typisches Rechtsgeschäft handelt, suchen Sie im Inhaltsverzeichnis sinnvollerweise unter Abschnitt 3 von Buch 1, der die Überschrift »Rechtsgeschäfte« trägt. Wenn Sie dies jetzt tun, sehen Sie, dass Titel 3 in den §§ 145–157 ganz offensichtlich etwas über den Vertrag aussagt. Wenn Sie die Überschriften der einzelnen Paragrafen überfliegen – das Gesetz verwendet übrigens statt des bekannten Ausdrucks »Angebot« den etwas antiquierten Begriff »Antrag« –, werden Sie nicht sofort eine Vorschrift finden, die ausdrücklich bestimmt, dass ein Vertrag durch Angebot (bzw. Antrag) und Annahme zustande kommt. Dass dies so ist, setzt das Gesetz als gegeben (und bekannt) voraus. Dies folgt aus der Formulierung des § 151 S. 1 – lesen!

Verständlicher wird diese Formulierung, wenn man aus diesem ersten Satz von § 151 zwei Sätze macht, nämlich:

1. »Der Vertrag kommt durch die Annahme des Antrags zustande.«
2. »Dabei ist es nicht erforderlich, dass die Annahme dem Antragenden gegenüber … usw.«

64 Der Allgemeine Teil des BGB enthält Begriffe und Regelungen, die für alle Arten von Rechtsgeschäften bzw. für alle Arten von Verträgen gleichermaßen gelten. Diese allgemein gültigen Begriffe und Regelungen wurden im Allgemeinen Teil des BGB sozusagen »vor die Klammer gezogen«, damit sie nicht jedes Mal von neuem niedergeschrieben werden müssten. Optisch vereinfacht lässt sich das zB so ausdrücken:

BGB = AT (SchuldR + SachenR + FamR + ErbR).

Diese Technik des »Vor-die-Klammer-Ziehens« von allgemein gültigen Grundsätzen war für den Gesetzgeber eine große Hilfe, da sie ihm dauernde Wiederholungen ersparte und er das ohnehin umfangreiche Gesetzeswerk nicht unnötig aufblähen musste. Ohne diese Technik des »Vor-die-Klammer-Ziehens« hätte zB bei jedem im Gesetz beschriebenen Vertragstyp erwähnt werden müssen, dass auch dieser Vertrag durch Angebot und Annahme zustande kommt.

Die »Klammer-Technik« hat der Gesetzgeber nicht nur im Verhältnis vom Allgemeinen Teil zu den anderen vier Büchern des BGB gewählt, sondern bisweilen auch innerhalb der einzelnen Bücher, Abschnitte und Titel, ja sogar innerhalb der einzelnen Paragrafen durchgeführt! Zur Verdeutlichung dieser Systematik einige Beispiele:

Schlagen Sie nochmals das Inhaltsverzeichnis des BGB auf und überfliegen Sie die Überschriften der acht Abschnitte von Buch 2. Sie sehen, dass Abschnitt 8, der die einzelnen bzw. besonderen Schuldverhältnisse regelt, mehr Platz einnimmt als die ersten sieben Abschnitte zusammen. Das wäre weitaus »schlimmer« geworden, wenn der Gesetzgeber nicht in den Abschnitten 1–7 allgemeine Grundsätze vorangestellt hätte, die für alle in Abschnitt 8 geregelten Schuldverhältnisse gelten. Man bezeichnet diesen Abschnitt 8 von Buch 2, wie gesagt, als »Besonderes Schuldrecht«, während man die ersten sieben Abschnitte »Allgemeines Schuldrecht« nennt. Lesen Sie nun die erste Vorschrift des »Allgemeinen Schuldrechts«: § 241! 65

In dieser Vorschrift wird für alle Schuldverhältnisse bestimmt, dass der Gläubiger berechtigt ist, vom Schuldner eine Leistung zu fordern.

Worin diese Leistung genau besteht, wird im Besonderen Teil des Schuldrechts jeweils gesondert geregelt, so zB in § 433 für den Kaufvertrag. Nach § 433 II (lesen!) kann der Verkäufer als Gläubiger von dem Käufer als Schuldner die Leistung »Zahlung des Kaufpreises« fordern.

Wenn wir uns den Aufbau des BGB und die Technik des »Vor-die-Klammer-Ziehens« von allgemeinen Begriffen anhand einer Grafik verdeutlichen, kann das aussehen, wie in der folgenden Übersicht 9 dargestellt.

66

Übersicht 9

Aufbau des Bürgerlichen Gesetzbuchs

Buch 1
Allgemeiner Teil
(§§ 1–240)

Inhalt: Allgemein gültige Vorschriften, die für alle folgenden vier Bücher des BGB gleichermaßen gelten

Buch 2 **Schuldrecht** (§§ 241–853)	**Buch 3** **Sachenrecht** (§§ 854–1296)	**Buch 4** **Familienrecht** (§§ 1297–1921)	**Buch 5** **Erbrecht** (§§ 1922–2385)
Allgemeines Schuldrecht (§§ 241–432) **Inhalt:** Allgemeine Regelungen, die für alle Schuldverhältnisse gelten **Besonderes Schuldrecht** (§§ 433–853) **Inhalt:** Gesetzlich typisierte Schuldverhältnisse (Rechte und Pflichten der Beteiligten)	**Inhalt:** Regelungen der rechtlichen Beziehungen von Personen zu Sachen, wie zB Besitz, Eigentum und anderer Rechte	**Inhalt:** Vorschriften über Ehe, Verwandtschaft, Vormundschaft, Betreuung und Pflegschaft	**Inhalt:** Regelung des Schicksals des Vermögens einer verstorbenen Person

Exkurs: Arbeitsmittel und Arbeitsmethoden zum Erlernen des »Rechts«

Einiges über die Art und Weise, den geforderten »Stoff« des Fachs »Recht« (iSd Sprachgebrauchs der Studierenden der Wirtschaftswissenschaften) zu erlernen, wurde bereits im Vorwort gesagt, in dem auch schon verschiedene Arbeitsmittel erwähnt wurden, ohne als solche bezeichnet zu werden. Im Einzelnen sind dies:

1. Das Gesetz

Das wichtigste Arbeitsmittel der Studierenden, die das »Recht« (gleich welchen Umfangs) erlernen wollen (dass Sie wollen, haben Sie durch die Wahl Ihres Studiums entschieden!), ist das Gesetz! Damit ist weder das »Gesetz im formellen Sinn« noch im »materiellen« Sinn gemeint (falls Sie nicht mehr wissen, was sich hinter diesen Begriffen verbirgt, sollten Sie das gleich oben – Übersicht 2 → Rn. 12 – nachlesen!), sondern der Gesetzestext! Siehe Vorwort: »Die halbe Juristenwahrheit steht im Gesetz«! Insofern haben es Juristen bisweilen etwas leichter als Wirtschaftswissenschaftler, deren Wissenschaft nicht auf der Gesetzesanwendung beruht. Viele Theorienstreite erübrigen sich, da der Gesetzgeber bereits eindeutig entschieden hat! Natürlich hindert das nicht den freien Lauf der Rechtstheorien ... Doch um »Grundzüge« des Rechts zu erlernen, müssen Sie sich nur mit einem Minimum dieser Theorien beschäftigen. 67

Der gute Theoretiker ist im Übrigen nicht unbedingt auch ein »guter Jurist«! Den guten Juristen macht unter anderem aus, dass er das Gesetz kennt und anwenden kann. In diesem Sinne sollten auch Sie den Ehrgeiz haben, ein guter »Jurist« zu werden: Es kommt nicht darauf an, dass man gesetzliche Vorschriften ihrem Inhalt nach auswendig aufsagen kann (dafür eignen sich Gedichte besser!), sondern man muss Inhalt und Systematik des Gesetzes einmal verstanden haben.

Der »gute Jurist« kann nicht auf alle juristischen Fragen eine Antwort parat haben, aber er sollte wissen, wo die Antwort zu finden ist! Und das kann er (und Sie auch!), wenn er die Gesetzesparagrafen, die irgendwo (zB in diesem Buch) zitiert werden, immer und immer wieder im Gesetz aufsucht und (nach)liest![50]

Lernhinweis: Kennzeichnen Sie relevante Vorschriften beim ersten Lesen, sodass Sie bei erneuter Lektüre immer daran erinnert werden, dass Sie sich mit dem dort geregelten »Problem« schon einmal befasst haben. Die »Hausnummer« des Paragrafen, der eine Anspruchsgrundlage (dazu mehr unter → Rn. 205 ff.) enthält, sollten Sie mit einem gelbem Textmarker kennzeichnen (»leuchten« lassen) – dann können Sie (auch im Dunkeln?) den »Typ« der Vorschrift erkennen.

Irgendwann werden Sie feststellen, dass aus dem »Aufsuchen« nur noch ein »Aufschlagen« geworden ist ...

Welchen Gesetzestext Sie bei der Durcharbeit dieses Buchs benötigen, wissen Sie (hoffentlich noch) aus dem Vorwort (wenn Sie es nicht gelesen haben, sollten Sie nochmals »von vorn« anfangen!): Das Bürgerliche Gesetzbuch! Und 68

50 Dies galt ausnahmsweise nicht für die »§§«, die in Übersicht 8 unter → Rn. 61 genannt sind, sofern es sich nicht um §§ aus dem BGB handelt!

falls Sie sich nach der Lektüre des ersten Kapitels dieses Buchs nicht entschlossen haben, »umzusatteln« (dh: Jura statt Wirtschaftswissenschaften zu studieren ...), bleibt das »Recht« für Sie ein Fach unter vielen, sodass Sie sich mit einer handlichen, gebundenen Textausgabe begnügen können. Völlig ausreichend ist die bereits im Vorwort zur ersten Auflage erwähnte (jeweils neueste) Ausgabe aus der Reihe »Beck-Texte« im dtv, Nr. 5001 (5,90 EUR)[51] oder die NWB-Textausgabe »Wichtige Gesetze des Wirtschaftsprivatrechts« (10,40 EUR).[52] Neben dem BGB enthalten sie (auszugsweise) eine Reihe von zivilrechtlichen »Nebengesetzen«; von einigen (wenigen) dieser Nebengesetze zum BGB werden Sie hin und wieder eine oder mehrere Vorschriften lesen müssen.

Von der Anschaffung einer umfangreichen »Loseblatt-Sammlung«, wie etwa die im Beck-Verlag erschienene von *Schönfelder:* »Deutsche Gesetze«, die eine Vielzahl von Gesetzen zum Zivil-, Straf- und Verfahrensrecht enthält, möchte ich Ihnen in den ersten drei Semestern Ihres Studiums abraten: mit der Anschaffung dieses »Ziegelsteins« (sieht ähnlich aus und ist ähnlich schwer) belasten Sie unnötigerweise Ihre Aktentasche und Ihr Finanzbudget! Wenn Sie sich später noch je eine gebundene Textausgabe »Handelsgesetzbuch« (dtv Nr. 5002, 7,90 EUR) und »Arbeitsgesetze« (dtv Nr. 5006, 10,90 EUR) anschaffen, sind Sie ausreichend für Ihr »Grundstudium«, insbesondere für die Durcharbeitung dieser »Grundzüge« oder ähnlicher Bücher, gerüstet. Damit habe ich das nächste Arbeitsmittel angesprochen:

2. Fachliteratur

Da Sie Rechtswissenschaft nicht als Hauptfach studieren, werden Sie sich mit der juristischen Fachliteratur nur in begrenztem Maße auseinandersetzen müssen, sofern Sie nicht ein juristisches Thema für Ihre Diplomarbeit bzw. Thesis im Bachelor-Studiengang wählen. Dennoch sollten Sie zumindest einen groben Überblick darüber bekommen, welche Arten von Literatur zu unterscheiden sind:

a) Kommentare

69 ... zu den verschiedensten Gesetzen enthalten zu jedem Paragrafen des bearbeiteten Gesetzes, der zunächst zitiert wird, eine mehr oder minder ausführliche Auseinandersetzung mit der in der jeweiligen Vorschrift angesprochenen Problematik. Die Kommentierung enthält Erläuterungen des Gesetzestexts, gibt Hinweise auf weiterführende Literatur und Gerichtsentscheidungen (zB Urteile), die dazu erlassen wurden. Kommentare dienen vor allem der raschen Orientierung desjenigen, der ständig mit dem Gesetz und seiner Anwendung arbeiten muss, oder sie dienen der Vertiefung von Einzelproblemen. In letzter Hinsicht könnte auch einmal für Sie ein Blick in einen sog. »Kurzkommentar«[53] hilfreich sein, sofern Sie ohnehin in die Bibliothek Ihrer Hochschule gehen wollten ...

51 Dort zur Lektüre unbedingt empfehlenswert die »Einführung« von *Köhler*!

52 Mit einer ebenfalls lesenswerten Einführung von *Güllemann*.

53 Wenn Sie sich jemals die Mühe machen sollten, den im Literaturverzeichnis zitierten »*Palandt*« zu Rate zu ziehen, werden Sie die Bezeichnung »Kurz-Kommentar« sicherlich als Scherz empfinden – aber zum BGB gibt es Großkommentare, die (zB »*Staudinger*«) auf mehr als 107 aktuelle von 2000–2018 erschienene Bände im »*Palandt*-Format« angelegt sind!

Dort finden Sie dann auch:

b) Lehrbücher und Grundrisse

Je nach Umfang und Inhalt sind hier sog. klassische Lehrbücher und Grundrisse (»Grundzüge«) zu unterscheiden. 70

Lehrbücher wollen einen systematischen Überblick über ein Rechtsgebiet geben. Je nachdem, wie sehr der Verfasser ins Detail geht, können solche Werke zu »Handbüchern« ausufern, die eher als Nachschlagewerke denn als »Lehrbücher« geeignet sind. Ausführliche Lehrbücher zum BGB sind regelmäßig mit den Gebieten der fünf Bücher des BGB bezeichnet, wobei das Allgemeine Schuldrecht und das Besondere Schuldrecht jeweils noch gesondert aufbereitet werden. Sofern sich der Umfang in Grenzen hält, sind diese Lehrbücher auch ausgezeichnete »Lernbücher« für den Jurastudenten; für jemand, der Recht nur im Nebenfach studiert, können sie indessen nur zur vertiefenden Nacharbeitung von Einzelproblemen empfohlen werden.

Der Vermittlung des zu erlangenden Grundwissens dienen »Grundrisse«, wie dieses Buch und meine anderen Lernbücher, in denen gegebenenfalls auf Literatur zur Vertiefung des erlangten Wissens verwiesen wird.

c) Fallsammlungen

… sollen den Studierenden zeigen, wie man seine theoretischen Rechtskenntnisse auf einen konkreten Sachverhalt anwendet, um diesen Sachverhalt (»Fall«) praxisnah in Form eines juristischen Gutachtens zu lösen. Die Lektüre und Anschaffung einer solchen Fallsammlung ist nur sinnvoll und empfehlenswert, wenn man den Stoff, der in den jeweiligen Fällen und Lösungen behandelt wird, bereits materiell einigermaßen beherrscht. Dazu ist Voraussetzung, die entsprechenden Vorlesungen nicht nur »gehört«, sondern – anhand eines Grundrisses – nachgearbeitet zu haben! Durch die Lektüre von Fallsammlungen, selbst wenn sie nur die gutachtliche Lösung des Falls enthalten, ohne die Methodik der Fallbearbeitung zu erklären, wird man irgendwann in die Lage versetzt, das Wesentliche vom Unwesentlichen zu trennen. 71

Fallsammlungen sind besonders geeignet, das aus Vorlesungen und Lehrbuch (Grundriss) erworbene Wissen zu »ordnen«, um es in Prüfungsklausuren zutreffend anzuwenden: Da, wie mehrfach angedeutet, in der Praxis nicht das reine Wissen, sondern die richtige Anwendung des Rechts maßgebend ist, werden auch Prüfungsklausuren regelmäßig in Form eines Falls gestellt, dessen rechtliche Problematik in Form eines Gutachtens zu lösen ist.[54]

d) Monographien

… sind wissenschaftliche Darstellungen, die einem einzelnen Problem gewidmet sind. In rechtswissenschaftlichen Monographien werden ganz spezielle Fragen aus bestimmten Rechtsgebieten unter Berücksichtigung des neuesten Meinungsstands (»Theorienstreit«) ausführlich erörtert. Damit werden Sie sich allerdings, um Ihr Studienziel zu erreichen, nicht befassen müssen, sofern Sie 72

54 Einzelheiten dazu finden Sie in der »Anleitung zur Lösung von Zivilrechtsfällen« Rn. 15 ff. (*Wörlen/Schindler*) sowie in *Metzler-Müller* »Wie löse ich einen Privatrechtsfall?« 25 ff.

nicht eine juristisch ausgerichtete Diplomarbeit bzw. Bachelor-Thesis anfertigen wollen. Ähnliches gilt für:

3. Entscheidungssammlungen

73 Dabei handelt es sich um amtliche Sammelbände von Entscheidungen (Urteile, Beschlüsse) der oberen und obersten Gerichte aus den verschiedensten Gerichtsbarkeiten, so zB die Sammlungen der Entscheidungen des Reichsgerichts in Zivilsachen (RGZ), der Entscheidungen des Bundesgerichtshofs in Zivilsachen (BGHZ) oder der Oberlandesgerichte in Zivilsachen (OLGZ). Die aktuellsten Entscheidungen dieser (und anderer) Gerichte werden regelmäßig in der juristischen Fachdatenbank beck-online, dem Rechtsportal juris sowie auch in

4. Fachzeitschriften

74 veröffentlicht. Die verbreitetste der juristischen Fachzeitschriften ist die »Neue Juristische Wochenschrift« (NJW). Wie die meisten praxisbezogenen Fachzeitschriften besteht sie etwa je zur Hälfte aus einem Aufsatz- und aus einem Rechtsprechungsteil. Liest man zum Beispiel ein Zitat wie »BGH NJW 2013, 3306«, bedeutet das, dass sich eine Entscheidung des BGH in der 2013 erschienenen »NJW« auf Seite 3306 befindet (die Seiten von Fachzeitschriften werden idR vom ersten bis letzten wöchentlich oder monatlich erscheinenden Heft des Jahres durchlaufend nummeriert).

Neben der NJW und der Flut von Fachzeitschriften zu speziellen Rechtsbereichen gibt es sog. Ausbildungszeitschriften, zB die »JuS« (Juristische Schulung), »JA« (Juristische Arbeitsblätter) und die »JURA« (Juristische Ausbildung), die sich in erster Linie an den juristischen Nachwuchs (Studium, Referendariat) wenden. Von oft hoher didaktischer Qualität sind vor allem Einführungsaufsätze, deren Lektüre mitunter auch für diejenigen, die »Recht« nicht im Hauptfach studieren, geeignet sein kann.

Letzteres gilt auch für manche schriftlich fixierte

5. Repetitorien

75 Man mag über die Notwendigkeit mündlicher Repetitor-Kurse, die auch Wirtschaftswissenschaftlern nicht fremd sind, geteilter Meinung sein. Wenn Repetitorien jedoch – wie das unter Juristen bekannteste, und meines Erachtens beste, von *Alpmann und Schmidt* –, in Büchern (»Skripten«) schriftlich niedergelegt sind, sind sie sehr gut zum Studium geeignet: Sie gewährleisten, den Stoff von **zu** theoretisch ausgelegten Lehrbüchern (oder Vorlesungen) praxis- und prüfungsbezogen nachzuarbeiten.

Für den Wirtschaftswissenschaftler sind sie indessen meist zu umfangreich, gibt es doch von Alpmann und Schmidt allein zum Bürgerlichen Recht 12 Bände mit ca. 160 bis über 300 Seiten. Wegen ihrer Anschaulichkeit und eingängigen Darstellungsweise werden einzelne Abschnitte aus einigen dieser Bände in diesem Buch häufig als Lektüre »zur Vertiefung« zitiert. Zumindest im juristischen Seminar Ihrer – oder der der (Fach-)Hochschule benachbarten – Universität werden Sie Exemplare davon finden.

Welche Arbeitsmittel Sie letztlich benutzen und in welchem Umfang Sie das wollen, ist selbstverständlich Ihre eigene Entscheidung. An dieser Stelle sollten nur einige Informationen und Hinweise gegeben werden.[55] Gehen Sie baldmöglichst in das juristische Seminar und informieren Sie sich anhand dieser Präsenzbibliothek.[56] Dasselbe kann man, namentlich zur Vorbereitung der eigenen Kaufentscheidung, in der juristischen Abteilung einer gut sortierten Fachbuchhandlung tun. Letztlich ist es nicht so wichtig, mit welchem Buch Sie arbeiten – wichtiger ist, dass Sie dies überhaupt tun!

Packen wir »es« also gleich an, und wenden wir uns dem »Zweiten Teil« dieses Buchs zu (in dem Sie dann regelmäßig »Literatur zur Vertiefung« finden).

55 Auch wenn Sie nicht Jurist(in), sondern Wirtschaftswissenschaftler(in) werden wollen: Um einen Einstieg in das Studium »des Rechts« zu bekommen, können Sie wertvolle Hinweise finden bei *Gramm/Wolff*, Jura – erfolgreich studieren. Für Schüler und Studenten, 7. Aufl. 2015; *Lange*, Jurastudium erfolgreich, 8. Aufl. 2015; *Niederle*, 500 Spezial-Tipps für Juristen – Wie man geschickt durchs Studium und das Examen kommt, 14. Aufl. 2018.

56 Dort kann man Bücher nur lesen (und – unerlaubterweise – kopieren), aber idR nicht entleihen!

2. Teil. Allgemeiner Teil des Bürgerlichen Gesetzbuchs

1. Abschnitt. Personen (Rechtssubjekte) und Gegenstände (Rechtsobjekte)

1. Kapitel. Personen (Rechtssubjekte)

Dass das BGB sich in Abschnitt 1 des »Allgemeinen Teils« (= Buch 1) unter den ersten beiden Titeln (aufschlagen!) mit den natürlichen und juristischen **Personen** (= Rechtsubjekte) befasst, haben Sie im Teil »Allgemeine Rechtslehre/Einführung in das Recht« bereits gelernt (prüfen Sie selbst anhand der Übersichten 6–8, was Sie davon behalten haben ...!). 76

I. Natürliche Personen

1. Rechtsfähigkeit und Volljährigkeit

Die wichtigsten Paragrafen über die Rechtsfähigkeit (§ 1) und die Volljährigkeit (§ 2) haben wir bereits behandelt. Sie sollten sich nun die Zeit nehmen, einmal alle Vorschriften des ersten Titels durchzulesen! 77

2. Namensrecht und Persönlichkeitsrecht

Neben den §§ 1 und 2 sollten Sie sich auch noch § 12 (Namensrecht) mit einem Textmarker – und zwar einem gelben (→ Rn. 67) – kennzeichnen.

Das Namensrecht ist ein absolutes und ein besonderes Persönlichkeitsrecht, das in § 12 in doppelter Hinsicht geschützt wird: Wird das Recht zum Gebrauch eines Namens von einem anderen bestritten oder wird das Interesse des Berechtigten dadurch verletzt, dass ein anderer unbefugt den gleichen Namen gebraucht, kann der Berechtigte von dem Störer nach § 12 S. 1 die Beseitigung der Beeinträchtigung verlangen. § 12 S. 1 ist also eine echte Anspruchsgrundlage, dh eine Vorschrift, aus deren Wortlaut man herauslesen kann, dass jemand von einem anderen etwas (ein Tun oder Unterlassen, vgl. § 194 I) verlangen kann.[57] Es handelt sich hierbei um einen verschuldensunabhängigen **Beseitigungsanspruch**, der bei unbefugter Namensführung dahin geht, die rechtswidrige Einwirkung durch geeignete Maßnahmen für die Zukunft zu beseitigen, etwa durch Entfernung der unerlaubten Bezeichnung überall dort, wo sie angebracht wurde.[58] Bei Wiederholungsgefahr, dh wenn weitere Beeinträchtigungen zu besorgen sind, kann der Berechtigte gem. § 12 S. 2 auf Unterlassung klagen. Er hat also einen (vorbeugenden) Unterlassungsanspruch, der auf ein Verbot für die Zukunft gerichtet ist.[59] 78

Außer durch § 12 wird der Namensschutz auch durch das aus Art. 2 I GG folgende allgemeine Persönlichkeitsrecht, das die Ausstrahlungen der Persönlichkeit eines Menschen in allen Beziehungen umfasst, hergeleitet. 79

57 → Rn. 205.
58 MüKoBGB/*Säcker* § 12 Rn. 165.
59 Palandt/*Ellenberger* § 12 Rn. 37.

Dabei wirkt der Schutz des Namens und der Persönlichkeit bisweilen über den Tod hinaus. So ist ein sog. »postmortales Persönlichkeitsrecht« ausdrücklich in der berühmten »Mephisto-Entscheidung« des BGH[60] anerkannt worden.

Der BGH bejaht in dieser Entscheidung die Berechtigung der Erben des Schauspielers Gustav Gründgens, der durch die Darstellung des »Mephisto« in Goethes »Faust« bekannt war, eine das Persönlichkeitsrecht des Verstorbenen beeinträchtigende Veröffentlichung (das Buch von Klaus Mann mit dem Titel »Mephisto«) zu verhindern. Zur Begründung wurde ausgeführt, dass die Darstellung in dem Buch geeignet gewesen sei, die Person des Verstorbenen zu verunglimpfen. Die Verfassungsbeschwerde des Verlegers gegen das Urteil des BGH blieb erfolglos.[61]

3. Verbraucher und Unternehmer

a) Verbraucher

80 Gemäß § 13 ist **Verbraucher** jede natürliche Person, die ein Rechtsgeschäft zu einem Zweck abschließt, der überwiegend weder ihrer gewerblichen noch ihrer selbstständigen beruflichen Tätigkeit zugerechnet werden kann. Die Einfügung von »überwiegend« erfolgte durch Gesetz v. 20.9.2013[62] mit Wirkung vom 12.6.2014. Bedeutung hat dies für die Fälle, in denen ein Vertrag sowohl für gewerbliche als auch für private Zwecke geschlossen wird (sog. Dual-use-Verträge). Wenn eine natürliche Person einen Vertrag nicht überwiegend zu gewerblichen oder selbstständigen beruflichen Zwecken abschließt, handelt sie mithin als Verbraucher.[63]

Aus der negativen Formulierung der Ausschlussgründe »weder … noch« leitet der BGH ab, dass die Verbrauchereigenschaft bei einer natürlichen Person im Zweifel zu bejahen ist. Nur wenn Umstände vorliegen, nach denen das Handeln aus der Sicht des anderen Teils eindeutig und zweifelsfrei einer gewerblichen oder selbstständigen beruflichen Tätigkeit zuzurechnen ist, gilt etwas anderes.[64]

Beispiel: Eine selbstständige Rechtsanwältin bestellt mehrere Lampen im Internet. Obwohl als Liefer- und Rechnungsadresse ihre Kanzlei angegeben worden war, handelt es sich um einen Verbrauchervertrag (Fernabsatzvertrag). Die Adressangabe reicht für eine eindeutige Zuordnung des Kaufs zu der Tätigkeit als Rechtsanwältin nicht aus. Somit handelt die Anwältin als Verbraucherin und ihr steht ein Widerrufsrecht nach §§ 312c, 312g I zu (→ Rn. 336).

81 Eine Neufassung von § 13 (wie auch von § 14) war im Rahmen der Harmonisierung des europäischen Zivilrechts[65] nach Umsetzung der EG-Fernabsatzrichtlinie[66] durch das Fernabsatzgesetz zum 30.6.2000 erfolgt, das durch die Schuldrechtsreform zum 1.1.2002 (wie auch das AGBG[67], HaustürWG, VerbrKrG[68] und TzWrG[69]) in das BGB integriert wurde.[70]

60 BGH NJW 1968, 1773.
61 Vgl. BVerfGE 30, 173 = NJW 1971, 1645 sowie *Hager* JURA 2000, 186.
62 BGBl. 2013 I 364.
63 Beschlussempfehlung und Bericht des Rechtsausschusses, BT-Drs. 17/13951, 61.
64 BGH NJW 2009, 3780 (3781).
65 → Rn. 25–27.
66 = RL 97/7/EG des Europäischen Parlaments und des Rates über den Verbraucherschutz bei Vertragsabschlüssen im Fernabsatz v. 20.5.1997, ABl. 1997 L 144, 19.
67 Vgl. *Wörlen/Metzler-Müller* SchuldR AT Rn. 39 ff.
68 *Wörlen/Metzler-Müller* SchuldR BT Rn. 239 ff.
69 *Wörlen/Metzler-Müller* SchuldR BT Rn. 144.
70 *Wörlen/Metzler-Müller* SchuldR AT Rn. 79 ff.

Die Definition des »Verbrauchers« in § 13 gilt für den Verbraucherbegriff in allen Vorschriften, die das Verbraucher(schutz)recht betreffen, so insbesondere in §§ 241a, 305–310, 312–312h, 312j, 474–479, 481–487 und 491–509. Von diesen Vorschriften sollten Sie zur ersten Orientierung einmal die amtlichen Überschriften lesen! **82**

b) Unternehmer

Unternehmer ist gem. § 14 eine natürliche oder juristische Person oder eine rechtsfähige Personengesellschaft, die bei Abschluss eines Rechtsgeschäfts in Ausübung ihrer gewerblichen oder selbstständigen beruflichen Tätigkeit handelt. **83**

Wenn man diese Vorschrift liest und das BGB etwas kennt (was bei Ihnen nunmehr schon der Fall sein **könnte**) und es aufgeschlagen vor sich liegen hat (was bei Ihnen jetzt der Fall sein **müsste**!), kann man durchaus Zweifel an seiner Systematik haben. Während § 13 durchaus in Titel 1[71] »Natürliche Personen, Verbraucher, Unternehmer« hineinpasst, könnte § 14, in dem auch »juristische Personen« angesprochen werden, eigentlich auch unter Titel 2 angesiedelt sein. Es gibt möglicherweise ebenso viele Unternehmer, die juristische Personen, wie solche, die natürliche Personen sind. Angesichts der zunehmenden eigenständigen Bedeutung des Verbraucher(schutz)rechts hätte der Gesetzgeber wohl besser daran getan, dem »Verbraucher und Unternehmer« einen eigenen **Titel** zwischen den jetzigen Titeln 1 und 2 zu widmen.[72]

Im Sinne der Definition von § 14 ist **Unternehmer** jede natürliche und juristische Person, die am Markt planmäßig und dauerhaft Leistungen gegen ein Entgelt anbietet.[73] Dazu gehören der Einzelhandelskaufmann, Wissenschaftler, Künstler, Landwirte, Angehörige der Freien Berufe, Bauunternehmer, Autovermieter, Werbeagenturen.[74]

Die Definition des § 14 gilt für den Unternehmerbegriff gleichermaßen in allen Vorschriften, die das Verbraucherrecht betreffen und soeben für den Verbraucher (→ Rn. 82) genannt wurden.

Lernhinweis: Der (Werk-)Unternehmer iSd § 631 I darf nicht mit dem Begriff des Unternehmers nach § 14 verwechselt werden. Unternehmer im Sinne des Werkvertragsrechts ist der Hersteller (Auftragnehmer), der ein mit dem Besteller vertraglich vereinbartes Werk herstellt.[75]

Im Übrigen brauchen Sie zu den natürlichen Personen nicht mehr als das zu wissen, was Sie in der »Einführung« erfahren haben. Das dort erlangte Wissen wird im Laufe der Lektüre dieses Buchs immer wieder vertieft werden, so zB in dem Kapitel, in dem noch ausführlicher auf die mit der ›Geschäftsfähigkeit‹ verbundenen Probleme eingegangen wird.

Vertiefen wollen wir sofort unser Wissen über

II. Juristische Personen

Wir hatten die juristischen Personen als »von der Rechtsordnung zugelassene, mit Rechtsfähigkeit ausgestattete Vereinigungen mehrerer Personen« bezeichnet. **84**

Wenn wir uns das Wesen der juristischen Person näher ansehen, müssen wir diese Definition noch ergänzen: nicht nur Personenvereinigungen können als juristische

71 → Rn. 62 ff. – Aufbau und Systematik des BGB.
72 So auch Palandt/*Ellenberger* § 13 Rn. 1.
73 BGH NJW 2006, 2250.
74 jurisPK-BGB/*Martinek*, 7. Aufl. 2014, § 14 Rn. 7 mwN.
75 S. hierzu *Wörlen/Metzler-Müller* SchuldR BT Rn. 272.

Personen mit eigener Rechtsfähigkeit ausgestattet sein, sondern auch sog. Sacheinrichtungen bzw. Vermögensmassen.

Wir müssen die Definition der juristischen Personen daher folgendermaßen ergänzen:

»Juristische Personen sind von der Rechtsordnung zugelassene, mit eigener Rechtsfähigkeit ausgestattete Personenvereinigungen oder Sacheinrichtungen (Vermögensmassen).«

1. Entstehung

85 Wie eine juristische Person entstehen kann, wie sie Rechtsfähigkeit erlangt und welche Rechte und Pflichten sie im Einzelnen haben kann, wollen wir nun anhand einiger Fallbeispiele untersuchen.

Übungsfall 3

Zehn im Examen gescheiterte Soziologiestudenten gründen einen Verein, dessen Ziele sie in einer Satzung festlegen, in der es unter anderem heißt:

1. Befreiung der Gesellschaft von Leistungszwängen jeder Art, insbesondere von akademischen Prüfungen.
2. Verteilung aller Ämter und Berufspositionen nicht nach Leistung, sondern nach fortschrittlicher sozialer Gesinnung.
3. Aktive Ausschaltung von Fortschrittsfeinden und Schädlingen, insbesondere von nicht-marxistischen Professoren.
4. Sitz des Vereins ist Köln.

Die Zehn lassen sich als »Gruppe Fortschritt e.V.« ins Vereinsregister eintragen. Was liegt rechtlich gesehen vor?[76]

Die Antwort auf diese Frage gibt uns § 21 = lesen!

Unsere zehn Pseudo-Soziologen haben einen sog. »nichtwirtschaftlichen Verein« gegründet. Man nennt die nichtwirtschaftlichen Vereine auch »Idealvereine«, da der Vereinszweck ein ideeller, eben nicht ein wirtschaftlicher ist.

Lernhinweis: Was ein wirtschaftlicher Verein ist, steht in § 22: Der »wirtschaftliche Verein« erlangt seine Rechtsfähigkeit durch staatliche Verleihung (Konzession, **Konzessionssystem**); jedoch nur, falls die Rechtsfähigkeit nicht ohnehin aufgrund besonderer bundesgesetzlicher Vorschriften erlangt wird: Die meisten »wirtschaftlichen« Zusammenschlüsse erhalten Rechtsfähigkeit dadurch, dass ihre Gründer eine der zugelassenen Gesellschaftsformen wählen (zB Aktiengesellschaft = Rechtsfähigkeit nach dem AktG, GmbH = GmbHG, Genossenschaft = GenG), sodass wirtschaftliche Vereine kaum noch vorkommen.

Während bei der natürlichen Person nur die Tatsache der Vollendung der Geburt ausreicht, um Rechtsfähigkeit zu erlangen, reicht allein der private Gründungsakt bei der juristischen Person zur Erlangung der Rechtsfähigkeit noch nicht aus.

■ Was muss vielmehr noch hinzukommen?
▶ Sie haben es eben in § 21 selbst gelesen: Die Eintragung ins Vereinsregister!

Lernhinweis: § 21 ist eine gesetzliche Vorschrift! Gesetzliche Vorschriften bezeichnet man, wie Sie wissen, auch als Rechtsnormen. Aufgrund der Bestimmungen dieser **Rechtsnorm**, kurz: »Norm«, und aufgrund der Normen der §§ 55 ff., von denen Sie gleich noch einige wenige kennenlernen, erlangt

76 Nach *Nawratil*, BGB leicht gemacht, 31. Aufl. 2011, Fall 82.

der Verein seine Rechtsfähigkeit. Man spricht daher, im Gegensatz zum oben genannten Konzessionssystem, vom **Normativsystem**.

Die Rechtsfähigkeit der juristischen Person beruht auf einem Staatsakt. Durch diesen Staatsakt, die Eintragung ins Vereinsregister, wird die Rechtsfähigkeit der juristischen Person »Verein« begründet. **86**

Die Eintragung ins Vereinsregister hat, anders ausgedrückt, eine »rechtsbegründende« oder »konstitutive Wirkung«.

■ Überlegen Sie selbst, wie man demgegenüber die Wirkung von § 1 bezeichnet, der erklärt, dass die Rechtsfähigkeit des Menschen (= natürliche Person) mit der Vollendung der Geburt beginnt.

▶ Im Gegensatz dazu spricht man von einer »rechtserklärenden« oder »deklaratorischen Wirkung«, die sich aus § 1 für die Rechtsfähigkeit der natürlichen Personen ergibt. Es genügt bekanntlich als Voraussetzung der Rechtsfähigkeit allein das Menschsein; einer staatlichen Mitwirkung bedarf es nicht. **87**

Um tatsächlich ins Vereinsregister, das beim Amtsgericht geführt wird (vgl. § 55), eingetragen zu werden, muss der gegründete Verein bestimmte formale Voraussetzungen erfüllen, die in den §§ 56–59 festgelegt sind (lesen Sie diese Vorschriften!). **88**

Wir wollen anhand dieser Paragrafen prüfen, ob der Verein »Gruppe Fortschritt« diese Voraussetzungen erfüllt:

- § 56: Mindestmitgliederzahl: sieben – hier: zehn!
- § 57 I: Satzung mit Zweck, Name und Sitz – hier: erfüllt
- § 57 II: unterstellen wir.

Ebenso unterstellen wir, dass § 58 und § 59 eingehalten wurden.

Somit konnte das zuständige Amtsgericht die Eintragung unserer »Gruppe Fortschritt« nicht gem. § 60 (lesen!) zurückweisen, sondern der Verein hat durch die Eintragung gem. § 21 Rechtsfähigkeit erlangt.

Aus der »Gruppe Fortschritt« ist eine juristische Person geworden, die im Rechtsverkehr wie eine selbstständige natürliche Person handeln kann. Die juristische Person »Gruppe Fortschritt« steht mit eigener Rechtsfähigkeit neben den einzelnen Vereinsmitgliedern. Daran ändert sich, solange die Eintragung im Vereinsregister besteht, nichts, wenn Mitglieder austreten oder neu aufgenommen werden.

Eigentümer des Vereinsvermögens ist nicht die Summe der einzelnen Mitglieder mit Anteilen am Vermögen, sondern die juristische Person.

2. Handlungsfähigkeit

Aufgrund ihrer Rechtsfähigkeit kann die juristische Person grundsätzlich Rechte und Pflichten aller Art haben, abgesehen von solchen natürlich, die unmittelbar an das reine Menschsein geknüpft sind. Es wird jedem einleuchten, dass eine juristische Person zB nicht in der Lage sein kann zu heiraten … Wenn die juristische Person ihre Rechte und Pflichten ausüben will, muss sie zumindest handeln können. **89**

■ Überlegen Sie selbst, in welcher Form die juristische Person durch Handlungen am Rechtsverkehr teilnehmen kann?

▶ Da die Handlungsfähigkeit naturgemäß nur den Menschen gegeben ist, können für das künstliche Gebilde »juristische Person« auch nur Menschen handeln. Wir nennen den für die juristische Person, nicht also für sich selbst, handelnden Menschen »Organ«. Ähnlich wie manche Organe im menschlichen Körper wichtige Funktionen erfüllen, um den Menschen am Leben zu erhalten, erfüllen die Organe der künstlichen juristischen Person Funktionen, die es ihr ermöglichen, am Rechtsleben teilzunehmen. Diese Organe haben ihrer Funktion entsprechend verschiedene Bezeichnungen.

■ Welches sind die Organe eines Vereins?

▶ (1) Vorstand = § 26 und
(2) Mitgliederversammlung = § 32
(also: nicht einzelne Mitglieder!).

Lesen Sie hierzu § 26 I 2!

■ Wenn Sie das getan haben, können Sie auch die Frage beantworten, wer die Miete für die vom Vereinsvorstand von Verleihnix (V) angemieteten Vereinsräume bezahlen muss! Mit wem ist der Mietvertrag zustande gekommen?

▶ Der Mietvertrag ist mit dem Verein »Gruppe Fortschritt e.V.« und V unmittelbar zustande gekommen. Da der Vorstand als Vertreter des Vereins (§ 26 I 2) für diesen den Mietvertrag geschlossen hat, haften weder der Vorstand noch die Vereinsmitglieder selbst. Gemäß § 535 II ist die juristische Person »Gruppe Fortschritt e.V.« zur Mietzahlung verpflichtet und kann – sofern die Mietzahlung nicht erfolgen sollte – von V verklagt werden.

Die Eigenart der Rechtsfähigkeit der juristischen Person lässt sich erneut durch einen Vergleich mit der natürlichen Person verdeutlichen: Auch das Kind, das über eigene Rechtsfähigkeit verfügt, ist für bestimmte Rechtshandlungen in seiner Handlungsfähigkeit eingeschränkt und benötigt einen gesetzlichen Vertreter (wie Sie schon wissen, sind das in der Regel die Eltern – §§ 1629, 1626 – oder ein Vormund – §§ 1773, 1793). Einzelheiten über die Aufgaben des Vorstands und der Mitgliederversammlung wollen wir in diesem Rahmen nicht behandeln; Sie sollten sich zur Information die §§ 27–30 sowie §§ 32–39 durchlesen.

3. Haftung

90 Von besonderer Wichtigkeit ist die Frage nach der Haftung des Vereins bzw. jeder juristischen Person für Schäden, die ihre Organe in Ausführung ihrer Tätigkeit für die juristische Person verursachen.

Lesen Sie zur Haftung des Vereins für seine Organe nun

Übungsfall 4

Der liberale Professor Hans Hörnlein (H) hat sich in seiner Vorlesung für das demokratische Selbstbestimmungsrecht und gegen eine Rätediktatur ausgesprochen. Durch einen Beschluss der Mitgliederversammlung der »Gruppe Fortschritt e.V.« wird der Vorstand des Vereins aufgefordert, »gegen diese unerträgliche Provokation die nötigen Maßnahmen zu ergreifen«. Daraufhin besprüht der Vorstandsvorsitzende Viktor Vorsteher (V) alle Fenster der Wohnung des H mit wasserfester Farbe. Damit H nicht im Dunkeln bleibt, muss er alle Fenster auswechseln lassen. Wer haftet für den Schaden?[77]

77 Nach *Nawratil,* BGB leicht gemacht, 31. Aufl. 2011, Fall 84.

Bevor Sie weiterlesen, lassen Sie zunächst Ihr gesundes Rechtsgefühl entscheiden, und vergessen Sie einen Moment, dass wir uns mit dem »Vereinsrecht« beschäftigen! Also:

- ■ Wer muss vor allem für den Schaden haften?
- ▶ Zunächst haftet selbstverständlich V persönlich, und zwar nach einer Vorschrift, die wir schon im Fensterscheibenfall des kleinen Fritz angesprochen haben.
- ■ Erinnern Sie sich noch, welche Vorschrift (für H) als Anspruchsgrundlage für einen Schadensersatzanspruch (gegen V) in Betracht kommt?
- ▶ § 823 I! (Lesen!)

V hat widerrechtlich und vorsätzlich das Eigentum des H verletzt und muss deshalb für diese unerlaubte Handlung persönlich Schadensersatz leisten.

- ■ Stellen Sie sich vor, dass V über keine Geldmittel verfügt; an wen wird sich H wenden wollen?
- ▶ An den Verein! Da V aufgrund eines Beschlusses der Mitgliederversammlung als Organ seines Vereins tätig wurde, um dessen satzungsmäßige Ziele zu verwirklichen, muss auch der Verein haften!

Lesen Sie hierzu § 31.

H hat gegen den Verein einen Schadensersatzanspruch gem. § 31 iVm § 823 I.

§ 823 I muss man mitzitieren, weil sich aus dieser Vorschrift die in § 31 angesprochene »zum Schadenersatz verpflichtende Handlung« ergibt, für die der Verein haften muss.

Die Haftungsvorschrift des § 31 gilt nicht nur für den eingetragenen Verein, sondern für juristische Personen des öffentlichen Rechts, wie sich aus § 89 I ergibt (lesen!).

Der mit Wirkung zum 29.3.2013[78] neu gefasste § 31a enthält für die ehrenamtlichen Vorstandsmitglieder, die unentgeltlich tätig werden oder lediglich eine geringe Vergütung bis zu 720 EUR jährlich erhalten, eine Haftungsbegrenzung: Danach ist eine Haftung von Vorstandsmitgliedern, die einen Schaden bei der Wahrnehmung ihrer Vorstandpflichten verursacht haben, gegenüber dem Verein und gegenüber Vereinsmitgliedern bei leichter Fahrlässigkeit ausgeschlossen. Sie haften nur bei Vorsatz oder grober Fahrlässigkeit (§ 31a I 1, 2). Der geschädigte Verein oder das geschädigte Vereinsmitglied trägt die Beweislast für vorsätzliches oder grob fahrlässiges Handeln des Vorstandsmitglieds (§ 31a I 3). Diese Haftungsbeschränkung gilt allerdings nicht gegenüber Dritten, also im Außenverhältnis. Es ist auch kein Grund ersichtlich, dass ein Dritter nur deshalb schlechter gestellt wird, weil er von einem Vorstandsmitglied geschädigt worden ist. Nach § 31a II hat allerdings das dem Dritten haftende Vorstandsmitglied gegenüber dem Verein einen Freistellungsanspruch, sofern die Schädigung (nur) leicht fahrlässig erfolgt ist. Der Verein muss in diesem Fall den – vom Vorstandsmitglied geschuldeten – Schadensersatz übernehmen.

Das bisher Gelernte können wir in den beiden folgenden Übersichten 10 und 11 zusammenfassen.

---

78 Art. 6 Nr. 2 Gesetz zur Stärkung des Ehrenamtes v. 21.3.2013, BGBl. 2013 I 556.

91 Übersicht 10

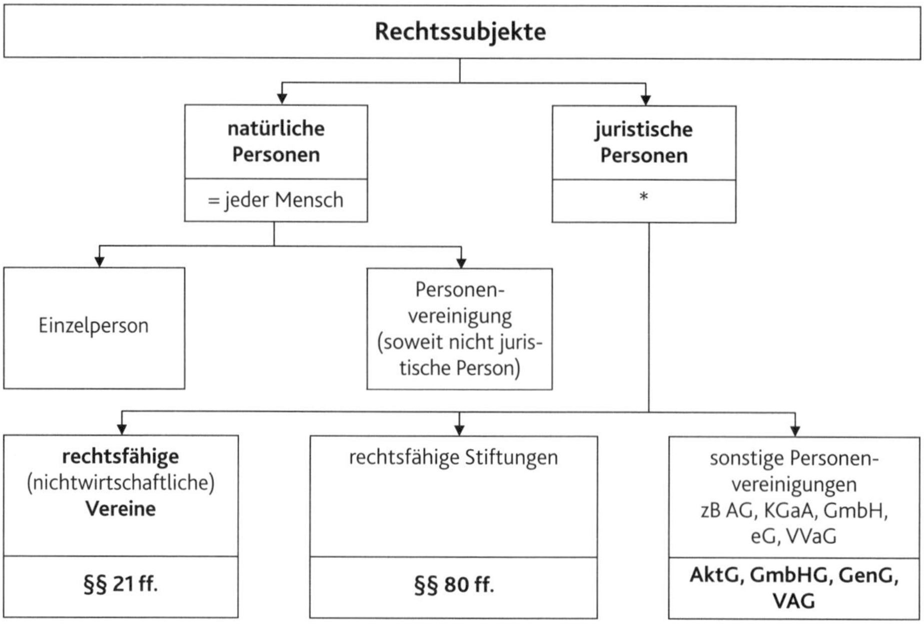

Der rechtsfähige Verein

Erlangung der Rechtsfähigkeit	**Formale Voraussetzungen für Eintragung ins Vereinsregister**	**Organe des Vereins**	**Haftung des Vereins für Organe**
§ 21	§§ 56–59	§§ 26–30	§ 31
• durch Eintragung ins Vereinsregister bei zuständigem AG (§ 55) • Rechtsfähigkeit durch **Staatsakt** … … mit rechtsbegründender (**konstitutiver**) Wirkung • (Gegensatz § 1: rechtserklärende = **deklaratorische** Wirkung: Rechtsfähigkeit natürlicher Person durch ›Menschsein‹)	• Mindestmitgliederzahl: 7 (§ 56) • Satzung: mindestens Zweck, Name und Sitz des Vereins (§ 57) • weitere Erfordernisse	a) Vorstand mit Vorsitzendem Vorstand = gesetzlicher Vertreter des Vereins gem. § 26 I 2 (§§ 30–39) b) Mitgliederversammlung – fasst Beschlüsse (§ 32)	• gilt nicht nur für juristische Person des Privatrechts, sondern auch für juristische Person des öffentlichen Rechts (vgl. § 89)

* = von der Rechtsordnung zugelassene, mit eigener Rechtsfähigkeit ausgestattete Personenvereinigungen oder Vermögensmassen.

Übersicht 11 92

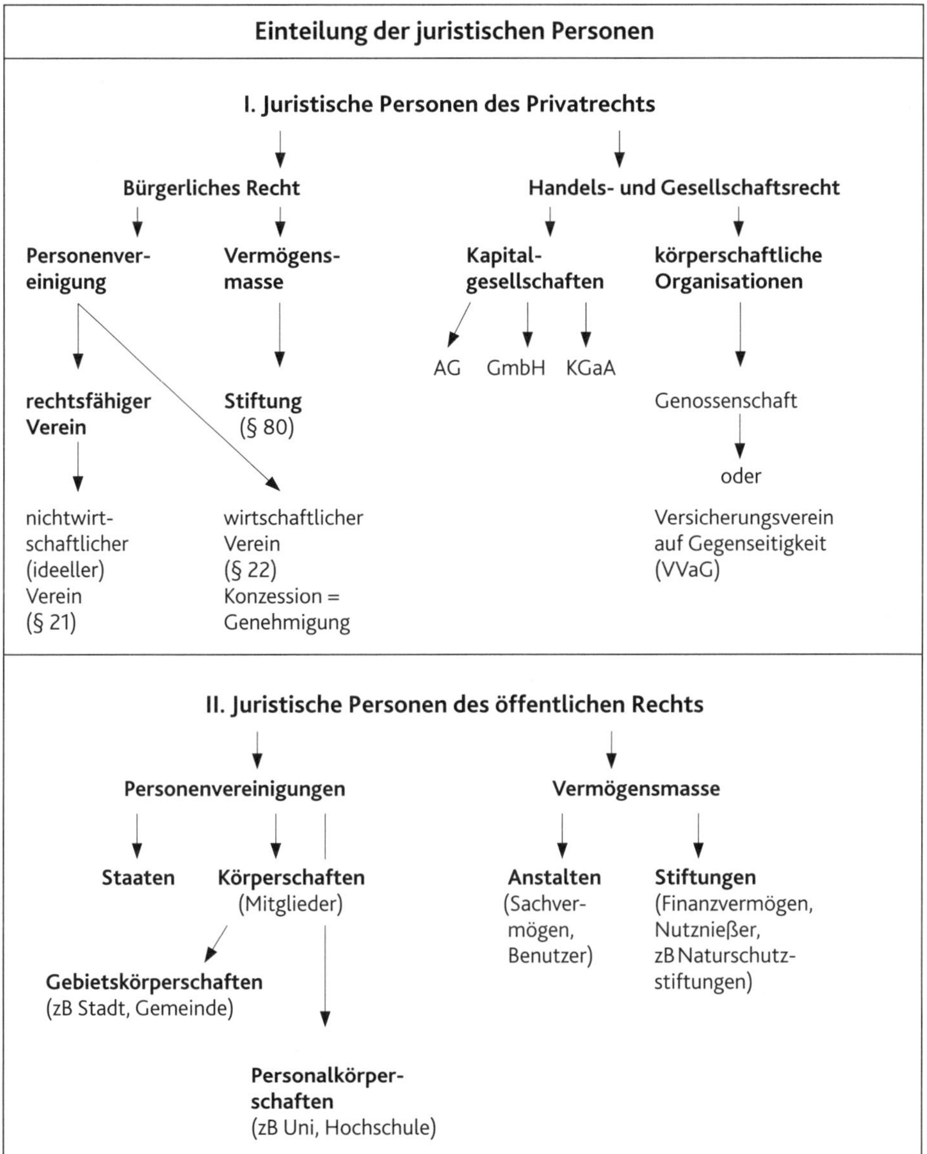

Wir merken uns schon jetzt:
BGB-Gesellschaft, OHG und KG sind keine juristischen Personen mit eigener Rechtsfähigkeit. OHG und KG sind aber gem. § 124 HGB weitgehend rechtlich verselbstständigt: Nach der Rechtsprechung des BGH (DNotZ 2001, 234[79]) kann auch die BGB-Gesellschaft (§ 705) im Rechtsverkehr jede Rechtsposition einer juristischen Person einnehmen, falls nicht Spezialvorschriften dem entgegenstehen.

79 Dazu *K. Schmidt* NJW 2001, 993 ff.

4. Arten (Einteilung) der juristischen Personen

93 Erläuterungen zu Übersicht 11:

Stiftung – Bei der Stiftung wird eine bestimmte Vermögensmasse (Zweckvermögen) rechtlich verselbstständigt, um für eine gewisse Dauer einen bestimmten Zweck nach dem Willen des Stifters zu erreichen. Zur Entstehung der Stiftung bzw. zur Erlangung der Rechtsfähigkeit ist neben der Gründung, dem sog. Stiftungsgeschäft, wie es in § 80 heißt, eine staatliche Genehmigung erforderlich (letztlich handelt es sich um eine Verleihung = Konzessionssystem). Über die Anerkennung entscheidet die Behörde des Landes, in dem die Stiftung ihren Sitz haben soll; in der Regel ist hierfür der Innenminister zuständig, in einigen Ländern auch die Landesregierung oder aber der Regierungspräsident. Um das Stiftungsvermögen dem vorgesehenen Zweck zuzuführen und es zu verwalten, erhält die Stiftung Verwaltungsorgane, für die gem. § 86 einige Vorschriften des Vereinsrechts entsprechend gelten.

Mit der Stiftung brauchen Sie sich in Zukunft aber nicht näher zu befassen.

Im Rahmen dieses Grundrisses können wir nicht auf die einzelnen **handelsrechtlichen** juristischen Personen eingehen. Sie sollten anhand von Übersicht 11 (→ Rn. 92) nur erst einmal erfahren, welche es gibt. (Näheres dazu in *Wörlen/Kokemoor* »Handelsrecht«!)

Merken Sie sich bitte jetzt schon, dass die OHG, die KG und die BGB-Gesellschaft **keine** juristischen Personen sind. Dies sind Personengesellschaften ohne eigene Rechtsfähigkeit, sodass im Falle der Haftung nicht etwa »**die** Gesellschaft«, sondern die einzelnen Gesellschafter persönlich einstehen müssen. Bezüglich der Rechtsfähigkeit sind diese Personengesellschaften allerdings den juristischen Personen gleichgestellt (→ Rn. 92).

Literatur zur Vertiefung (→ Rn. 76–93): *Brox/Walker* BGB AT §§ 33, 34; *Führich* WirtschaftsPrivatR Rn. 36 ff.; *Hager*, Die Mephisto-Entscheidung des Bundesverfassungsgerichts, JURA 2000, 186; *Hirsch* BGB AT § 1; *Klunzinger* BürgerlR § 4; *Köhler* BGB AT §§ 20, 21; *Neuefeind*, Der privatrechtliche Verein: Begriff und Status – ein Überblick – Teil I, JA 2019, 337; *Pawlowski*, Rechtsfähigkeit im Alter?, JZ 2004, 13; *Petersen*, Das Stiftungsrecht des BGB, JURA 2007, 277; *Petersen*, Das Vereinsrecht des BGB, JURA 2002, 683; *Petersen*, Namensrecht und Domainnamen, JURA 2007, 175; *Petersen*, Verbraucher und Unternehmer, JURA 2007, 905; *Schade/Graewe* WirtschaftsPrivatR § 3; *Schlachter*, Der Schutz der Persönlichkeit nach bürgerlichem Recht, JA 1990, 33; *K. Schmidt*, Die BGB-Außengesellschaft: rechts- und parteifähig, NJW 2001, 993 ff.; *Schultzky/Weissinger*, Die Rechtsfähigkeit der BGB-Gesellschaft, JA 2001, 886; *Stadler* BGB AT §§ 14, 15; *Tychsen*, Namensanmaßung bei Verwendung eines fremden Namens als Domain-Name (BGH NJW 2003, 2978), RÜ 2003, 481; *Tychsen*, Zeitliche Schutzdauer der vermögensrechtlichen Bestandteile des postmortalen Persönlichkeitsrechts (BGH NJW 2007, 684), RÜ 2007, 173 [»fSaE« = → Abkürzungsverzeichnis]; *Wolf/Neuner* BGB AT §§ 11–18.

2. Kapitel. Gegenstände des Rechts (Rechtsobjekte)

Bisher haben wir uns – teilweise recht ausführlich – mit den sog. Rechtssubjekten, den Personen, beschäftigt, bei denen wir die natürlichen Personen von den juristischen Personen unterschieden haben. Andere Rechtssubjekte als diese beiden genannten gibt es nicht. Nur Rechtssubjekte können Träger von Rechten und Pflichten sein, nicht aber zB unsere Hundedame Daisy, wie wir erfahren haben. Tiere sind zwar grundsätzlich keine Sachen bzw. Rechtsobjekte (vgl. § 90a S. 1), werden aber mit Einschränkungen gem. § 90a S. 3 diesen weitgehend gleichgestellt. 94

I. Sachen und Rechte

Für Rechtsobjekte wird vom Gesetz häufig der Oberbegriff »Gegenstände« verwendet. Die Gegenstände des Rechts werden in drei große Gruppen unterteilt. Um welche beiden Gruppen es sich dabei außer Tieren noch handelt, haben Sie soeben in der Überschrift (I) gelesen. 95

Dass man Sachen jeder Art kaufen und verkaufen kann, kann sich sicher jeder vorstellen.

■ Überlegen Sie sich selbst Beispiele für den Kauf oder Verkauf eines Rechts!
▶ Ein Patentrecht zum Beispiel! Auch Urheberrechte, Verlagsrechte oder Namensrechte.

II. Sachen und Sachgesamtheiten

Sachen iSd BGB sind nur körperliche Gegenstände. So wörtlich § 90 (lesen!). 96

■ Was heißt »körperlich?«
▶ Körperlich ist eine Sache, wenn sie sinnlich wahrnehmbar und beherrschbar ist. Keine Sachen sind deshalb Luft, Meerwasser oder Gas.

Bei Gas und auch Wasser ändert sich das allerdings, wenn es in Flaschen abgefüllt ist; dann ist es zweifellos beherrschbar.

So betrachtet wird es jedem einleuchten, dass Tiere im rechtlichen Sinne vornehmlich als Sachen zu betrachten sind. Man kann sie kaufen und Eigentum daran erwerben. Bei Menschen geht das in unserer heutigen zivilisierten Welt eigentlich nicht mehr (früher: Sklaven!)[80].

Sog. Sachgesamtheiten, wie etwa ein Warenlager, bilden keine »Sache« im Rechtssinn, sondern bleiben eine Vielzahl von einzelnen selbstständigen Sachen – lesen Sie hierzu § 92 II. Diese Unterscheidung ist zB wichtig für die Übertragung des Eigentums an einer Sache. Dazu mehr in *Wörlen/Kokemoor* »Sachenrecht«.

---

80 Diese Aussage ist nur bedingt richtig: Im Profi-Fußball floriert der Menschenhandel. Da werden Spieler für zweistellige (in Zukunft möglicherweise dreistellige?) Millionenbeträge verkauft, wenngleich auch nicht zu Eigentum übertragen.

Lernhinweis: Ebenso gibt es Rechtsgesamtheiten! Hierzu zählt namentlich das Vermögen. Unter Vermögen versteht man im bürgerlichen Recht gemeinhin die Gesamtheit aller geldwerten Rechte bzw. »Aktiva«, die einer (natürlichen oder juristischen) Person zustehen. Im Einzelnen sind dies alle Rechte (absolute Rechte wie das Eigentum, Anwartschaftsrechte, Erbrechte sowie relative Rechte wie Forderungen) und Rechtsverhältnisse, die einen in Geld schätzbaren bzw. messbaren Wert haben. Korrekter wäre es allerdings, das Vermögen als Sach- und Rechtsgesamtheit zu bezeichnen, da dazu auch viele Sachen gehören, die im Eigentum – siehe oben – der betreffenden Person stehen.

Die Überschrift von § 92 lautet »Verbrauchbare Sachen«; § 91 ist überschrieben mit »Vertretbare Sachen«.

Dies führt zu der Einteilung der Sachen schlechthin, die Sie sich sofort anhand der schematischen Übersicht 12 (→ Rn. 98) über die Rechtsobjekte (Gegenstände) auf der nächsten Seite einprägen sollten, bevor Sie hier weiterlesen.

III. Einteilung der Sachen

In vorgenannter Übersicht 12 tauchen einige begriffliche Unterscheidungen der »Sachen« auf, die es noch zu erläutern gilt, währenddessen Ihnen der Unterschied zwischen absoluten und relativen Rechten noch geläufig sein müsste (falls nicht: → Rn. 51, Übersicht 6 nachlesen!).

1. Bewegliche und unbewegliche Sachen

97 Die wichtigste Unterscheidung bei den Sachen ist die der beweglichen Sachen von den unbeweglichen Sachen.

Diese Unterscheidung ist besonders im Sachenrecht von Bedeutung, weil das BGB dort bewegliche Sachen und unbewegliche Sachen, vor allem bezüglich der Eigentumsübertragung, verschiedenen Regeln unterwirft.

Unbewegliche Sachen sind alle Grundstücke. Eine Definition des »Grundstücks« enthält das BGB ebenso wenig wie die Grundbuchordnung,[81] in der das formelle Grundstücksrecht geregelt ist. Nach Rechtsprechung und Lehre ist unter einem Grundstück im Rechtssinne ein räumlich abgegrenzter Teil der Erdoberfläche zu verstehen, der im Bestandsverzeichnis eines besonderen Grundbuchblatts aufgeführt ist.[82] Dementsprechend sind bewegliche Sachen alle Sachen, die nicht Grundstücke oder Bestandteil eines Grundstücks sind. Allerdings werden im Schiffsregister eingetragene Schiffe, obwohl sie durchaus »bewegliche« Sachen sind, in mancher Hinsicht ähnlich behandelt wie Grundstücke (vgl. zB §§ 452, 1287 S. 2, Hs. 2).

81 Dazu mehr in *Wörlen/Kokemoor* SachenR Rn. 196 ff.

82 *Wörlen/Kokemoor* SachenR Rn. 8 mwN.

Übersicht 12 98

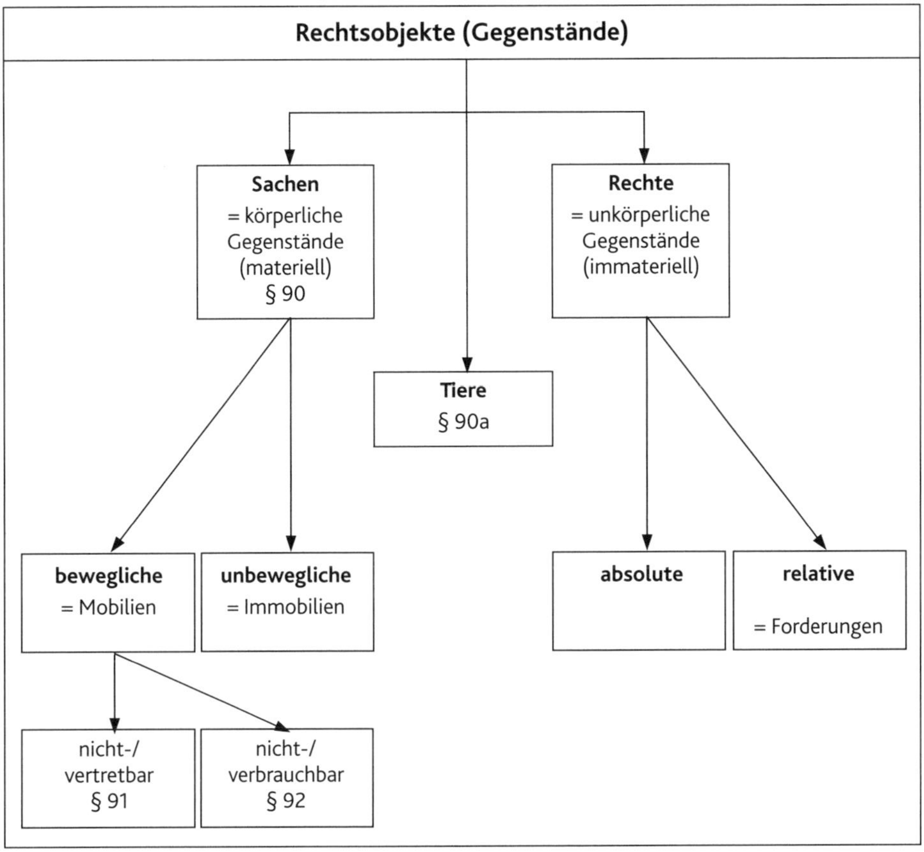

2. Vertretbare und nicht vertretbare Sachen

Was »vertretbare Sachen« sind, regelt § 91 (lesen!). Vertretbare Sachen sind demnach 99 zugleich bewegliche Sachen, und zwar solche, »die im Verkehr nach Zahl, Maß oder Gewicht bestimmt« werden.

■ Versuchen Sie selbst, Beispiele für »vertretbare Sachen« zu finden!

▶ Die Begriffsbeschreibung in § 91 passt zB auf Geld, Wertpapiere, gewöhnliche Lebensmittel, serienmäßig hergestellte neue Kraftfahrzeuge, Kleider, Maschinen und andere serienmäßig fabrizierte Massenprodukte. Nicht vertretbare Sachen sind alle Sachen, die nicht unter § 91 fallen, so zB ein Maßanzug vom Schneider, ein bestimmter Gebrauchtwagen oder ein – individuell bestimmtes, von einem Maler angefertigtes – Porträt. Im Hinblick auf das »Allgemeine Schuldrecht« sollten Sie sich schon jetzt merken, dass vertretbare Sachen regelmäßig sog. »Gattungsschulden« darstellen!

3. Verbrauchbare und nicht verbrauchbare Sachen

Was verbrauchbare Sachen sind, entnehmen Sie § 92 I. 100

Was sind »Sachen, deren bestimmungsgemäßer **Ge**brauch in dem **Ver**brauch oder in der Veräußerung besteht«? Wenn wir hierfür Beispiele suchen, können wir feststellen, dass verbrauchbare Sachen mit den vertretbaren Sachen durchaus identisch sein können, aber nicht müssen:

■ Unter welchen dieser Begriffe würden Sie zB »Geld« einordnen? Wenn Sie § 91 und § 92 I nochmals genau lesen, dürfte die Antwort nicht so schwierig sein.

▶ Geld ist sowohl als vertretbare Sache anzusehen, da es »im Verkehr nach Zahl, Maß oder Gewicht bestimmt« wird, als auch als verbrauchbare Sache, da sein »bestimmungsgemäßer Gebrauch im **Ver**brauch oder in der Veräußerung besteht«! Dasselbe gilt zB für Lebensmittel.

■ Unter welchen Begriff würden Sie Kleider oder auch Teppiche einstufen?

▶ Zwar werden Kleider und Teppiche durch ihren Gebrauch abgenutzt[83] oder gar verschlissen, doch ist das nicht ihr »bestimmungsmäßiger Gebrauch«; diese Sachen werden nicht hergestellt, damit sie verschlissen (= verbraucht) werden, sondern damit sie benutzt werden, um den Benutzer, bzw. seine Wohnung zu zieren … Kleider und Teppiche (das Gleiche gilt für neue serienmäßig hergestellte Maschinen, Autos, Bücher usw) sind keine »verbrauchbaren«, wohl aber »vertretbare« Sachen, da sie im Verkehr nach Zahl, Maß oder Gewicht bestimmt werden.

4. Teilbare und nicht teilbare Sachen

101 Die vom Gesetz selbst nicht ausdrücklich getroffene Unterscheidung von teilbaren und nicht teilbaren Sachen ist bedeutsam, wenn mehrere Eigentümer, etwa eine Erbengemeinschaft, eine Sache besitzen. Das geerbte Geld oder die geerbten Goldbarren können sich die Erben sicher teilen; auch ein unbebautes Grundstück kann man aufteilen. Bei einem Fernsehgerät, einem Klavier oder einem lebenden Tier sieht das anders aus. Nicht nur theoretisch, sondern auch praktisch ließe sich das Klavier (zB mithilfe einer Säge!) in mehrere Teile zerlegen. Die einzelnen Teile wären aber völlig wertlos.

Unter teilbaren Sachen versteht man deshalb Sachen, die sich ohne Verminderung ihres Werts in gleichartige Teile zerlegen lassen. Die Teile müssen bei Zusammenrechnung der Einzelwerte objektiv dem Gesamtwert des ungeteilten Gegenstands entsprechen.

Damit ist die Einteilung der Sachen im Wesentlichen erschöpft, allerdings müssen wir uns noch mit den Sachteilen beschäftigen.

IV. Teile von Sachen (Bestandteile)

102 Sachen bestehen häufig aus mehreren Teilen, sog. Bestandteilen, wobei es zweifelhaft sein kann, ob es sich bei diesen Teilen tatsächlich um einen »Bestandteil« oder um eine (rechtlich) selbstständige Sache handelt. Die Frage ist dann, in welchem (rechtlichen) Verhältnis die Sache und ihre Teile zueinander stehen.

83 Palandt/*Ellenberger* § 92 Rn. 1. Weitere Beispiele dafür, dass die allmähliche Abnutzung als Folge des Gebrauchs eine Sache nicht verbrauchbar macht, finden Sie bei MüKoBGB/*Stresemann* § 92 Rn. 3.

Wir wollen uns dies anhand des nächsten Übungsfalls verdeutlichen:

Übungsfall 5

a) Bauer Egon Eigen (E) hat einen seiner beiden Trecker seinem Nachbarn Baldur Baunix (B) für einige Tage ausgeliehen. Als er sich den Trecker zurückholen will, muss er feststellen, dass B den Motor ausgebaut und in seinen eigenen alten und defekten Trecker eingebaut hat. B verweigert die Herausgabe des Motors.
b) E ist Eigentümer eines landwirtschaftlichen Betriebs. Auf den Fundamenten einer alten Scheune baut er eine neue. Ein Gläubiger des E will die Scheune pfänden lassen.
c) Bei dem Bau der Scheune hat E versehentlich Steine des Nachbarn Norbert Nebenan (N), die an der Grundstücksgrenze lagerten, verwendet. N will seine Steine zurück.
d) Einen Teil seines Anwesens hat E an den Gärtner Gustav Grünling (G) für neun Jahre verpachtet. G errichtet auf dem gepachteten Grundstück ein Gewächshaus, in dem er exotische Pflanzen züchtet. Wem gehören das Gewächshaus und die Pflanzen?

1. Wesentliche Bestandteile

Wenn Sie in **Fall 5a)** gelesen haben, dass B die Herausgabe verweigert, müssen Sie 103
sich in die Lage des E versetzen und darüber nachdenken, wie Sie rechtlich gegen B vorgehen würden!

Was bedeutet es rechtlich, wenn Sie dem B sagen: »Ich will meinen Motor wiederhaben!«? »Der Motor gehört mir« bedeutet: »Der Motor ist mein Eigentum!« Gemäß § 985 hat der Eigentümer gegen den Besitzer einen Herausgabeanspruch (§ 985 lesen!). Da B die tatsächliche Herrschaft über den in seinen Traktor eingebauten Motor hat, ist er Besitzer des Motors iSv § 854 (Abs. 1 lesen!).

Merke: Besitz ist die **tatsächliche**, Eigentum die **rechtliche** Herrschaft über eine Sache.[84]

Lesen Sie § 93! Danach wäre E nicht mehr Eigentümer des Motors, wenn dieser ein wesentlicher Bestandteil des Traktors von B geworden wäre, da der Motor dann nicht Gegenstand besonderer Rechte (hier: kein besonderes Eigentum an dem Motor möglich) sein könnte. Die Frage ist also:

■ Ist der Motor eines Kraftfahrzeugs wesentlicher Bestandteil oder nicht? (Überlegen Sie!) 104

▶ Da ein Traktor ohne Motor nicht fahren kann, könnte man meinen, dass durch seinen Ausbau der Traktor »in seinem Wesen verändert wird« (vgl. § 93). Aus rechtlicher Sicht ist das indessen unzutreffend: Wesentlich (im Rechtssinne) ist ein Bestandteil nur, wenn – bei natürlicher und wirtschaftlicher Betrachtungsweise, unter Beachtung der Verkehrsanschauung – er oder die Restsache durch eine Trennung zerstört und insofern im Wesen verändert würde.[85] Das ist aber keineswegs der Fall: Nach Einbau eines neuen bzw. anderen Motors kann der Traktor »wesensmäßig« wieder benutzt werden![86]

Indem B den Motor in seinen Traktor eingebaut hat, hat sich an dem Eigentum des E nichts geändert. Sein Herausgabeanspruch nach § 985 ist daher begründet: Ebenso wie B den Motor aus dem Traktor des E aus- und in seinen Traktor eingebaut hat,

84 Vgl. Übersicht 21 → Rn. 283.
85 Vgl. Jauernig/*Mansel* § 93 Rn. 3.
86 Vgl. BGHZ 61, 80 (81 f.) = NJW 1973, 1454.

kann (und muss) er dasselbe nun wieder umgekehrt tun! Auch die Räder eines Kraftfahrzeugs zB sind keine wesentlichen Bestandteile iSv § 93.

2. Wesentliche Bestandteile eines Grundstücks oder eines Gebäudes

105 Während § 93 von wesentlichen Bestandteilen an einer Sache handelt, womit sowohl bewegliche als auch unbewegliche Sachen angesprochen sind, präzisiert § 94 den Begriff der wesentlichen Bestandteile von Grundstücken oder Gebäuden (= unbewegliche Sachen). Lesen Sie zunächst § 94 ganz und dann nochmals **Fall 5b**).
Um die Frage beantworten zu können, ob der Gläubiger die Scheune des B pfänden lassen kann, müssen Sie wissen, dass eine Pfändung in das bewegliche Vermögen nur an selbstständigen, körperlichen Sachen möglich ist (vgl. §§ 803, 808 ZPO).

- ■ Ist die Scheune des E eine selbstständige, bewegliche Sache? (Überlegen Sie!)
- ▶ Die Antwort finden Sie, wenn Sie § 93 lesen!
  Die Scheune kann nicht Gegenstand besonderer Rechte, auch nicht Gegenstand der Pfändung, sein, wenn sie wesentlicher Bestandteil einer anderen Sache ist.
- ■ Von welcher anderen Sache könnte die Scheune wesentlicher Bestandteil sein?
- ▶ Von dem Grundstück des E.

106 Grundstücke sind unbewegliche Sachen. Was wesentliche Bestandteile eines Grundstücks sind, ist im BGB, wie gesagt, in § 94 ausdrücklich geregelt – Abs. 1 nochmals lesen!

- ■ Ist nun die Scheune wesentlicher Bestandteil oder selbstständige Sache?
- ▶ Sie ist wesentlicher Bestandteil des Grundstücks, da mit dem Grund und Boden (Fundament) fest verbunden.
- ■ Nochmals unsere Fallfrage: Kann der Gläubiger die Scheune pfänden?
- ▶ Die Scheune ist gem. § 94 I als wesentlicher Bestandteil des Grundstücks des E keine selbstständige bewegliche Sache und unterliegt somit nicht den Pfändungsvorschriften.

107 Wie sieht es in **Fall 5c)** aus? Welche Voraussetzung müsste erfüllt sein, damit N seine Steine zurückbekommt? Anders, nämlich juristisch, ausgedrückt:

- ■ Welche Voraussetzung muss erfüllt sein, damit N seinen Eigentumsherausgabeanspruch (vgl. § 985!) geltend machen kann?
- ▶ Die Antwort ist einfach: »Die Steine müssten im Eigentum des N stehen«; sie müssten Gegenstand des Eigentumsrechts des N sein.
- ■ Die Antwort auf die Frage, ob dies in unserem Fall noch zutrifft, müssten Sie nach dem eben Gelesenen eventuell selbst geben können:
- ▶ Da die Steine nicht ohne Beschädigung der Scheune von dieser getrennt werden können, sind sie gem. § 93 wesentlicher Bestandteil der Scheune geworden. Somit können sie nicht Gegenstand besonderer Rechte sein. Da die Scheune selbst, wie wir bereits festgestellt haben, wiederum wesentlicher Bestandteil des Grundstücks des E ist, sind auch die Steine wesentlicher Bestandteil des Grundstücks.

Die Rechtsfolgen bezüglich des Eigentums an den Steinen sind in den Vorschriften über das Eigentum im Sachenrecht geregelt. Wir wollen uns die entsprechende Vorschrift im Sachenrecht schon einmal kurz ansehen.

Lesen Sie § 946!

- ■ Wer ist in unserem Fall Eigentümer der Steine geworden? 108
- ▶ E! Da er Eigentümer des Grundstücks ist, dessen wesentlicher Bestandteil die Scheune mit den eingemauerten Steinen (vgl. § 94 II) ist, erstreckt sich sein Eigentum an dem Grundstück auch auf die in die Scheunenwand eingemauerten Steine!
- ■ Erscheint Ihnen das »gerecht«? E nimmt – wenn auch versehentlich – die Steine des Nachbarn, und durch die Verbindung mit seinem Grundstück wird er über § 946 Eigentümer! Billiger kann man nicht bauen, oder?
- ▶ Dass das nicht so sein darf, hat natürlich auch der Gesetzgeber erkannt. Er hat allerdings dem Umstand Rechnung getragen, dass es unsinnig wäre, den E seine Scheune einreißen zu lassen, damit N das verlorene Eigentum an den Steinen zurückbekommt.
- ■ Was meinen Sie, wie der Gesetzgeber das Problem gelöst hat? (Suchen Sie selbst nach einer Lösungsmöglichkeit!)
- ▶ Dafür, dass N sein Eigentum an den Steinen verloren, also einen Rechtsverlust 109 erlitten hat, muss E ihn entschädigen. Lesen Sie dazu § 951 I, bevor wir das Sachenrecht wieder verlassen.
  Was hier, teilweise mit Ihnen noch unbekannten Begriffen, geregelt ist, bedeutet, dass E den N entschädigen muss, indem er ihm den Wert der Steine in Geld ersetzt.

§ 946 verdeutlicht übrigens sehr anschaulich die mehrfach angesprochene Wirkung der Methode des »Vor-die-Klammer-Ziehens« der Vorschriften des Allgemeinen Teils: Diese sachenrechtliche Vorschrift verwendet den als bekannt vorausgesetzten Begriff »wesentlicher Bestandteil« und regelt die Rechtsfolgen bezüglich des Eigentums, wenn eine Sache durch Verbindung mit einem Grundstück dessen wesentlicher Bestandteil wird. Was »wesentliche Bestandteile« sind, ist in den §§ 93 bzw. 94 geregelt.

3. Scheinbestandteile

Wenden wir uns **Fall 5d)** (nachlesen! → Rn. 102) zu: 110

- ■ Was meinen Sie, wem das Gewächshaus und die Pflanzen gehören?
- ▶ Man könnte meinen, dass sowohl die Pflanzen als auch das Gewächshaus wesentliche Bestandteile des Grundstücks des E sind, da sie mit dem Grund und Boden verbunden sind. Dieser Gedanke liegt nahe, doch der Schein trügt!

Lesen Sie § 95!

Maßgeblich dafür, ob eine Sache zum wesentlichen Bestandteil eines Grundstücks wird, ist, ob diese Verbindung für »ewig« oder nur zu einem vorübergehenden Zweck gewollt war. Es kommt darauf an, ob von Anfang an beabsichtigt oder normalerweise zu erwarten war, dass die Sachen wieder getrennt werden. Denn nach der Rechtsprechung des BGH reicht es nicht aus, dass nach den Vorstellungen der Beteiligten eine Trennung nicht ausgeschlossen ist. Maßgebend ist vielmehr, ob die Sache nach dem inneren Willen des Verbindenden bei einem normalen Lauf der Dinge nicht wieder abgetrennt werden soll.[87]

Entscheidend ist also nach der Verkehrsanschauung der nach objektiven Maßstäben zu ermittelnde Wille desjenigen, der die Verbindung der Sachen vorgenommen hat.

87 BGHZ 191, 285 = NJW 2012, 778.

111 ■ Was bedeutet das für die Lösung von Fall 5d)? (Nachdenken!)

▶ In diesem Fall hat der Gärtner G als Pächter, da er keinen entgegenstehenden Willen zum Ausdruck gebracht hat, das Gewächshaus nur vorübergehend mit dem Grundstück verbunden. Es ist normalerweise davon auszugehen, dass ein Pächter bei Pachtende seine Sachen wieder mitnehmen will. Selbst wenn wegen des festen Fundaments eine Trennung nicht ohne Zerstörung des Gewächshauses möglich sein sollte, ändert sich daran nichts. Maßgebend für die Feststellung, ob es sich um einen Scheinbestandteil handelt, ist der Zeitpunkt der Verbindung.[88] Gemäß § 95 ist das Gewächshaus also nur ein Scheinbestandteil, dh eine rechtlich selbstständige bewegliche Sache. Das Gleiche gilt auch für die Pflanzen. Eigentümer bleibt G. § 946, den wir soeben kennengelernt haben, greift hier nicht ein.

Keine nur vorübergehende Verbindung liegt jedoch vor, wenn vereinbart ist, dass der Eigentümer die eingefügten Sachen nach Vertragsablauf übernimmt.[89] Es soll sogar ausreichen, wenn es dem Eigentümer nur freigestellt ist, die Sache zu übernehmen.[90] Wenn also die Parteien im vorgenannten Fall ein Übernahmerecht des V vereinbart haben, ist das Gewächshaus wesentlicher Bestandteil des Grundstücks des V geworden.

Merke: Die Prüfung, ob eine Sache wesentlicher Bestandteil eines Grundstücks geworden ist, erfolgt nach der »Formel«:

§ 93 + § 94 – § 95 = wesentlicher Bestandteil

Das im BGB geltende (oben aufgezeigte) Prinzip, dass sich das Eigentum an einem Grundstück nach den §§ 93, 94 auch auf das darauf errichtete Gebäude erstreckt und auch an Teilen des Gebäudes kein Eigentum begründet werden kann, wird durch Regelungen im ErbbauRG und dem WEG durchbrochen. Das Erbbaurecht ist das veräußerliche und vererbliche Recht, ein Bauwerk auf fremdem Grund und Boden zu haben. Man erhält sozusagen »Eigentum auf Zeit«. Durch notariellen Vertrag vergibt der Grundstückseigentümer ein Erbbaurecht. Es entstehen dadurch zwei Grundbücher: eines für das Grundstück, das andere für das Haus.[91] Gemäß § 12 ErbbauRG ist das Gebäude wesentlicher Bestandteil des Erbbaurechts; nicht der Eigentümer des Grundstücks, sondern der Inhaber des Erbbaurechts ist Eigentümer des Gebäudes.

Nach dem WEG kann an Wohnungen Wohnungseigentum und an nicht zu Wohnzwecken dienenden Räumen des Gebäudes Teileigentum begründet werden.

Merke: Es gibt außer § 95 noch zwei weitere Ausnahmeregelungen, die dazu führen, dass trotz einer festen Verbindung mit einem Grundstück das Bauwerk nicht Eigentum des Grundstückseigentümers wird:

- Erbbaurecht nach dem ErbbauRG
- Wohnungseigentum nach dem WEG

88 HK-BGB/*Dörner* § 95 Rn. 2.
89 BGHZ 8, 1 (8) = NJW 1953, 137; BGHZ 104, 301 = NJW 1988, 2789.
90 BGH DB 1964, 368.
91 Mehr dazu bei *Wörlen/Kokemoor* SachenR Rn. 335 ff.

V. Zubehör, Früchte, Nutzungen, Lasten

1. Zubehör 112

Der von E in **Fall 5 a)** an B verliehene Traktor (ob mit oder ohne Motor) fällt übrigens, für sich betrachtet, unter den Begriff des Zubehörs iSv § 97, das zum landwirtschaftlichen Betrieb des E gehört – lesen Sie § 97 ganz! Der Traktor dient dem wirtschaftlichen Zweck der Hauptsache, eben dem landwirtschaftlichen Betrieb des E. Gerade für die landwirtschaftlichen (und gewerblichen) Betriebe hat das Gesetz dies in § 98 (lesen!) ausdrücklich klargestellt: Der Traktor fällt unter Ziffer 2.

Eine Sache, die als Zubehör einzustufen ist, ist zwar eine selbstständige bewegliche Sache, doch da sie als Zubehör zur Hauptsache angesehen wird, besteht idR für Zubehör und Hauptsache die gleiche Rechtslage (zB einheitliches Eigentum).[92] Dies hat beispielsweise besondere Bedeutung beim Verkauf oder bei der Belastung der Hauptsache: Hat sich der Verkäufer gem. § 433 I 1 (nachlesen!) verpflichtet, dem Käufer ein Grundstück zu überlassen und ihm das Eigentum daran zu übertragen, so erstreckt sich diese Verpflichtung im Zweifel (= wenn nichts Gegenteiliges vereinbart wurde) auch auf das Zubehör (vgl. § 311c – lesen!). Erfolgt dann die Eigentumsübertragung an dem Grundstück nach den sachenrechtlichen Vorschriften (dazu im Einzelnen mehr im »Sachenrecht«), so wird der Erwerber des Grundstücks auch Eigentümer des Zubehörs (vgl. § 926, von dem Sie zur kurzen Information Abs. 1 lesen sollten).

2. Früchte, Nutzungen, Lasten

Was sich hinter diesen Begriffen verbirgt, entnehmen Sie am besten gleich den §§ 99 (Früchte), 100 (Nutzungen) und 103 (Lasten[93]) – §§ lesen! – und der zusammenfassenden Übersicht 13 (→ Rn. 114) und blättern dann hierhin zurück. 113

Damit haben Sie die wichtigsten Begriffe der ersten beiden Abschnitte des Allgemeinen Teils des BGB kennengelernt. Sofern Sie das in den beiden vorstehenden Kapiteln erlangte Wissen durch Lektüre zusammenhängender Darstellungen gleichen oder größeren Umfangs vertiefen wollen, empfehle ich Ihnen – alternativ – folgende im Literaturverzeichnis genau bezeichnete

Literatur zur Vertiefung (→ Rn. 94–113): *Brox/Walker* BGB AT §§ 35, 36; *Führich* WirtschaftsPrivatR Rn. 57 ff.; *Giesen*, Scheinbestandteil – Beginn und Ende, AcP 202 (2002), 689; *Klunzinger* BürgerlR § 6; *Köhler* BGB AT §§ 22, 23; *Petersen*, Personen und Sachen, JURA 2007, 763; *Schade/Graewe* WirtschaftsPrivatR § 4; *Stadler* BGB AT § 11; *Tychsen,* Einbauküche als wesentlicher Bestandteil oder Zubehör, RÜ 2002, 289 (OLG Nürnberg Urt. v. 2.4.2002 – 3 U 4158/01 – www.judicialis.de) [»fSaE«]; *Westermann* Grundbegriffe BGB Kapitel 5; *Wolf/Neuner* BGB AT §§ 24–27; *Zerres* BürgerlR 2.1.

Einen die Übersicht 12 (→ Rn. 98) ergänzenden Überblick über die Rechtsobjekte gibt die folgende …

92 Jauernig/*Mansel* §§ 97, 98 Rn. 8.

93 § 103 enthält keine Definition, sondern regelt nur die Verteilung der Lasten. Lasten sind nach der Rechtsprechung die auf einer Sache oder einem Recht liegenden Verpflichtungen zu Leistungen, die aus der Sache oder dem Recht zu entrichten sind und den Nutzungswert mindern, vgl. Palandt/*Ellenberger* § 103 Rn. 1 mit Hinweis auf RGZ 66, 316 (318) und OLG Hamm NJW 1989, 839.

114 Übersicht 13

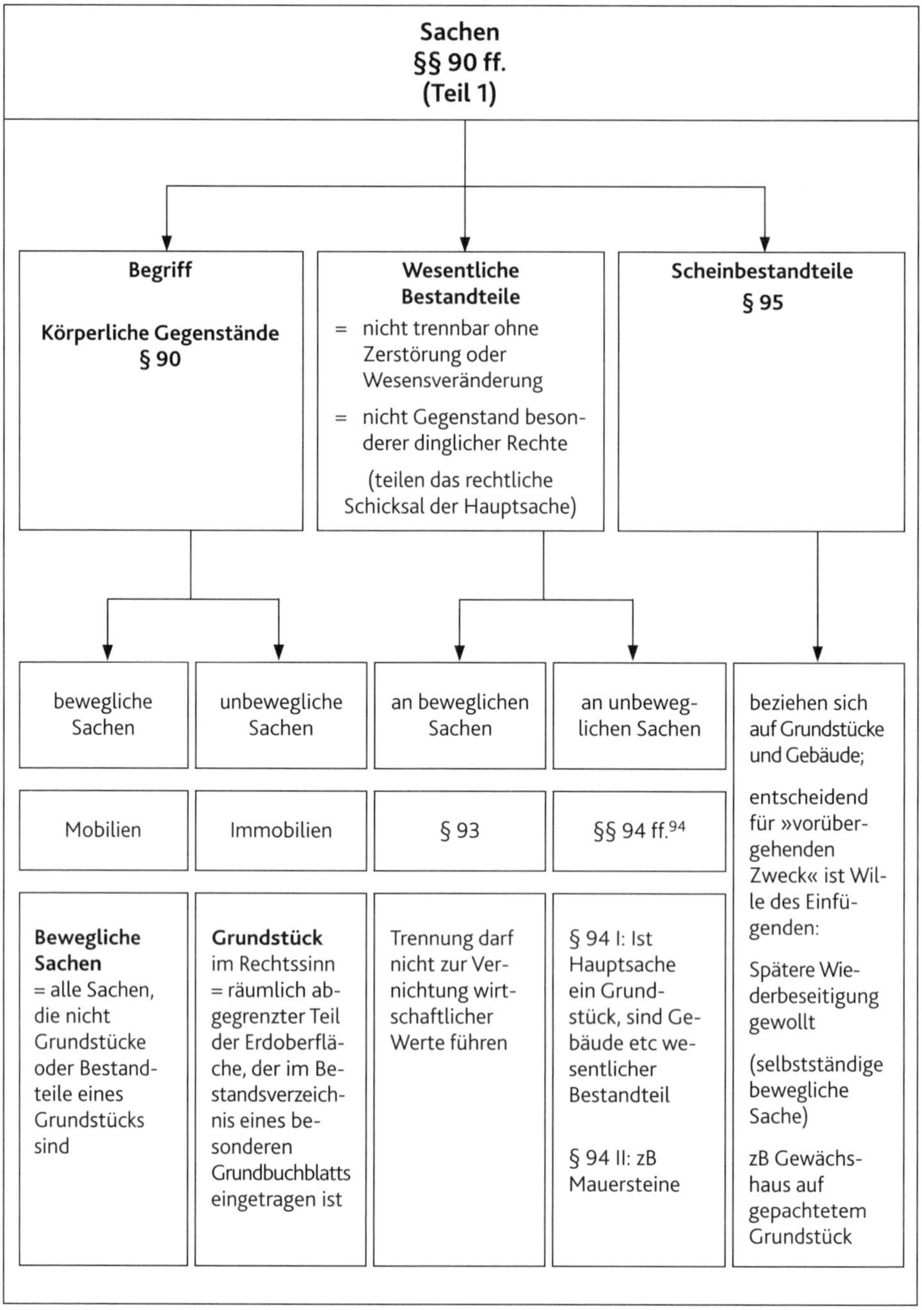

94 § 96: »Rechte« gelten als wesentlicher Bestandteil (= Fiktion).

Übersicht 13 (Fortsetzung)

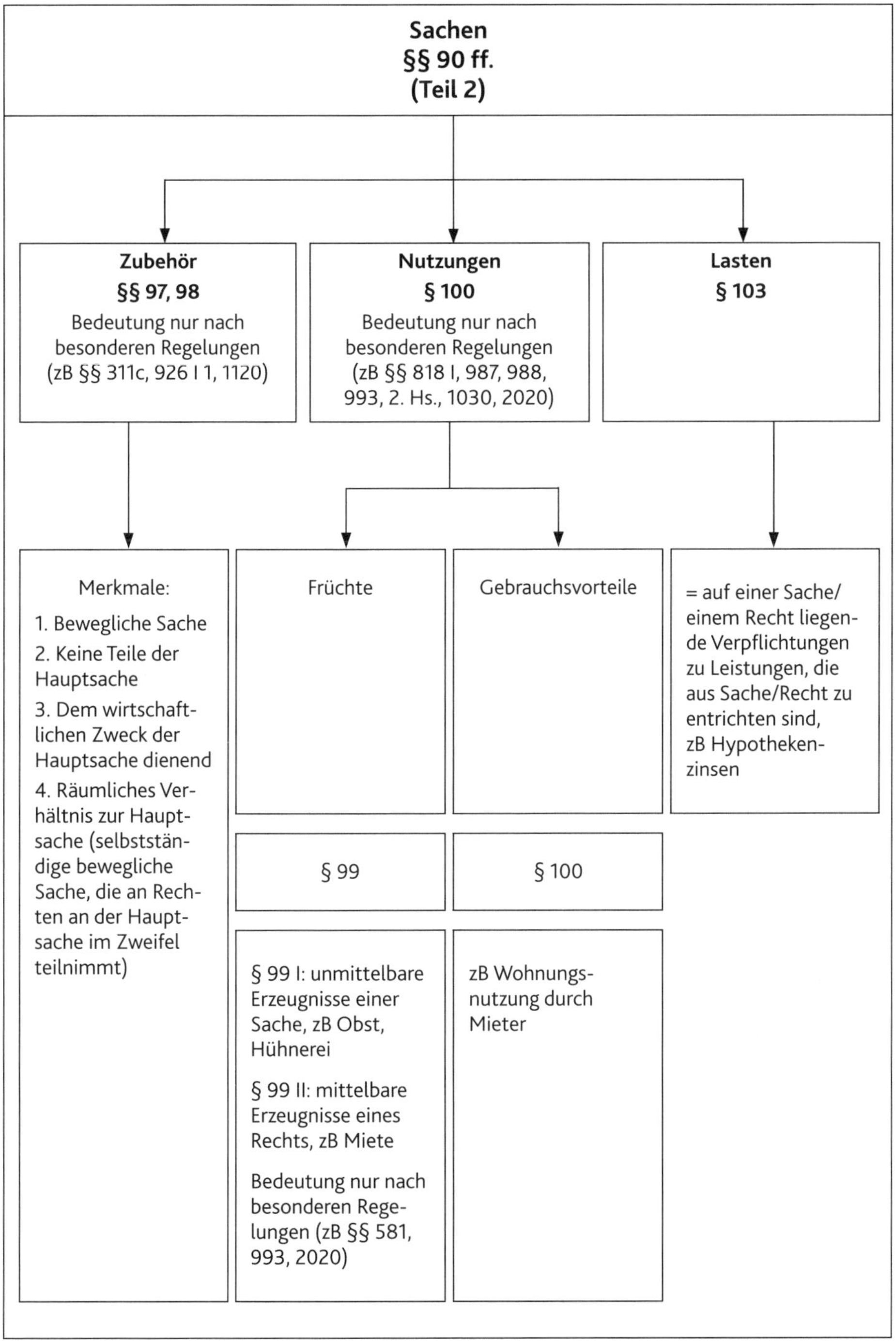

2. Abschnitt. Recht der Willenserklärungen/Das Rechtsgeschäft

1. Kapitel. Voraussetzungen und Wirkungen von Willenserklärungen

115 Unter der Überschrift »Rechtsgeschäfte« bildet der »Abschnitt 3« den Schwerpunkt (= §§ 104–185) des »Allgemeinen Teils« des BGB. Das ist leicht erklärlich, da die aktive Teilnahme von Personen am Wirtschaftsleben in Form von Rechtsgeschäften erfolgt. Rechtsgeschäfte gibt es in allen Bereichen des BGB, nicht nur in Buch 2, das in seinem Abschnitt 8 eine Vielzahl von typischen rechtsgeschäftlichen Schuldverhältnissen beschreibt, sondern auch in den Büchern 3, 4 und 5, also im Sachenrecht, Familienrecht und Erbrecht.

Der Begriff des Rechtsgeschäfts wird vom Gesetz nicht definiert; das Gesetz enthält »nur« Regelungen über Wirksamkeitsvoraussetzungen für Rechtsgeschäfte sowie für die Folgen wirksam abgeschlossener Rechtsgeschäfte. Diese Regelungen besitzen Gültigkeit für alle Rechtsgeschäfte des Bürgerlichen Rechts und sind daher im »Allgemeinen Teil« des BGB angesiedelt.

■ Was versteht man unter einem »Rechtsgeschäft«?

▶ Unter einem Rechtsgeschäft versteht man allgemein: Jede auf Herbeiführung einer bestimmten von der Rechtsordnung gebilligten Privatrechtsfolge gerichtete Willenserklärung einer oder mehrerer Personen (→ Rn. 63).

116 Ein Rechtsgeschäft besteht aus einer oder mehreren Willenserklärungen sowie sonstigen Wirksamkeitsvoraussetzungen, die erforderlich sind, um den mit der Willenserklärung bezweckten rechtlichen Erfolg herbeizuführen.[95]

Wenn Sie diese Definition kennen, wird Ihnen zB auch der Unterschied zwischen einem Vertrag und einem einseitigen Rechtsgeschäft klarer. Ein Vertrag bedarf zu seiner Wirksamkeit immer sich entsprechender (kongruenter) Willenserklärungen von mindestens zwei Personen. Das einseitige Rechtsgeschäft, wie etwa eine Kündigung oder ein Testament, ist schon wirksam, wenn nur eine Person eine gültige Willenserklärung abgibt, wobei die Kündigung allerdings empfangsbedürftig ist. Einer Mitwirkung der Person, die durch diese Willenserklärung angesprochen wird, bedarf es nicht!

Zentraler Bestandteil eines Rechtsgeschäfts, gleich welcher Form, ist stets (mindestens) eine Willenserklärung. Wie Sie bereits wissen, kann eine Willenserklärung die mit ihr beabsichtigten Rechtsfolgen nur herbeiführen, wenn die Person, die sie äußert, geschäftsfähig ist. Wir müssen uns daher nochmals mit der Geschäftsfähigkeit beschäftigen, über die Sie bereits einiges gelesen haben.

I. Geschäftsfähigkeit

117 Wenn im Folgenden Wiederholungen vorkommen, kann das nur von Nutzen sein!

■ Bevor Sie weiterlesen, überlegen Sie, wie wir die Geschäftsfähigkeit definiert hatten!?

▶ Geschäftsfähigkeit ist die Fähigkeit, rechtswirksame Willenserklärungen abzugeben (Übersicht 7 → Rn. 60).

95 Vgl. *Creifelds* RechtWB »Rechtsgeschäft«.

Dazu noch einmal die Definition des Begriffs der Willenserklärung:
Unter einer Willenserklärung versteht man eine auf einen rechtlichen Erfolg gerichtete menschliche Willensäußerung. Ein rechtlicher Erfolg kann zB ein Vertragsschluss sein, der, wie Sie wissen, durch Angebot und Annahme (vgl. § 151 S. 1) zustande kommt. Beide, sowohl das Angebot als auch die Annahme, sind Willenserklärungen, die auf einen rechtlichen Erfolg, eben den Abschluss des Vertrags, gerichtet sind. Da der Vertragsschluss in der Regel für die Beteiligten nicht nur Rechte bzw. Vorteile, sondern auch Nachteile, nämlich Verpflichtungen nach sich zieht, verlangt das Gesetz zum Schutze der Minderjährigen für die volle Wirksamkeit einer Willenserklärung grundsätzlich auch volle Geschäftsfähigkeit.

1. Einteilung (Arten) der Geschäftsfähigkeit

Das BGB differenziert zwischen Geschäftsunfähigkeit (= § 104), beschränkter Geschäftsfähigkeit (§§ 106–113) und voller Geschäftsfähigkeit (arg. aus § 106 iVm § 2) – lesen Sie zunächst die §§ 104, 106 und § 2! 118

2. Geschäftsunfähigkeit

Lesen Sie nochmals § 104 ganz durch! 119

Geschäftsunfähig sind demnach:

(1) Kinder unter sieben Jahren.
(2) Jemand, der sich in einem dauernden Zustand krankhafter Störung der Geistestätigkeit befindet und dadurch zur freien Willensbestimmung nicht in der Lage ist.

■ Was bedeutet übrigens die Einschränkung in § 104 Nr. 2 (»Sofern nicht der Zustand … nur ein vorübergehender ist«)?
▶ Geschäftsunfähigkeit liegt nur während des festzustellenden und zu beweisenden Zustands der krankhaften Geistesstörung vor, nicht aber in sog. (schwieriger zu beweisenden!) »lichten Augenblicken«!

Willenserklärungen Geschäftsunfähiger iSv § 104 Nr. 1 und 2 sind gem. § 105 I, wie gesehen, nichtig. Zu § 105 II (lesen!) eine weitere

■ Verständnisfrage: Worin liegt der Unterschied zwischen § 105 II und § 104 Nr. 2?
▶ Wer unter § 104 Nr. 2 fällt, ist dauernd geschäftsunfähig. § 105 II betrifft hingegen solche Situationen, bei denen die betreffende Person volljährig und geschäftsfähig ist, sich jedoch vorübergehend (zB wegen Volltrunkenheit, Drogenrausch, epileptischer Anfälle und dgl.) im Zustand der Bewusstlosigkeit oder Störung der Geistestätigkeit befindet und in diesem Zustand eine Willenserklärung abgibt.[96]

An der grundsätzlichen Nichtigkeit von Willenserklärungen von Geschäftsunfähigen ändert auch der im Juni 2002 in das BGB eingefügte § 105a (lesen!) nichts. § 105a soll die Rechtsstellung geistig Behinderter (= volljährige Geschäftsunfähige) in der Gesellschaft verbessern.[97] Nach § 105a S. 1 wird bei Geschäften des täglichen Lebens (zB Kauf von Lebensmitteln, Bekleidung, Fahren mit öffentlichen Verkehrsmitteln, Fri-

96 Vgl. dazu *Brox/Walker* BGB AT § 12 Rn. 11.
97 *Czeghun,* Geschäftsfähigkeit – beschränkte Geschäftsfähigkeit – Geschäftsunfähigkeit, Grundlagen – Rechtsfolgen – Sonderfragen, 2003, Rn. 50.

seur ...) ein wirksamer **Vertrag** in Ansehung von Leistung und Gegenleistung **fingiert**, sobald diese **bewirkt sind**.

Durch diese Fiktion soll erreicht werden, dass eine Rückforderung von bewirkter Leistung und Gegenleistung ausgeschlossen ist. Gemäß § 105a S. 2 soll diese Fiktion bei einer erheblichen Gefahr für die Person oder das Vermögen des Geschäftsunfähigen allerdings nicht gelten.[98]

3. Beschränkte Geschäftsfähigkeit

120 Gemäß § 106 ist ein Minderjähriger, der das siebte Lebensjahr vollendet hat (nur von **diesen** Minderjährigen handeln die nachfolgend genannten Vorschriften!), nach Maßgabe der §§ 107–113 in der Geschäftsfähigkeit beschränkt.

Lesen Sie § 107 und beantworten Sie folgende Frage:

■ Wovon hängt es ab, ob die Willenserklärung des beschränkt Geschäftsfähigen wirksam ist oder nicht?

▶ Sofern ihm seine Willenserklärung lediglich einen rechtlichen Vorteil bringt, ist sie voll wirksam, andernfalls ist gem. § 107 die Einwilligung des gesetzlichen Vertreters notwendig, deren Fehlen, wie beim Fußballkauf des achtjährigen Fritz gelernt, gem. § 108 I noch durch die Genehmigung geheilt werden kann.

Nochmals: Wenn ein Vertrag von einem beschränkt Geschäftsfähigen ohne Einwilligung geschlossen wurde, ist er nicht sofort unwirksam. Sonst wäre die Möglichkeit der Genehmigung sinnlos. Ein solcher Vertrag befindet sich bis zum Zeitpunkt der Erteilung oder der Verweigerung der Genehmigung vielmehr in einem Schwebezustand. Man bezeichnet den Vertrag in diesem Zustand deshalb als »schwebend unwirksam«.

121 In § 107 sollten Sie sich übrigens das Wort »rechtlichen« vor »Vorteil« unterstreichen. Ein häufiger Fehler von Anfängern ist es, »rechtlich« mit »wirtschaftlich« zu verwechseln! Wenn zB in unserem »Fritzchen-Fall« (→ Rn. 52) der Verkäufer dem Jungen aus reiner Großherzigkeit einen »Klasse-Fußball« im Werte von 100 EUR für 10 EUR verkauft, bringt dieser Vertrag für Fritzchen (F) trotzdem nicht lediglich einen rechtlichen Vorteil; denn die **Verpflichtung** zur Zahlung des Kaufpreises von 10 EUR bleibt rechtlich gesehen immer noch ein Nachteil, auch wenn wirtschaftlich gesehen ein ungeheuer günstiges Geschäft für F vorliegt! Grundsätzlich müsste dieser für F so günstige Vertrag noch genehmigt werden, sofern die Genehmigung (ebenso wie eine Einwilligung) nicht ausnahmsweise aufgrund einer Sonderregelung überflüssig ist, die Sie bereits kennen: § 110 – sog. »Taschengeldparagraf« – lesen!

122 Danach gilt ein von dem beschränkt geschäftsfähigen Minderjährigen ohne Zustimmung[99] des gesetzlichen Vertreters geschlossener Vertrag als von Anfang an wirksam,

98 Dazu *Casper* NJW 2002, 3425 (vgl. Literatur zur Vertiefung → vor Rn. 130).

99 Vgl. nochmals Übersicht 7 (→ Rn. 60) sowie §§ 183, 184 (lesen!): Oberbegriff = Zustimmung, vorherige Zustimmung = Einwilligung (§ 183), nachträgliche Zustimmung = Genehmigung (§ 184). Das ist so klar und eindeutig im Gesetz formuliert, dass es fast »weh tut«, wenn man in einer Klausur etwas von »vorheriger« Einwilligung oder »nachträglicher« Genehmigung liest! Das sind völlig überflüssige und (leider) von Verständnislosigkeit für die deutsche Sprache zeugende »Pleonasmen« (vgl. dazu Duden) wie der weiße Schimmel und der schwarze Rappe (vgl. auch »Tautologie«, Duden).

wenn er die vertragsgemäße Leistung mit Mitteln bewirkt, die ihm zu diesem Zweck oder zu freier Verfügung von dem gesetzlichen Vertreter oder mit dessen Zustimmung von einem Dritten (zB der Oma!) überlassen worden sind.

Lernhinweis: Leider verwendet auch der Gesetzgeber seine gut definierten Begriffe bisweilen inkonsequent: Wenn, wie in § 110 am Ende formuliert, die Mittel dem Minderjährigen mit der »Zustimmung« des gesetzlichen Vertreters von einem Dritten zur freien Verfügung überlassen worden **sind**, dann kann dies nur mit »Einwilligung« (= vorherige Zustimmung) geschehen sein.

§ 110 enthält keine Ausnahme zu § 107, sondern regelt den Sonderfall einer durch Überlassung bestimmter Mittel konkludent erteilten und auf Bargeschäfte beschränkten Generaleinwilligung. Das Tatbestandsmerkmal »ohne Zustimmung« ist daher als »ohne **ausdrückliche** Zustimmung« zu lesen.[100]

Die Betonung der Vorschrift liegt auf dem Wort »bewirkt«, das Sie im Gesetz unterstreichen sollten: Der Vertrag wird nicht bereits mit seinem Abschluss wirksam, weil man je nach Lebenszuschnitt der Familie das »Taschengeld« als ausreichend ansieht, sondern er wird erst dann wirksam, wenn der Minderjährige tatsächlich erfüllt (= bezahlt!) hat! Zum Schutze des Minderjährigen kann ein Ratenzahlungsgeschäft, selbst wenn die Rate nur 1 EUR pro Monat beträgt und vom monatlichen Taschengeld gedeckt sein könnte, niemals ohne Zustimmung (!) des gesetzlichen Vertreters wirksam sein! Verpflichtungen für die Zukunft fallen niemals unter § 110, da sie noch nicht erfüllt sind, dh die Leistung noch nicht bewirkt ist – auch wenn sie mit den zur Verfügung gestellten Mitteln bewirkt werden **könnten**!

Sie müssen sich nach alledem merken: **123**

Wenn ein beschränkt geschäftsfähiger Minderjähriger einen Vertrag schließt, bringt ihm das einen rechtlichen Nachteil, da er eine rechtliche Verpflichtung eingeht. Erfüllt er diesen Vertrag mit Mitteln, die sein Taschengeld ausmachen (§ 110), war der Vertrag ohne Einwilligung wirksam. Es bedarf und bedurfte keinerlei Zustimmung! Hat der Minderjährige die – grundsätzlich von seinem »Taschengeld« bezahlbare – Leistung noch nicht erfüllt (bewirkt), hätte er zum Vertragsschluss der Einwilligung bedurft, und wenn diese fehlt, kann der gesetzliche Vertreter diesen »schwebend unwirksamen« Vertrag (→ Rn. 120) noch nach § 108 I (lesen!) genehmigen!

Erteilt der gesetzliche Vertreter bei einem schwebend unwirksamen Vertrag die Genehmigung, ist der Vertrag rückwirkend (vgl. § 184 I) wirksam; verweigert er sie, ist der Vertrag endgültig unwirksam.

Wichtig ist in diesem Zusammenhang § 108 II – lesen! **124**

Zum Schutze des Minderjährigen arbeitet das Gesetz wieder mit einer Fiktion.[101] Die Genehmigung »gilt« als verweigert, wenn der gesetzliche Vertreter sich zu der Aufforderung des Vertragspartners des Minderjährigen zwei Wochen lang nicht äußert. Die Vorschriften des BGB über die Geschäftsfähigkeit sind besonders gute Beispiele dafür, wie wichtig es ist, die Terminologie des Gesetzes einigermaßen zu beherrschen und vor allem, das Gesetz immer sehr genau zu lesen: Einwilligung ist nicht das Gleiche wie Genehmigung!

100 HK-BGB/*Dörner* § 110 Rn. 1; Palandt/*Ellenberger* § 110 Rn. 1.
101 Falls Sie nicht mehr wissen, was das bedeutet: vgl. Übersicht 6 (→ Rn. 51).

125 Ein weiteres Beispiel dafür, wie wichtig es ist, das Gesetz sorgfältig zu lesen, gibt folgender Fall:

Übungsfall 6

Der 16-jährige Michael Minder (M) hat eine verzinsliche Darlehensforderung in Höhe von 1.000 EUR gegen Bodo Borger (B). Laut Vertrag kann das Darlehen zum 1. jeden Monats mit einmonatiger Kündigungsfrist gekündigt werden. M kündigt ohne Wissen seiner Eltern am 30.10. zum nächsten Termin; am 1.12. verlangt er von B Zahlung. B verweigert die Zahlung, da er die Kündigung für unwirksam hält.
Ist die Kündigung des Darlehens durch M
- wirksam
- schwebend unwirksam oder
- unwirksam?

Überlegen Sie einige Zeit, lesen Sie das Gesetz, notieren Sie Ihre Antworten und lesen Sie erst dann weiter!

Gefragt ist zunächst nach der Wirksamkeit der Kündigung, also:

»Die Kündigung des Darlehens durch den minderjährigen M könnte wirksam sein, wenn es sich dabei um eine Willenserklärung handeln würde, die dem M lediglich einen rechtlichen Vorteil bringt (§ 107)«.[102]

■ Was meinen Sie, trifft das zu?
▶ Da es sich um ein verzinsliches Darlehen[103] handelt, bedeutet die Kündigung Verzicht auf die Zinsen. Darin liegt nicht nur ein wirtschaftlicher, sondern zugleich auch ein rechtlicher Nachteil.[104]
■ Was wäre gem. § 107 erforderlich gewesen, damit die Willenserklärung, die Kündigung, des M wirksam sein kann?
▶ Die Einwilligung des gesetzlichen Vertreters, die aber nicht vorlag.
■ Ist die Kündigung damit unwirksam oder schwebend unwirksam? – Überlegen Sie! Lesen Sie § 107 (»Willenserklärung«) und § 108 I (= »Vertrag«).
▶ Unwirksam! § 108 I greift nicht ein, denn er gilt nur für Verträge (§ 108 I lesen!)! Die Kündigung aber ist kein Vertrag, sondern ein sog. einseitiges (empfangsbedürftiges) Rechtsgeschäft!

126 Ein Vertrag ist ein zwei- oder mehrseitiges Rechtsgeschäft; er setzt mindestens zwei sich deckende (kongruente) Willenserklärungen voraus, nämlich Angebot und Annahme! Eine Kündigung ist dagegen normalerweise wirksam, wenn sie ausgesprochen und von dem, an den sie gerichtet ist, vernommen wird. Eine Annahme des von der Kündigung Betroffenen ist nicht erforderlich. Er muss sich damit abfinden (sofern ein Kündigungsgrund vorliegt)! Somit kann die Kündigung des M nicht schwebend unwirksam sein, da gem. § 108 nur Verträge des beschränkt Geschäftsfähigen vom gesetzlichen Vertreter genehmigt werden können. Für einseitige Rechtsgeschäfte gilt § 111 – lesen Sie § 111 S. 1! Gemäß § 111 S. 1 ist die Kündigung (einseitiges Rechtsgeschäft!) des Darlehens durch M unwirksam!

102 Die Anführungsstriche kennzeichnen den sog. »Gutachtenstil«, den ich Ihnen wenig später in einem »Exkurs« vorstellen werde!
103 Lesen Sie zur ersten Information § 488 I.
104 Der rechtliche Nachteil liegt in dem Verzicht auf den Zins-Anspruch!

Lernhinweis: Am Beispiel der §§ 107, 108, 111 S. 1 können Sie erneut sehen, wie wichtig die sorgfältige Gesetzeslektüre ist: § 107 spricht von einer »**Willenserklärung**«, § 108 von einem »**Vertrag**«, § 111 von einem »**einseitigen Rechtsgeschäft**«!

Da häufig die Begriffe »Unwirksamkeit« und »Nichtigkeit« verwechselt werden, möchte ich einen kleinen Ausflug machen und Ihnen diese erläutern.

Exkurs: Unwirksamkeit und Nichtigkeit

Unwirksamkeit 127

Ein Rechtsgeschäft ist **unwirksam**, wenn es gegen zwingende Vorschriften verstößt, aber **eine Heilung noch möglich** ist. Also: Unwirksamkeit = Fehlen der Wirksamkeit.

Die **schwebende Unwirksamkeit** ist das »Durchgangsstadium« bis zur endgültigen Unwirksamkeit. In verschiedenen Fällen, in denen der Handelnde nicht allein vertretungs- oder verfügungsbefugt ist, bleibt die Wirksamkeit des abgeschlossenen Rechtsgeschäfts bis zur Entschließung des Berechtigten in der Schwebe.

Beispiele:
- Vertragsschluss eines nur beschränkt Geschäftsfähigen, § 108 (→ Rn. 126).
- Handeln eines vollmachtlosen Vertreters, § 177 (dazu mehr unter → Rn. 377).

Während der Schwebezeit entsteht noch keine rechtliche Bindung der Beteiligten. Wird die Genehmigung vom Berechtigten erteilt, ist der Vertrag von Anfang an (also rückwirkend) als wirksam anzusehen (§ 184). Wird die Zustimmung des Berechtigten endgültig verweigert, so ist das Rechtsgeschäft endgültig unwirksam und steht daher einem nichtigen gleich.

Der Inhalt des Rechtsgeschäfts ist also in Ordnung; es gibt lediglich Fehler bei Formalien, wie zB Zustimmung, Geschäftsfähigkeit; diese haben aber nichts mit dem Inhalt des Rechtsgeschäftes zu tun.

Lernhinweis: Es gibt auch eine sog. »schwebende Wirksamkeit«, § 355 I: Nach fristgemäßem Widerruf eines Verbrauchervertrages ist der Verbraucher an seine Willenserklärung nicht mehr gebunden.

Nichtigkeit

Ein Rechtsgeschäft ist **nichtig**, wenn es unter so schweren Mängeln leidet, dass das Gesetz ihm von Anfang an keine Rechtswirkungen zugesteht. **Die Nichtigkeit ist nicht heilbar**.

Beispiele:
- Geschäftsunfähigkeit, § 105
- Scheingeschäft, § 117 I
- Scherzerklärung, § 118
- Verstoß gegen ein gesetzliches Verbot, § 134
- Verstoß gegen die guten Sitten, § 138
- Wirksame Anfechtung, § 142 I

Der Inhalt des Rechtsgeschäfts ist also ungültig.

Ich hoffe, Sie werden diese beiden Begriffe ab jetzt nicht mehr verwechseln?!

4. Partielle Geschäftsfähigkeit

128 Die partielle Geschäftsfähigkeit (auch: Teilgeschäftsfähigkeit) bedeutet, dass der beschränkt geschäftsfähige Minderjährige in bestimmten Bereichen des Geschäfts- und Rechtslebens aufgrund einer generellen Ermächtigung (»Generalkonsens«) des gesetzlichen Vertreters unbeschränkt geschäftsfähig ist. Lesen Sie § 112 ganz durch. Im Rahmen des »selbstständigen Betriebs eines Erwerbsgeschäfts« erhält der Minderjährige gem. § 112 I 1 die bisweilen so genannte »Handelsmündigkeit«. Für ein »Dienst- oder Arbeitsverhältnis«, zu dessen Aufnahme der Minderjährige durch den gesetzlichen Vertreter ermächtigt wurde, verleiht § 113 I 1 ihm die (früher so bezeichnete) »Arbeitsmündigkeit« – § 113 ganz lesen!

§ 112 ist in der Praxis seit Herabsetzung des Volljährigkeitsalters von 21 auf 18 Jahre[105] nicht mehr von allzu großer Bedeutung. Im Bereich der Landwirtschaft zB kommt es allerdings hin und wieder vor, dass der alternde Landwirt zu Lebzeiten seinem 17-jährigen, noch nicht volljährigen Nachfolger die Leitung des Hofs übergibt und somit von der Möglichkeit des § 112 Gebrauch macht. Hingegen sind die praktischen Auswirkungen von § 113 durchaus erheblich: Die partielle Geschäftsfähigkeit erstreckt sich auf den gesamten Bereich des Arbeitsverhältnisses, sie berechtigt zum Lohnempfang und Errichtung eines Gehaltskontos (aber nicht zur generellen freien Verfügung darüber), weiterhin zur Kündigung bzw. zum Widerspruch gegen die Kündigung durch den Arbeitgeber sowie zum Beitritt zu einer Gewerkschaft.[106] Allerdings wird die Bedeutung von § 113 dadurch gemindert, dass nach Rechtsprechung und hM in der Lehre Berufsausbildungs(früher: Ausbildungs- bzw. Lehr-)verträge nicht unter § 113 fallen, da bei ihnen der Ausbildungszweck überwiegt.[107]

Lernhinweis: In § 113 den Begriff »Arbeitsverhältnis« unterstreichen, damit Sie wissen, dass sich diese Teilgeschäftsfähigkeit nicht auf Berufsausbildungsverträge bezieht.

Prägen Sie sich zum Thema »Geschäftsfähigkeit« die wichtigsten Vorschriften und ihren Inhalt nochmals anhand des Prüfungsschemas sowie der Zusammenfassung auf der folgenden Übersicht 14 ein.

128a

Prüfungsschema

Prüfungsfolge der Wirksamkeit einer Willenserklärung bei Mangel der Geschäftsfähigkeit, §§ 104 ff.

I. **Geschäftsunfähigkeit, § 104** (→ Rn. 119)
WE = nichtig, § 105 I
beachte § 105 II (zB Volltrunkene, Drogenrausch)
Ausnahme: § 105a

II. **Beschränkte Geschäftsfähigkeit, §§ 106 ff.** (→ Rn. 120 ff.)
WE = wirksam, wenn
1. lediglich rechtlicher Vorteil, § 107
oder

105 Durch das Gesetz zur Neuregelung des Volljährigkeitsalters v. 31.7.1974, BGBl. 1974 I 1713.
106 Vgl. Jauernig/*Mansel* § 113 Rn. 5.
107 MüKoBGB/*Spickhoff* § 113 Rn. 14; Palandt/*Ellenberger* § 113 Rn. 2.

2. Einwilligung (vorherige Zustimmung, § 183 S. 1) des gesetzlichen Vertreters, § 107
   oder
3. § 110 »Taschengeldparagraph«
   oder
4. Genehmigung (nachträgliche Zustimmung, § 184 I) des gesetzlichen Vertreters, § 108 I
   - bis Genehmigung: Vertrag = schwebend unwirksam.
   - beachte § 108 II und III, § 109
   - nach Genehmigung: Vertrag gilt als von Anfang an wirksam, § 184 I
   - beachte: ohne Einwilligung geschlossenes **einseitiges Rechtsgeschäft** (zB Kündigung) = unwirksam (§ 111 S. 1)

129 **Übersicht 14**

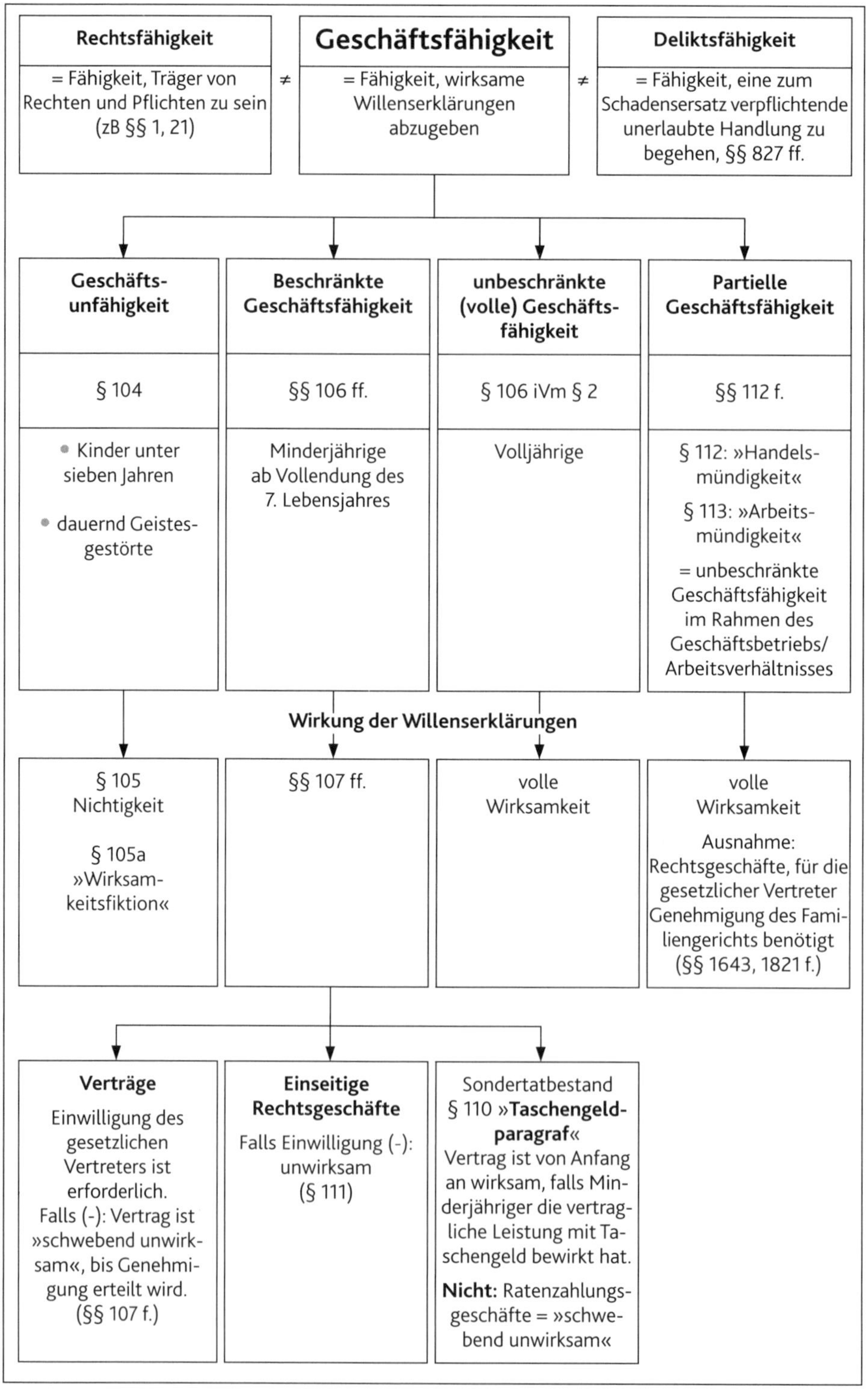

Literatur zur Vertiefung (→ Rn. 115–129): *Alpmann und Schmidt* BGB AT 2, Rn. 3 ff.; *Bitter/Röder* BGB AT § 9; *Brox/Walker* BGB AT § 12; *Casper*, Geschäfte des täglichen Lebens – Kritische Anmerkungen zum neuen § 105a BGB, NJW 2002, 3425 (sehr verständliche Besprechung dieses Aufsatzes in RÜ 2003, AS 1 f.); *Chiusi*, Geschäftsfähigkeit im Recht der Stellvertretung, JURA 2005, 532; *Czeguhn*, Geschäftsfähigkeit – beschränkte Geschäftsfähigkeit – Geschäftsunfähigkeit, Grundlagen – Rechtsfolgen – Sonderfragen, 2003; *Fleck/Schweinfurt*, Anfängerübung – Zivilrecht: Minderjährigen- und Stellvertretungsrecht – Die Playstation, JuS 2010, 885; *Franzen*, Rechtsgeschäfte erwachsener Geschäftsunfähiger nach § 105a BGB zwischen Rechtsgeschäftslehre und Betreuungsrecht, JR 2004, 221; *Führich* WirtschaftsPrivatR Rn. 181 ff.; *Hähnchen*, Schwebende Unwirksamkeit im Minderjährigenrecht – Ein Aufbauproblem aus historischer Sicht –, JURA 2001, 668; *Haslach*, Rechtlich nachteilhafte Grundstücksübertragung an einen Minderjährigen ohne die Mitwirkung eines Ergänzungspflegers?, JA 2017, 490; *Joussen*, Die Rechtsgeschäfte des Geschäftsunfähigen – der neue § 105a BGB, ZGS 2003, 101; *Keller/Purnhagen*, Fernsehkauf einer Minderjährigen ohne Einwilligung der Eltern, JA 2006, 844; *Kleinhenz*, Der Widerruf der Vollmacht gegenüber dem beschränkt Geschäftsfähigen, JURA 2007, 810; *Klunzinger* BürgerlR § 11; *Köhler* BGB AT § 10; *Kulke*, Probleme der beschränkten Geschäftsfähigkeit, JuS 2000, L 81; L 89; 2001, L 9; *Leenen*, Die Heilung fehlender Zustimmung gem. § 110 BGB, FamRZ 2000, 863; *Lipp*, Repetitorium ZR: Das Verbot des Selbstkontrahierens im Minderjährigenrecht, JURA 2015, 477; *S. Lorenz*, Grundwissen – Zivilrecht: Rechts- und Geschäftsfähigkeit, JuS 2010, 11; *Medicus/Petersen* BürgerlR § 8; *Metzler-Müller* Privatrechtsfall 60 ff. sowie Fall 1, 49 ff.; *Modrzyk*, Die Dogmatik der Leistungsbewirkung gem. § 110 BGB im Lichte des Abstraktionsprinzips, JA 2012, 407; *Musielak/Hau* GK BGB Rn. 317 ff.; *Paal/Leyendecker*, Weiterführende Probleme aus dem Minderjährigenrecht, JuS 2006, 25; *Petersen*, Die Geschäftsfähigkeit, JURA 2003, 97; *Piras/Stieglmeier*, Lernbeitrag Zivilrecht – § 110 BGB im Zeichen der Zeit, JA 2014, 893; *Preuß*, Das für den Minderjährigen lediglich vorteilhafte Geschäft, JuS 2006, 305; *Röthel/Krackhardt*, Lediglich rechtlicher Vorteil und Grunderwerb, JURA 2006, 161; *Scholl/Claeßens*, Schenkung und Übereignung eines Tieres an einen beschränkt Geschäftsfähigen – Erwiderung auf Timme, JA 2010, 174 (765); *Schreiber*, Geschäftsfähigkeit, JURA 1991, 24; *Schubmehl/Rabbe*, Neunjähriger im Geschäfts- und Straßenverkehr (Übungsklausur Zivilrecht), JURA 2008, 853; *Stadler* BGB AT § 23; *Staudinger/Steinrötter*, Minderjährige im Zivilrecht, JuS 2012, 97; *Timme*, Die Schenkung eines Tieres an einen beschränkt Geschäftsfähigen, JA 2010, 174; *Timme*, Die Schenkung eines Tieres an einen beschränkt Geschäftsfähigen – ein Schlusswort?, JA 2010, 848; *Tümmler/Zech/Blumert*, Anfängerklausur – Zivilrecht: Minderjährigenrecht und allgemeines Leistungsstörungsrecht – Fahrradkauf mit Hindernissen, JuS 2010, 514; *Ulrici*, Alltagsgeschäfte volljähriger Geschäftsunfähiger, JURA 2003, 520; *Wedemann*, Die Geschäftsunfähigkeit, JURA 2010, 587; *Westermann*, Grundbegriffe BGB Kap. 2, 3, 6; *Wolf/Neuner* BGB AT § 12 Rn. 7 ff.

II. Inhalt und Bedeutung von Willenserklärungen

»Eine Willenserklärung ist eine auf einen rechtlichen Erfolg gerichtete menschliche Willensäußerung« (Übersicht 7 → Rn. 60). Wirksame Willenserklärungen sind erforderlich, um Rechtsgeschäfte abzuschließen. Wirksame Willenserklärungen kann grundsätzlich[108] nur ein unbeschränkt (voll) Geschäftsfähiger abgeben. Um Rechtswirksamkeit zu entfalten, müssen Willenserklärungen bestimmte Voraussetzungen erfüllen. Ohne die Definition der Willenserklärung in Zweifel zu ziehen, müssen wir uns daher erst einmal klar machen, welchen Inhalt eine menschliche Willensäußerung hat und auf welche Art und Weise sie geäußert werden muss, um rechtserheblich als »Willenserklärung« im Sinne der Vorschriften des BGB zu gelten! 130

108 Wenn der Jurist das Wort »grundsätzlich« gebraucht, heißt das grundsätzlich(!): »Ausnahmen bestätigen die Regel …«.

1. Bestandteile einer Willenserklärung (allgemeine Wirksamkeitsvoraussetzungen)

131 Dass die genaue Kenntnis der Analyse einer Willenserklärung nicht etwa nur graue Theorie ist – wie es bisweilen scheinen mag –, sondern auch praktische Bedeutung hat, zeigt uns unter anderem Fall 7:

Übungsfall 7[109]

Der Gast Gustav Gutedel (G) hat im Lokal ein Glas Wein bestellt und trinkt davon, während er sich in die Lektüre eines Buchs von einem Autor namens Medicus vertieft. Nachdem er das Glas geleert hat, stellt ihm der Wirt Wilhelm Weinelt (W) wortlos ein zweites Glas Wein hin, was G, gefesselt von seiner Lektüre, nicht bemerkt. Auch dieses Glas leert G, ohne von seinem spannenden Buch abzulassen.

Als G seine Zeche bezahlen will und W den Preis für zwei Glas Wein verlangt, meint G, nach dem, was er soeben im »Medicus« gelesen habe, brauche er nur ein Glas zu bezahlen, denn das zweite Glas habe er nicht bestellt.

Wer hat Recht?

Ich möchte diesen Fall nicht nur dazu benutzen, Sie in die »Rechtsgeschäftslehre« und vor allem das Recht der Willenserklärungen einzuführen, sondern auch, um Ihnen einige Grundregeln der Methodik der juristischen Fallbearbeitung zu vermitteln. Sie sollen ganz allmählich lernen, wie man so einen Fall »klausurmäßig« lösen kann. Dazu dient folgender

Exkurs: Methodik der Fallbearbeitung I (Gutachten und Urteil)

132 In einer juristischen Klausur ist regelmäßig ein sog. Fall zu lösen. Sie haben bisher schon eine Reihe solcher »Fälle« kennengelernt, ohne dass Sie sich Gedanken darüber machen mussten, was eigentlich der Begriff »Fall« im juristischen Sprachgebrauch bedeutet. Unter einem Fall versteht man einen tatsächlichen oder erdachten Geschehensablauf, der rechtlich beurteilt werden soll. Dieser Fall heißt in der juristischen Fachsprache auch »Sachverhalt«.

Für Klausuren ist ein solcher Geschehensablauf als rechtlich zu beurteilender Sachverhalt regelmäßig so formuliert und vereinfacht, dass nur ganz bestimmte rechtliche Fragen zu prüfen sind.

Bei der rechtlichen Prüfung und Lösung eines Falls gibt es zwei grundlegende Arten der Darstellung, und zwar zum einen aus der Sicht des Richters und zum anderen aus der Sicht eines Anwalts.

133 Die schriftliche Lösung eines Rechtsfalls durch einen Richter nennt man »Urteil«.

Ein Rechtsanwalt dagegen erarbeitet die Lösung eines Falls in Form eines »Gutachtens«! Der Unterschied dieser beiden Darstellungsarten liegt einerseits im Aufbau und andererseits im Stil.

Das Urteil ist dadurch gekennzeichnet, dass es das Ergebnis der rechtlichen Prüfung eines Falls voranstellt und die Begründung nachliefert, aus der hervor-

109 Ähnlich *Westermann* Grundbegriffe BGB vor Rn. 101.

geht, warum das Ergebnis richtig ist. Das Urteil teilt grundsätzlich zwei Denkschritte mit:

(1) Feststellung eines Ergebnisses bzw. einer Aussage,
(2) Begründung für die Richtigkeit dieser Aussage.

Diese Denkweise findet auch ihren Niederschlag im Stil des Urteils:

Jeder Satz des Urteils enthält eine definitive Aussage, die dann kurz begründet wird. Ein Urteil könnte folgendermaßen lauten:

»V hat gegen K einen Anspruch auf Bezahlung des Kaufpreises gem. § 433 II. Denn zwischen V und K ist ein Kaufvertrag iSd § 433 zustande gekommen. V hat das erforderliche Angebot abgegeben, indem er … K hat dieses Angebot dadurch angenommen, dass er … usw.«

Im Gutachten ist die Denk- und Darstellungsweise anders, man könnte sagen, umgekehrt. Das Gutachten teilt nämlich das Ergebnis der rechtlichen Würdigung des Falles nicht sofort als definitive Feststellung mit, sondern stellt im ersten Denkschritt zunächst das Ergebnis, das es in dem zu prüfenden Fall für möglich hält, als Hypothese voran. Der erste Satz, der bei dem Urteilsbeispiel eben hieß: »V hat gegen K einen Anspruch auf Bezahlung des Kaufpreises gem. § 433 II«, würde deshalb im Gutachten so formuliert: 134

»V könnte gegen K einen Anspruch auf Bezahlung des Kaufpreises gem. § 433 II haben.« Im zweiten Denkschritt des Gutachtens, der die Begründungen für dieses Ergebnis liefern muss, werden Schritt für Schritt die rechtlichen Voraussetzungen geprüft, die erfüllt sein müssen, damit das vermutete Ergebnis zutrifft.

Im Beispiel kann daher der zweite Satz des Gutachtens nicht so formuliert werden wie im Urteil. Statt: »denn zwischen V und K **ist** ein Kaufvertrag iSv § 433 zustande gekommen« müsste der zweite Satz lauten: »Dann muss zwischen V und K ein Kaufvertrag zustande gekommen sein«. Und weiter: »Voraussetzung dafür ist, dass einer der beiden ein wirksames Angebot gemacht hat, das der andere angenommen hat. Ein Angebot könnte hier in der Erklärung des V zu sehen sein, dass … usw. – Indem K mit dem Kopf nickte, hat er dieses Angebot angenommen. Somit ist zwischen V und K ein wirksamer Kaufvertrag zustande gekommen …« usw.

Das Stilmittel des Gutachtens ist der Konditionalsatz mit Konjunktiv – auch als Möglichkeitsform bezeichnet. Es ist der einfache Konjunktiv (»könnte«, »müsste«) zu verwenden. Der Konjunktiv in der Form »hätte«, »wäre« oder »würde« ist ungeeignet. Dann wird der Sachverhalt Schritt für Schritt den rechtlichen Voraussetzungen, welche die jeweils zu prüfende Rechtsvorschrift enthält, untergeordnet. Man nennt diese Unterordnung des Sachverhalts unter das Gesetz auch Subsumtion. Der Sachverhalt wird im Gutachten unter rechtliche Voraussetzungen subsumiert. Die Formulierung sollte im Indikativ (= Wirklichkeitsform) erfolgen. Wenn man so festgestellt hat, wie in dem Beispiel eben, dass eine Voraussetzung erfüllt ist, prüft man die nächste Voraussetzung, die erfüllt sein muss, damit das vermutete Ergebnis stimmt. 135

Liegen alle Voraussetzungen vor, folgt als dritter Denkschritt die Feststellung des tatsächlichen Ergebnisses, das in diesem Fall mit dem vermuteten (hypothe- 136 tischen) vorangestellten Ergebnis übereinstimmt. Der letzte Satz des Gutachtens in unserem Beispiel müsste dann lauten: »Somit hat V gegen K einen Anspruch auf Bezahlung des Kaufpreises gem. § 433 II«.

Das Gutachten zieht aus seinen Gedanken immer eine Schlussfolgerung, die stilistisch mit sinngleichen Worten wie »somit«, »also«, »folglich«, »mithin« usw beginnt.

Im Urteil steht an dieser Stelle immer ein »denn«. Dieses »denn« ist im Gutachten völlig fehl am Platze und deswegen falsch!

137 Wenn sich im Gutachten im zweiten Denkschritt, also bei der Subsumtion des Sachverhalts unter die rechtlichen Voraussetzungen, ergibt, dass eine Voraussetzung **nicht** erfüllt ist, kann man die Prüfung abbrechen und stellt fest, dass das anfangs vermutete mögliche Ergebnis nicht zutrifft. Der letzte Satz des schriftlichen Gutachtens würde in diesem Fall heißen:

»Somit hat V gegen K keinen Anspruch auf Bezahlung des Kaufpreises gem. § 433 II«.

Für den Anfang soll dieser Einstieg in die juristische Fallbearbeitung genügen. Wir werden uns auch in den nächsten Kapiteln immer wieder einmal mit den Methoden der Fallbearbeitung befassen, zu der noch etwas mehr gehört als nur die Beherrschung des Gutachtenstils. Mein Ziel dabei ist, dass Sie sich schon bei der Erarbeitung des materiellen Wissens über das Bürgerliche Recht ganz allmählich an die gutachtliche Denkweise gewöhnen. So werden Sie im Anschluss an die Lektüre dieses Buchs eine »Anleitung zur Lösung von Zivilrechtsfällen« bzw. das Falllösungsbuch »Wie löse ich einen Privatrechtsfall« (s. Literaturverzeichnis) gewinnbringender, weil mit größerem Verständnis, durcharbeiten können! Wiederholen Sie das hierzu bisher Gesagte nochmals anhand von Übersicht 15, → Rn. 138.

Übersicht 15 138

<table>
<tr><th colspan="3">Methodik der juristischen Fallbearbeitung</th></tr>
<tr><td colspan="3">I. Gutachten und Urteil</td></tr>
<tr><td colspan="3">Jede wissenschaftliche Untersuchung bezieht sich auf eine Aufgaben- bzw. Fragestellung und hat ein Ergebnis, das auf einer Begründung beruht. Dabei gibt es verschiedene Methoden, Ergebnisse und Begründung einander zuzuordnen.</td></tr>
<tr><td colspan="2">Gutachten/Gutachtenstil</td><td>Urteil/Urteilsstil</td></tr>
<tr><td colspan="2">Im Gutachten wird von der Fragestellung ausgegangen und Schritt für Schritt zum Ergebnis hin gefolgert. Grobeinteilung des Gutachtens in 3 Denkschritte:
1. Ein Ergebnis, das die Fragestellung des Sachverhalts (»Fallfrage«) beantwortet, wird als möglich vorangestellt (sog. hypothetisches Ergebnis).
2. Begründung dieses Ergebnisses durch Prüfung seiner einzelnen Voraussetzungen (Subsumtion).[110]
3. Feststellung des tatsächlichen Ergebnisses.</td><td>Im Urteil werden diese Denkschritte nicht schriftlich nachvollzogen. Es tauchen nur noch die Denkschritte 2 und 3 in umgekehrter Reihenfolge auf:
1. Mitteilung des tatsächlichen Ergebnisses.
2. Begründung der Richtigkeit des Ergebnisses durch Darlegung der Voraussetzungen.</td></tr>
<tr><td rowspan="2">Denkschritt</td><td colspan="2">Beispiele:</td></tr>
<tr><td>Gutachtenstil</td><td>Urteilsstil</td></tr>
<tr><td>1</td><td>»K könnte gegen V einen Anspruch auf Übereignung des Autos gegen Zahlung von 2.800 EUR gem. § 433 I 1 haben.</td><td>»K hat keinen Anspruch gegen V gem. § 433 I 1 auf Übereignung des Autos gegen Zahlung von 2.800 EUR.</td></tr>
<tr><td>2</td><td>Voraussetzung ist, dass zwischen K und V ein Kaufvertrag zustande gekommen ist. Dann müssen ein wirksames Angebot und seine Annahme vorliegen. Ein Angebot könnte …</td><td>Denn zwischen K und V ist kein gültiger Kaufvertrag zustande gekommen. Keiner der beiden hat dem anderen ein Angebot gemacht, das von diesem angenommen worden ist.«</td></tr>
<tr><td>3</td><td>Somit hat K keinen Anspruch gegen V gem. …«</td><td></td></tr>
</table>

110 Schreibweise auch: **Subsumption** (von lat. sub, unter, und sumere, nehmen, Partizip II sumptum).

139 Lesen Sie noch einmal Übungsfall 7 (→ Rn. 131), dessen Lösung Ihnen unter anderem die Bestandteile einer Willenserklärung verdeutlichen wird.
Ordnen Sie nun das Verlangen des Wirts W rechtlich ein.

- ■ Was will W von dem Gast G, was verlangt er?
- ▶ W verlangt Bezahlung des Preises für zwei Glas Wein! Genauer ausgedrückt: W verlangt von G Bezahlung des Kaufpreises für zwei Glas Wein.
- ■ Erinnern Sie sich, aufgrund welcher Vorschrift des BGB der Verkäufer einer Sache vom Käufer Bezahlung des Kaufpreises verlangen kann?
- ▶ § 433 II – lesen!

Diese Vorschrift gibt dem W unter bestimmten Voraussetzungen einen Anspruch auf Bezahlung des Kaufpreises gegen G. Mit dem Begriff des Anspruchs werden wir uns noch ausführlicher befassen, wenn wir die Einführung in die Methodik der Fallbearbeitung fortsetzen.

- ■ Nehmen Sie an, Sie müssten Fall 7 in Form eines schriftlichen Gutachtens lösen. Wie müsste der erste Satz dieses Gutachtens lauten? (Versuchen Sie, den Satz aufzuschreiben, **bevor** Sie weiterlesen!)
- ▶ »W könnte gegen G einen Anspruch auf Bezahlung des zweiten Glases Wein aus § 433 II haben.«
- ■ Welche Voraussetzungen müssen dafür erfüllt sein?
- ▶ Zwischen W und G müsste über dieses zweite Glas Wein ein gültiger Kaufvertrag zustande gekommen sein; mit anderen Worten: W müsste dem G ein Verkaufsangebot bezüglich des zweiten Glases Wein gemacht haben, und G müsste dieses Angebot angenommen haben.
- ■ Worin könnte hier das Angebot des Wirts gelegen haben?
- ▶ Im Servieren des zweiten Glases Wein!

140 **Merke: Definition »Angebot«** (das Gesetz spricht von »Antrag«, vgl. § 145): Ein Angebot ist eine empfangsbedürftige Willenserklärung, die alle wesentlichen Vertragsbestandteile (Vertragspartner, Leistung, Gegenleistung) enthält und durch die der Vertragsschluss einem anderen so angetragen wird, dass das Zustandekommen des Vertrages nur noch von dem Einverständnis des Empfängers abhängt.

Eine Willenserklärung erfolgt – nomen est omen (lat. Redensart: »Im Namen liegt eine Vorbedeutung«) – dadurch, dass jemand seinen **Willen** gegenüber einem anderen erklärt. Eine Willenserklärung hat somit zwei wichtige Bestandteile: Wille und Erklärung!

a) Wille

141 Derjenige, dem eine Willenserklärung zugerechnet werden soll, muss zunächst den Willen haben, eine Handlung vorzunehmen, in der eine Erklärung zum Ausdruck kommt. Man nennt diesen Willen Handlungswillen. Das, was geäußert wird, muss auch gewollt werden.

Fehlt dieser Handlungswille, liegt überhaupt keine Willenserklärung vor, die dem Handelnden zugerechnet werden könnte.

Beispiele:
- Ungewolltes, nervöses Zucken wird als zustimmendes Nicken aufgefasst.
- Gewaltsames Handführen bei der Unterschrift.
- Jemand tut unter Hypnose bestimmte Dinge.

In allen diesen Beispielsfällen liegt zwar **äußerlich** eine Handlung vor, sie wird aber in keiner Weise vom Willen des Betreffenden getragen. Es liegt also gar keine (rechtlich erhebliche) Willenserklärung vor!

Vom Handlungswillen ist der sog. Geschäftswille zu unterscheiden! Darunter versteht man den Willen, mit der Erklärung eine **bestimmte** Rechtsfolge herbeizuführen. 142
Der Geschäftswille ist aber im Gegensatz zum Handlungswillen nicht unabdingbare Voraussetzung für eine rechtswirksame Willenserklärung. Fehlte dem Erklärenden der Geschäftswille oder hatte er einen anderen Geschäftswillen als den, den er tatsächlich geäußert hat, so ist seine Willenserklärung grundsätzlich wirksam, er kann sie aber evtl. durch Anfechtung[111] wieder beseitigen.

Beispiel: Jemand unterschreibt einen Mietvertrag im Glauben, es handele sich um einen Leihvertrag.

b) Erklärung

Da neben dem Willen auch die Erklärung Bestandteil der Willenserklärung ist, wird als Wirksamkeitsvoraussetzung für die Willenserklärung bisweilen das sog. Erklärungsbewusstsein gefordert. Erklärungsbewusstsein ist das Bewusstsein, (irgend)eine rechtsgeschäftliche Erklärung abzugeben. Was es damit auf sich hat, zeigt der berühmte Schulfall der »Trierer Weinversteigerung«, der in nahezu jedem Lehrbuch zum Allgemeinen Teil des BGB zitiert wird: 143

Die »Trierer Weinversteigerung« findet in einer Gastwirtschaft statt, und dabei ist es nach Absprache der Weinhändler des Orts üblich, dass das Erheben der Hand die Abgabe eines Gebots bedeutet. Zu dieser Versteigerung kommt auch der ortsfremde Kurt Konsum (K) und winkt seinem dort sitzenden Freund zu. Der Versteigerer Viktor Verst (V) sieht darin ein Kaufangebot des K und erteilt, da nach dem Winken des K kein höheres Angebot mehr abgegeben wird, ihm den Zuschlag für das gerade versteigerte Fass Wein.
Die Frage lautet: Muss K den Kaufpreis für das Fass Wein bezahlen, obwohl er beim Winken gar nicht daran gedacht hat, dass sein Verhalten als Abgabe eines Kaufangebots verstanden werden konnte?

Voraussetzung für den Kaufpreiszahlungsanspruch gem. § 433 II ist ein wirksamer Kaufvertrag zwischen K und dem Versteigerer V. Die Parteien müssen also zwei übereinstimmende Willenserklärungen, Angebot und Annahme, abgegeben haben. Wenn K mit dem Handaufheben zum Ausdruck gebracht hat, dass er kaufen will und ihm diese Kauferklärung zugerechnet werden kann, ist das Angebot von K ausgegangen.

- ■ Frage: Hat K eine rechtserhebliche Willenserklärung abgegeben, die ihn zur Abnahme des Fasses verpflichtet?
  Die Frage müssten Sie nach dem bisher Gelesenen selbst beantworten können. Was ist zunächst Voraussetzung, damit eine rechtlich erhebliche Willenserklärung des K vorliegt?
- ▶ Handlungswille! Dieser lag beim Erheben der Hand vor.
- ■ Wie aber sieht es mit dem Erklärungsbewusstsein aus?
- ▶ Das Bewusstsein, (irgend)eine rechtsgeschäftliche Erklärung abzugeben, lag bei K nicht vor! K wollte mit seinem Winken keine rechtserhebliche Erklärung abgeben. Ihm war überhaupt nicht bewusst, dass sein Verhalten am Versteigerungsort als rechtserhebliche Erklärung, nämlich als Kaufangebot, aufgefasst werden könnte.

Die Interessen des Handelnden und des Erklärungsempfängers sind hier gegensätzlich: Denn auch wenn der Handelnde nichts erklären wollte und folglich auch nicht

111 Mit der wir uns im nächsten Kapitel unter → Rn. 214 ff. befassen.

an seine Erklärung gebunden sei will, vertraut der Erklärungsempfänger auf die Erklärung und trifft evtl. schon im Vertrauen darauf weitere Entscheidungen.

Ob trotz fehlendem Erklärungsbewusstsein eine Willenserklärung vorliegen kann, ist umstritten. Ein Teil der Lehre vertritt die Ansicht, der Erklärende müsse den Erklärungstatbestand mit aktuellem Erklärungsbewusstsein gesetzt haben. Er muss also das Bewusstsein gehabt haben, eine Willenserklärung abzugeben. Wenn das Erklärungsbewusstsein fehlt, er also gar keine Willenserklärung abgeben will, fehlt der innere Erklärungstatbestand mit der Folge, dass keine Willenserklärung vorliegt.[112]

Nach der herrschenden Meinung ist bei fehlendem Erklärungsbewusstsein eine Willenserklärung auch dann gegeben, wenn der Erklärende bei Anwendung der im Verkehr erforderlichen Sorgfalt hätte erkennen können, dass seine Erklärung als Willenserklärung aufgefasst wird. Die Erklärung wird in diesem Fall dem Erklärenden als Willenserklärung zugerechnet. Diese ist dann – wie die mit einem fehlenden oder abweichenden Geschäftswillen geäußerte Erklärung – gem. § 119 I anfechtbar.[113] Dadurch soll das Vertrauen des Erklärungsempfängers darauf, dass der Erklärende mit Erklärungsbewusstsein handelt, geschützt werden. Das Erklärungsbewusstsein ist demnach kein notwendiger Bestandteil einer Willenserklärung.

Diese Meinung wird nunmehr auch in diesem Lehrbuch – entgegen der in den früheren Auflagen dargestellten – vertreten. Zum einen ist der Erklärungsempfänger schutzwürdig. Zum anderen wird die Privatautonomie des Erklärenden nicht beeinträchtigt, denn er hat die Wahlfreiheit zwischen der Anfechtung nach § 119 I, 2. Var. und der Erfüllung nach § 362.

■ Die Lösung des Weinversteigerungsfalls lautet also?

▶ K hat eine wirksame Willenserklärung geäußert. Der Versteigerer V hat dem K den Zuschlag erteilt und damit dessen Angebot angenommen (§ 156 S. 1). Ein wirksamer Kaufvertrag ist also zustande gekommen.

K kann allerdings seine Willenserklärung gem. § 119 I, 2. Var. anfechten, weil sein geäußerter Erklärungstatbestand nicht mit der Äußerung übereinstimmt, die er mit dem Handheben abgeben wollte. Näheres → Rn. 220 ff.

Lesen Sie nun die folgende Übersicht 16 (Teil 1), bevor es weitergeht.

---

112 *Canaris*, Zivilrechtliche Probleme des Warenhausdiebstahls, NJW 1974, 521 (528); *Thiele*, Zu einem Allgemeinen Teil des Deutschen Bürgerlichen Rechts, JZ 1969, 405 (407); wN im Urt. des BGH BeckRS 9998, 101497. S. hierzu auch MüKoBGB/*Armbrüster* § 119 Rn. 98 ff., der die Argumente für diese Ansicht aufzeigt.

113 BGH BeckRS 9998, 165379: »Trotz fehlenden Erklärungsbewusstseins (Rechtsbindungswillens, Geschäftswillens) liegt eine Willenserklärung vor, wenn der Erklärende bei Anwendung der im Verkehr erforderlichen Sorgfalt hätte erkennen und vermeiden können, dass seine Äußerung nach Treu und Glauben und der Verkehrssitte als Willenserklärung aufgefasst werden durfte, und wenn der Empfänger sie auch tatsächlich so verstanden hat (BGHZ 91, 324; zustimmend: *Ahrens* JZ 1984, 986; *Emmerich* JuS 1984, 971; Soergel/*Hefermehl* BGB, 12. Aufl., vor § 116 Rn. 12 und 13; Palandt/*Heinrichs* BGB, 47. Aufl., vor § 116 Anm. 4b; AK-BGB/*Hart* vor § 116 Rn. 127; Jauernig/*Jauernig* BGB, 4. Aufl., vor § 116 Anm. 3; *Medicus*, Allgemeiner Teil des BGB, 3. Aufl., Rn. 607, *Larenz*, Allgemeiner Teil des BGB, 7. Aufl., § 19 III S. 354 ff.; zust. iErg – anfechtbare »fiktive« Willenserklärung – *Eisenhardt* JZ 1986, 875; ablehnend: *Canaris* NJW 1984, 2281; *Schubert* JR 1985, 15; *Brehmer* JuS 1986, 441; *Singer* JZ 1989, 1030.« So auch BGH BeckRS 2006, 12763 Rn. 18 und BGH BeckRS 9998, 101497; MüKoBGB/*Armbrüster* § 119 Rn. 103 f.; Palandt/*Ellenberger* Einf. v. § 116 Rn. 17 mwN.

Übersicht 16 (Teil 1) 144

Willenserklärung

I. Bestandteile der Willenserklärung (WE)

Willenserklärung = jede auf einen rechtlichen Erfolg gerichtete menschliche Willensäußerung.

Rechtsgeschäft = WEen einer oder mehrerer Personen, die auf die Herbeiführung einer bestimmten, von der Rechtsordnung gebilligten Rechtsfolge gerichtet sind (zB Vertragsschluss).

Wille
= innerer Tatbestand der Willenserklärung

Handlungswille	**Erklärungswille**	**Geschäftswille**
= Bewusstsein zu handeln.	= Bewusstsein, dass Handlung irgendeine rechtserhebliche Erklärung darstellt, die auch als solche verstanden wird. **Ausnahme:** Falls der Empfänger das Verhalten des anderen als Erklärung auffassen musste, gilt dies auch ohne Erklärungsbewusstsein als WE (hM → Rn. 143).	= Wille, eine konkrete Rechtsfolge (zB Kaufvertragsschluss) herbeizuführen. Falls (-) oder der geäußerte Geschäftswille stimmt mit dem ›inneren Willen‹ des Erklärenden nicht überein: wirksame WE liegt vor.
Beispiele: • Ungewolltes, nervöses Zucken = keine WE, da anders als bei bewusstem Nicken kein Handlungswille. • Handlungswille fehlt ebenfalls bei gewaltsamem Handführen zur Unterschrift oder bei Äußerung unter Hypnose = keine WE	**Beispiele:** • »Trierer Weinversteigerung«: Winken, da Armheben Kaufgebot bedeutet … • Gast im Lokal trinkt zweites Glas im Glauben, es sei das bestellte erste …	**Beispiel:** Unterschrift unter Mietvertrag im Glauben, es handele sich um Leihvertrag.
Bei Fehlen: Keine WE	Bei Fehlen: WE, aber anfechtbar (hM)	Bei Fehlen: WE, aber anfechtbar

145 Sofern einer Erklärung das Erklärungsbewusstsein und auch der Handlungswille zugrunde liegen, wird diese zur rechtserheblichen Willenserklärung und als solche wirksam, wenn sie **nach außen erkennbar** gemacht wird.

Das ist allerdings nur dann der Fall, wenn man von dem erkennbaren Verhalten des Erklärenden auch tatsächlich auf einen dadurch ausgedrückten Geschäftswillen schließen kann. Dieses Verhalten ist am einfachsten zu erkennen, wenn der Erklärende seinen Geschäftswillen durch ausdrückliche Formulierung unmittelbar zum Ausdruck bringt, indem er zB sagt oder schreibt, »Ich nehme Ihr Angebot an« oder auf die direkte Frage, ob er das Angebot annimmt, mit dem Kopf nickt. Möglich ist aber auch, dass jemand seinen Willen dadurch äußert, dass er einfach etwas tut, was der andere als Willenserklärung verstehen muss. Ein solches Beispiel hatten wir schon mit dem Brötchenkauf beim Bäcker kennengelernt. Wenn Sie im Laden Ihr Kaufangebot abgeben, indem Sie sagen: »Ich möchte gerne drei Brötchen«, dann ist es nicht erforderlich, dass der Bäcker antwortet: »Ich nehme Ihr Angebot an«, damit der Kaufvertrag zustande kommt. Es genügt, wenn er Ihnen die Brötchen wortlos einpackt und auf die Theke legt. Damit hat er Ihr Angebot durch schlüssiges bzw. konkludentes Verhalten, wie wir das genannt haben, angenommen. Umgekehrt geben Sie zB auch eine konkludente, wirksame Willenserklärung ab, wenn Sie dem Kassierer an der Kinokasse wortlos den abgezählten Kaufpreis für eine Kinokarte hinlegen. Der Kassierer kann dies nicht anders verstehen, und darauf kommt es an, als dass Sie ihm ein Angebot machen, eine Karte zu kaufen.

146 Nicht verwechseln darf man dieses konkludente Verhalten, bei dem sowohl der Handlungs- und der Geschäftswille zum Ausdruck kommen, mit bloßem Nichtstun oder Schweigen. Nehmen Sie zB an, was ja leider häufig vorkommen soll, dass Ihnen ein Buchversand unaufgefordert ein Buch für 50 EUR ins Haus schickt. Wenn auf dem Begleitschreiben des Versenders steht: »Wenn ich nicht innerhalb von zwei Wochen eine Antwort von Ihnen bekomme, gehe ich davon aus, dass Sie mein Angebot angenommen haben«, ist dadurch keinesfalls ein Kaufvertrag zustande gekommen. Sie haben keine Willenserklärung abgegeben, die als Annahme aufgefasst werden durfte!

147 Aufgrund der Umsetzung der Fernabsatz-Richtlinie (RL 1997/93/EG) wurde mit dem inzwischen wieder aufgehobenen FernAbsG § 241a ins BGB eingefügt,[114] der dieses Problem nunmehr mitregelt.

■ Lesen Sie § 241a I und formulieren Sie besser, als es der Gesetzgeber getan hat, den dort geregelten Grundsatz!

▶ § 241a I enthält den Grundsatz, dass durch Schweigen des Verbrauchers kein Vertrag zustande kommt.

Diese Vorschrift hat also eine nur klarstellende Funktion. Sie stellt die Grundregel auf, dass der Unternehmer (vgl. die Definition in § 14) durch die Lieferung unbestellter Waren oder die Erbringung sonstiger Leistungen gegen den Verbraucher (vgl. die Definition in § 13) keine Ansprüche erwerben kann. Der Begriff der **Ware** wird in § 241a I legal definiert als bewegliche Sachen, die nicht auf Grund von Zwangsvollstreckungsmaßnahmen oder anderen gerichtlichen Maßnahmen verkauft werden.

114 Dessen Abs. 1 und Abs. 3 wurden mit Wirkung vom 13.6.2014 durch Gesetz v. 20.9.2013 (BGBl. 2013 I 3642) neu gefasst.

Sonstige Leistungen iSd § 241a I sind alle Leistungen, die nicht in der Lieferung einer Ware bestehen, insbesondere Dienstleistungen. Eine **Lieferung** setzt voraus, dass die Ware tatsächlich in den Herrschaftsbereich des Verbrauchers gelangt; eine **Erbringung** sonstiger Leistungen deren tatsächliche Ausführung für den Verbraucher.[115]

Unbestellt ist die Ware oder Leistung, wenn sie dem **Verbraucher** vom **Unternehmer** ohne eine ihm zurechenbare Aufforderung zugeht und er zur Bezahlung, Rücksendung oder Verwahrung aufgefordert wird.[116] Der deutsche Gesetzgeber hat sich allerdings über die Richtlinienvorgaben hinaus für eine sehr rigorose Lösung entschieden, um diese »Vertriebsmethode« einiger Unternehmer zu unterbinden.

■ Wenn Sie sich den Wortlaut von § 241a I nochmals anschauen, können Sie sehen, welche »Bestrafung« der Gesetzgeber für einen Unternehmer vorsieht, der einem Verbraucher eine unbestellte bewegliche Sache liefert.

▶ Der Unternehmer verliert alle gesetzlichen Ansprüche.

Er kann folglich keine Rückgabe der beweglichen Sache nach § 985[117] und § 812[118] verlangen und hat auch keinen Schadensersatzanspruch nach § 823[119] und keinen Anspruch auf Nutzungsherausgabe nach §§ 987 ff., 818 f.

■ Was kann also der Verbraucher mit der gelieferten Ware machen?

▶ Der Verbraucher kann diese benutzen und, falls er sie nicht behalten möchte, auch wegwerfen, ohne schadensersatzpflichtig zu werden.

Zueignungs- und Gebrauchshandlungen bedeuten, abweichend von § 151, keine Annahme.[120] Allerdings hat der Verbraucher auch die Möglichkeit, trotz § 241a I, das Angebot, das der Unternehmer durch die Zusendung der unbestellten Ware abgegeben hat, durch eine entsprechende Willenserklärung anzunehmen.[121]

Gesetzliche Ansprüche des Unternehmers gegen den Verbraucher bestehen nur in den Fällen, in denen

- die Leistung nicht für den Empfänger bestimmt war oder
- die Leistung in der irrigen Vorstellung einer Bestellung erfolgte und der Empfänger dies erkannt hat oder bei Anwendung der im Verkehr erforderlichen Sorgfalt hätte erkennen können (§ 241a II).

Schweigen gilt nur in ganz wenigen Fällen als Willenserklärung, in denen das Gesetz **148**
dies ausdrücklich bestimmt. Einen Fall davon haben wir im Zusammenhang mit der Geschäftsfähigkeit bereits kennengelernt: § 108 II 2.

Weitere Beispiele aus dem BGB sind: §§ 455 S. 2, 516 II 2, 545 S. 1, 625.

115 jurisPK-BGB/*Toussaint* § 241a Rn. 7 mwN.
116 Palandt/*Grüneberg* § 241a Rn. 4 mwN.
117 Näheres erfahren Sie hierzu bei *Wörlen/Kokemoor* SachenR Rn. 68 ff.
118 Ausführlich hierzu *Wörlen/Metzler-Müller* SchuldR BT Rn. 371 ff.
119 Ausführlich hierzu *Wörlen/Metzler-Müller* SchuldR BT Rn. 398 ff.
120 *S. Lorenz* JuS 2000, 833 (841).
121 Vgl. *Stadler* BGB AT Rn. 25 mwN.

149 **Übersicht 16 (Teil 2)**

Willenserklärung

II. Kundgabe der Willenserklärung (WE)

Erklärung
= äußerer Tatbestand der Willenserklärung

ausdrücklich	**konkludent**	**Schweigen**
Beispiele: • »Ich nehme Ihr Angebot an!«. • Kopfnicken auf Frage	= Verhalten, das nach der Verkehrsanschauung typischerweise auf einen bestimmten Rechtsbindungswillen schließen lässt **Beispiele:** • Brötchenkauf und Kinokarte »ohne Worte«	**ist keine WE!** **Ausnahme:** Das Gesetz bestimmt dies ausdrücklich **Beispiele:** • § 108 II 2 • § 516 II 2 (»gilt« = Fiktion) oder bei Vereinbarung der Parteien

Entscheidend = »objektiver Empfängerhorizont«:

Vom Standpunkt eines objektiven Erklärungsempfängers muss das Verhalten nach der Verkehrsanschauung als WE aufgefasst werden können. WE ist dann aber nur wirksam, dh rechtserheblich, wenn Voraussetzungen von I. (→ Rn. 144) gegeben sind!

150 Damit können wir wieder zu unserem Gasthaus-Fall (→ Rn. 131) zurückkehren.

Wir hatten festgestellt, dass der Wirt W dem G ein Angebot gemacht haben könnte, indem er ihm das zweite Glas Wein wortlos auf den Tisch gestellt hat.

■ Die Frage, ob W das Angebot tatsächlich gemacht hat, müssten Sie nun leicht beantworten können.

▶ Es liegt eine konkludente Willenserklärung des W, nämlich ein Angebot zum Abschluss eines Kaufvertrags über das zweite Glas Wein, vor. Durch das Servieren eines Getränks gibt ein Wirt grundsätzlich kund, dass er dieses Getränk unmittelbar verkaufen will. Entscheidend dafür, ob eine konkludente Willenserklärung vorliegt, ist allein der sog. Empfängerhorizont, und zwar der objektive Empfängerhorizont. Das heißt: vom Standpunkt eines objektiven Beobachters kann das Servieren eines Getränks im Lokal nach der Verkehrsanschauung nicht anders gedeutet werden, als dass ein – konkludentes – Angebot gemacht wird. (Dass W dabei Handlungswillen,

Erklärungsbewusstsein und auch Geschäftswillen hatte, ist so selbstverständlich, dass man darauf zB in einer Klausur mit keinem Wort eingehen muss.)

- Hat G dieses Angebot angenommen?
- ▶ Da auch die Annahme eine Willenserklärung ist, kann natürlich auch die Annahme konkludent erfolgen.
- Ist dies geschehen? Wie würden Sie das Verhalten des G als Wirt verstehen?
- ▶ Nach der Verkehrsanschauung wird man vom Standpunkt eines objektiven Beobachters das Austrinken eines vom Wirt servierten Glases Wein vernünftigerweise wohl so verstehen müssen, dass G das Angebot des W konkludent angenommen hat.
- Was aber fehlte dem G, um eine wirksame Willenserklärung bezüglich des zweiten Glases Wein abgeben zu können?
- ▶ Das Erklärungsbewusstsein! Seine Bestellung hatte sich nur auf das erste Glas Wein gerichtet. Nur bei dieser Bestellung hatte er das Bewusstsein, rechtserheblich zu handeln. Da nach der hM das Verhalten des Gastes G (= Austrinken des zweiten Glases Wein) sich für den Wirt W (= Erklärungsempfänger) als Ausdruck eines bestimmten Rechtsfolgewillens darstellte, ist dem G dies als Willenserklärung zuzurechnen, auch wenn er ohne Erklärungsbewusstsein handelte.[122]

Merke: Die **Annahme** ist eine empfangsbedürftige Willenserklärung, die in der vorbehaltlosen Bejahung des Antrags besteht. Damit kommt der Vertrag zustande (§ 151 S. 1).

Das Ergebnis zu Übungsfall 7 lautet deshalb: W hat gegen G einen Anspruch auf Bezahlung des Kaufpreises gem. § 433 II!

Die Fallfrage »Wer hat Recht?« war also zugunsten des W zu beantworten. Die Frage **151** (die im Fall nicht mehr gestellt ist, die aber nahe liegt) ist nun: Welchen rechtlichen Schutz kann der Gast beanspruchen? Er könnte seine Willenserklärung wegen Erklärungsirrtums nach § 119 I, 1. Var. anfechten und müsste dem Wirt W gem. § 122 I (lesen)[123] den Wert des Weins, der nicht mit dem vom Wirt verlangten Kaufpreis identisch sein muss, ersetzen.

2. Besondere Wirksamkeitsvoraussetzungen für Willenserklärungen

a) Abgrenzung von Willenserklärungen zu ähnlichen Erklärungen

Die auf die Herbeiführung eines rechtlichen Erfolgs gerichtete Willenserklärung ist **152** zunächst abzugrenzen von sog. »Realakten« und »geschäftsähnlichen Handlungen«. Realakte sind reine Tathandlungen, die eine Rechtsfolge herbeiführen, ohne dass es dabei auf den Willen des Handelnden ankommt. Begeht zB jemand eine »unerlaubte Handlung« iSv § 823 I, so ist die Rechtsfolge, dass er – ob er es will oder nicht – zum Schadensersatz verpflichtet ist. Weitere Beispiele für Realakte finden Sie in den §§ 854 I, 946 (→ Rn. 102 – Übungsfall 5c), §§ 950, 965, 984.

(Rechts)geschäftsähnliche Handlungen sind – im Gegensatz zu Realakten – Wil- **153** lens**äußerungen**, die aber – im Gegensatz zu rechtsgeschäftlichen »Willens**erklärungen**« – nicht unbedingt auf den rechtlichen Erfolg abzielen, den sie tatsächlich herbeiführen. Die Rechtsfolge kann, muss aber nicht, gewollt sein. Unabhängig vom

122 Nach der Rspr. des BGH gilt dies auch für schlüssiges Verhalten (BGH BeckRS 9998, 165379 Rn. 17).
123 Mehr dazu später (→ Rn. 246).

Willen tritt sie kraft Gesetzes ein.[124] Ein Beispiel dafür ist die Mahnung, die nach § 286 I 1 zum Schuldnerverzug führt. Um geschäftsähnliche Handlungen handelt es sich auch bei der Aufforderung zur Genehmigung nach §§ 108 II 1, 177 II 1 sowie dem Abhilfeverlangen nach § 651k.

154 Gar keine »Willenserklärungen« liegen vor bei sog. Erklärungen im gesellschaftlichen Bereich, da der Erklärende weder irgendeine noch eine konkrete Rechtsfolge herbeiführen will. Diese Erklärungen sind rechtlich unerheblich, können also keinen Rechtsanspruch des Empfängers oder eine Rechtspflicht des Erklärenden bewirken. Man bezeichnet das, was sie bewirken, in Abgrenzung zu Rechtsgeschäften auch als »Gefälligkeitsverhältnisse«. Der Erklärende hat allenfalls eine moralische Pflicht oder eine Anstandspflicht, das Erklärte durchzuführen; so zB, wenn jemand einer anderen Person verspricht, sie am Abend zu der gemeinsamen Einladung oder morgens zur Arbeit mit dem Auto abzuholen. Lässt der Erklärende seine Freundin oder den Arbeitskollegen dann »im Regen stehen«, ist das sicherlich nicht »die feine Art«, doch zieht es keine Rechtsfolgen nach sich ... Das kann auch bei einer Lottospielgemeinschaft der Fall sein. Denn idR übernimmt eine Person, die die Lottoscheine ausfüllt und einreicht, keine rechtsgeschäftliche Verpflichtung.

Hierzu ein interessanter Fall aus der Praxis:

Der Beklagte und die drei Kläger hatten sich zu einer Lottospielgemeinschaft zusammengeschlossen, die jede Woche die gleiche Zahlenkombination tippte. Das Ausfüllen und Abgeben des Lottozettels waren dabei Aufgabe des Beklagten. Ausgerechnet vor einer Ausspielung, im Zuge derer die allwöchentlich getippten Zahlen der Lottospielgemeinschaft gezogen wurden, versäumte der Beklagte das Ausfüllen des Lottozettels. Der Lottospielgemeinschaft entging dadurch ein Gewinn von insgesamt 10.550 DM. Die Kläger verlangten daraufhin vom Beklagten Schadensersatz in anteiliger Höhe. Im Ergebnis verneinte der BGH einen entsprechenden Rechtsbindungswillen.[125]

155 Während die Abgrenzung der Erklärung im gesellschaftlichen Bereich zu rechtsgeschäftlichen Willenserklärungen kaum Schwierigkeiten bereitet, ist es bisweilen nicht ganz leicht zu erkennen, ob die Äußerung eines Teilnehmers am Rechtsverkehr nur eine rechtlich unerhebliche Äußerung oder schon eine rechtsgeschäftliche Willenserklärung darstellt.

Hiervon handelt der folgende Fall:

Übungsfall 8

Valentin Vauder (V), Inhaber eines Sportbekleidungsgeschäfts, setzt ein Inserat in eine Lokalzeitung, in dem er mehrere Kleidungsstücke, unter anderem auch einen Jogginganzug für 39 EUR anpreist. Karlo Kaufgut (K) ruft daraufhin bei V an und erklärt diesem, dass er den Anzug kaufe. V erklärt, dass K den Anzug haben könne, allerdings koste er 69 EUR, da sich ein Druckfehler eingeschlichen habe. K ist empört und droht, den V zu verklagen, wenn er nicht zu seinem Angebot, an das er schließlich gem. § 145 gebunden sei, stehe. Wird K mit seiner Klage Erfolg haben?

Bevor Sie die Lösung des Falls lesen, überlegen Sie zunächst selbst, zu welchem Ergebnis Sie kommen!

124 Da die geschäftsähnlichen Handlungen den Willenserklärungen nahe kommen, ist jeweils zu prüfen, ob die Vorschriften über die Willenserklärungen auf sie entsprechend anzuwenden sind (*Brox/Walker* BGB AT § 4 Rn. 27).

125 BGH NJW 1974, 1705.

Damit K mit seiner Klage Erfolg haben kann, muss er gegen V einen Anspruch auf Lieferung des Jogginganzugs zu 39 EUR haben. 156

- Aus welcher Vorschrift, dh, aus welcher »Anspruchsgrundlage« sich ein derartiger Anspruch ergeben könnte, müssten Sie eigentlich schon (noch) wissen ...
- ► § 433 I 1 (lesen)!
- Was ist Voraussetzung dafür, dass ein solcher Anspruch besteht?
- ► Ein wirksamer Kaufvertrag zwischen V und K über den Jogginganzug zum Preis von 39 EUR.
- Wie kommt ein Kaufvertrag zustande?
- ► Wie jeder Vertrag durch Angebot und Annahme!
- Liegt in unserem Falle ein Angebot des V aufgrund des Inserats in der Zeitung vor?
  Überlegen Sie!
- ► Die Antwort ist »nein«! Ein Angebot kann sich regelmäßig nur an **eine bestimmte** Vertragspartei richten und setzt einen Rechtsbindungswillen des Anbietenden voraus.

Das ist bei einer Zeitungsanzeige aber angesichts der Vielzahl der Leser schlecht möglich. Bei einer solchen Anzeige handelt es sich lediglich um eine Aufforderung oder Einladung an die bzw. irgendeinen Leser, ihrerseits oder seinerseits demjenigen, der in der Anzeige etwas zum Verkauf anpreist, ein Angebot zu machen. 157

- Wer hat hier also wem ein Angebot gemacht?
- ► Demnach hat in unserem Fall nicht V dem K ein Angebot gemacht, sondern K dem V, als er ihn anrief. K hat dem V angeboten, bei ihm den Jogginganzug für 39 EUR zu kaufen.
- Wie hat V auf dieses Angebot reagiert?
- ► Er hat es abgelehnt! Und dies steht ihm auch zu; im Bürgerlichen Recht gilt, wie Sie bereits gelesen haben, die **Vertragsfreiheit.**[126] Das heißt unter anderem: niemand kann zu einem Vertragsabschluss gezwungen werden! Somit ist zwischen V und K kein Kaufvertrag über einen Jogginganzug für 39 EUR zustande gekommen, sodass K keinen Anspruch gegen V aus § 433 I 1 hat und deshalb mit seiner Klage keinen Erfolg haben würde.
- Wie ist deshalb die Erklärung des V zu werten, dass K den Anzug nur für 69 EUR kaufen kann?
- ► Neues Angebot (vgl. auch § 150 II – Abs. 1 und 2 lesen!)!

Ebenso wenig wie es sich bei der Zeitungsanzeige um ein Angebot handelt, handelt es sich übrigens bei Preisauszeichnungen im Schaufenster eines Ladens um rechtlich bindende Angebote. Auch wenn Sie in einem Sportbekleidungsgeschäft einen Jogginganzug für 39 EUR im Fenster sehen, können Sie nicht darauf bestehen, den Anzug zu diesem Preis zu bekommen, wenn Ihnen der Verkäufer sagt, das Preisschild sei verwechselt worden. Auch die Auslage in einem Schaufenster ist nur, und zwar an alle, die vorbeigehen, eine Aufforderung bzw. Einladung des Verkäufers, ihm ein Angebot zu machen. Man bezeichnet diese **Einladung, ein Angebot zu machen**, auch mit dem lateinischen Ausdruck **»invitatio ad offerendum«**[127]. Falls Ihnen dies »nicht 158

126 Dazu mehr in *Wörlen/Metzler-Müller* SchuldR AT Rn. 17 ff.

127 Woraus wir schließen können, dass dieses Rechtsinstitut bereits im römischen Recht bekannt war.

einleuchtend« oder »konstruiert« oder gar »ungerecht« erscheinen sollte, vermag Sie das folgende »Argument« dafür, dass diese Auslegung[128] die einzig richtige ist, sicher zu überzeugen: Überlegen Sie einfach den umgekehrten Fall! Der Anzug ist versehentlich zu teuer ausgezeichnet! Sie werden kaum in den Laden gehen und behaupten, »die Auszeichnung zu 69 EUR im Schaufenster ist ein rechtlich bindendes Angebot iSv § 145. Ich bin nicht bereit, 39 EUR zu zahlen!«, sondern Sie werden sich gerne damit abfinden, dass das (wirkliche) Angebot des Verkäufers »39 EUR« heißt! Sie haben jederzeit die Möglichkeit, das neue tatsächliche Angebot des Verkäufers abzulehnen und den Vertrag nicht zu schließen. Kennzeichen dieser »invitatio ad offerendum« ist letztlich, dass es dem Erklärenden noch am konkreten Rechtsbindungswillen fehlt, mit einem bestimmten Partner einen Vertrag zu schließen; er richtet diese Aufforderung, die »invitatio«, an die Allgemeinheit!

■ Fallen Ihnen nach dem soeben Gelesenen noch weitere Beispiele für eine »invitatio ad offerendum« ein?

▶ Beispiele für eine »invitatio« sind auch die Anpreisung von Waren in Katalogen, Verkaufs- oder Dienstleistungsangebote auf einer Webseite, Speisekarten oder Ankündigungen von Theatervorstellungen.

Ob das Auslegen von Waren im Selbstbedienungsladen nur eine »invitatio« darstellt oder bereits ein bindendes Angebot ist, ist streitig.[129]

Würde man in einer Schaufensterauslage oder in einem Inserat in einer Zeitung schon ein Angebot sehen, könnte eine unbestimmte Vielzahl von Personen dieses eine Angebot annehmen ... Dass dies nicht möglich ist, mag nun jedem einleuchten. Damit ein Vertrag zustande kommen kann, muss ein konkretes Angebot an einen bestimmten Vertragspartner vorliegen!

Wiederholen Sie die Abgrenzung der Willenserklärung von anderen Erklärungen anhand der folgenden Übersicht 16 (Teil 3), bevor Sie weiterlesen.

---

128 → Rn. 160 ff., 168 ff.

129 Hierzu *Stadler* BGB AT Rn. 5a mwN.

Übersicht 16 (Teil 3) 159

Willenserklärung

III. Abgrenzung von anderen Erklärungen

Wesentliches Merkmal einer rechtsgeschäftlichen Willenserklärung
= **Wille** des Erklärenden, eine Rechtsfolge herbeizuführen

Keine Willenserklärung sind:

Realakte	**Geschäftsähnliche Handlungen**	**Erklärungen im gesellschaftlichen Bereich**	**Aufforderung/ Einladung, ein Angebot zu machen (»invitatio ad offerendum«)**
Reine Tathandlungen, die Rechtsfolge herbeiführen, ohne dass es dabei auf den Willen des Handelnden ankommt.	(Rechts)geschäftsähnliche Handlungen = auch »Willenserklärungen«, die Rechtsfolge tritt aber nicht aufgrund des Willens des Erklärenden, sondern kraft gesetzlicher Anordnung ein.	Mangels Rechtsbindungswillen keine rechtliche, sondern nur ›moralische‹ Verpflichtung des Erklärenden.	Für konkretes Angebot des Erklärenden fehlt der Rechtsbindungswille. Aufforderung richtet sich an unbestimmte Vielzahl von Personen (nicht an einzelne Vertragspartner), selbst eine Willenserklärung abzugeben.
Beispiele: • Verbindung (§ 946) • Verarbeitung (§ 950) • unerlaubte Handlung (§ 823)	**Beispiel:** Mahnung nach § 286 I 1 führt zum Schuldnerverzug, auch wenn Mahnender das nicht beabsichtigte.	**Beispiel:** Versprechen, einen Arbeitskollegen abzuholen.	**Beispiele:** • Verkaufsinserat in Zeitung • Preisauszeichnung von Waren im Schaufenster • Werbeprospekte • Speisekarten • Kataloge • »Angebote« im Internet …

b) Inhaltliche Bedeutung von Willenserklärungen (Auslegung)

160 Sofern eine Äußerung nicht eindeutig erkennen lässt, ob darin nur eine rechtlich unbedeutende Erklärung oder eine rechtlich relevante Willenserklärung liegt, oder falls eine Willenserklärung missverständlich oder mehrdeutig erscheint, muss ihre Bedeutung durch Auslegung ermittelt werden. Auslegung einer Erklärung bedeutet allgemein, unter Berücksichtigung bestimmter Kriterien und Regeln den Inhalt einer Äußerung durch Interpretation zu ermitteln.

Auslegungsregeln für Willenserklärungen enthält § 133 (lesen!).

Maßgebend ist danach nicht das buchstäblich Erklärte, also nicht unbedingt die gewählten Worte sind entscheidend, sondern der wirkliche Wille des Erklärenden. Dabei ist aber nicht auf seinen »inneren« Willen, sondern auf den objektiv erklärten Willen abzustellen, dh, die Erklärung gilt so, wie sie vom Standpunkt eines objektiven Beobachters aus der Sicht des Erklärungsempfängers vernünftigerweise nur verstanden werden konnte und musste. Die Auslegung einer empfangsbedürftigen Willenserklärung (→ Rn. 177) erfolgt vom **objektiven Empfängerhorizont** her. Das erscheint schwieriger als es ist. Der folgende Beispielsfall macht meines Erachtens sehr gut klar, was hiermit gemeint ist. Es handelt sich dabei um einen Schulfall, der auf einer Entscheidung des Reichsgerichts[130] basiert und den Sie nahezu in allen Lehrbüchern zum Allgemeinen Teil des BGB finden.

Übungsfall 9

Valentin Vischer (V) bietet Karl Karpfer (K) eine Dampferladung »Haakjöringsköd« an. »Haakjöringsköd« ist norwegisch und bedeutet im Deutschen: »Haifischfleisch«. Sowohl V als auch K sind aber der Meinung, dass V dem K unter der Bezeichnung »Haakjöringsköd« Walfischfleisch angeboten hatte. Worüber wurde der Vertrag geschlossen?

161 ■ Würde man in diesem Fall die Willenserklärung des V »Haakjöringsköd« entgegen § 133 buchstäblich nach der richtigen Übersetzung als »Haifischfleisch« verstehen, hätte das eine eigenartige Folge – nämlich welche? Überlegen Sie!

▶ Zwischen V und K wäre ein Kaufvertrag über einen Kaufgegenstand zustande gekommen, den weder V liefern noch K bekommen möchte.

Das Angebot des V »Haakjöringsköd« ist vom Standpunkt eines **objektiven** Erklärungsempfängers vernünftigerweise nur so auszulegen, dass tatsächlich Walfischfleisch zum Verkauf angeboten wurde und K dieses Angebot auch angenommen hat. Damit ist ein Kaufvertrag über Walfischfleisch zustande gekommen. Der wirkliche Wille des Erklärenden war auf Walfischfleisch gerichtet, und seine Erklärung wurde vom Empfänger auch so verstanden. Dass der wirkliche Wille von V und K in der buchstäblichen Erklärung »Haakjöringsköd« gar nicht zum Ausdruck kam und deshalb von einem mit den Verhältnissen nicht vertrauten Dritten nicht erkannt werden konnte, ist unschädlich. Maßgeblich ist nur, was beide Parteien in Wahrheit übereinstimmend gewollt haben. Entscheidend ist der objektive Maßstab. Eine **falsche Bezeichnung** des Vertragsgegenstands **schadet nicht**, wenn beide Parteien die Erklärung nicht in ihrer wahren Bedeutung verstehen, sondern übereinstimmend in einem anderen Sinn begreifen. Auch für diese Konstellation wird in Lehrbüchern zumeist ein latei-

130 RGZ 99, 148 ff. Bei Interesse lesen: Falsa demonstratio beim Seegrundstückskauf (OLG Schleswig NJW-RR 2011, 1233).

nischer Rechtsbegriff verwendet, nämlich **»falsa demonstratio non nocet«** (lat. sinngemäß: »eine falsche Bezeichnung schadet nicht«; kurz: »falsa demonstratio«).

Entscheidend ist allein, dass der Empfänger der Willenserklärung erkennt oder nach **objektiven** Gesichtspunkten erkennen kann, was der Erklärende will.[131]

Das wird aber nicht immer so einfach und eindeutig feststellbar sein wie in dem **162**
»Haakjöringsköd«-Fall.

Möglich ist auch, dass der Erklärungsempfänger zwar nicht erkennt, was mit der Erklärung gewollt ist, er dies aber bei Anwendung der ihm zumutbaren Sorgfalt hätte erkennen können. Anwendung der zumutbaren Sorgfalt bedeutet, dass der Empfänger der Erklärung dies nach den Regeln des § 133 objektiv auslegen muss und sich nicht das für ihn Günstigste heraussuchen darf. Entscheidend ist, wie wir nun wissen, der objektiv zu ermittelnde wirkliche Wille des Erklärenden.

Zur Verdeutlichung noch weitere **Beispiele:**

(1) Bietet V unter Übersendung einer Preisliste dem K an, von K bestimmte Waren zum Listen- **163**
preis zu »kaufen«, obwohl V in Wirklichkeit »verkaufen« wollte, dann kann und darf K nicht aus dem Wortlaut der Erklärung schließen, dass V kaufen will; wenn ihm zuvor von V eine Preisliste übersandt wurde, geht daraus klar hervor, dass V diese Waren **ver**kaufen wollte. Wenn in diesem Fall der K dem V schreibt, dass er dessen Angebot annehme, dann ergibt die Auslegung, dass ein Kaufvertrag zwischen V als Verkäufer und K als Käufer zustande gekommen ist!

(2) Der Däne V macht dem Tschechen K brieflich ein Angebot über den Verkauf eines Reitpfer- **164**
des zum Preis von »80.000 Kronen«. K nimmt das Angebot an. Hinterher behauptet K, er habe tschechische Kronen gemeint, während V von dänischen Kronen ausging.
Voraussetzung für das Zustandekommen eines wirksamen Vertrags zwischen V und K sind wiederum zwei sich deckende Willenserklärungen (Angebot und Annahme). Da das Angebot des V »Reitpferd zu 80.000 Kronen« mehrdeutig ist (dänische oder tschechische Kronen?), muss die Bedeutung durch Auslegung (§§ 133, 157) ermittelt werden (→ Rn. 160 ff., 168 ff.). Vom Standpunkt eines vernünftigen objektiven Erklärungsempfängers kann das Angebot nur »dänische Kronen, also DKK« lauten. Zum einen spricht dafür die Nationalität des Anbietenden V, der als Däne regelmäßig ein Verkaufsangebot in seiner eigenen Währung machen wird, zum anderen der Preis von 80.000 Kronen (80.000 dänische Kronen = ca. 10.711 EUR). Da 80.000 tschechische Kronen (CZK) ca. 3.105 EUR entsprechen, hätte das Pferd schon lahmen müssen, damit man dieses Angebot als realistisch ansehen könnte …! Wenn K aber von tschechischen Kronen ausging, irrte er sich über den Inhalt seiner Erklärung »Kronen«. Rechtsfolge ist, dass der Vertrag zunächst zu 80.000 dänischen Kronen zustande gekommen ist und dass K seine Willenserklärung gem. § 119 I anfechten kann.

(3) Der Reisende R bucht bei einem Reiseunternehmen telefonisch einen Flug nach »Porto« in **165**
Portugal. Da er allerdings »sächselt« und nicht hochdeutsch spricht, versteht der Mitarbeiter des Reisebüros (Empfängerhorizont!) »Bordeaux«, was bekanntlich in Frankreich liegt. Es ist ein wirksamer Reisevermittlungsvertrag mit dem Flugziel Bordeaux zustande gekommen.[132]

(4) Schreibt aber V an den K, dass er ihm Ware für 450 EUR verkaufen will, während er tatsächlich für 540 EUR verkaufen wollte, muss und kann K mangels weiterer Anhaltspunkte aus der Erklärung des V nur auf dessen (in Wirklichkeit nicht vorhandenen) Willen schließen, für 450 EUR verkaufen zu wollen. Der Vertrag kommt zunächst jedenfalls zu 450 EUR zustande. Allerdings hätte V die Möglichkeit, seine Willenserklärung wegen Irrtums anzufechten. Doch dazu erst später!

---

131 Weiteres Bsp. hierfür: → Rn. 341, 347.
132 AG Stuttgart-Bad Cannstatt BeckRS 2012, 17508.

166 **Merke:** Ist der Inhalt einer Willenserklärung mehrdeutig oder weicht die konkret geäußerte Erklärung vom Willen des Erklärenden ab, so ist durch Auslegung zu klären, ob der wahre Geschäftswille beider Parteien übereinstimmt. In diesem Fall gilt das von beiden Parteien übereinstimmend Gewollte, unabhängig davon, was die Erklärung tatsächlich bedeutete.
Fehlt es an einer Willensübereinstimmung der Parteien, so ist die Erklärung unter Berücksichtigung der Begleitumstände und der Verkehrssitte sowie unter Abwägung der Interessen des Erklärenden und des Erklärungsempfängers aus der Sicht eines objektiven Erklärungsempfängers auszulegen.

Wiederholen Sie die »Auslegung von Willenserklärungen« nun anhand der nachstehenden...

167 Übersicht 16 (Teil 4)

Willenserklärung

IV. Auslegung von Willenserklärungen

§ 133

Ermittlung des Inhalts einer WE durch Interpretation unter Beachtung nachfolgender Kriterien:

Wirklicher Wille ist maßgebend

- nicht subjektiver »innerer Wille«, sondern objektiv erklärter Wille
- aus Sicht eines neutralen Empfängers der WE (objektiver Empfängerhorizont)

Geschäftswille
beider Parteien stimmt überein:
Trotz »falscher« WE:
Es gilt das Gewollte!

Beispiel:
»Haakjöringsköd«-Fall (→ Rn. 161)
»falsa demonstratio non nocet«

Geschäftswille
beider Parteien stimmt **nicht** überein:

WE ist (objektiv) auszulegen

Beispiele:
Übersendung von Verkaufspreisliste und »Kaufangebot« = Verkaufsangebot (→ Rn. 163);

Verkaufsangebot von Dänemark nach Tschechien – im Zweifel dänische Kronen, nicht tschechische Kronen (→ Rn. 164);

aber: Schreibt Verkäufer versehentlich 450 EUR statt 540 EUR, gilt WE 450 EUR, da »innerer Wille« nicht maßgeblich ist. Aber Anfechtung wegen Irrtums möglich (→ Rn. 165).

Exkurs: Auslegung und Analogie; teleologische und geltungserhaltende Reduktion

Auslegung

Die Auslegung ist nicht nur im Zusammenhang mit Willenserklärungen, Verträgen oder Vertragsbedingungen von Bedeutung, sondern vor allem auch für Rechtsnormen (Gesetze, Satzungen). Zwar werden Sie in Ihrem Beruf selten in die Verlegenheit kommen, schwierige Rechtsnormen auslegen zu müssen; dazu sind in erster Linie Richter und Rechtsanwälte berufen, doch sollten Sie im Rahmen einer Einführung in das Recht zumindest einmal erfahren haben, was sich hinter dem Begriff »Auslegung« verbirgt und wie man bei der Auslegung vorgeht. In der Wirtschaftspraxis kann es durchaus vorkommen, dass Sie im Außendienst einem Kunden zB eine für diesen schwierige oder mehrdeutige Vertragsklausel erklären und dann auch in der Lage sein müssen, scheinbar – für den Laien – missverständliche Formulierungen zu interpretieren. **168**

Wie bei Willenserklärungen die Auslegung erforderlich wird, wenn der in der Erklärung ausgedrückte Wille missverständlich oder mehrdeutig ist, so wird auch bei der Auslegung (Interpretation) von scheinbar klaren Begriffen und Ausdrücken, die das Gesetz verwendet, der Wille des Gesetzgebers erforscht.

Der Jurist kennt bei der Auslegung von Rechtsvorschriften vier Methoden:

Grammatische oder wörtliche Auslegung

Hierbei wird von der im Gesetz verwendeten Ausdrucksweise, vom reinen Wortsinn, ausgegangen; dh man versucht, den Inhalt einer Norm aus der sprachlichen Fassung zu erkennen. So verwendet das Gesetz zB häufig die Worte: »muss«, »soll« oder »kann«. Als Kenner der juristischen Fachsprache weiß man dann, dass eine sog. »Muss-Vorschrift« (vgl. § 57) ein zwingendes Gebot enthält und dass ein Verstoß dagegen (zB durch eine Vertragsklausel) zur Nichtigkeit (dieser Klausel) führt. Eine »Soll-Vorschrift« (vgl. § 56) ist zwar verbindlich, weil sie beachtet werden soll, doch führt ein Verstoß dagegen nicht zur Nichtigkeit. Eine »Kann-Vorschrift« (vgl. § 78) schließlich drückt aus, dass etwas zulässig ist oder getan werden darf, aber es ist nicht zwingend geboten. Die grammatische Auslegung kann vor allem helfen, sog. Redaktionsversehen[133] aufzuklären. **169**

Hierzu ein recht amüsantes Beispiel, nämlich § 919 I – ganz genau lesen!

- ■ Was fällt Ihnen hieran auf? (Haben Sie genau gelesen?)
- ▶ Das Gesetz handelt davon, dass »ein Grenzzeichen verrückt oder unkenntlich geworden ist«. Gemeint war natürlich: »verrückt worden oder unkenntlich geworden ist«. Die grammatische Auslegung ergibt unschwer, dass der Gesetzgeber nicht ein »wahnsinniges« Grenzzeichen, sondern ein verschobenes Grenzzeichen meinte!

133 Sofern Sie wissen sollten, dass das BGB seit 1900 durch gut 80 Änderungsgesetze (bis zur »Schuldrechtsreform«!) den Zeitveränderungen angepasst wurde, werden Sie sich möglicherweise (zu Recht) fragen, warum der Gesetzgeber anlässlich dieser Gesetzesänderungen nicht auch solche »Redaktionsversehen«, auf die in der Literatur immer wieder hingewiesen wird, verbessert hat. Antwort: Ich weiß es auch nicht!

Systematische Auslegung

170 Man versucht, eine Unklarheit der Formulierung durch die systematische Stellung der einzelnen Vorschrift im gesamten Gesetzeswerk zu klären, indem man den Zusammenhang dieser Vorschrift mit vorstehenden und/oder nachstehenden Vorschriften vergleicht. Lesen Sie hierzu noch einmal § 133. Dass mit dem Begriff »wirklicher Wille« nicht der subjektive, innere Wille des Erklärenden gemeint ist, sondern der durch die Erklärung ausgedrückte objektiv zu beurteilende Geschäftswille, ergibt ein Vergleich mit der Vorschrift des § 119 I, den wir demnächst noch ausführlich untersuchen werden.

In § 119 I Hs. 1 (lesen!) heißt es, dass jemand eine Willenserklärung, die er eigentlich gar nicht abgeben wollte, unter bestimmten Voraussetzungen anfechten kann. Wir hatten dazu das Beispiel mit dem Kaufpreis von 450 EUR statt 540 EUR gebildet. § 119 I Hs. 1 wäre überflüssig, wenn schon die Interpretation des Begriffs »wirklicher Wille« in § 133 ergäbe, dass hiermit der innere Wille des Erklärenden gemeint ist und nicht der objektiv ausgedrückte Geschäftswille; dann bräuchte der Erklärende seine Willenserklärung gar nicht mehr gem. § 119 anzufechten. Im genannten Beispiel würde der Vertrag, wie vom Anbietenden beabsichtigt, zu 540 EUR zustande kommen.

Historische Auslegung

171 Die Entstehungsgeschichte des Gesetzes kann helfen, den Sinn eines nicht ganz eindeutigen Begriffs zu ermitteln. Beim BGB kann man auf die Begründungen zu dem ersten und zweiten Entwurf zurückgreifen, die sog. »Motive« und »Protokolle«, die, wie Sie wissen, mit den Entwürfen zum BGB erarbeitet wurden.[134]

Bei nachträglich eingefügten oder geänderten Vorschriften kommen die Drucksachen des Bundestages (BT-Drs.) und die des Bundesrates (BR-Drs.) in Betracht. Bedeutsam für die historische Auslegung kann auch die Entwicklung, die eine Gesetzesbestimmung im Laufe der Zeit – zB durch Gesetzesänderungen – genommen hat, sein.

Ein Beispiel[135] hierfür ist der Rücktritt einer Partei vom Kaufvertrag für den Fall, dass die Kaufsache einen Mangel hat. Das Recht des Käufers ergibt sich aus §§ 437 Nr. 2, 323 und die Rechtsfolge aus § 346.[136] Es sind danach die empfangenen Leistungen, zB Kaufsache und Kaufpreis, zurück zu gewähren.

■ Was gilt wohl für den Käufer, wenn er den Kaufpreis noch nicht gezahlt hat? Die Antwort bitte geben, ohne einen Blick ins Gesetz zu werfen!

▶ Der Käufer muss den Kaufpreis selbstverständlich nicht entrichten, wird also von seiner Zahlungspflicht befreit.

■ Wenn Sie § 346 I lesen: Ergibt sich diese Rechtsfolge aus dem Gesetzeswortlaut?

▶ Ihre Antwort muss eindeutig »nein« lauten!

---

134 Falls nicht mehr gewusst: Bei → Rn. 40 nachlesen.

135 Nach *Brox/Walker* BGB AT § 3 Rn. 12.

136 Hierzu *Wörlen/Metzler-Müller* SchuldR BT Rn. 34 ff.

Den Gesetzesmaterialien[137] kann man entnehmen, dass in einem solchen Fall die Leistungspflichten erlöschen sollen. Diese Folge hat der Gesetzgeber als so selbstverständlich angesehen, dass eine ausdrückliche Regelung in § 346 nicht erfolgte.

Teleologische Auslegung

Bei dieser, wohl schwierigsten Auslegungsmethode versucht man zu ermitteln, welchen **Sinn und Zweck** der Gesetzgeber mit der jeweiligen Vorschrift verfolgte. Auf diese Weise kann zB festgestellt werden, ob ein Begriff eng oder weit auszulegen ist. **172**

Dazu folgendes **Beispiel**:

Ein Bienenschwarm eines berufsmäßigen Imkers hatte ein Pferdefuhrwerk überfallen und die Pferde getötet.[138]

Da Bienen zweifellos **Tiere** sind, ist der Imker unter den Voraussetzungen von § 833 S. 1 zum Schadensersatz für die Beschädigung einer Sache durch die Bienen verpflichtet. Gemäß § 90a S. 3 sind auf die Pferde die Vorschriften über Sachen entsprechend anzuwenden (Vorschriften lesen!).

Wenn der Tierhalter schon für die Beschädigung einer Sache haften muss, gilt dies erst recht, wenn die Sache zerstört ist (die Pferde sind tot!).

Allerdings kann der Tierhalter sich nach § 833 S. 2 (lesen!) von dieser Haftung nach S. 1, die auf vermutetem Verschulden beruht, entlasten (exkulpieren), wenn er beweisen kann, dass er ein **Haustier**, das den Schaden verursacht hat, sorgfältig beaufsichtigt hat.

Die Frage ist also zunächst, ob Bienen Haustiere iSv § 833 S. 2 sind. Zur Beantwortung dieser Frage ist bei der teleologischen Auslegung von § 833 S. 2 mit dem Sinn und Zweck dieser Vorschrift zu argumentieren.

Sinn und Zweck der Exkulpationsmöglichkeit nach § 833 S. 2 ist es letztlich, dass der Halter eines Haustieres sich von der Verschuldensvermutung des § 833 S. 1 entlasten kann, wenn er das Haustier ordnungsgemäß beaufsichtigt hat.

Eine Biene bzw. ein Bienenschwarm kann aber von dem Halter gar nicht beaufsichtigt werden! Bienen sollen ja gerade frei herumfliegen. Da der Halter eines Bienenschwarms diesen folglich nicht überwachen kann, sind Bienen nicht als Haustiere iSv § 833 S. 2 anzusehen.[139]

Somit konnte die Exkulpationsmöglichkeit nicht zugunsten des Imkers eingreifen, dh, er musste den Schaden an dem Pferdefuhrwerk ersetzen.

Analogie

Analogie bedeutet, schlägt man das Wort im Fremdwörterlexikon nach, »Entsprechung, Ähnlichkeit« oder »Übereinstimmung«. In der Rechtswissenschaft versteht man unter Analogie die entsprechende (»analoge«) Anwendung eines **173**

137 BT-Drs. 14/6040, 194.
138 Nach RGZ 158, 388.
139 Vgl. Palandt/*Sprau* § 833 Rn. 16 unter Hinweis auf RGZ 158, 388.

für einen bestimmten Tatbestand erlassenen Gesetzes auf einen anderen ähnlichen, gesetzlich aber nicht geregelten Tatbestand. Dadurch wird eine **Gesetzeslücke** gefüllt; in diesem Fall spricht man von »Gesetzesanalogie«. Ein Beispiel dafür ist § 12 – lesen! Danach ist der Name von natürlichen Personen geschützt, und der Berechtigte kann sich gegen den unbefugten Gebrauch seines Namens mit einer Unterlassungsklage wehren. Dagegen enthält das Vereinsrecht des BGB, das Sie auszugsweise kennengelernt haben, in den §§ 21–79 keine Vorschrift über den Schutz des Vereinsnamens.

Da aber Vereine als juristische Personen ebenso Rechtssubjekte sind wie die natürlichen Personen, hat das Reichsgericht entschieden, dass sich ein Verein gegen den unbefugten Gebrauch seines Namens ebenfalls mit der Unterlassungsklage wehren kann, und zwar »gem. § 12 analog«.[140]

Möglich ist auch, einen aus mehreren Vorschriften hergeleiteten Rechtsgedanken auf ähnliche vom Gesetz nicht geregelte Fälle zu erstrecken. Dabei werden gleich mehrere Gesetzesbestimmungen analog angewandt. Man bezeichnet dies als »Rechtsanalogie«.

Ein Beispiel[141] hierfür ist der in Rechtsanalogie zu den §§ 1004, 12, 862 entwickelte vorbeugende Unterlassungsanspruch. Nach § 1004 I 2 steht dem Eigentümer ein Unterlassungsanspruch zu, wenn eine Beeinträchtigung des Eigentums in anderer Weise als durch Entziehung oder Vorenthaltung des Besitzes (zB beim Überbau vom Nachbargrundstück auf das eigene Grundstück) droht. § 12 S. 2 gewährt diesen Schutz bei einer drohenden Beeinträchtigung des Namensrechts und § 862 I 2 bei einer drohenden Besitzstörung. Eine ausdrückliche Regelung fehlt allerdings für den Fall, dass ein anderes Rechtsgut oder absolutes Recht verletzt zu werden droht – so zB bei unzutreffenden Tatsachenbehauptungen in der Presse, die eine Verletzung des allgemeinen Persönlichkeitsrechts zur Folge haben können. Sachwidrig wäre, wenn der Rechtsinhaber hier erst eine Verletzung abwarten müsste, um nach § 823 I Schadensersatz verlangen zu können. Über den Wortlaut von § 1004 I 2 hinaus wird ihm deshalb in Rechtsanalogie zu den §§ 1004, 12, 862 ein vorbeugender Unterlassungsanspruch gewährt.

Teleologische und geltungserhaltende Reduktion

174 Die **teleologische Reduktion** schränkt den Anwendungsbereich einer Norm gegenüber dem Wortlaut ein. Dabei findet logisch gesehen genau das Gegenteil wie bei der Analogie statt: Obwohl der Anwendungsbereich der Norm nach ihrem Wortlaut den Problemfall umfasst, ist sie nur beschränkt anzuwenden, weil sie auf den Fall eigentlich nicht passt.[142]

> Dazu ein **Beispiel** aus dem Strafrecht, das *Möllers*[143] anschaulich als »Zopfabschneidefall« anführt:
> Der Täter (T) schneidet dem Opfer mit einem Rasiermesser gegen dessen Willen den Zopf ab.

140 RGZ 74, 114 ff.
141 Nach *Brox/Walker* BGB AT § 3 Rn. 17 mwN.
142 Vgl. *Möllers* Arbeitstechnik § 3 Rn. 21 f.
143 *Möllers* Arbeitstechnik § 3 Rn. 23 mwN.

Muss T wegen gefährlicher Körperverletzung gem. § 224 I Nr. 2, 2. Var. StGB[144] bestraft werden?
Die teleologische Reduktion führt zu folgendem Ergebnis:

1. Nach dem Wortlaut dieser Strafvorschrift ist der Tatbestand der gefährlichen Körperverletzung erfüllt, weil T ein Messer benutzte und durch das Abschneiden des Zopfes die körperliche Unversehrtheit des Opfers beeinträchtigte.
2. Der Zweck der Vorschrift verlangt aber, nur solche Angriffe unter die Norm zu subsumieren, die nach der objektiven Beschaffenheit und der Art der Verwendung im Einzelfall geeignet sind, erhebliche Verletzungen herbeizuführen.
3. Beim Abschneiden von Haaren ist das **nicht** der Fall, denn das Haareschneiden verursacht keine erhebliche Körperverletzung. Würde man den Täter wegen der Verwendung eines Messers besonders schwer bestrafen, wäre das lebensfremd.
4. Deshalb kann die Norm auf den konkreten Fall **nicht** angewendet werden.

Von **geltungserhaltender Reduktion** spricht man, wenn eine mit diesem Inhalt ungültige Norm (zB Vertragsklausel) mit gemindertem Bedeutungsinhalt Bestand haben kann.[145] Die Norm wird insofern in ihrer Wirkung eingeengt, als sie bei einer weiteren Auslegung unwirksam wäre. Sie wird auf ihren »Kern« reduziert, der noch rechtlich zulässig ist, sodass wenigstens dem Grunde nach ihre Geltung erhalten bleibt. 175

Dazu ein **Beispiel** aus dem Arbeitsrecht:
Arbeitgeber und Arbeitnehmer können vertraglich eine Sonderzuwendung (zB »Weihnachtsgeld«) vereinbaren, sofern mit ihr die Betriebstreue des Arbeitnehmers honoriert werden soll. In diesem Fall muss der Arbeitnehmer, wenn er freiwillig innerhalb einer bestimmten Frist aus dem Arbeitsverhältnis ausscheidet, die gewährte Sonderzuwendung zurückzahlen. Diese Frist muss ausdrücklich und eindeutig vereinbart sein. Außerdem darf die Frist nicht unangemessen lang sein, da der Arbeitnehmer bis zum Fristende an den Arbeitgeber gebunden ist. Für Weihnachtsgratifikationen hat das BAG einmal als Faustregel eine Frist von drei Monaten angesetzt, dh, bei Gewährung einer Gratifikation im Dezember ist eine Rückzahlungspflicht bis zum 31.3. des folgenden Jahres zulässig. Unzulässig wäre etwa eine Frist bis zum 31.12. dieses folgenden Jahres. Eine entsprechende Vertragsklausel wäre indessen nicht vollständig nichtig, sondern kann mit der geltungserhaltenden Reduktion auf eine zulässige Frist zurückgeführt werden. Dies gilt allerdings nur für individuell vereinbarte Klauseln. AGB-Klauseln unterliegen dagegen dem generellen Verbot der geltungserhaltenden Reduktion.[146]

Mit der Lektüre der folgenden Übersicht 17 wollen wir diesen Exkurs in die Rechtstheorie beenden und uns wieder dem Recht der Willenserklärungen zuwenden.

---

144 § 224 StGB lautet:
(1) Wer die Körperverletzung
1. durch Beibringung von Gift oder anderen gesundheitsschädlichen Stoffen,
2. mittels einer Waffe oder eines anderen gefährlichen Werkzeugs,
3. mittels eines hinterlistigen Überfalls,
4. mit einem anderen Beteiligten gemeinschaftlich oder
5. mittels einer das Leben gefährdenden Behandlung
begeht, wird mit Freiheitsstrafe von sechs Monaten bis zu zehn Jahren, in minder schweren Fällen mit Freiheitsstrafe von drei Monaten bis zu fünf Jahren bestraft.
(2) Der Versuch ist strafbar.

145 Vgl. *Creifelds* RechtWB »Auslegung (Interpretation)« 1c.

146 Palandt/*Grüneberg* § 306 Rn. 6; vgl. dazu *Wörlen/Schindler* ZivilR Fall 17 Rn. 407.

176 **Übersicht 17**

Exkurs: Methoden der Rechtswissenschaft

I. Auslegung von Gesetzen

»Auslegung« = Interpretation von mehrdeutigen Begriffen oder Formulierungen.
Zur Auslegung von Gesetzen gibt es vier Methoden:

Grammatische (wörtliche) Auslegung	**Systematische Auslegung**	**Historische Auslegung**	**Teleologische Auslegung**
Der Inhalt einer Norm wird aus der sprachlichen Fassung gedeutet.	Deutung der Norm anhand ihrer systematischen Stellung im Gesetz. Vergleich mit vor- und nachstehenden Vorschriften.	Inhalt eines nicht ganz eindeutigen Begriffs wird mithilfe der Entstehungsgeschichte des Gesetzes unter Berücksichtigung der Gesetzesbegründungen interpretiert.	Ermittlung von Sinn und Zweck, den der Gesetzgeber mit der Norm verfolgte.
Beispiele: »**Muss**« = zwingendes Gebot Bei Verstoß: Nichtigkeit »**Soll**« = Gebot, aber nicht zwingend Bei Verstoß: keine Nichtigkeit »**Kann**« = Zulässigkeit, Erlaubnis Bei Verstoß: keine Nichtigkeit § 919 I: Das »verrückt … gewordene Grenzzeichen« ist nicht »wahnsinnig geworden«, sondern »verschoben worden«!	**Beispiel**: Wirklicher Wille« in § 133 bedeutet nicht »innerer Wille«, sondern äußerer, objektiver Wille; andernfalls wäre § 119 I überflüssig!	**Beispiel**: Ausdrückliche Regelung für Rückzahlung des Kaufpreises bei Rücktritt vom Kaufvertrag fehlt in § 346. Dies ergibt sich aus den Gesetzesmaterialien.	**Beispiel**: § 833 – Bienen sind zwar »Tiere« iSv S. 1, aber keine »Haustiere« iSv S. 2 dieser Vorschrift. Sinn und Zweck von § 833 S. 2 ist es, dass der Tierhalter eines Haustieres sich von der Haftung für Schäden, die dieses verursacht hat, entlasten kann, wenn er es sorgfältig beaufsichtigt hat. Frei herumfliegende Bienen können jedoch nicht beaufsichtigt werden.

Übersicht 17 (Fortsetzung)

II. Analogie

Gesetzesanalogie

= Entsprechende (analoge) Anwendung einer Rechtsnorm auf einen vom Gesetz nicht geregelten Tatbestand, der dem dort geregelten Tatbestand ähnlich ist

Beispiel:
§ 12 (Schutz des Namens natürlicher Personen) gilt analog auch für juristische Personen.

Rechtsanalogie

= Entsprechende Anwendung eines aus mehreren Vorschriften hergeleiteten Rechtsgedankens auf einen ähnlichen, gesetzlich nicht geregelten Fall

Beispiel:
§§ 1004, 12, 862 gelten analog bei drohender Verletzung eines – nicht in diesen Vorschriften genannten – absoluten Rechts (zB des allgemeinen Persönlichkeitsrechts).

III. Teleologische und geltungserhaltende Reduktion

Teleologische Reduktion

schränkt den Anwendungsbereich einer Norm gegenüber dem Wortlaut ein.

Geltungserhaltende Reduktion

führt eine ungültige Norm auf ihren zulässigen Kern zurück und lässt die Norm insoweit wirksam sein.

c) Empfangsbedürftige und nicht empfangsbedürftige Willenserklärungen

177 Ausgangspunkt für unseren Exkurs war die Auslegung von Willenserklärungen nach § 133. Zweck der Auslegung ist es, den nach objektiven Maßstäben zu beurteilenden wirklichen Willen des Erklärenden zu erforschen, um den Inhalt einer (scheinbar) mehrdeutigen Willenserklärung zu ermitteln. Hat man dies getan, oder ist der Inhalt einer Willenserklärung von vornherein eindeutig gewesen, so kann dennoch zweifelhaft sein, ob die Willenserklärung auch wirksam, dh vor allem: für den Erklärenden und/oder den Erklärungsempfänger bindend ist. Ob und wann dies der Fall ist, hängt unter anderem davon ab, ob es sich um eine empfangsbedürftige oder eine nicht empfangsbedürftige Willenserklärung handelt.

Empfangsbedürftige Willenserklärungen sind solche, die an eine andere Person, den Erklärungsempfänger, gerichtet sein müssen, damit sie wirksam werden können. Empfangsbedürftige Willenserklärungen sind, mit anderen Worten, Willenserklärungen, die »einem anderen gegenüber abzugeben« sind, wie der Gesetzgeber es in § 130 I 1 formuliert, den Sie jetzt lesen sollen. Nicht empfangsbedürftige Willenserklärungen sind dementsprechend solche, die nicht an eine andere Person gerichtet sein müssen.

Typische Beispiele für empfangsbedürftige Willenserklärungen sind das Angebot zu einem Vertragsschluss und dessen Annahme. Beispiel für eine nicht empfangsbedürftige Willenserklärung ist das Testament. Derjenige, der ein Testament aufsetzt (= Erblasser), hat keine Pflicht, die von ihm Bedachten schon zu seinen Lebzeiten darüber zu informieren. Das Testament wird wirksam, wenn es in rechtsgültiger Form errichtet wurde, ohne dass der dort niedergelegte (erklärte) Wille gegenüber einer anderen Person geäußert wird. Weitere Beispiele für nicht empfangsbedürftige Willenserklärungen: §§ 657, 959. Die nicht empfangsbedürftige Willenserklärung ist demnach wirksam zu dem Zeitpunkt, in dem sie **abgegeben** wird.

■ Wenn Sie § 130 I 1 eben aufmerksam gelesen haben (wenn nicht, lesen Sie ihn nochmals), konnten Sie feststellen, dass dort für empfangsbedürftige Willenserklärungen ein weiteres Wirksamkeitserfordernis enthalten ist. Welches?

▶ Sie muss dem Erklärungsempfänger **zugegangen** sein!

d) Abgabe und Zugang von empfangsbedürftigen Willenserklärungen

178 Für das Wirksamwerden einer empfangsbedürftigen Willenserklärung müssen gem. § 130 I 1 also zwei Voraussetzungen erfüllt sein:

Zum einen die Abgabe und zum anderen der Zugang.

Lernhinweis: Unterstreichen Sie in § 130 I 1 die Worte »abgegeben« und »zugeht«!

Rechtlich bedeutsam wird eine Willenserklärung zunächst mit ihrer Abgabe. Wenn jemand nur die Absicht hat, einen Kaufvertrag zu schließen, dies aber noch nicht geäußert hat, liegt selbstverständlich noch keine Willenserklärung vor, da es an der Kundgebung seines Willens fehlt. Absichten und Pläne sind, juristisch gesehen, ohne Bedeutung. An der rechtswirksamen Abgabe einer Willenserklärung kann es auch fehlen, wenn diese Willenserklärung tatsächlich schon existiert, zB, wenn jemand einen Bestellschein ausfüllt und unterschreibt, diesen aber noch nicht absendet, sondern liegen lässt. Wird dieser Bestellschein versehentlich durch einen Dritten, etwa die Putzfrau, abgesandt, so hat der Erklärende diese Willenserklärung tatsächlich nicht abgegeben. Es handelt sich um eine »abhanden gekommene Willenserklärung«. Nach dem sog. »Vertrauensschutzprinzip« ist diese Willenserklärung ihm nicht zuzurechnen, da er ihre Kundgabe nicht veranlasst hat.

Dieses Prinzip darf natürlich nicht überdehnt werden. So liegt selbstverständlich eine Abgabe vor, wenn der Erklärende einen Brief mit seiner Willenserklärung selbst in den Briefkasten wirft. Er kann sich später nicht spitzfindig darauf berufen (schon vorgekommen!), die Erklärung sei noch nicht abgegeben, da er noch die Möglichkeit gehabt habe, sich den Brief bei Leerung des Kastens durch die Post zurückgeben zu lassen!

Merke: Unter **Abgabe** einer Willenserklärung versteht man die willentliche Entäußerung einer Erklärung in den Rechtsverkehr. Sie ist erfolgt, wenn der Erklärende von sich aus alles unternommen hat, damit die Erklärung erkennbar nach außen dringen kann.

Lesen Sie hierzu das nächste Fallbeispiel:

Übungsfall 10 179

Der Kaufmann C. U. Later (V) in Köln beauftragt seinen Lehrling B. Havior (B), zwei Geschäftsbriefe zur Post zu bringen. Vom Fenster ruft er dem B nach, er solle nur den Stadtbrief einwerfen, den Brief nach Münster solle er wieder mitbringen. B versteht den V falsch und wirft den Brief nach Münster ein. Als V den Irrtum entdeckt, widerruft er sogleich per Telefax das in dem Brief enthaltene Verkaufsangebot über 12 Flaschen Wein an Herrn Al. E. Gator (K). Das Telefax kommt jedoch bei diesem (K) später an als das Angebot.

K verlangt von V Lieferung des Weins. Zu Recht?

- ■ Aus welcher Vorschrift ein Anspruch des K gegen V auf Lieferung des Weins folgen könnte, müssten Sie eigentlich beantworten können, da wir diese Vorschrift aus dem ›Besonderen Schuldrecht‹ schon mehrfach angesprochen haben?
- ▶ § 433 I 1 – lesen!

§ 433 I 1 ist in unserem Fall die mögliche Anspruchsgrundlage für K.

- ■ Welche Voraussetzung muss zunächst erfüllt sein, damit dieser Anspruch gegeben ist?
- ▶ Zwischen K und V muss ein wirksamer Kaufvertrag iSd § 433 zustande gekommen sein!
- ■ Was ist wiederum Voraussetzung für einen wirksamen Kaufvertrag?
- ▶ Ein wirksames Angebot und dessen Annahme.
- ■ Wer hat in unserem Fall ein solches Angebot gemacht?
- ▶ Der V: in dem Brief an K befand sich ein Verkaufsangebot über 12 Flaschen Wein. Dieses Angebot ist dem K offensichtlich auch zugegangen. Der fehlende Zugang des Angebots bei K kann der Wirksamkeit dieser Willenserklärung des V somit nicht entgegenstehen.
- ■ Um welche Art von Willenserklärungen handelt es sich bei einem Vertragsangebot?
- ▶ Um eine empfangsbedürftige Willenserklärung!
- ■ Was ist zur Wirksamkeit einer empfangsbedürftigen Willenserklärung außer dem Zugang noch erforderlich?

- ▶ Ihre wirksame Abgabe! Die wirksame Abgabe einer Willenserklärung liegt trotz Zugangs beim Empfänger, wie Sie gelernt haben, nicht vor, wenn es sich um eine abhanden gekommene Willenserklärung handelt.

180 Abhanden gekommene Willenserklärungen sind solche, die ohne Veranlassung des Erklärenden nach außen, insbesondere an den Empfänger gelangen.

- ■ Hat V veranlasst, dass das Angebot an den K gelangt ist?
- ▶ Man könnte meinen, dass dies nicht so ist, da V seinem Lehrling ausdrücklich zugerufen hat, den Brief nach Münster nicht einzustecken.

181 Dabei ist jedoch zu berücksichtigen, dass der Lehrling B als Bote eingeschaltet wurde. Wird ein Bote zur Übermittlung einer Willenserklärung eingeschaltet, ist die Willenserklärung grundsätzlich abgegeben, wenn sie dem Boten mit dem Auftrag, sie zu überbringen, übergeben und der Bote abgesandt worden ist. Erst dann bestehen keine Zweifel mehr an der Endgültigkeit des Willens des Erklärenden. Abgesandt ist ein Bote, wenn er sich zur Ausführung des Auftrags aus den Geschäftsräumen seines Geschäftsherrn entfernt hat. Maßgeblich ist der Zeitpunkt, zu dem der Geschäftsherr erkennbar zum Ausdruck gebracht hat, dass er sich endgültig entschieden hat. Solange sich der Bote und damit die ihm übergebene Willenserklärung noch im eigenen Bereich – im sog. »Herrschaftsbereich« – des Erklärenden befinden, kann dieser sich noch anders entscheiden. Solange sich der Bote noch im räumlichen Herrschaftsbereich des Geschäftsherrn befindet, ist dessen Willenserklärung noch nicht nach außen gedrungen und nicht abgegeben.

- ■ Wie sieht das in unserem Fall aus?
- ▶ Da B sich mit dem Willen des V außerhalb der Geschäftsräume auf dem Weg zur Post befand, war die Willenserklärung zu diesem Zeitpunkt tatsächlich bereits abgegeben. Daran kann auch die durch das Fenster gerufene Mitteilung des V, B solle den Brief nach Münster nicht absenden, nichts ändern; das Risiko, dass B den V falsch verstanden hat, liegt allein bei V.
- ■ Erscheint Ihnen das »gerecht« oder nicht? (Meistens lautet die spontane Antwort: »Nein«!)
- ▶ Wem das nicht richtig oder gerecht erscheint, der möge sich vorstellen, dass V selbst versehentlich den Brief nach Münster statt den nach Köln in den Briefkasten gesteckt hätte ... Somit ist die Abgabe des Verkaufsangebots hier erfolgt.

182
- ■ Konnte durch den Widerruf des V die Abgabe verhindert bzw. wieder rückgängig gemacht werden?
- ▶ Nein! Der Widerruf einer Willenserklärung kann deren Wirksamwerden nur dadurch verhindern, dass er ihr zweites Wirksamkeitserfordernis, den Zugang, verhindert.
- ■ Wann ist dies der Fall? Welche Vorschrift ist maßgebend?
- ▶ § 130, und zwar Abs. 1 S. 2 – lesen!

Danach wird die Willenserklärung nur dann nicht wirksam, wenn dem Empfänger ein Widerruf vorher oder gleichzeitig zugeht.

- ■ Ist diese Voraussetzung in unserem Fall erfüllt?
- ▶ Das Telefax des V, das den Widerruf enthielt, ging dem K erst nach dem Angebot des V zu! Somit war das Angebot des V wirksam und V war daran gebunden.
- ■ Aus welcher Vorschrift ergibt sich die Bindung an ein Angebot?

- ▶ Aus § 145 – lesen!
  K konnte deshalb dieses Angebot annehmen. Dies hat er – und zwar konkludent (= durch schlüssiges Verhalten) – getan.
- ■ Worin ist die konkludente Annahme durch K zu sehen?
- ▶ In dem Lieferungsverlangen!
- ■ Wie lautet das Endergebnis unseres Falls?
- ▶ Zwischen K und V ist ein Kaufvertrag über 12 Flaschen Wein zustande gekommen, sodass K gem. § 433 I 1 einen Anspruch auf Lieferung des Weins hat und diese zu Recht verlangt!

Die empfangsbedürftige Willenserklärung bedarf zur Wirksamkeit außer der Abgabe gem. § 130 I 1 (nochmals lesen!), wie gesagt, noch des Zugangs. Dass in § 130 nur die Willenserklärung unter Abwesenden erwähnt wird, bedeutet übrigens nicht, dass bei einer Willenserklärung unter Anwesenden kein Zugang erforderlich ist! **183**

- ■ Warum wurde das im Gesetz wohl nicht erwähnt?
- ▶ Weil der Zugang einer Willenserklärung unter Anwesenden normalerweise keine Probleme macht: Um den Zugang zu verhindern, müsste sich der anwesende Erklärungsempfänger schon die Ohren oder Augen zuhalten ... Unter Anwesenden ist eine Willenserklärung zugegangen, wenn sie vom Empfänger wahrgenommen oder verstanden werden konnte. Eine mündliche Willenserklärung hat selbstverständlich keine Wirksamkeit zB gegenüber Taubstummen und auch nicht gegenüber sprachunkundigen Ausländern. Handelt es sich aber um einen »normalen« anwesenden Erklärungsempfänger, so ist es regelmäßig sein Risiko, dass er die Willenserklärung auch richtig versteht. Gegebenenfalls kann er ja rückfragen! Er kann sich jedenfalls später nicht darauf berufen, dass er die Willenserklärung wegen eines Hörfehlers oder dergleichen nicht richtig verstanden habe.
- ■ Zwischenfrage: Ist eine Willenserklärung am Telefon eine Willenserklärung unter Anwesenden oder Abwesenden? **184**
- ▶ Eine Willenserklärung unter Anwesenden!

Das wird bisweilen, obwohl es aus dem Gesetz ganz klar hervorgeht, noch von fortgeschrittenen Juristen missverstanden. Lesen Sie hierzu § 147 I 1 und 2: Das Gesetz bestimmt in § 147 I 2 ausdrücklich, dass die Fernsprechpartner den Anwesenden gleichgestellt sind (Fiktion! = erkennbar am Wort »gilt« = Anwesenheit des Telefonpartners wird fingiert!).

Was bedeutet »Zugang« iSv § 130? Da das Gesetz den Begriff des Zugangs nicht näher definiert, muss dieser Begriff ausgelegt werden. Obwohl wir inzwischen alle Methoden der Gesetzesauslegung perfekt beherrschen, wollen wir uns mit der Auslegung nicht aufhalten; dies wurde uns schon von Rechtsprechung und Lehre abgenommen. Nach hM liegt Zugang vor, wenn die Erklärung so in den Machtbereich des Empfängers gelangt ist, dass unter normalen Umständen damit zu rechnen ist, er könne davon Kenntnis nehmen[147] (sog. »Empfangstheorie«). Abzustellen ist nicht auf die tatsächliche Kenntnisnahme durch den Empfänger (oder seinen Beauftragten), sondern auf die vom Absender zu veranlassende abstrakte Möglichkeit der Kenntnisnahme, wie sie unter normalen Umständen gegeben ist und mit deren Vorliegen der Empfänger rechnen konnte. **185**

147 Vgl. BGHZ 67, 271 (275) = NJW 1977, 194 sowie MüKoBGB/*Einsele* § 130 Rn. 16.

■ Die Überlegungen, die zu diesem Ergebnis der Auslegung des Zugangsbegriffs geführt haben, sind einleuchtend; was würde zB passieren können, wenn der »Zugang« nur die tatsächliche Kenntnisnahme voraussetzen würde?

▶ Der Empfänger hätte es in der Hand, durch bloße Nichtkenntnisnahme das Wirksamwerden der Willenserklärung zu verhindern.

■ Und was wäre, wenn man für den Zugang nur das tatsächliche Ankommen der Willenserklärung im Machtbereich des Empfängers ausreichen lassen würde?

▶ Dann hätte der Erklärende die Möglichkeit, dem Empfänger eine Willenserklärung zukommen zu lassen, ohne dass dieser unter normalen Umständen davon Kenntnis nehmen kann. Die hM berücksichtigt mit der Empfangstheorie zum Zugang der Willenserklärung unter Abwesenden gleichermaßen die Interessen des Erklärenden und des Erklärungsempfängers. Praktisch bedeutsam wird diese Theorie insbesondere, wenn es um das Wirksamwerden einer schriftlichen Willenserklärung unter Abwesenden geht, die meist durch Zusendung eines Briefs vorgenommen wird.

Merke: Zugegangen ist eine empfangsbedürftige Willenserklärung **unter Abwesenden** nach § 130 I 1 dann, wenn sie
- in den Herrschaftsbereich des Empfängers gelangt ist
  und
- dieser unter normalen Umständen die Möglichkeit hat, von ihrem Inhalt Kenntnis zu nehmen.

Eine tatsächliche Kenntnisnahme ist nicht erforderlich.

Zugegangen ist eine empfangsbedürftige Willenserklärung **unter Anwesenden** dann, wenn
- die mündliche Willenserklärung akustisch richtig vernommen wurde (inhaltliches Verstehen ist nicht erforderlich)

oder
- bei einer verkörperten Willenserklärung (zB Brief, elektronischer oder optischer Datenträger) die Möglichkeit zur Kenntnisnahme gegeben ist (analog § 130 I 1); idR genügt die bloße Übergabe.

Achtung! Nach § 151 kann das Zugangserfordernis bei der Annahme entfallen (→ Rn. 328).

186 ■ Zwischendurch eine nicht ganz einfache Verständnisfrage:
Bei schriftlichen Willenserklärungen spricht man ebenso wie zB bei Datenträgern von »verkörperten Willenserklärungen«. Möglich ist durchaus, dass der Erklärende, ohne eine verkörperte Willenserklärung mündlich zu äußern, das Schriftstück oder den Datenträger selbst beim Empfänger abgibt, sodass es sich eigentlich um eine Willenserklärung unter Anwesenden handelt. Die Frage dazu ist: Wovon hängt das Wirksamwerden dieser Willenserklärung unter Anwesenden ab, die von § 130 nicht direkt angesprochen wird?

▶ Ebenfalls von ihrem Zugang! § 130 I wird analog angewendet!

■ Warum?

▶ Der Fall ist im Gesetz nicht ausdrücklich geregelt, aber einem im Gesetz geregelten Fall sehr ähnlich. Und das ist, wie Sie erfahren haben, ein typischer Fall für die Gesetzesanalogie.

■ Zu welchem Zeitpunkt erfolgt, wenn der Erklärende dem Empfänger den Brief oder den Datenträger mit einer Willenserklärung selbst übergibt, wohl der Zugang?

▶ Zum Zeitpunkt der Übergabe; von diesem Zeitpunkt an ist die Willenserklärung im Machtbereich des Empfängers und er hat auch die Möglichkeit der Kenntnisnahme.

Auf den **Vertragsschluss im Internet** (→ Rn. 329) sind die gesetzlichen Regelungen über **Erklärungen unter Abwesenden** anzuwenden, insbesondere § 130 I 1. Danach wird eine Willenserklärung, die einem anderen gegenüber abzugeben ist und die in dessen Abwesenheit abgegeben wird, in dem Zeitpunkt wirksam, in dem sie ihm abrufbar zugeht. **187**

Dass die Diskussion um den Zugang als Wirksamkeitsvoraussetzung einer Willenserklärung wiederum nicht nur theoretische oder akademische Bedeutung hat, zeigt sich vor allem, wenn man berücksichtigt, welche wichtigen Folgen eine wirksame Willenserklärung haben kann: **188**

(1) Gemäß § 145 ist der Erklärende an seine Willenserklärung (hier das Vertragsangebot) gebunden, sofern er die Gebundenheit nicht ausdrücklich ausgeschlossen hat (§ 145 nochmals lesen).

Lernhinweis: Unterstreichen Sie sich in § 145 die Worte »Gebundenheit ausgeschlossen« und notieren Sie sich am Rand »§ 130 I 2«.

Aus letztgenannter Vorschrift hatten wir entnommen, dass ein Widerruf möglich ist, und wenn er rechtzeitig erfolgt, schließt er die Bindung des Erklärenden an die Willenserklärung aus.

(2) Mit dem wirksamen Zugang der Willenserklärung geht das Risiko, dass die Willenserklärung noch verloren geht (zB Verlust des Briefs, obwohl er nachweisbar in den Briefkasten des Empfängers geworfen wurde), auf den Empfänger über. Der Empfänger muss in diesem Fall die Willenserklärung, zB eine Kündigung, gegen sich gelten lassen.

(3) Muss eine Willenserklärung innerhalb einer bestimmten Frist erfolgen, wie das gerade bei Kündigungen häufig der Fall ist, entscheidet der Zugang darüber, ob die Frist eingehalten ist.

Das Problem des Zugangs von Willenserklärungen soll abschließend noch folgender Fall verdeutlichen: **189**

Übungsfall 11

Kaufmann C. U. Later (K) handelt nicht nur mit Wein, er ist auch ein leidenschaftlicher Sammler antiker Möbel. Al. E. Gator (V), seinerseits Antiquitätenhändler, weiß dies und teilt dem K »unverbindlich« mit, er habe einen seltenen englischen Schreibsekretär zu 3.000 EUR in seinem Laden in Münster stehen. Obwohl K unlängst bei dem Weinverkauf an V dessen hartes Geschäftsgebaren zu spüren bekam, trägt er sich mit dem Gedanken, erneut mit V zu verhandeln, da er 3.000 EUR für einen besonders günstigen Preis hält. Am Samstagmorgen teilt er dem V brieflich mit, er wolle den Sekretär kaufen und wirft den Brief noch am selben Vormittag anlässlich eines Besuchs in Münster in den Geschäftsbriefkasten des V. Als er abends im Bekanntenkreis von seinem »tollen Fang« berichtet, meint seine Freundin, Miss B. Havior (Schwester des Lehrlings …), Expertin in antiken englischen Möbeln, der Preis sei viel zu hoch.

Daraufhin verfasst K eine Widerrufserklärung und steckt diese am Sonntagmorgen um 10.00 Uhr in den Briefkasten an der Tür von V's Privatvilla. Dort fiel der Brief auf den Boden im Flur und wurde nie mehr gesehen … V, der davon deshalb nichts weiß, liest am Montagmorgen das Angebot des K, nimmt es an und verlangt von K Abnahme und Bezahlung des Sekretärs. K meint, V könne ihn nicht – schon wieder – »festnageln« und weigert sich zu zahlen. V droht mit gerichtlichen Schritten.

Wird eine Klage des V gegen K auf Erfüllung des Kaufvertrags Erfolg haben?

■ Welche spontane Antwort gibt Ihnen Ihr Rechtsgefühl? (Überlegen Sie und notieren Sie sich Ihre Antwort, um sie dann mit den folgenden Ausführungen zu vergleichen.)

▶ Eine Klage des V wird Erfolg haben, wenn V gegen K einen Anspruch auf Erfüllung des Kaufvertrags hat.

■ Welche Anspruchsgrundlage kommt in Betracht? Was verlangt V?

▶ Bezahlung des Kaufpreises gem. § 433 II sowie Abnahme der Kaufsache.

■ Was müssen wir wieder prüfen, um festzustellen, ob V diesen Anspruch geltend machen kann?

▶ Ob zwischen V und K ein wirksamer Kaufvertrag zustande gekommen ist.

■ Welche Voraussetzungen müssen dafür erfüllt sein?

▶ Wirksames Angebot und dessen Annahme!

190 ■ Worin könnte das Angebot liegen?

▶ Nicht in der »unverbindlichen« Mitteilung des V, dass er einen wertvollen Sekretär in seinem Laden habe!

■ Wie ist diese Mitteilung vielmehr rechtlich zu qualifizieren?

▶ Als »invitatio ad offerendum«, da – obwohl direkt an K gerichtet – aus dieser Mitteilung des V noch kein konkreter Rechtsbindungswille ersichtlich ist!

■ Worin also liegt ein Angebot?

▶ In dem Schreiben des K, welches er am Samstagmorgen in den Geschäftsbriefkasten des V warf.

■ Was ist Voraussetzung, damit dieses Angebot wirksam wird?

▶ Abgabe und Zugang des Angebots!

Die Abgabe erfolgte dadurch, dass K den Brief bei V eingeworfen hat.

Fraglich könnte aber sein, ob die Willenserklärung dem V wirksam zugegangen ist!

191 Da K und V weder persönlich noch telefonisch Kontakt aufnahmen, handelt es sich bei dem Angebot des K um eine Willenserklärung unter Abwesenden. Für deren Wirksamwerden gilt wiederum § 130 I, dh, das Angebot müsste dem V zugegangen sein.

■ Wann ist eine Willenserklärung unter Abwesenden dem Empfänger nach hM zugegangen?

▶ Nach der Empfangstheorie ist eine Willenserklärung zugegangen, wenn sie dem Empfänger in der Art nahe gebracht worden ist, dass er unter normalen Umständen von ihr Kenntnis nehmen konnte, und die Kenntnisnahme nach den von ihm getroffenen zumutbaren Vorkehrungen oder nach den Gepflogenheiten des Verkehrs auch erwartet werden konnte.

■ Wann wird dies bei einer Willenserklärung, die den Empfänger in seinen Geschäftsräumen erreicht, in der Regel der Fall sein?

▶ Wenn der Empfänger unter normalen Umständen dort verweilt und mit dem Empfang solcher Willenserklärungen rechnen muss; also während der täglichen üblichen Arbeitszeit. Im Regelfall ist dies (außer bei Studierenden und Dozenten sowie wenigen anderen Berufen) weder der Samstag noch der Sonntag!

■ Zu welchem Zeitpunkt könnte das Angebot des K dem V zugegangen und somit wirksam geworden sein?

▶ Am Montagmorgen!

■ Was könnte der Wirksamkeit aber entgegenstehen?

▶ Die Widerrufserklärung des K.

- Was ist gem. § 130 I 2 Voraussetzung, damit ein Widerruf eine abgegebene Willenserklärung rückgängig machen kann?
- ▶ Der vorherige oder gleichzeitige Zugang des Widerrufs!

Zu prüfen ist, ob der von K am Sonntagmorgen in den Privatbriefkasten des V eingeworfene Widerrufsbrief dem V zu diesem Zeitpunkt auch zugegangen ist.

- Was meinen Sie? (Erst überlegen, dann weiterlesen!)
- ▶ Durch den Einwurf in den Briefschlitz an der Haustür des V gelangte der Brief in den privaten Herrschaftsbereich des V, sodass dieser grundsätzlich die Möglichkeit zur Kenntnisnahme hatte. Fraglich könnte sein, ob die Kenntnisnahme nach den Gepflogenheiten des Verkehrs objektiv auch erwartet werden konnte. Dies muss man angesichts der Tatsache, dass es für eine längerfristige Abwesenheit des V keine Anzeichen gab, bejahen. Da V auf das Angebot des K wartete, hätte er Vorkehrungen treffen müssen, aus denen K auf seine Abwesenheit hätte schließen können. Unerheblich ist, dass und auf welche Weise der vom K eingeworfene Brief verschwand;[148] denn dies fällt allein in die Risikosphäre des V, in dessen Herrschaftsbereich der Brief sich bereits befand. Somit ist der Widerruf dem V zugegangen, und zwar vor dem Angebot des K, sodass das Angebot gem. § 130 I 2 nicht wirksam war. Ein Kaufvertrag zwischen V und K kam nicht zustande. 192
- Was ist das Endergebnis dieses Falls?
- ▶ K weigert sich zu Recht, den Sekretär abzunehmen und zu bezahlen. V hat keinen Anspruch auf Abnahme und Bezahlung des Sekretärs gegen K.

Anhand der beiden letzten Fälle haben Sie sicher gemerkt, wie wichtig es sein kann, genau zwischen Abgabe und Zugang von Willenserklärungen zu unterscheiden.

Klausurtipp: In einer Klausur darf man dazu nur Stellung nehmen, wenn der Sachverhalt an der Wirksamkeit von Abgabe oder Zugang Zweifel lässt.

Das Wichtigste hierzu ist auf der folgenden Übersicht 18 zusammengefasst:

148 Dass der Brief von K eingeworfen wurde und dann verschwunden ist, ist eine Tatsache, die Sie als bewiesen hinnehmen müssen und keineswegs in Zweifel ziehen dürfen – auch wenn das noch so unwahrscheinlich klingen mag! Vielleicht hatte V einen Hund, der den Brief aufgefressen hat?

193 **Übersicht 18**

Recht der Willenserklärungen

Abgabe und Zugang von Willenserklärungen

Jede Willenserklärung (WE) bedarf zu ihrer Wirksamkeit der

Abgabe.

Diese ist vollzogen, wenn der Erklärende von sich aus alles unternommen hat, damit die WE nach außen dringen konnte. Keine Abgabe, falls »abhanden gekommene« WE (= WE, die ohne Veranlassung des Erklärenden nach außen gelangt).

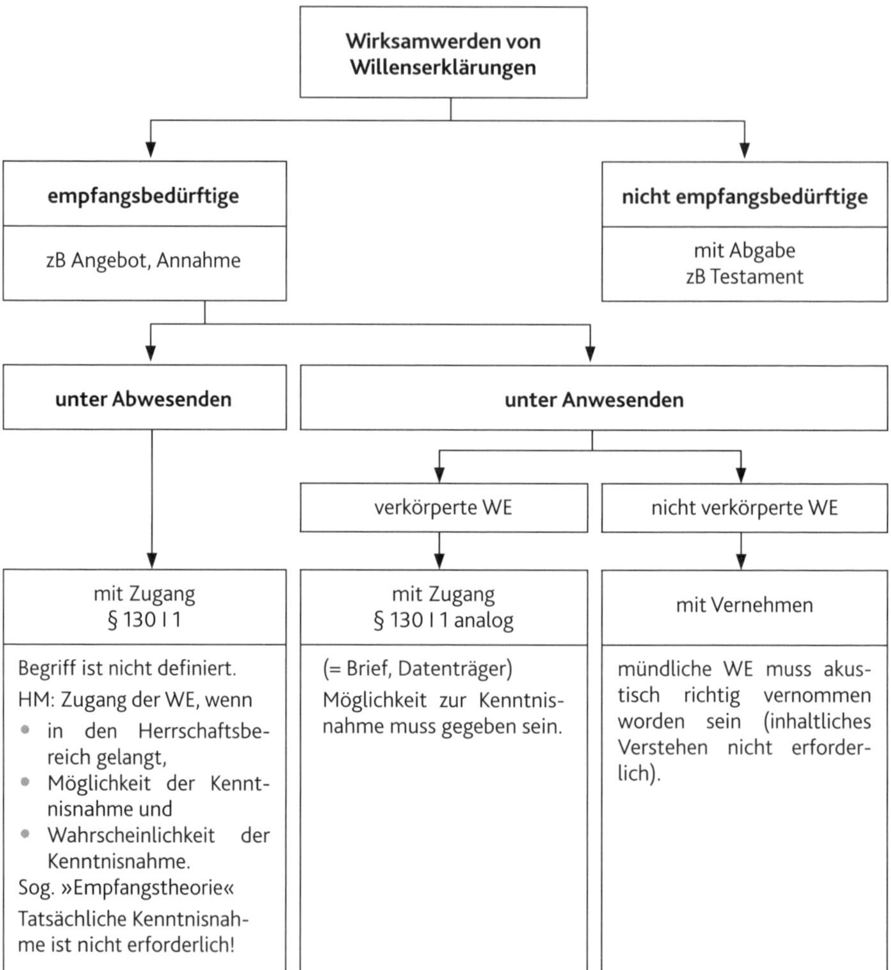

- Damit ist gleichzeitig der Zeitpunkt des Zugangs bestimmt. WE wird trotz Zugangs nicht wirksam, wenn vorher oder gleichzeitig Widerrufserklärung zugeht (§ 130 I 2).
- Kommt WE nach Zugang abhanden, trägt Empfänger Verlustrisiko.
- Wichtige Bedeutung des Zugangs: Sofern eine WE innerhalb einer bestimmten Frist erfolgen muss, entscheidet Zugang über Einhaltung der Frist (zB Kündigung).
- Zugangshindernisse: Sie sind von dem zu vertreten, in dessen Risikobereich sie liegen.

Möglicherweise haben Sie gemerkt, dass wir die letzten beiden Übungsfälle, wenn auch im Frage- und Antwort-Verfahren, gutachtenähnlich gelöst haben, indem wir Schritt für Schritt den Sachverhalt unter die rechtlichen Voraussetzungen (= Vorschriften und dazu entwickelte Rechtstheorien – zB § 130: Zugang/Empfangstheorie) untergeordnet (subsumiert) haben. 194

Sie werden hoffentlich bald merken, dass Ihnen das immer leichter fällt, je öfter Sie solche Gutachten hören, lesen oder selbst erarbeiten. Wir wollen deshalb, bevor wir uns unserem nächsten Thema, dem Anfechtungsrecht, zuwenden, in einem weiteren Exkurs mit der Fortsetzung der »Einführung in die Methodik der Fallbearbeitung« fortfahren, nachdem wir bereits den Unterschied zwischen »Gutachten und Urteil« kennengelernt haben. (Lesen Sie dazu noch einmal Übersicht 15 → Rn. 138!)

Literatur zur Vertiefung (→ Rn. 130–194): *Alpmann und Schmidt* BGB AT 1 2. Teil, 2. Abschn.; *Bitter/Röder* BGB AT § 5 Rn. 40 ff., § 7 Rn. 1 ff.; *Boemke/Schönfelder*, Wirksamwerden von Willenserklärungen gegenüber nicht voll Geschäftsfähigen (§ 131 BGB), JuS 2013, 7; *Brox/Walker* BGB AT §§ 4, 6, 7 und 9; *Conrad/Bisenius*, Besondere Konstellationen des Kaufvertragsschlusses – Schaufenster, Automaten, Online-Handel und Selbstbedienungsläden, JA 2011, 740; *Cordes*, Der Haakjöringsköd-Fall, JURA 1991, 352; *Führich* WirtschaftsPrivatR Rn. 109 ff.; *Greiner/Kalle*, Ungeklärte Fragen des Wirksamwerdens empfangsbedürftiger Willenserklärungen – im Grundsatz und bei Verwendung digitaler Kommunikationswege, JZ 2018, 535; *Hackenbroich*, Das Wirksamwerden von Willenserklärungen im System des Schutzes nicht voll Geschäftsfähiger, JURA 2019, 136; *Henke*, »Berühren verpflichtet zum Kauf« – ein Sonderfall des Vertragsschlusses im Selbstbedienungsladen, JA 2017, 339; *Hirsch* BGB AT §§ 3, 4; *Joussen*, Abgabe und Zugang von Willenserklärungen, JURA 2003, 577; *Köhler* BGB AT § 6; *Kötz*, Dispositives Recht und ergänzende Vertragsauslegung, JuS 2013, 289; *Kuhn*, Argumentation bei Analogie und teleologischer Reduktion in der zivilrechtlichen Klausurpraxis, JuS 2016, 104; *Leenen*, Willenserklärung und Rechtsgeschäft – Dogmatik und Methodik der Fallbearbeitung, JURA 2007, 721; *Leenen*, Willenserklärung und Rechtsgeschäft in der Regelungstechnik des BGB, FS Canaris 2007, 699; *Luther*, Die juristische Analogie, JURA 2013, 449; *Meyer*, Die abhandengekommene Willenserklärung, JuS 2017, 960; *Musielak/Hau* GK BGB Rn. 50 ff.; *Muthorst*, Auslegung: Eine Einführung, JA 2013, 721; *Noack/Uhlig*, Der Zugang von Willenserklärungen, JA 2012, 740; *Paulus*, Die Abgrenzung zwischen Rechtsgeschäft und Gefälligkeit am Beispiel der Tischreservierung, JuS 2015, 496; *Petersen*, Der Tatbestand der Willenserklärung, JURA 2006, 178; *Petersen*, Der Widerruf im Bürgerlichen Recht, JURA 2009, 276; *Petersen*, Die Anspruchsgrundlagen des Allgemeinen Teils, JURA 2002, 743; *Petersen*, Die Auslegung von Rechtsgeschäften, JURA 2004, 536; *Petersen*, Die Wirksamkeit der Willenserklärung, JURA 2006, 426; *Petersen*, Einseitige Rechtsgeschäfte, JURA 2005, 248; *Petersen*, Schweigen im Rechtsverkehr, JURA 2003, 687; *Petersen*, Verbraucher und Unternehmer, JURA 2007, 905; *Regenfus*, Die »doppelte Analogie« – Erscheinungsformen und Voraussetzungen, JA 2009, 579; *Schade/Graewe* WirtschaftsPrivatR § 5; *Schäfers*, Einführung in die Methodik der Gesetzesauslegung, JuS 2015, 875; *Schapp*, Einführung in das Bürgerliche Recht: Auslegung und Anwendung der Rechtssätze, JA 2002, 769; *Schimmel*, Zur Auslegung von Willenserklärungen, JA 1998, 979; *Schreiber*, Abgabe und Zugang von Willenserklärungen, JURA 2002, 249; *Schreiber*, Grundbegriffe des BGB – Allgemeiner Teil: Willenserklärung, Vertrag, Rechtsgeschäft, JURA 1999, 275; *Stadler* BGB AT §§ 17, 18; *Wank*, Die Auslegung von Gesetzen, 6. Aufl. 2015; *Weiler*, Der Zugang von Willenserklärungen, JuS 2005, 788; *Westermann* Grundbegriffe BGB Kap. 2, 3, 6; *Wieling*, Falsa demonstratio non nocet, JURA 1979, 524; *Wolf/Neuner* BGB AT §§ 30–35; *Würdinger*, Das Ziel der Gesetzesauslegung – ein juristischer Klassiker und Kernstreit der Methodenlehre, JuS 2016, 1.

Exkurs: Methodik der Fallbearbeitung II (Allgemeine Vorüberlegungen zum Gutachten)

195 Ziel eines juristischen Gutachtens ist es (→ Rn. 132), einen bestimmten, tatsächlichen oder erdachten Lebensvorgang, einen sog. Sachverhalt, rechtlich einzuordnen, zu beurteilen und seine rechtlichen Probleme zu erkennen sowie zu lösen. Solche Lebensvorgänge nennt der Jurist, wie Sie inzwischen wissen, auch »Fälle«. Fälle, so hatten wir festgestellt, sind nichts anderes, als erdachte oder tatsächlich vorgekommene Geschehnisse des täglichen Lebens. Kommt es in einem Fall zu Streitigkeiten, wird daraus ein Rechtsfall. Ein solcher Fall ist auch der folgende

Übungsfall 12

[1]Karl Kart (K) sieht auf dem Gelände des Gebrauchtwagenhändlers Volkmar Vorfahrt (V) einen VW-»Golf«, Baujahr 2011, ausgestellt, der mit »300 EUR« ausgezeichnet ist, was K ungeheuer günstig erscheint. [2]Er geht sofort zu V und sagt, er wolle den Wagen zum angegebenen Preis kaufen. [3]V ist erstaunt und erklärt, es handele sich um einen Schreibfehler. [4]Der Wagen koste in Wirklichkeit 3.000 EUR! [5]K bietet daraufhin 2.500 EUR; V will jedoch nur für 2.800 EUR verkaufen, was K sich aber erst überlegen will. [6]Zwei Tage später ruft er V an und erklärt, er sei mit 2.800 EUR einverstanden. [7]V erwidert jedoch, er habe es sich anders überlegt und verlange wieder 3.000 EUR. [8]K ist empört und verlangt den »Golf« für 2.800 EUR.

Zu Recht?

Anmerkung: Die Satzzählziffern dienen der im Folgenden unter → Rn. 201 besprochenen Falllösung.

Sie werden beim Lesen sicher gemerkt haben, dass dieser Fall nur rechtliche Probleme anspricht, die wir bereits behandelt haben. Das Lesen und Verstehen des Sachverhalts bilden die erste Stufe der methodischen Vorbereitung eines juristischen Fallgutachtens, die wir deshalb

Erfassen des Sachverhalts

196 nennen. Zum Erfassen des Sachverhalts gehört zuerst einmal das Verständnis des tatsächlichen Geschehens. Auch wenn der Sachverhalt beim ersten Lesen noch so einfach erscheint, so sollten Sie sich für jede Klausurbearbeitung zum Grundsatz machen, den Sachverhalt immer – mindestens – zweimal zu lesen, bevor Sie sich Gedanken darüber machen, was rechtlich erheblich sein könnte. Wenn man juristisch schon etwas vorgebildet ist, besteht beim Lesen des Sachverhalts häufig die Gefahr, dass man etwas hinzudichtet oder hineininterpretiert und so versucht ist, rechtlich etwas zu prüfen, das für die Lösung des Falls ohne Bedeutung bzw. falsch ist.

Dazu einige **Negativ-Beispiele** aus Klausuren:

197 (1) Wenn es wörtlich in einem Sachverhalt heißt, »A leiht sich am 27.10. von B ein Buch« und dieses Buch wird dann bei A durch eine Nachlässigkeit des A zerstört (usw), wäre es in einer Klausur überflüssig und deshalb falsch, zu prüfen, ob ein wirksamer Leihvertrag zustande gekommen ist und dann sein Wissen darüber auszubreiten, dass ein Vertrag durch Angebot und Annahme zustande kommt, dass Angebot und Annahme sich decken müssen, dass ein Angebot, wie überhaupt jede Willenserklärung, zur Wirksamkeit Abgabe und Zugang voraussetzt usw … Denn in diesem angedeuteten Fallbeispiel kann das

Wirksamwerden der Willenserklärung und das Zustandekommen des Leihvertrags kein Problem der Klausur sein! Das Problem liegt vielmehr bei der Frage, welche Folgen die Zerstörung des Buchs bei A für dessen aus dem Leihvertrag folgende Rückgabepflicht[149] hatte. An der Wirksamkeit des Leihvertrags lässt dieser Sachverhalt keine Zweifel!

(2) »Schlimm« wird es, wenn man bei einer Klausur gar den Sachverhalt »verbessert«! Dann ist derjenige, der den Sachverhalt zur Lösung gestellt hat, möglicherweise »beleidigt«. Der Geschehensablauf in einem Klausur-Sachverhalt ist in der Regel so formuliert und vereinfacht, dass nur ganz bestimmte rechtliche Fragen angesprochen und zu prüfen sind. Beispiel für einen Sachverhalt, der von einem besonders spitzfindigen Bearbeiter einmal »verbessert« wurde, ist Folgendes: Im Sachverhalt hieß es »K bestellt beim Porschehändler V im Januar einen Porsche Cayenne. Die Lieferung wird im Februar desselben Jahres vereinbart. V liefert aber erst im April. K musste sich deshalb einen Mietwagen nehmen usw …« **198**

Das rechtliche Problem, das angesprochen werden sollte, war die Frage, ob V mit der verspäteten Lieferung des Autos »in Verzug« gekommen war, wie der Jurist das nennt, und ob K eventuell Ersatz eines Verzugsschadens verlangen konnte. Ein Bearbeiter hatte sich vor der Lösung dieser Rechtsfrage etwa mit folgenden »lebensnahen« Ausführungen gedrückt: »Dass V erst im April lieferte, ist unerheblich! Da ein ›Porsche Cayenne‹ normalerweise Lieferfristen von einem Jahr und mehr hat, konnte K noch froh sein, sein Auto so früh zu erhalten.«

Wenn man eine solche Klausur selbst gestellt hat, dann möchte man bei der Korrektur am liebsten den Griffel hinlegen …! Wenn der Bearbeiter schon auf die normalen Lieferfristen von Porsche, die der Sachverhalt gar nicht erwähnt, zu sprechen kommt, hätte er zumindest merken müssen, dass die Vertragsfreiheit es den Parteien gestattet, frühere Lieferungen als sonst normalerweise üblich zu vereinbaren. Und wenn so etwas vertraglich vereinbart wird, muss der Verkäufer auch pünktlich liefern (»pacta sunt servanda«, zu Deutsch: »Verträge müssen eingehalten werden« = römischer Rechtsgrundsatz, der auch heute noch im Bürgerlichen Recht gilt[150]).

(3) Im Sachverhalt heißt es »A schickt dem B einen Brief«. Wenn weiter nichts dazu im Sachverhalt steht, dürfen Sie vom Normalfall ausgehen, dh davon, dass der Brief auch angekommen ist. Überflüssig und deswegen wiederum falsch wäre es zu schreiben: »Da der Sachverhalt nichts darüber aussagt, ob der Brief auch bei B angekommen ist, ist nicht sicher, ob der Brief dem B auch tatsächlich zugegangen ist. Nach der sog. Empfangstheorie liegt der Zugang einer Willenserklärung vor, wenn diese dergestalt in den Machtbereich des Empfängers gelangt ist, dass er die Möglichkeit der Kenntnisnahme hatte … usw.« **199**

Wenn der Verfasser dieser Worte dem Korrektor zeigt, dass er die Empfangstheorie über den Zugang von Willenserklärungen beherrscht, bringt das keine zusätzlichen Pluspunkte; diese Ausführungen haben mit der Lösung des konkreten Falls, den er leider miss- oder nicht verstanden hat, nichts zu tun.

149 Lesen Sie zur ersten Information § 604!
150 Vgl. *Liebs*, Lateinische Rechtsregeln und Rechtssprichwörter, 7. Aufl. 2007, P Nr. 3.

200 (4) Das letzte Beispiel für eine Überinterpretation des Sachverhalts, die dabei gleichzeitig mit dem Missverständnis des Gesetzestexts verbunden ist, stammt aus einer Strafrechtsübungsklausur für das erste juristische Staatsexamen:

Da ging es darum, dass jemand mit einem Nachschlüssel ein fremdes Schließfach auf dem Bahnhof öffnete und einen Koffer stahl. Der Bearbeiter der Klausur prüfte ernsthaft, ob der Dieb, der »mittels eines Nachschlüssels in das Schließfach eingedrungen war«, einen Hausfriedensbruch gem. § 123 StGB begangen habe! In § 123 StGB heißt es nämlich: »Wer in die Wohnung, in die Geschäftsräume oder in das befriedete Besitztum eines anderen oder in abgeschlossene Räume, welche zum öffentlichen Dienst oder Verkehr bestimmt sind, widerrechtlich eindringt, wird … (wegen Hausfriedensbruchs) … bestraft«.

Als Korrekturbemerkung stand dort am Rand: »Meinen Sie, der Dieb sei so klein, dass er wirklich in das Schließfach eindringen konnte?«

201 Fazit dieser Beispiele soll sein: Der Sachverhalt muss auf jeden Fall immer sehr genau gelesen werden, und zwar, wie gesagt, mindestens zweimal. Keinesfalls darf man ihn aber zu spitzfindig überinterpretieren oder sogar noch etwas hinzufügen. Beim zweiten Lesen empfiehlt sich übrigens, gleich einige Stichworte bzw. Rechtsbegriffe, die einem dazu einfallen, auf einem »Schmierzettel« zu notieren. Bei kompliziert erscheinenden Sachverhalten, vor allem, wenn mehrere Personen beteiligt oder viele Zeitangaben enthalten sind, kann es hilfreich sein, sich eine grafische Skizze anzufertigen und Zeitangaben auszusondern. Lesen Sie noch einmal Fall 12: Wenn Sie ihn beim ersten Mal aufmerksam gelesen haben, haben Sie vielleicht schon gemerkt, um welches rechtliche Problem es sich hauptsächlich handelt.

- ■ Worin sehen Sie in diesem Fall das Hauptproblem?
- ▶ In der Frage, in welcher Äußerung von K oder V ein Vertragsangebot und eine Annahme gelegen haben kann.

Wenn man dieses Problem erkannt hat, dann könnte man sich bei der zweiten Lesung auf seinem Konzeptblatt[151] etwa folgende Notizen machen, um den Sachverhalt zu komprimieren:

Sachverhalt	**Entwurf Konzeptblatt**
Erster Satz	Golf für 300 EUR = Angebot V oder »invitatio«?
Zweiter Satz	Annahme durch K?
Dritter und vierter Satz	3.000 EUR = Angebot V?
Fünfter Satz	2.500 EUR = Angebot K? 2.800 EUR = Angebot V?
Sechster Satz	Zwei Tage später Annahme K?
Siebter Satz	Ablehnung durch V, neues Angebot: 3.000 EUR?
Achter Satz	K verlangt Golf für 2.800 EUR/Frage: Angebot V 2.800 EUR verbindlich? = §§ 145 ff. prüfen!

151 Das sollte nicht mit der Klausur abgegeben werden!

Wenn wir das tatsächliche Geschehen auf diese Weise im Hinblick auf das zu erstellende Rechtsgutachten schon etwas geordnet haben, sind unsere »Vorüberlegungen«, die wir anstellen müssen, bevor wir mit der eigentlichen Ausarbeitung, der Formulierung des Gutachtens, beginnen, noch nicht beendet.

Nach der Erfassung des Sachverhalts müssen wir uns noch etwas bei seinem letzten Satz aufhalten, aus dem regelmäßig die Fallfrage folgt. Der nächste Schritt der Vorüberlegungen ist daher:

Die Qualifizierung der Fallfrage

■ Wie lautet diese Frage in unserem Fall? Versuchen Sie, aus den letzten beiden Sätzen des Sachverhalts eine Frage zu formulieren! 202

► »Verlangt K von V den VW-Golf zu Recht für 2.800 EUR?«

Anders ausgedrückt heißt das: »Hat K gegen V einen Anspruch auf Übereignung des VW-Golfs zum Preis von 2.800 EUR?«

Dass es bei Streitigkeiten im Bürgerlichen Recht regelmäßig um »Ansprüche« geht, wurde bereits angedeutet. Allerdings haben wir uns noch nicht intensiv damit befasst, was eigentlich der Begriff »Anspruch« genau umschreibt. Versuchen Sie, mit eigenen Worten den Inhalt eines Anspruchs zu formulieren!

■ Was tut jemand, der gegenüber einem anderen einen Anspruch geltend macht?

► Er **verlangt** etwas von dem anderen! K verlangt ausdrücklich den VW-Golf für 2.800 EUR von V. Wenn ein solcher Anspruch begründet ist, hat derjenige, der etwas verlangt, – das ist der »Anspruchsteller«, im Gegensatz zum »Anspruchsgegner« – ein Recht, »etwas« zu verlangen.

Da dieses Recht, besser: dieses »etwas«, nicht bei jedem Anspruch dasselbe ist, hat der Gesetzgeber eine Definition des Anspruches gegeben, die hierzu eine allgemeine Aussage gibt.

■ Wenn Sie einen Blick in den Index (Sachverzeichnis) Ihres Gesetzestexts werfen, können Sie selbst feststellen, in welcher Vorschrift sich diese Definition des Anspruchs befinden könnte? (Suchen Sie im Index!)

► Im Index der Gesetzessammlung Beck-Texte im dtv finden Sie hinter den Worten »Anspruch, Ansprüche« die Worte »Begriff, Verjährung« die fettgedruckte 1 und dann die Ziffer 194. Lesen Sie also § 194 I, der die »Legaldefinition« des »Anspruchs« enthält. Da § 194 im Allgemeinen Teil des BGB angesiedelt ist, gilt diese Definition für alle Ansprüche aller vier nachfolgenden Bücher des BGB!

Nach einem Anspruch, dem Recht, ein Tun oder Unterlassen zu verlangen, wird regelmäßig in der Fallfrage eines Sachverhalts gefragt.

Allerdings sind diese Fallfragen nicht immer so gezielt formuliert wie in dem vorliegenden Sachverhalt. Man unterscheidet deshalb konkrete und abstrakte Fallfragen. 203

Noch konkreter als unsere Fallfrage wäre etwa die Frage: »Kann K von V Erfüllung des Kaufvertrags verlangen?« Oder: »Kann K von V den Kaufpreis verlangen?«, da schon direkt der Vertrag angesprochen wird, aus dem der Anspruch folgen könnte!

■ Wie lautet eine abstrakte Fallfrage?
▶ »Welche Ansprüche hat K gegen V?« Oder: »Wie ist die Rechtslage?«

Diese Fragen sind noch konkretisierungsbedürftig, dh, je nach Sachverhalt gegebenenfalls in mehrere konkrete Einzelfragen umzuformulieren. Je nach Sachverhalt könnten sie dann heißen »Hat V gegen K einen Anspruch auf ...

... Kaufpreiszahlung?«
... Schadensersatz?«
... Herausgabe?« usw.

204 Wenn wir auf diese Weise ermittelt haben, wonach konkret gefragt ist, kommen wir der Falllösung immer näher; denn dann haben wir meist schon festgestellt, wer Anspruchsteller, wer Anspruchsgegner und welches das »Anspruchsbegehren« ist.

Vereinfacht ausgedrückt haben wir uns nämlich gefragt:

»**Wer** will von **wem was**?«

■ Versuchen Sie einmal, die Antwort auf diese einfache Frage auf unseren Fall umzuformulieren, ohne dass Sie dabei schon rechtliche Begriffe verwenden:
▶ »K will von V den VW-Golf zum Preis von 2.800 EUR«.

Aus dem Sachverhalt ergibt sich regelmäßig eine Begründung, die dieses Verlangen, diesen Anspruch, stützen könnte.

Die nächste gedankliche Frage, die man sich in den Vorüberlegungen zur Falllösung zu stellen hat, lautet deshalb »**Warum** macht der Anspruchsteller diesen Anspruch geltend?«. Um diese Frage richtig beantworten zu können, muss man sich selbst in die Situation des Anspruchstellers hineindenken!

■ Warum glaubt K in unserem Fall, dass er den VW-Golf zum Preis von 2.800 EUR verlangen kann?
▶ Weil seiner Meinung nach zwischen V und ihm ein Kaufvertrag über den VW-Golf zum Preis von 2.800 EUR geschlossen wurde!

205 Um seinen Anspruch rechtlich begründen zu können, braucht K eine gesetzliche Vorschrift, aus deren Formulierung sich ein solcher Anspruch ergeben könnte. K braucht eine **»Anspruchsgrundlage«.** Eine Anspruchsgrundlage ist eine Vorschrift, aus deren Formulierung sich schließen lässt, dass jemand das Recht hat, von einem anderen etwas zu verlangen.

Hierzu einige Beispiele:

(1) § 535 – Abs. 1 S. 1 lesen!

■ Wer hat nach dieser Vorschrift ein Recht, etwas von dem anderen zu verlangen, und was?
▶ Der Mieter hat das Recht, vom Vermieter den Gebrauch der Mietsache zu verlangen. § 535 I 1 ist eine typische Anspruchsgrundlage für den Mieter (die Verpflichtung des Vermieters entspricht dem Recht des Mieters).

■ Welchen Anspruch hat nach § 535 II (lesen!) der Vermieter gegen den Mieter?

▶ Anspruch auf Bezahlung der vereinbarten Miete!
§ 535 II ist die entsprechende Anspruchsgrundlage für den Vermieter!

(2) Lesen Sie noch einmal § 145!

■ Wer kann nach dieser Vorschrift von wem etwas verlangen?

▶ Niemand! Was denn?
In § 145 wird lediglich geregelt, dass jemand, der ein Vertragsangebot macht, normalerweise daran gebunden ist. Aus dieser Formulierung geht nicht hervor, dass der andere von dem Anbietenden etwas Bestimmtes verlangen kann. § 145 kann also keine Anspruchsgrundlage sein! Es handelt sich vielmehr um eine »Rechtsfolgeregelung«.

(3) Wie sieht das zB mit § 130 I 1 aus (lesen!)?

■ Ist das eine Anspruchsgrundlage oder nicht? (Überlegen Sie!)

▶ Daraus folgt ebenfalls keine Verpflichtung bzw. umgekehrt kein Recht einer Person gegenüber einer anderen. Also: keine Anspruchsgrundlage!

(4) § 823 I (lesen!), den wir auch schon kennengelernt haben und noch einmal lesen müssen!

■ Anspruchsgrundlage oder nicht?

▶ Aus der Formulierung, dass jemand aufgrund einer Rechtsgutverletzung (durch Tun oder Unterlassen) einem anderen zum Schadensersatz verpflichtet ist, folgt, dass der andere das Recht hat, Schadensersatz zu »verlangen«, dh, er hat einen Schadensersatzanspruch! § 823 I ist eine typische Anspruchsgrundlage.

(5) Lesen Sie nun § 249 I!

■ Anspruchsgrundlage oder nicht?

▶ Aus dem Wortlaut von § 249 I können Sie nicht herauslesen, dass jemand von einem anderen etwas verlangen kann! § 249 I setzt dies bereits voraus: »**wer**« – aufgrund einer Anspruchsgrundlage (zB § 823 I) – bereits »**zum Schadensersatz verpflichtet ist**«, muss dann im dort bestimmten Umfang Schadensersatz leisten! § 249 I ist also **keine** »Anspruchsgrundlage«, sondern eine »**Rechtsfolgeregelung**«!

Die Suche nach der Anspruchsgrundlage[152]

ist nach der

(1.) Erfassung des Sachverhalts und der

(2.) Qualifizierung der Fallfrage

152 Wenn Sie nun verstanden haben, was eine Anspruchsgrundlage ist, sollten Sie einmal den ganzen BGB AT, also die §§ 1–240 durchlesen (das sind in der Beck'schen dtv-Ausgabe nur 46 Seiten …) und alle Anspruchsgrundlagen des Allgemeinen Teils des BGB notieren. Es gibt zehn davon! Die Lösung dieses »Rätsels« finden Sie bei *Petersen* JURA 2002, 743.

die dritte und wichtigste Stufe in den Vorüberlegungen zur Falllösung; denn die Anspruchsgrundlage enthält regelmäßig das mögliche (hypothetische) Ergebnis, das dem schriftlichen Gutachten vorangestellt wird.

206 Um die richtige Anspruchsgrundlage für den jeweiligen Fall zu finden, fragt man sich deshalb, **woraus** – nämlich aus welcher Vorschrift – kann der Anspruchsteller seinen Anspruch herleiten?

Um das mögliche Ergebnis eines Falls herauszuarbeiten, muss man sich also in den Vorüberlegungen Schritt für Schritt fragen:

Wer will von **wem was, warum, woraus**?

Für unseren Fall hatten wir die Frage einschließlich des »warum?« bereits beantwortet.

■ Versuchen Sie selbst, die Antwort zu formulieren!

▶ K will von V den VW-Golf, genauer: die Übereignung des VW-Golf zum Preis von 2.800 EUR, weil er glaubt, dass V dazu aufgrund eines Kaufvertrags verpflichtet sei.

Die Teilfrage »woraus«, die unmittelbar auf die Anspruchsgrundlage gerichtet ist, lässt sich regelmäßig (das nötige Fachwissen selbstverständlich vorausgesetzt) ohne große Schwierigkeiten beantworten, wenn man die vorangegangenen Teilfragen sorgfältig beantwortet hat.

■ Woraus, aus welcher Vorschrift also, könnte K sein Verlangen herleiten? Diese Vorschrift ist Ihnen schon bekannt:

▶ § 433 I 1 – nochmals lesen!

Bei den Vorüberlegungen zur gutachtlichen Lösung eines Falls soll man sich dieses Schema tunlichst auf dem Konzeptblatt notieren und dann die einzelnen Antworten dazu schreiben. Das könnte in diesem Fall etwa so aussehen:

Wer	will von	wem	was	warum	**woraus?**[153]
K	will von	V	Übergabe des VW-Golf	weil er glaubt, dass V dazu aufgrund eines Kaufvertrags verpflichtet ist.	§ 433 I 1

■ Wie müsste deshalb der erste Satz des schriftlichen Gutachtens lauten, den wir als mögliches Ergebnis an den Anfang des Gutachtens stellen?

▶ »K könnte gegen V einen Anspruch auf Übergabe des VW-Golf (zum Preis von 2.800 EUR) gem. § 433 I 1 haben«.

207 Erst dieser Satz dürfte von alledem, was wir bis hierhin erwogen haben, in dem schriftlichen Gutachten stehen. Alles andere waren gedankliche Vorüberlegungen, die allenfalls auf dem Konzeptzettel, aber nicht in der endgültigen Klausurbearbeitung erscheinen dürfen! Bevor wir mit der gutachtlichen Lösung von Fall 12 beginnen, schauen Sie sich diese methodischen Vorüberlegungen noch

153 Vgl. auch *Wörlen/Schindler* ZivilR Rn. 42; *Metzler-Müller* Privatrechtsfall 33 f.

einmal in einer Zusammenfassung an (Übersicht 19 → Rn. 194) und lesen Sie dann hier weiter.

- ■ Wenn Sie sich noch an Übersicht 15 (→ Rn. 138) über den Aufbau eines Gutachtens erinnern und den letzten Satz auf Übersicht 19 (→ Rn. 209) betrachten, müssten Sie eigentlich beantworten können, welches der nächste Schritt im Gutachten ist, nachdem wir das mögliche Ergebnis mit der entsprechenden Anspruchsgrundlage vorangestellt haben?
- ▶ Systematische und schrittweise Überprüfung der rechtlichen Voraussetzungen für den möglichen Anspruch durch Subsumtion (Unterordnen) des Sachverhalts unter diese Voraussetzungen!
- ■ Was ist zunächst Voraussetzung, damit K gegen V einen Anspruch auf Übereignung des VW-Golfs gem. § 433 I 1 hat?
- ▶ Zwischen K und V muss ein wirksamer Kaufvertrag zustande gekommen sein.
- ■ Welche Voraussetzungen müssen dafür wiederum erfüllt sein?
- ▶ Es müssten ein wirksames Angebot und dessen Annahme iSd §§ 145 ff. vorliegen.

Da bei diesem Punkt das Problem unseres Falls liegt, müssen wir jede Erklärung der Beteiligten daraufhin überprüfen.

- ■ Welches ist die erste Erklärung, die in unserem Sachverhalt geäußert wird?
- ▶ Das Ausstellen des Golf auf dem Gelände des V zu 300 EUR.

Da wir ein Gutachten anfertigen wollen, wäre es zB falscher Stil, wenn man nach der Feststellung »Voraussetzung für diesen Anspruch ist ein wirksamer Kaufvertrag, der wiederum ein wirksames Angebot und dessen Annahme verlangt« etwa Folgendes schreiben würde: »Kein Angebot liegt in der Preisauszeichnung von 300 EUR, denn das ist nur eine sog. »invitatio ad offerendum«, die keine Rechtsbindung nach sich zieht.«

- ■ Was hätte man nämlich mit dieser Formulierung geschrieben?
- ▶ Ein Urteil! Und das gerade muss vermieden werden.

Im Gutachten müsste man die Erklärung des V etwa folgendermaßen prüfen: **208**

»Ein Angebot des V könnte in der auf dem Preisschild enthaltenen Auszeichnung des VW-Golf für 300 EUR liegen. Dann müsste diese Erklärung so gefasst sein, dass sie sich direkt an K richtete und dieser daraus auf einen Willen des V schließen konnte, sich ihm – K – gegenüber rechtlich zu binden. Gerade dies ist aber bei einer solchen Preisauszeichnung nicht der Fall. Vielmehr will V mit der Ausstellung des Pkw auf seinem Gelände allen vorbeigehenden Interessenten anzeigen, dass er bereit ist, mit einem von ihnen einen Kaufvertrag über den VW-Golf zu schließen. In der Preisauszeichnung liegt daher eine Aufforderung des V an diese Interessenten, ihm ein Angebot zu machen, eine sog. »invitatio ad offerendum«. Diese richtet sich an eine unbestimmte Vielzahl von Personen, sodass V dem K kein Angebot über 300 EUR gemacht hat.«

209 **Übersicht 19**

Methodik der Fallbearbeitung
II. Allgemeine Vorüberlegungen zur Ausarbeitung einer Klausur (Gutachten)
1. Erfassen des Sachverhalts • Sachverhalt (SV) = »Fall« = tatsächlicher oder erdachter Geschehensablauf, der rechtlich beurteilt werden soll • SV mehrmals (mindestens zweimal) durchlesen! • Ggf. grafische Skizze anfertigen und Zeitangaben aussondern • Sorgfältig lesen, aber nichts zum SV »hinzudichten« oder gar SV verbessern (Beispiel »Lieferfristen Porsche Cayenne«, »A schickt Brief an B« = Brief ist im Normalfall angekommen!)
2. Qualifizierung der Fallfrage • Im Bürgerlichen Recht ist regelmäßig nach »Ansprüchen« gefragt; Legaldefinition »Anspruch«: § 194 I • Möglichkeiten der Fallfragen: a) konkrete und b) abstrakte Fallfragen Beispiel zu a): • »Kann V von K den Kaufpreis verlangen?« zu b): • »Welche Ansprüche hat V gegen K?« = Frage ist noch konkretisierungsbedürftig, etwa: »Hat V gegen K einen Anspruch auf Kaufpreiszahlung?« oder »... auf Schadensersatz?« oder »... auf Herausgabe der Sache?« etc – • »Wie ist die Rechtslage?« = Alle für den speziellen Fall in Betracht kommenden Ansprüche sind zu prüfen! • Bei mehreren konkreten Fragen: Reihenfolge einhalten! • Bei abstrakter Fragestellung, aus der sich mehrere konkrete Fragen ergeben: möglichst logische Reihenfolge bilden!
3. Suche der Anspruchsgrundlage • Anspruchsgrundlage = gesetzliche Vorschrift, aus der sich ergibt, dass jemand von einem anderen etwas (Tun oder Unterlassen, vgl. § 194 I!) verlangen kann! • Mit der Suche nach der Anspruchsgrundlage beginnt die eigentliche juristische Arbeit = Gesetzesanwendung! • Anspruchsgrundlage wird dem schriftlichen Gutachten (Klausur) als mögliches (»hypothetisches«) Ergebnis vorangestellt. • Nächster Schritt: Voraussetzungen der Anspruchsgrundlage systematisch prüfen (= vgl. Übersicht 15 → Rn. 138: »Gutachten/Urteil«) = Subsumtion.

■ Worin lag in unserem Fall das erste Angebot?
▶ Erklärung des K, er wolle zu 300 EUR kaufen.
■ Hat V dieses Angebot angenommen?
▶ Nein!
■ Sondern?
▶ V hat ein neues Angebot zu 3.000 EUR gemacht.
■ Hat K dieses neue Angebot angenommen?
▶ Nein! K äußert zwar seinen Kaufwillen, aber nur zum Preis von 2.500 EUR.
■ Was bedeutet dies?
▶ Dieser Vorschlag des K ist gem. § 150 II als Ablehnung von Vs Angebot und zugleich als neues Angebot des K anzusehen (§ 150 II lesen!). Auch die Erklärung des V, nur für 2.800 EUR verkaufen zu wollen, bildet nach § 150 II ein neues Angebot.
■ Hat K dieses Angebot des V (2.800 EUR) angenommen?

▶ Zunächst nicht; er wollte sich das ja erst einmal überlegen!

Eine wirksame Annahme des K könnte aber zwei Tage später telefonisch erfolgt sein. Dann müsste V gem. § 145 zu diesem Zeitpunkt noch an das Angebot gebunden gewesen sein. Ob das der Fall war, ergibt sich aus den §§ 146–149, die Sie nun durchlesen sollen. Nach § 146 muss die Annahme rechtzeitig erfolgt sein. Wann eine Annahme »rechtzeitig« ist, entnehmen wir den §§ 147–149. Prüfen wir mal die Voraussetzungen dieser Vorschrift, indem wir von unten mit § 149 beginnen: **210**

■ Passt § 149 auf unseren Fall?
▶ § 149 bezieht sich auf zugesandte Willenserklärungen unter Abwesenden! Es liegt aber eine telefonische Willenserklärung dh, eine Willenserklärung unter Anwesenden vor!
■ Passt § 148?
▶ Es wurde keine Annahmefrist vereinbart!
■ Passt § 147 I?
▶ Gemäß § 147 I 1 konnte K das Angebot des V über 2.800 EUR, das dieser ihm machte, als K bei ihm anwesend war, nur sofort annehmen.
■ Ist das geschehen?
▶ Zwei Tage später bedeutet nicht »sofort«!
■ Was ist demnach mit dem Angebot des V über 2.800 EUR geschehen?
▶ Mangels rechtzeitiger Annahme durch K ist es gem. § 146 erloschen!
■ Wie ist die verspätete Annahme durch K rechtlich zu werten?
▶ Wiederum als neues Angebot, und zwar folgt dies aus § 150 I – lesen!

Somit haben wir schließlich ein Angebot des K, den VW-Golf für 2.800 EUR kaufen zu wollen, das V erneut ablehnt, indem er wieder den Verkauf zu 3.000 EUR anbietet.

■ Wie lautet daher das Ergebnis zu Fall 12?
▶ Da V das Angebot des K über 2.800 EUR nicht angenommen hat, kam kein wirksamer Kaufvertrag zustande: »Somit hat K gegen V keinen Anspruch auf Übereignung des VW-Golf zum Preis von 2.800 EUR gem. § 433 I 1!«

Das müsste auch der letzte Satz des schriftlichen Gutachtens sein, in welchem ausdrücklich festgestellt wird, ob das im ersten Satz vermutete Ergebnis zutrifft oder nicht.[154]

Eine Checkliste für die Prüfung von Ansprüchen aus Vertrag enthält das folgende Prüfungsschema.

154 Das ausformulierte Gutachten können Sie nachlesen in *Wörlen/Schindler* ZivilR Fall 2 Rn. 111, 115 ff.

211

Prüfungsschema

Prüfungsfolge eines Anspruchs aus Vertrag

I. Anspruch entstanden?

1. Einigung iSd §§ 145 ff. über die wesentlichen Vertragsbestandteile/Zustandekommen des Vertrags

a) Angebot des einen Vertragspartners (→ Rn. 139)

aa) eigene WE (→ Rn. 140 ff.) oder Zurechnung der WE eines Vertreters nach § 164 I (→ Rn. 353 ff.)

bb) Wirksamwerden der WE durch Abgabe und Zugang nach den §§ 130 ff. (→ Rn. 178 ff.)

b) Annahme des anderen Vertragspartners

aa) eigene WE (→ Rn. 140 ff.) oder Zurechnung der WE eines Vertreters nach § 164 I (→ Rn. 353 ff.)

bb) Wirksamwerden der Willenserklärung durch Abgabe und Zugang nach §§ 130 ff. (→ Rn. 178 ff.)

cc) Rechtzeitigkeit der Annahme, §§ 147 ff. (→ Rn. 210);
ggf. Annahmefrist (§ 148); ansonsten:
(1) Antrag unter Anwesenden, § 147 I »sofort«, wenn nicht, dann §§ 146, 150 I
(2) Antrag unter Abwesenden, § 147 II, wenn nicht, dann §§ 146, 150 I. Beachte § 149!

dd) inhaltliche Deckung von Angebot und Annahme, §§ 154 f. (offener oder versteckter Dissens (→ Rn. 337 ff.); ansonsten: § 150 II (→ Rn. 157)

2. Wirksamkeit der Einigung/des Vertrages?

a) Geschäftsunfähigkeit, §§ 104, 105 (→ Rn. 119 ff.)
b) Formmangel, § 125 (→ Rn. 291 ff.)
c) Gesetzesverstoß, § 134 (→ Rn. 310 ff.)
d) Sittenwidrigkeit, § 138 (→ Rn. 318)
e) Nichteintritt einer aufschiebenden Bedingung, § 158 I (→ Rn. 405)
f) Anfechtung nach §§ 119 ff.[155] (→ Rn. 216 ff.)

II. Anspruch übergegangen?

zB Abtretung nach §§ 398 ff.[156]

III. Anspruch erloschen (rechtsvernichtende Einwendungen)?

zB Anfechtung nach §§ 119 ff. (→ Rn. 216 ff.)[157]
Erfüllung nach §§ 362 ff.[158]
Aufrechnung nach §§ 387 ff.[159]

IV. Anspruch durchsetzbar (rechtshemmende Leistungsverweigerungsrechte, dh Einreden)?

zB Verjährung nach § 214 I (→ Rn. 415 ff.)
Zurückbehaltungsrechte nach §§ 273, 320[160]

---

155 Die Anfechtung kann auch unter Punkt III. geprüft werden.
156 Hierzu *Wörlen/Metzler-Müller* SchuldR AT Rn. 422 ff.
157 Die Anfechtung kann auch unter Punkt II. geprüft werden.
158 Hierzu *Wörlen/Metzler-Müller* SchuldR AT Rn. 173 f.
159 Hierzu *Wörlen/Metzler-Müller* SchuldR AT Rn. 176 f.
160 Hierzu *Wörlen/Metzler-Müller* SchuldR AT Rn. 169 f.

Literatur zur Vertiefung (→ Rn. 195–210): *Bitter/Röder* BGB AT §§ 3, 4; *Brox/Walker* BGB AT § 38; *Lange*, Jurastudium erfolgreich, 8. Aufl. 2015, 9. Kap.; *Medicus/Petersen* BürgerlR §§ 1, 2 (Anspruchsaufbau); *Metzler-Müller* Privatrechtsfall 25 ff.; *Möllers*, Juristische Arbeitstechnik und wissenschaftliches Arbeiten, 9. Aufl. 2018, § 2; *Musielak/Hau* GK BGB Rn. 11 ff.; *Noltensmeier/Schuhr*, Hinweise zum Abfassen von (Pro-)Seminararbeiten, JA 2008, 576; *Petersen*, Die Entstehung und Prüfung von Ansprüchen, JURA 2008, 180; *Wörlen/Schindler* ZivilR Rn. 1–101.

3. Die elektronische Willenserklärung

Nach allem, was Sie bisher über Willenserklärungen unter An- und Abwesenden, **212** über ihre Abgabe, Kundgebung, Empfangsbedürftigkeit und ihren Zugang gelesen haben und im Zeitalter des gigantisch zunehmenden »Online-Handels« und des E-Commerce womöglich öfter im »Internet surfen« (anstatt Lehrbücher zu lesen?), werden Sie sich vielleicht die Frage nach der rechtlichen Einordnung von Willenserklärungen über das Internet gestellt haben.

Eine Willenserklärung ist, wie wir wissen, regelmäßig auf den Abschluss eines Rechtsgeschäfts, sei es einseitig oder mehrseitig, gerichtet. Bisweilen werden Willenserklärung und Rechtsgeschäft fast gleichgesetzt, was daran liegt, dass eine Willenserklärung notwendiger Bestandteil eines jeden Rechtsgeschäfts ist. Die von einem Rechtssubjekt abgegebene Willenserklärung setzt die Erklärung eines menschlichen Willens voraus, der auf die Herbeiführung einer bestimmten Rechtsfolge gerichtet ist. Daher sind zwangsläufig auch automatisierte Willenserklärungen, also zB Willenserklärungen im Internet, Willenserklärungen per E-Mail oder per Mausklick heute als Erklärungen eines menschlichen Willens anerkannt. Elektronische Willenserklärungen sind also ebenso wirksam wie andere Willenserklärungen, die über »Fernkommunikationsmittel« abgegeben werden. **Fernkommunikationsmittel** sind gem. § 312c II solche Kommunikationsmittel, die zur Anbahnung oder zum Abschluss eines Vertrags zwischen einem **Verbraucher und Unternehmer** (vgl. § 13 und § 14) ohne gleichzeitige körperliche Anwesenheit der Vertragsparteien eingesetzt werden können, insbesondere Briefe, Kataloge, Telefonanrufe, Telekopien (= Fax), E-Mails, über den Mobilfunkdienst versendete Nachrichten (SMS) sowie Rundfunk und Telemedien.

Wenn elektronische Willensklärungen ebenso wirksam sind wie andere Willensklä- **213** rungen, dann gelten für sie entsprechend auch die bisher gelernten Grundsätze über die **inivitatio ad offerendum**, die Abgabe und den Zugang, über Angebot und Annahme und – die im folgenden Kapitel dargestellte – **Anfechtung** von Willensklärungen. Die juristischen Feinheiten bzw. Streitfragen, die sich angesichts von Fehlleistungen der Soft- und Hardware ergeben können,[161] müssen Sie – später – in der Spezialliteratur (vgl. »Literatur zur Vertiefung« sogleich) nachlesen.

Zuvor sollten Sie aber in dieser »Einführung in das Recht und den Allgemeinen Teil des BGB« die Grundbegriffe verstanden haben. Was »Anfechtung« bedeutet, erfahren Sie, wie gesagt, im nächsten Kapitel.

161 Vgl. Palandt/*Ellenberger* Einf. v. § 116 Rn. 1 sowie Überbl v. § 104 Rn. 2.

Literatur zur Vertiefung (→ Rn. 212-213): *Borges*, Das Widerrufsrecht in der Internetauktion, DB 2005, 319; *Dethloff*, Vertragsschluss, Widerrufs- und Rückgaberecht im E-Commerce, JURA 2003, 730; *Eichhorn*, Internetrecht, 2007; *Greiner/Kalle*, Ungeklärte Fragen des Wirksamwerdens empfangsbedürftiger Willenserklärungen – im Grundsatz und bei Verwendung digitaler Kommunikationswege, JZ 2018, 535; *Hoeren*, Internetrecht 2018, https://www.itm.nrw/wp-content/uploads/Skript-Internetrecht-Maerz-2018.pdf (kostenloser Download); *Köhler/Fetzer*, Recht des Internet, 8. Aufl. 2016; *Kritter*, Electronic Commerce – Probleme bei Rechtsgeschäften im Internet, JuS 1999, 839; *Mankowski*, Zum Nachweis des Zugangs bei elektronischen Erklärungen, NJW 2004, 1901; *Mankowski*, Online-Auktionen, Versteigerungsbegriff und fernabsatzrechtliches Widerrufsrecht, JZ 2005, 444; *Metzler-Müller* Privatrechtsfall, 57 ff. sowie Fall 1, 52 f.; *Petersen*, Allgemeiner Teil des BGB und Internet, JURA 2002, 387; *Staudinger/Schmidt-Bendun,* Kein Ausschluss des Widerrufsrechts des Verbrauchers im Rahmen einer Internetauktion – eBay, BB 2005, 732; *Steckler*, Grundzüge des IT-Rechts, 3. Aufl. 2011; *Paal*, Internetrecht – Zivilrechtliche Grundlagen, JURA 2010, 377; *Taupitz/Kritter*, Electronic Commerce – Probleme bei Rechtsgeschäften im Internet, JuS 1999, 839; *Ultsch*, Zugangsprobleme bei elektronischen Willenserklärungen, NJW 1997, 3007.

2. Kapitel. Anfechtung von Willenserklärungen und Rechtsgeschäften

I. Grundgedanken

Bei irrtümlichem Auseinanderfallen von Wille und Erklärung kann dem Erklärenden ein Recht zur Anfechtung zustehen. Das ist nur von Bedeutung, wenn der Erklärende ohne Anfechtungsrecht an eine Willenserklärung gebunden wäre, die seinem wahren Willen nicht entspricht. Eine Willenserklärung ist also stets auszulegen (→ Rn. 160 ff.), um festzustellen, mit welchem Inhalt sie gilt: »**Auslegung geht vor Anfechtung!**« (→ Rn. 342). 214

Das allgemeine Anfechtungsrecht des BGB ist in den §§ 119–124 sowie in den §§ 142–144 geregelt. Es kommt zur Anwendung, wenn eine Willenserklärung nach ihrer Auslegung Mängel des mit ihr erklärten Willens aufweist, ohne dass die zunächst existente Willenserklärung bereits nach anderen Vorschriften nichtig ist. Solche Vorschriften sind (zB)

- § 116 S. 2 (»Geheimer Vorbehalt« – »geheim« ist der Vorbehalt, wenn er demjenigen verheimlicht wird, für den die Willenserklärung bestimmt ist)[162],
- § 117 (»Scheingeschäft«) und
- § 118 (»Mangel der Ernstlichkeit«, »Scherzgeschäft«),

die Sie zur kurzen Information durchlesen sollten! Das Anfechtungsrecht berücksichtigt die Interessenlage zwischen dem Erklärenden und dem Erklärungsempfänger, dh, es regelt den Interessenwiderstreit dieser beiden an einem Rechtsgeschäft Beteiligten für den Fall, dass die Willenserklärung irrtumsbedingt ist.

Begrifflich setzt die Anfechtung notwendigerweise voraus, dass die Willenserklärung nicht nur rechtlich existent ist, sondern dass sie auch wirksam nach außen getreten ist. Das wurde bereits mehrfach angedeutet, als wir uns mit der Auslegung und vor allem mit der Abgabe und dem Zugang von Willenserklärungen beschäftigt haben: Wenn sich ergibt, dass eine Willenserklärung wegen Fehlens der Abgabe oder des Zugangs gar nicht wirksam geworden ist, kann sich logischerweise die Frage der Anfechtbarkeit gar nicht erst stellen! Wenn sich allerdings herausstellt, dass eine wirksame Willenserklärung anfechtbar ist, weil tatsächlich ein »Anfechtungsgrund« – was das ist, werden Sie sogleich lesen – gegeben ist, dann hat das zur Folge, dass diese Willenserklärung durch die Anfechtung **von Anfang an** (»**ex tunc**« – wörtlich übersetzt: »von/aus damals«, freier übersetzt: »von Anfang an«) nichtig wird. Diese Rechtsfolge, die Wirkung der Anfechtung, wird vom Gesetz in § 142 I ausdrücklich angeordnet – lesen! 215

Lernhinweis: Unterstreichen Sie sich im Gesetzestext die Worte »von Anfang an«!

Wie Sie sehen, ist in § 142 I nicht ausdrücklich von einer Willenserklärung, die angefochten wird, sondern von einem Rechtsgeschäft die Rede. Diese Formulierung ist nicht ganz korrekt. Es muss die für das Zustandekommen des Vertrags (zwei oder mehrere sich deckende Willenserklärungen) bzw. des einseitigen Rechtsgeschäfts

162 Jauernig/*Mansel* § 116 Rn. 2.

(zB Kündigung) abgegebene Willenserklärung angefochten werden. Aufgrund der wirksamen Anfechtung wird eine der für den Vertrag erforderlichen Willenserklärungen beseitigt und damit auch der Vertrag hinfällig. Es ist also der Vertrag bzw. das Rechtsgeschäft nichtig.[163] Bevor wir die Wirkungen einer wirksamen Anfechtung genauer betrachten, müssen wir uns zunächst mit den Voraussetzungen dafür beschäftigen, dass eine Willenserklärung (bzw. das damit verbundene Rechtsgeschäft) wirksam angefochten werden kann!

II. Voraussetzungen der wirksamen Anfechtung

216 Voraussetzung jeder wirksamen Anfechtung ist zunächst ein »Anfechtungsgrund«!

1. Anfechtungsgründe

217 Zwei Anfechtungsgründe enthält § 119 I, den Sie jetzt lesen müssen! Anfechten kann danach jemand, der sich bei der Abgabe seiner Willenserklärung über ihre Bedeutung geirrt hat, und zwar spricht § 119 I von zwei Arten des Irrtums.

- ■ Wie würden Sie diese Irrtumsarten jeweils mit einem Begriff kennzeichnen? (Lesen Sie die Vorschrift nochmals, bevor Sie weiterlesen und denken Sie erst nach!)
- ▶ Man nennt die beiden Irrtumsarten, die § 119 I regelt, »Inhaltsirrtum« und »Erklärungsirrtum«. Die Abgrenzung beider Irrtumsarten ist nicht immer ganz einfach, für das praktische Ergebnis eines Falls letztlich aber auch ohne große Bedeutung!
- ■ Warum ist diese Unterscheidung zwischen Inhaltsirrtum und Erklärungsirrtum für die Praxis ohne große Bedeutung?
- ▶ Weil die Rechtsfolge die gleiche ist: Wenn einer dieser Irrtümer vorliegt, kann der Erklärende anfechten, und damit wird die Willenserklärung und das darauf beruhende Rechtsgeschäft jedenfalls gem. § 142 I von Anfang an nichtig!

Da aber das Gesetz die Unterscheidung zwischen Inhaltsirrtum und Erklärungsirrtum trifft, müssen wir uns den Unterschied kurz verdeutlichen:

a) Inhaltsirrtum

218 Bei der ersten Variante des § 119 I, dem Inhaltsirrtum, benutzt der Erklärende zwar das richtige Erklärungszeichen, die richtige Bezeichnung für einen Gegenstand, doch bedeutet diese Bezeichnung etwas anderes, als er wirklich gemeint hat, und der Erklärungsempfänger hat auch die andere Bedeutung verstanden.

219 Ein typisches Beispiel hierzu haben Sie bei der Untersuchung der rechtlichen Erheblichkeit von Willenserklärungen bezüglich ihres Bestandteils »Geschäftswillen« bereits kennengelernt:

A unterschreibt einen Mietvertrag im Glauben, es sei ein Leihvertrag. A hat, wie wir damals festgestellt haben, eine rechtlich erhebliche Willenserklärung mit allen ihren Bestandteilen, nämlich Handlungswillen, Erklärungsbewusstsein und Geschäftswillen abgegeben. Auch die Auslegung kann nur ergeben, dass sich die Willenserklärung des A vom Standpunkt eines objektiven Erklärungsempfängers auf einen Mietvertrag

163 So auch *Alpmann und Schmidt* BGB AT 2 Rn. 212 mwN.

bezog. Da A aber, als er tatsächlich mit seiner Unterschrift erklärte »Ich nehme den Mietvertrag an«, glaubte, seine Erklärung bedeute: »Ich nehme den Leihvertrag an«, irrte er sich über die Bedeutung des Inhalts seiner Willenserklärung. Somit kann er diese Willenserklärung gem. § 119 I, 1. Var. wegen Inhaltsirrtums anfechten.

Weitere Beispiele:

Irrtum über die Person des Geschäftspartners
B will den ihm bekannten Maurer U beauftragen, schickt aber das Auftragsschreiben versehentlich an den gleichnamigen U 1.

Irrtum über den Geschäftsgegenstand
ZB Irrtum über die Identität des gekauften Grundstücks (Kauf des Grundstücks mit der Flurbezeichnung X in der Annahme, Vertragsgegenstand sei das Nachbargrundstück Y), Fahrzeugs oder Tiers. Bestellung von Software in der Annahme, sie umfasse einen Up-to-date-Service. Bestellung von 25 Gros Rollen WC-Papier (= 3.600 Rollen, 1 Gros = 144 Stück) in der Annahme, es handele sich um 25 große Rollen.[164]

Irrtum über die Rechtsfolgen der Erklärung
Ausschlagung der Erbschaft in der Annahme, sie verschaffe dem Ausschlagenden einen unbeschränkten Pflichtteilsanspruch.[165]
Annahme der Erbschaft durch Stillschweigen in Unkenntnis des Ausschlagungsrechts.[166]

b) Erklärungsirrtum

Die zweite Variante des § 119 I ist der **Erklärungsirrtum**. Der Erklärende irrt im 220
Moment der Abgabe nicht über die Bedeutung des Inhalts des benutzten Erklärungszeichens, sondern er benutzt versehentlich ein falsches Erklärungszeichen. Erklärungszeichen können Buchstaben, Zahlen oder Sonderzeichen sein. Auch hierzu hatten wir schon ein Beispiel gebildet:

A will zu 540 EUR verkaufen und schreibt versehentlich 450 EUR. Wir hatten durch Auslegung festgestellt, dass A tatsächlich 450 EUR erklärt hat. Er wollte aber 540 EUR erklären! In diesem Fall kann er seine Willenserklärung gem. § 119 I, 2. Var. wegen Erklärungsirrtums anfechten.

Merke: Erklärungsirrtum: Der Erklärende weiß nicht, was er sagt/tut.

Lernhinweis: Wenn Sie vor die Vorsilbe »er« ein »v« stellen, erhalten Sie die typischen Erklärungsirrtümer: Versprechen, Vergreifen, Verschreiben.

Inhaltsirrtum: Der Erklärende weiß zwar, was er sagt; er weiß aber nicht, was er damit sagt.

Sollte man sich in einer Klausur bei der Abgrenzung zwischen Inhalts- und Erklärungsirrtums nicht ganz sicher sein, welcher vorliegt, ist es, wie gesagt, ratsam, nicht allzu viel Zeit damit zu verschwenden, sondern sich mit kurzer Begründung für einen dieser Irrtümer entscheiden; denn die Rechtsfolge bleibt gleich: A kann »so oder so« anfechten!

Wichtig ist vor allem, dass es sich um einen Irrtum handelt, der nur die Willens**äußerung** betrifft! Kein Irrtum iSv § 119 I liegt vor, wenn sich der Irrtum im Bereich der 221
Willens**bildung** befindet. Bis auf einen Ausnahmefall, den wir gleich kennenlernen

164 LG Hanau NJW 1979, 721.
165 OLG Hamm OLGZ 82, 49.
166 BayObLGZ 83, 16.

werden, ist der Irrtum im Bereich der Willensbildung, der dann zur Äußerung einer bestimmten Willenserklärung führt, als »Motivirrtum« unbeachtlich![167]

222 **Beispiele** für unbeachtliche, nicht anfechtbare Motivirrtümer:

(1) Karlo (K) kauft ein wertvolles Buch mit der Absicht, es dem Romeo und der Julia zu deren geplanter Hochzeit zu schenken! Da Romeo und Julia sich zerstreiten, kommt diese Hochzeit nicht zustande.[168] K hat sich bezüglich des Motivs, des Beweggrunds, der ihn veranlasste, eine Willenserklärung in Form eines Kaufangebots abzugeben, geirrt. Es wird jedem einleuchten, dass K nicht wegen Irrtums nach § 119 I gegenüber dem Verkäufer anfechten kann: Er hat sich weder über den Inhalt seiner Willenserklärung geirrt noch hat er gegenüber dem Verkäufer etwas anderes erklärt, als er eigentlich meinte …

(2) Sie kaufen Reiseproviant für die geplante Urlaubsreise, und diese findet unvorhergesehen nicht statt, weil Ihr Reisebegleiter oder Sie selbst plötzlich krank werden. Sie haben sich über das Stattfinden der Reise geirrt. Die geplante Reise war das **Motiv** für Ihren Irrtum. Es sollte klar sein, dass dieser Irrtum nicht zu einer Anfechtung des Kaufvertrags über den Reiseproviant führen kann.

(3) Ein Raumausstatter (R) bekommt den Auftrag, für einen Kunden (K) einen Vorhang anzufertigen und diesen in der Wohnung des Kunden anzubringen. Nachdem R die Vorhangfläche ausgemessen und der Kunde sich einen Stoff ausgesucht hat, macht R dem K ein schriftliches Gesamtangebot in Höhe von 1.500 EUR, ohne Einzelposten (wie Arbeitslohn, Materialkosten etc) auszuweisen. K ist mit dem Preis einverstanden. Nach Fertigstellung legt R dem K eine Rechnung über 2.000 EUR vor. Sein Angebot über 1.500 EUR müsse er leider anfechten, da er sich damals bei der Berechnung der Arbeitslohn- und Materialkosten vertan habe. Hier handelt es sich um einen sog. »Kalkulationsirrtum«, der offenbar im Bereich der Willens**bildung** bei R, aber nicht bei der Willensäußerung stattgefunden hat. Ein solcher Kalkulationsirrtum fällt daher in die Risikosphäre des Erklärenden und ist ebenfalls ein unbeachtlicher, nicht anfechtbarer Motivirrtum.

223 Das Erkennen eines Motivirrtums fällt allerdings nicht immer so leicht, wie in diesen Beispielen, doch wollen und können wir nicht allzu sehr ins Detail gehen.[169]

Sie müssen in diesem Zusammenhang allerdings wissen, dass das Gesetz eine Art des Irrtums, der eigentlich ein Motivirrtum ist, in § 119 II für anfechtbar erklärt (»Fiktion«) – lesen!

c) Eigenschaftsirrtum

224 In § 119 II wird der »Eigenschaftsirrtum« dem Inhaltsirrtum durch eine Fiktion, die Sie inzwischen kennen, mit dem Wort »gilt« gleichgesetzt. Dieser Eigenschaftsirrtum gem. § 119 II ist damit ebenso ein »Anfechtungsgrund« wie der Inhalts- oder Erklärungsirrtum nach Abs. 1. Worin ist nun ein solcher Eigenschaftsirrtum zu sehen? Zur Erklärung gleich einige Beispiele. Zuvor unterstreichen Sie in § 119 II aber das Wort »Sache« und setzen es in Anführungsstriche.

■ Warum wohl unterstreichen und ändern?

▶ Seitens des Gesetzgebers liegt ein Redaktionsversehen[170] vor; denn selbstverständlich berechtigt auch der Irrtum über die Eigenschaft eines Tieres oder eines »Rechts« zur Anfechtung! In § 119 II müsste es daher richtigerweise »Gegenstand« statt »Sache« heißen.

---

167 Palandt/*Ellenberger* § 119 Rn. 29.

168 Ähnliches Beispiel bei *Westermann* Grundbegriffe BGB Rn. 124.

169 Dazu können Sie bei Interesse auf die folgende »Literatur zur Vertiefung« zurückgreifen.

170 Ein weiteres Redaktionsversehen haben Sie unter → Rn. 169 kennengelernt.

Beispiel zum Eigenschaftsirrtum: 225
Wenn Sie jemandem einen Kredit gewähren wollen, geschieht dies normalerweise nur, wenn diese Person zahlungsfähig ist. Die Kreditwürdigkeit des Kreditnehmers ist eine so wesentliche Eigenschaft, dass man ohne deren Vorliegen einen Darlehensvertrag nicht schließen würde. Ein Irrtum über das Vorhandensein der Zahlungsfähigkeit, obwohl man darin in gewisser Weise auch einen Motivirrtum sehen könnte, berechtigt gem. § 119 II zur Anfechtung!
Dies gilt allerdings nicht bei Bargeschäften des täglichen Lebens; denn über die Kreditunwürdigkeit bzw. die Zahlungsunfähigkeit des Käufers macht man sich in der Regel keine Gedanken; »Hauptsache, er zahlt sofort«!

Eine verkehrswesentliche Eigenschaft einer **Person** liegt nur vor, wenn sie in unmittelbarer spezifischer Beziehung zum jeweiligen Inhalt des Rechtsgeschäfts steht.

■ Welche anderen Eigenschaften könnten dies sein? (Überlegen Sie!)

▶ Solche Eigenschaften können zB sein: Alter, Geschlecht, Konfession, politische Einstellung, Vorstrafen, berufliche Fähigkeiten, Schwangerschaft,[171] aber eben nur, wenn sie in engem Zusammenhang mit dem jeweiligen Rechtsgeschäft stehen.

Die spezifische berufliche Fähigkeit, die zB der Arbeitgeber beim künftigen Arbeitnehmer irrtümlich annimmt, ist eine verkehrswesentliche Eigenschaft im Hinblick auf den Arbeitsvertrag.

Für einen Kaufvertrag dagegen wäre ein Irrtum über den Beruf des Vertragspartners in der Regel ein unbeachtlicher Motivirrtum.

Bei einer **Sache** bzw. besser: bei einem Gegenstand (!), ist nicht schon der Wert eine verkehrswesentliche Eigenschaft, sondern dies sind nur die sog. »wertbildenden Faktoren«. 226

Beispiele: Die Echtheit eines Bilds oder die Bebaubarkeit eines Grundstücks. Kauft man für einen hohen Preis ein gefälschtes Bild als Original, kann man den Kaufvertrag wegen Irrtums über eine verkehrswesentliche Eigenschaft des Bilds, nämlich die Echtheit, anfechten.

Dies soll zu den drei Anfechtungsgründen des § 119 I und II genügen. Bevor Sie weitere Anfechtungsgründe kennenlernen, sollen Sie im Rahmen eines weiteren Exkurses Ihr bisher erworbenes Wissen zum »Anfechtungsrecht« und zur »Methodik der Fallbearbeitung« anhand eines Übungsfalls vertiefen:

Übungsfall 13 227

Maximilian Miet (M) will im Mai Ferien machen, wobei er auf einen besonders ruhigen Ferienort Wert legt. Ende März fuhr er an einem Wochenende in den Schwarzwald und sah sich dort in Todtnau mehrere Pensionen an. Er begann bei den Häusern am Glotterweg mit der »Villa Schwarzwaldblick«, deren Lage ihm aber viel zu unruhig erschien. Am besten gefiel ihm schließlich das »Haus Schwarzwaldglück« am Lotterpfad und auf der Heimfahrt beschloss er, dort ein Zimmer zu mieten. Einige Tage später schrieb er eine Postkarte an »Villa Schwarzwaldblick, Glotterweg« und teilte mit, dass er dort ein Zimmer mieten wolle. Alsbald erhielt er vom Besitzer Volker Voigt (V) eine zustimmende Antwort. Als M am 1. Mai in Todtnau eintrifft, stellt er seinen Irrtum fest. Da im »Haus Schwarzwaldglück« am Lotterpfad zufällig noch ein Zimmer frei ist, mietet er dieses und teilt dem V mit, dass er sich »vertan« habe und nie die Absicht gehabt habe, in dessen Villa zu wohnen. V will sich darauf nicht einlassen, da er mit M einen gültigen Mietvertrag geschlossen habe. Ob M einziehe, sei ihm gleichgültig; jedenfalls müsse M zahlen. M weigert sich. Zu Recht?

171 Mehr dazu in *Wörlen/Kokemoor* ArbR Rn. 77 ff.

Exkurs: Methodik der Fallbearbeitung III (Wiederholung – Fallbeispiel Anfechtungsrecht)

Lesen Sie den Sachverhalt noch ein zweites Mal, ordnen Sie die dort enthaltenen Mitteilungen auf Ihrem Konzeptzettel und vergleichen Sie Ihre Aufzeichnungen mit nachfolgender

Sachverhaltserfassung

- Besichtigung mehrerer Pensionen durch M
- Entschluss, Schwarzwald**glück** zu mieten
- Verwechslung des Namens mit Schwarzwald**blick** und falsche Adressierung
- Dadurch falscher Vertragspartner V angesprochen; V nimmt an = Mietvertrag (§ 535)?
- Verwechslung = Irrtum am 1.5. erkannt, sofort dem V mitgeteilt = Anfechtung (§§ 119 I, 2. Var., 121 I, 142 I, 143 I und II)?
- V besteht auf Zahlung!

Daraus ergibt sich die

Fallfrage,

■ nämlich welche?
▶ »Hat V gegen M einen Anspruch auf Bezahlung des Zimmers«?

Um die Frage beantworten zu können, brauchen wir eine Anspruchsgrundlage. Bei der

Suche nach der Anspruchsgrundlage

benutzen wir wieder unsere schematische Hilfsfrage:

Wer	will von	wem	was	warum	woraus?
V	will von	M	Bezahlung des Zimmerpreises,	weil V glaubt, dass M aufgrund eines wirksamen Mietvertrags zur Zahlung verpflichtet sei.	(Suchen Sie selbst im Gesetz/Index unter »Mietvertrag«, bevor Sie Fn.[172] lesen!)

228 ■ Wie könnte der erste Satz eines Gutachtens zu Fall 13 lauten?
▶ »V könnte gegen M einen Anspruch auf Bezahlung der Miete für das Zimmer gem. § 535 II haben«.
■ Was ist Voraussetzung für diesen Anspruch?
▶ Zwischen M und V müsste ein wirksamer Mietvertrag zustande gekommen sein.
■ Was ist Voraussetzung dafür?
▶ Angebot und Annahme!
■ Wer hat ein Angebot gemacht?
▶ M, indem er sich brieflich an V wendete. Damit hat M objektiv ganz konkret erklärt, dass er bei V ein Zimmer mieten wolle.

172 **Anspruchsgrundlage ist § 535 II!**

■ Würden Sie in einem Gutachten prüfen, ob die Willenserklärung (Angebot) des M auch das subjektive Element einer Willenserklärung, den Handlungswillen, enthielt?

▶ Der Handlungswille des M ist so wenig zweifelhaft, dass man sich in einem Gutachten darüber überhaupt nicht auszulassen braucht. Auch die Feststellung des Erklärungsbewusstseins und des Geschäftswillens macht keine Schwierigkeiten:

■ Zwischenergebnis?

▶ Zwischen M und V ist ein wirksamer Mietvertrag zustande gekommen.

■ Was ist nun zu prüfen, da die Zahlungsverweigerung durch M dazu offensichtlich Anlass gibt?

▶ Ob M sein Angebot gegebenenfalls anfechten kann – mit der Folge, dass der Vertrag gem. § 142 I von Anfang an nichtig war!

■ Welche Voraussetzung muss für eine wirksame Anfechtung zunächst erfüllt sein?

▶ M müsste einen Anfechtungsgrund haben.

■ Welcher Anfechtungsgrund kommt hier in Betracht?

▶ Ein Irrtum nach § 119 I (lesen!) – entweder ein Inhalts- oder ein Erklärungsirrtum.

Gemeinsam ist diesen beiden Irrtumsarten das unbewusste Auseinanderfallen des inneren Willens des Erklärenden und der tatsächlich geäußerten Erklärung. Der in der Erklärung objektiv zum Ausdruck gekommene Geschäftswille stimmt dabei mit dem inneren Willen nicht überein!

M hat unbewusst ein anderes Zimmer (= Zimmer in »Schwarzwald**blick**) als Mietsache bezeichnet, als er eigentlich beabsichtigt hatte (= Zimmer in »Schwarzwald**glück**«).

■ Um welche Art des Irrtums handelt es sich hier? Erklärungsirrtum oder Inhaltsirrtum?

▶ Um einen Erklärungsirrtum: M wollte erklären »Ich miete ein Zimmer in der Pension Schwarzwald**glück**« und verwechselte diese Bezeichnung mit »Schwarzwald**blick**«: Er benutzte also für die Erklärung, die er abzugeben glaubte, das falsche Erklärungszeichen! Der Inhalt des Geschäfts, das M wollte, ist derselbe: Mietvertrag! 229

Erinnerung: Hätte M geglaubt, er schließe einen Leihvertrag, obwohl er in Wirklichkeit einen Mietvertrag abgeschlossen hat, läge ein typischer Inhaltsirrtum vor. – Nochmals: Wir brauchen letztlich nicht darüber zu »streiten«, ob man vielleicht auch einen Inhaltsirrtum annehmen kann, da sowohl der Erklärungsirrtum als auch der Inhaltsirrtum zur Anfechtung berechtigen. Ein Anfechtungsgrund liegt in unserem Fall jedenfalls vor; denn es ist auch davon auszugehen, dass M, wie § 119 I es verlangt, sein Angebot bei Kenntnis der Sachlage und verständiger Würdigung des Falls so nicht abgegeben hätte. Darin besteht angesichts der ähnlich klingenden Straßen- und Pensionsnamen kein Zweifel.

Die zweite und dritte Voraussetzung für eine rechtswirksame Anfechtung betreffen ihre Durchführung (→ Rn. 243 f.). 230

Es sind dies:

(1) Anfechtungserklärung gem. § 143 I gegenüber dem richtigen Anfechtungsgegner (§ 143 II)!

Dabei ist es nicht erforderlich, dass die Erklärung ausdrücklich als Anfechtungserklärung bezeichnet wird. Wie jede Willenserklärung kann selbstverständlich auch die Anfechtung konkludent erklärt werden. Es genügt deshalb, wenn der Erklärende dem Anfechtungsgegner deutlich zu erkennen gibt, dass er an seiner Willenserklärung, die zum Vertragsschluss geführt hat, wegen Irrtums nicht festhalten will.

■ Hat M dies in unserem Fall getan?

▶ Ja. Er hat dem V mitgeteilt, dass er sich »vertan« habe und niemals die Absicht hatte, bei V zu wohnen. V ist als Vertragspartner gem. § 143 II auch der richtige Anfechtungsgegner gewesen (§ 143 I und II lesen!).

(2) Einhaltung der Anfechtungsfrist gem. § 121 (Abs. 1 lesen!).

■ Hat M diese Frist eingehalten?

▶ M hat unverzüglich nach Kenntnisnahme von dem Anfechtungsgrund, dh, sofort nach Erkennen seines Irrtums dem V mitgeteilt, dass er sich vertan habe. Somit sind alle Voraussetzungen für eine wirksame Anfechtung gegeben.

231 ■ Was sind die Rechtsfolgen der Anfechtung (→ Rn. 245 ff.)?

▶ Gemäß § 142 I ist der Mietvertrag zwischen M und V als von Anfang an nichtig anzusehen, sodass V keinen Anspruch gegen M gem. § 535 II auf Zahlung der Miete hatte.

■ Erscheint Ihnen dieses Ergebnis »gerecht«?

▶ Nur, wenn V, der das Zimmer für M freigehalten hatte, dadurch keine Verluste erleidet!

232 Denkbar ist indessen, dass V im Vertrauen darauf, dass M bei ihm einziehen werde, andere Interessenten abgewiesen hat und nun so schnell keinen neuen Mieter mehr bekommt.

Sofern V dadurch nachweisbar einen Schaden erlitten hat – man spricht von einem »Vertrauensschaden« –, kann er diesen von M ersetzt verlangen.

Dass dies so ist, folgt aus § 122 I, den Sie nochmals lesen müssen.

Da der vorliegende Sachverhalt keine Angaben darüber enthält, ob V Mieter abweisen musste, können wir über einen Anspruch nach § 122 keine definitive Entscheidung treffen.

Allerdings dürfte V es sich auch nicht zu einfach machen: Er könnte nicht einfach das Zimmer leer stehen lassen und dann als »Vertrauensschaden« die ganze Miete kassieren.

V muss nachweisen, dass er sich um andere Mieter bemüht hat!

Juristisch heißt das:

233 Wenn jemandem durch einen anderen ein Schaden entstanden ist, ist der Geschädigte verpflichtet, den Schaden im Rahmen des Zumutbaren so gering wie möglich zu halten. Andernfalls trifft ihn an dem Schaden ein »Mitverschulden«!

Auch dafür hat das Gesetz eine Vorschrift, nämlich § 254 – lesen Sie von dieser Vorschrift in diesem Zusammenhang nur Abs. 2 S. 1. Die »Schadensminderungspflicht« ergibt sich aus dem letzten Satzteil.

d) Irrtum wegen falscher Übermittlung

Als Sie eben die §§ 121 und 122 gelesen haben, haben Sie – hoffentlich – gesehen, dass dort außer auf die Anfechtung nach § 119 auch noch auf § 120 Bezug genommen wird, den Sie nun ebenfalls lesen müssen! 234

Beispiel: K gibt dem Boten B die Anweisung, dem V (mündlich) auszurichten, er wolle das Grundstück »Flurstück Nr. 3« kaufen. Der Bote richtet dem V versehentlich aus, K wolle das Grundstück »Flurstück Nr. 2« kaufen. Die so übermittelte Willenserklärung wäre zunächst zwar gültig, doch K kann die falsch übermittelte Willenserklärung ebenso nach § 120 iVm § 119 I, 2. Var. anfechten, als habe er sich selbst gegenüber V versprochen!

§ 120 ist immer dann anzuwenden, wenn ein Dritter (im Verhältnis Erklärender und Erklärungsempfänger) zur Übermittlung einer (aus der Sicht dieses Dritten) fremden Willenserklärung eingeschaltet wird und eine andere Willenserklärung äußert, als ihm aufgetragen wurde.[173] Gibt dieser Dritte dagegen als »Vertreter« eine eigene Willenserklärung »im Namen« eines anderen (des »Vertretenen«)[174] ab, gilt § 120 nicht!

e) Irrtum durch arglistige Täuschung

Die dritte Vorschrift des Anfechtungsrechts, die neben § 119 und § 120 Anfechtungsgründe enthält, ist § 123. 235

Lesen Sie davon Abs. 1.

■ Unter welchen beiden alternativen Voraussetzungen kann der Erklärende seine Willenserklärung anfechten?

▶ Wenn er durch den Erklärungsempfänger, das ist in der Regel sein Vertragspartner, durch »arglistige Täuschung« **oder** durch »widerrechtliche Drohung« bestimmt bzw. veranlasst wurde.

■ Was ist als Täuschung anzusehen? 236

▶ Unter Täuschung versteht man jedes Verhalten des Erklärungsempfängers, das beim Erklärenden einen Irrtum hervorruft, bestärkt oder aufrechterhält.

Eine Täuschung setzt also immer eine Irrtumserregung voraus, und der Irrtum muss für die Abgabe der Willenserklärung ursächlich (kausal) gewesen sein. Dabei kann die Täuschungshandlung in einem positiven Tun (Vorspiegelung falscher Tatsachen) oder einem Unterlassen (Verschweigen wahrer Tatsachen) bestehen.

Beispiel:[175] V bietet online ein gebrauchtes Kraftfahrzeug als »scheckheftgepflegt« zum Kauf an. Damit sichert er ein wesentliches wertbildendes Merkmal zu. Ist die Zusicherung unwahr, berechtigt dies den Käufer zur Vertragsanfechtung wegen arglistiger Täuschung.

Ein Unterlassen ist allerdings nur dann als Täuschung zu werten, wenn eine Rechtspflicht zum Handeln bestanden hat. Das ist der Fall, wenn die Offenbarung von Tatsachen nach Treu und Glauben geboten ist. So müssen etwa Fragen, die eine Vertragspartei stellt, vollständig und richtig beantwortet werden.[176] Besonders wichtige Umstände, die für Willensbildung notwendig und erkennbar von ausschlaggebender Bedeutung sind, müssen sogar ungefragt offenbart werden.

Beispiel: V verkauft dem K einen Gebrauchtwagen, der nur 5.000 km »gelaufen« ist und eine leichte Beschädigung am Heck erkennen lässt. Auf Befragen erklärt V wider besseres Wissen, die-

---

173 In Fall 10 (→ Rn. 179 ff.) konnte V sich nicht auf § 120 berufen!

174 »Recht der Stellvertretung« → Rn. 349 ff.

175 Nach AG München BeckRS 2018, 17909; LG Paderborn LSK 2000, 320574.

176 Ausnahmen gibt es im Arbeitsrecht: Der Arbeitnehmer bzw. der Bewerber muss nur **zulässige** Fragen des Arbeitgebers wahrheitsgemäß beantworten. Ausführlich hierzu *Wörlen/Kokemoor* ArbR Rn. 66 ff.

se Beschädigung sei bei etwas unvorsichtigem Zurücksetzen des Autos erfolgt. In Wirklichkeit war der Wagen bei einem Unfall eine steile Böschung hinabgerutscht und in einen Fluss gefallen. Als K davon erfährt, erklärt er die Anfechtung.

■ Worin liegt die Täuschung?

▶ Im Verschweigen des schweren Unfalls, also in einem Unterlassen. V hatte als Verkäufer eine rechtliche Aufklärungspflicht. Da das Auto, abgesehen von der kleinen Beschädigung, noch relativ neuwertig war, wusste V, dass K davon ausging, der Wagen habe noch keinen erheblichen Unfall gehabt. Diese Täuschungshandlung durch V war im Übrigen auch »arglistig«: Arglist liegt vor, wenn der Täuschende das Bewusstsein gehabt hat, dass der Erklärende die Willenserklärung ohne die Täuschung möglicherweise gar nicht, oder jedenfalls nicht mit dem entsprechenden Inhalt abgegeben hätte.

237 Für dieses Bewusstsein reicht bedingter Vorsatz aus.

■ Wann liegt bedingter Vorsatz vor bzw. wann liegt überhaupt Vorsatz vor?

▶ Wenn jemand vorsätzlich handelt, weiß er, welche Folgen sein Verhalten haben kann und will diese Folgen. Handelt er »bedingt« vorsätzlich, dann weiß er zwar auch, welche Folgen eintreten können, aber er will sie nicht »unbedingt«, sondern nimmt das eventuelle Eintreten dieser Folgen billigend in Kauf!

f) Willenserklärung aufgrund widerrechtlicher Drohung

238 Die zweite Tatbestandsvariante des § 123 I, die zur Anfechtung berechtigt (= Anfechtungsgrund), ist die widerrechtliche Drohung.

■ Wie würden Sie diesen Begriff definieren, wenn man Sie fragt »Was verstehen Sie unter einer Drohung«? (Überlegen Sie!)

▶ »Drohung« ist das Inaussichtstellen eines künftigen empfindlichen Übels,[177] dessen Eintritt der Drohende aus der Sicht des Adressaten beeinflussen kann. Die Drohung enthält stets einen mittelbaren Zwang, durch den jemand in Furcht versetzt und dadurch bewogen wird, durch Abgabe einer Willenserklärung ein Rechtsgeschäft abzuschließen (= Ursächlichkeit der Drohung für die Willenserklärung). Trotz dieses Zwangs liegt dem Rechtsgeschäft immer noch eine eigene Willenserklärung zugrunde, was bei Anwendung von Gewalt, zB dem gewaltsamen Führen der Hand zur Unterschrift, nicht der Fall ist.

Bei der durch unmittelbare Gewaltanwendung erzwungenen Willenserklärung liegt mangels Handlungswillens gar keine echte Willenserklärung vor, sodass sie auch keiner Anfechtung bedarf.

239 »Widerrechtlich« ist eine Drohung, wenn das angewandte **Mittel** der Drohung verwerflich ist.

Krasses Beispiel: A droht seinem Gläubiger B damit, ihn niederzuschießen, wenn er ihm nicht ein Darlehen gewähre!

Widerrechtlich ist die Drohung auch, wenn der erstrebte Erfolg, der **Zweck** der Drohung, verwerflich ist.

Beispiel:[178] A droht dem B mit der Anzeige einer früheren Straftat des B, wenn dieser ihm nicht bei der Begehung eines Versicherungsbetrugs helfe.

177 Nach BGHZ 2, 287 (295) = NJW 1951, 643.

178 Nach *Brox/Walker* BGB AT, Fall f § 19 vor Rn. 1.

Die Anzeige einer Straftat ist rechtmäßig. Wenn damit aber gedroht wird, um einen gegen das Strafgesetz gerichteten Betrug zu ermöglichen, ist dieser Zweck der Drohung widerrechtlich.

Widerrechtlich ist eine Drohung letztlich auch, wenn zwar das Mittel allein und auch der Zweck für sich rechtmäßig wären, die **»Mittel-Zweck-Relation«** aber anstößig ist.

Beispiel: A droht dem B, dass er dessen frühere Unfallflucht anzeigen werde, wenn B ihm nicht ein Darlehen von 1.000 EUR gewähre.

Das Mittel, Anzeige wegen Unfallflucht, ist für sich betrachtet sicher rechtmäßig. Auch der Zweck, nämlich der Abschluss eines Darlehensvertrags, ist an sich rechtmäßig. Widerrechtlich aber ist es, das Mittel und den Zweck derart zu verbinden bzw. derartig in »Relation« zu setzen, dass der andere durch mittelbaren Zwang (aus Angst vor der Anzeige) zu einem Rechtsgeschäft veranlasst wird, das er sonst nicht abgeschlossen hätte. Diese Vertragsfreiheit, die im »Allgemeinen Schuldrecht« noch ausführlicher behandelt wird, bedeutet unter anderem, dass niemand zu einem Vertragsschluss gezwungen werden kann.[179]

Schließlich müssen wir uns noch § 123 II ansehen. Lesen Sie davon S. 1. § 123 II 1 240
trifft eine Sonderregelung für den Fall, dass ein Dritter[180] eine Täuschung begeht. Am besten verdeutlicht man sich das an einer kleinen Skizze:

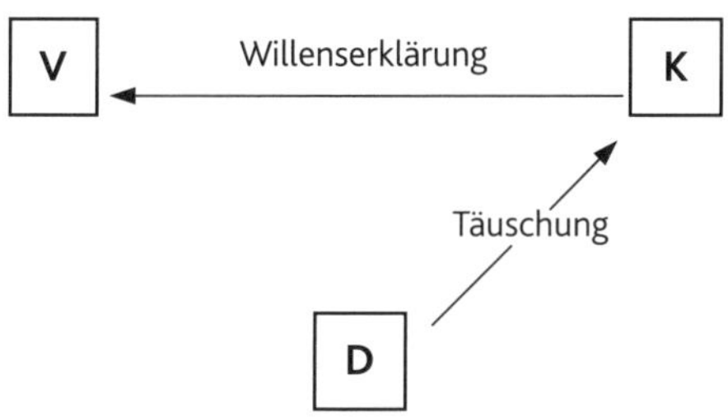

K kann nicht anfechten, wenn V von der Täuschung durch D nichts wusste oder nichts hätte wissen müssen.

Beispiel: Der Rentner D vertreibt sich seine alten Tage damit, anderen Leuten einen Streich zu spielen. So beschwatzt er Straßenpassanten, die vor der Schaufensterauslage eines Juweliers stehen, die dort zu niedrigen Preisen ausgezeichneten Schmuckstücke zu kaufen, weil er ihnen einredet, der Juwelier V habe versehentlich diese echten Schmuckstücke mit den niedrigen Preisen der Imitationen ausgezeichnet. In Wirklichkeit sind es nur Imitationen!
Wenn der Passant K daraufhin mit dem Juwelier V einen Kaufvertrag abschließt, kann er diesen nicht anfechten; nach dem »Vertrauensschutzprinzip«[181] ist es dem Juwelier, der die Täuschung nicht kannte oder kennen musste, nicht anzulasten, dass K von D getäuscht wurde.

Anders natürlich, wenn V, um seinen Umsatz zu steigern, den Rentner hiermit beauf- 241
tragt hätte! In diesem Fall hätte er Kenntnis von der Täuschung, sodass sie ihm zuzurechnen wäre; eine Anfechtung wäre möglich.

■ Wie aber sähe es aus, wenn statt des Rentners D der Angestellte A des Juweliers V – ohne dessen Wissen – diese Täuschung der Passanten vornimmt? (Überlegen Sie!)

179 Vgl. *Wörlen/Metzler-Müller* SchuldR AT Rn. 17 ff.
180 Vgl. dazu zur Vertiefung *Petersen* JURA 2004, 306.
181 → Rn. 178.

▶ Der Juwelier V muss sich das Handeln des A zurechnen lassen.
■ Warum wohl?
▶ A ist in diesem Fall nicht »Dritter« iSv § 123 II. A ist als Angestellter des V vielmehr dessen »Erfüllungsgehilfe«. V hat gem. § 278 S. 1 das Verhalten des A genauso zu vertreten wie sein eigenes. (§ 278 S. 1 lesen!)[182]

Der Grund für diese Haftung des Geschäftsherrn für seinen Erfüllungsgehilfen ist einleuchtend: Wer einen anderen für sich im Rechtsverkehr auftreten lässt, muss auch die Verantwortung dafür übernehmen, dass der andere sich gegenüber seinen Vertragspartnern redlich verhält. Hier gilt das Vertrauensschutzprinzip zugunsten des Getäuschten!

Dritter« iSv § 123 II ist ebenso wenig der Stellvertreter iSd §§ 164 ff. Lesen Sie hierzu schon einmal § 164 I 1, mit dem wir uns demnächst noch ausführlich beschäftigen werden.[183]

Wenn zB Kuno (K) den Udo (U) bevollmächtigt, für ihn, K, mit Vladimir (V) ein Geschäft abzuschließen, gilt die Willenserklärung des U gegenüber V so, als habe K selbst mit V verhandelt. K müsste sich auch eine Täuschung des V durch U anrechnen lassen, dh, trotz § 123 II könnte V anfechten!

242 Vergleichen Sie abschließend noch § 123 II 1 mit § 123 I!

■ Was fällt Ihnen dabei auf? (Vergleichen Sie diese Absätze und überlegen Sie!)
▶ In § 123 II 1 wird nur die Täuschung genannt, während sich § 123 I auf Täuschung **und** Drohung bezieht!
■ Was folgern Sie daraus? (Nachdenken!)
▶ Dass es bei einer Drohung durch einen Dritten nicht darauf ankommt, ob der Erklärungsempfänger davon wusste oder nicht. Da es sich bei einer Willenserklärung auf eine Drohung hin um eine Erklärung handelt, die unter unerlaubtem, mittelbarem Zwang abgegeben wurde, kann sie immer angefochten werden!

Um eine Anfechtung bei Vorliegen eines der sechs genannten Anfechtungsgründe wirksam werden zu lassen, müssen zwei weitere Voraussetzungen erfüllt sein:

2. Anfechtungserklärung

243 Die Anfechtung erfolgt gem. § 143 I gegenüber dem Anfechtungsgegner, dh, die Anfechtungserklärung ist eine empfangsbedürftige Willenserklärung. Wer der richtige Anfechtungsgegner ist, richtet sich nach § 143 II–IV. Wird eine Willenserklärung angefochten, die auf den Abschluss eines Vertrags gerichtet war, so ist Anfechtungsgegner der Vertragspartner des Anfechtenden (§ 143 II). Lesen Sie § 143 nun ganz durch!

Merke: Die Anfechtungserklärung muss nicht unbedingt als solche bezeichnet werden. In Klausuren sind häufig Formulierungen zu finden wie zB »will von dem Vertrag nichts mehr wissen«, »fragt, wie er sich von dem Vertrag schnellstmöglich lösen kann«.
Sie müssen dann bei der Falllösung selbst darauf kommen, dass eine Anfechtung gewollt ist, und die Erklärung der Partei nach §§ 133, 157 auslegen.[184]

182 Auch dazu mehr in *Wörlen/Metzler-Müller* SchuldR AT Rn. 397 ff.
183 → Rn. 349 ff.
184 → Rn. 167, 342 ff.

3. Anfechtungsfrist

Um wirksam sein zu können, muss die Anfechtungserklärung innerhalb einer bestimmten Frist erfolgen. Je nach Anfechtungsgrund ist diese Frist unterschiedlich. Für die Anfechtung aufgrund eines Irrtums gem. § 119 oder wegen falscher Übermittlung gem. § 120 gilt § 121 (lesen!), der uns in Abs. 1 die Legaldefinition des Begriffs »unverzüglich« gibt: Die Anfechtung muss danach »ohne schuldhaftes Zögern« erklärt werden, sobald der Anfechtungsberechtigte von dem Anfechtungsgrund Kenntnis erlangt hat. Zehn Jahre nach Abgabe der Willenserklärung ist die Anfechtung gem. § 121 II allerdings **ausgeschlossen**. **244**

Lernhinweis: Unterstreichen Sie sich »**ausgeschlossen**« im Text des Gesetzes!
= **Ausschlussfrist**!
Niemals verwechseln mit **Verjährungsfrist**! (→ Rn. 415 ff.)

Wird wegen arglistiger Täuschung oder widerrechtlicher Drohung gem. § 123 angefochten, kann dies gem. § 124 I nur binnen Jahresfrist geschehen. Die Frist beginnt dabei (§ 124 II) entweder zum Zeitpunkt der Entdeckung der Täuschung durch den Anfechtungsberechtigten oder zu dem Zeitpunkt, in welchem die durch die Drohung hervorgerufene Zwangslage aufhört. Auch in diesem Fall ist die Anfechtung nach zehn Jahren ausgeschlossen, (vgl. § 124 III; § 124 ganz lesen!).

III. Wirkungen der Anfechtung

1. Nichtigkeit des Rechtsgeschäfts

Wird eine Willenserklärung unter den bisher genannten Voraussetzungen, also **245**

1. Anfechtungsgrund,
2. Anfechtungserklärung gegenüber richtigem Anfechtungsgegner und
3. Anfechtungsfrist

wirksam angefochten, ist sie bzw. das mit ihr beabsichtigte Rechtsgeschäft, wie bereits erwähnt, gem. § 142 I als **von Anfang an** nichtig anzusehen.

Lernhinweis: Im Gesetz »**von Anfang an**« unterstreichen![185]

Wenn der Anfechtungsberechtigte von der möglichen Anfechtung Gebrauch macht, setzt er seinen wahren Willen nur in negativer Art und Weise durch, indem er die ungewollte Willenserklärung mithilfe von § 142 I wieder vernichtet.[186] Dafür muss aber in den Fällen der §§ 119 und 120 der Anfechtungsgegner, dem der Irrtum des Anfechtenden nicht anzulasten ist, unter Umständen für sein Vertrauen auf die nicht eingetretene (= rückwirkend beseitigte) Wirksamkeit der Willenserklärung entschädigt werden.

2. Schadensersatzpflicht des Anfechtenden

Gemäß § 122 I ist derjenige, der eine Willenserklärung aufgrund von § 119 oder § 120 angefochten hat, oder dessen Willenserklärung nach § 118 nichtig ist, zum Ersatz des **246**

185 Besonderheiten gelten im Arbeitsrecht: Wegen der besonderen Interessenlage beim Arbeitsvertrag wirkt die Anfechtung, falls das Arbeitsverhältnis durch Arbeitsaufnahme bereits vollzogen wurde, entgegen § 142 I nicht ex tunc, sondern analog einer Kündigung ex nunc (*Wörlen/Kokemoor* ArbR Rn. 82 ff.).
186 Jauernig/*Mansel* § 119 Rn. 3.

Schadens verpflichtet, der dem Erklärungsempfänger im Vertrauen auf die Gültigkeit der Erklärung entstanden ist. Er muss also den anderen so stellen, wie dieser stehen würde, wenn **vom Vertrag nie die Rede** gewesen wäre. Dieses sog. »**Vertrauensinteresse**« ist allerdings durch die Höhe des Betrags begrenzt, der dem Erklärungsempfänger im Fall der Gültigkeit der Erklärung zugutegekommen wäre; der andere darf also nicht bessergestellt werden, als er stehen würde, wenn der Vertrag ordnungsgemäß erfüllt worden wäre (= »**Erfüllungsinteresse**« bzw. »**positives Interesse**«). Das Vertrauensinteresse bezeichnet man auch als »**negatives Interesse**«; denn durch den Schadensersatz ist der Erklärungsempfänger so zu stellen, wie er stehen würde, wenn er **nicht** auf die Gültigkeit der angefochtenen Willenserklärung vertraut hätte (§ 122 I lesen!).

Beispiel:[187] M will in der Ferienwohnung des V auf der Insel Sylt im Juli seinen Sommerurlaub verbringen und mietet diese für einen Monat zu 1.000 EUR. Er verschreibt sich und nennt gegenüber V den Juni. Unmittelbar nachdem er Ende Mai seinen Irrtum bemerkt hat, ficht M seine Erklärung gegenüber V an. V verlangt allerdings von M Ersatz seiner Portokosten in Höhe von 3 EUR sowie weitere 900 EUR. Er hatte einem anderen Interessenten abgesagt, der die Ferienwohnung im Juni für 900 EUR mieten wollte; die Wohnung war im Juni nicht belegt.

■ Nach dem soeben Gelesenen können Sie sicher beantworten, welche der vorgenannten Beträge zum Vertrauensschaden des V nach § 122 I zählen?

▶ Hätte V nicht auf die Gültigkeit der angefochtenen Willenserklärung des M vertraut, hätte er die Wohnung im Juni an den anderen Interessenten vermietet. Daher gehören zum Vertrauensschaden des V die Portokosten in Höhe von 3 EUR und die 900 EUR, die ihm dadurch entgangen sind, dass er mit Rücksicht auf seinen Vertrag mit M das Mietangebot eines anderen Mieters für Juni abgelehnt hat.

■ Welche Schadensposition würde den Erfüllungsschaden, den M dem V nicht nach § 122 I ersetzen muss, darstellen?

▶ Da der Geschädigte V beim Ersatz des Erfüllungsschadens so gestellt werden muss, wie er stünde, wenn der Mietvertrag durch M erfüllt worden wäre, sind dies im obigen Fall 1.000 EUR.

Wenn Sie den letzten Halbsatz von § 122 I (nochmals) lesen, wissen Sie, dass eine weitere Grenze des Schadensersatzanspruchs dadurch gezogen wird, dass der **Vertrauensschaden nur bis zur Höhe des Erfüllungsschadens** zu ersetzen ist.

Abwandlung des vorgenannten Beispiels: Der andere Mietinteressent des V wollte dessen Ferienwohnung im Juni für 1.100 EUR mieten.

■ Handelt es sich bei den 1.100 EUR um den Vertrauensschaden oder den Erfüllungsschaden des V?

▶ Da V im Vertrauen auf die Gültigkeit des Mietvertrags mit M diesen anderen Mietinteressenten, der 1.100 EUR für die Ferienwohnung zahlen wollte, abgelehnt hat, ist vorgenannter Betrag der Vertrauensschaden des V.

■ Erhält V diesen Betrag in voller Höhe von M? (Vorsorglich noch einmal den letzten Halbsatz von § 122 I lesen!)

▶ Der Vertrauensschaden (1.100 EUR) übersteigt das Erfüllungsinteresse des V. Denn bei Gültigkeit des Mietvertrags mit M hätte V diesem gegenüber nur einen Anspruch auf Zahlung von 1.000 EUR gehabt. Folglich ist der Vertrauensschaden des V durch M nur bis zur Höhe von 1.000 EUR zu ersetzen.

---

187 Nach *Brox/Walker* BGB AT § 18 Fall g.

Durch die Begrenzung des Ersatzes des Vertrauensschadens auf den Betrag des Erfüllungsinteresses soll der Anfechtungsgegner/Anspruchsberechtigte aufgrund der angefochtenen Willenserklärung nicht besser gestellt werden, als er bei Gültigkeit der Erklärung gestanden hätte. Der Anfechtende hätte ansonsten durch die Anfechtung mehr Schaden als Nutzen, wenn er den über das Erfüllungsinteresse hinausgehenden Vertrauensschaden ersetzen müsste.

Die Schadensersatzpflicht tritt gem. § 122 II (lesen!) nicht ein, wenn der Geschädigte **246a**
den Grund der Nichtigkeit oder der Anfechtung kannte oder infolge von Fahrlässigkeit nicht kannte (= Legaldefinition des Begriffs »Kennen-Müssen«; die Legaldefinition der Fahrlässigkeit enthält § 276 II – lesen).

Beispiel:[188] V, der sein Fahrzeug, das einen Wert von 11.500 EUR hat, verkaufen will, vertippt sich und sagt einem Kaufinteressenten mittels elektronischer Nachricht zu, dass dieser das Fahrzeug für 15 EUR haben könne. Hier ergibt sich aus den Umständen des Falles eindeutig, dass der Käufer den Grund der Anfechtung kannte oder zumindest hätte erkennen müssen.

Hingegen hat der Anfechtungsgegner einer Anfechtung aufgrund von § 123 I (der in § 122 nicht genannt wird) diesen Schadensersatzanspruch nicht: Der Anfechtungsgegner, der den Erklärenden getäuscht oder bedroht hat, soll dafür natürlich nicht noch mit einem Schadensersatzanspruch belohnt werden.

Lernhinweis: Der Anspruch aus § 122 setzt kein Verschulden voraus. Vielmehr beruht er auf dem **Veranlassungsprinzip**: Derjenige soll den Schaden ersetzen, der ihn durch sein Verhalten veranlasst hat.

246b

Prüfungsschema

Schadensersatzpflicht des Anfechtenden gem. § 122

I. Voraussetzungen:
1. Wirksame Anfechtung einer WE (§§ 119, 120, 143)
2. Geschädigter hat auf die Gültigkeit der angefochtenen WE vertraut (§ 122 I)
3. Geschädigter hatte keine Kenntnis bzw. fahrlässige Unkenntnis vom Anfechtungsgrund (§ 122 II)

II. Rechtsfolgen:
Ersatz des Vertrauensschadens (= negatives Interesse), begrenzt durch den Erfüllungsschaden (= positives Interesse), § 122 I

3. Herausgabe bereits ausgetauschter Leistungen

Nehmen Sie an, V und K haben einen Kaufvertrag über ein wertvolles Gemälde ge- **247**
schlossen und diesen Vertrag durch Übergabe des Bildes und Bezahlung des Kaufpreises bereits erfüllt.

Nun stellt sich heraus, dass das Bild eine Fälschung ist und K deshalb gem. § 119 anfechten kann.

■ Zwischenfrage: Welcher Anfechtungsgrund des § 119 liegt hier vor?
▶ Ein Eigenschaftsirrtum iSv § 119 II!

188 Nach OLG Frankfurt am Main BeckRS 2017, 113917 (betrifft eine Scherzerklärung nach § 118).

K erklärt daraufhin eine wirksame Anfechtung.

■ Welche Rechtsfolge tritt ein?
▶ Die (rückwirkende) Nichtigkeit des Kaufvertrags gem. § 142 I!

Der Kaufvertrag, der Grund für die Übergabe des Bildes und Bezahlung des Kaufpreises war, ist so anzusehen, als sei er nie geschlossen worden.

■ Was geschieht in diesem Fall mit dem bereits übergebenen Bild und dem bereits gezahlten Kaufpreis?
▶ Beides ist jeweils an den anderen zurückzugeben. Mit anderen Worten: K hat gegen V einen Anspruch auf Herausgabe des Kaufpreises (des Gelds) und V kann von K Herausgabe des Bildes verlangen.

248 Natürlich brauchen wir für diesen Anspruch eine Anspruchsgrundlage. Die Vorschrift, die als Anspruchsgrundlage für dieses Herausgabeverlangen in Betracht kommt, ist § 812 I 1, 1. Var. – lesen!

Lernhinweis: Wegen der Rückwirkung der Anfechtung gem. § 142 I ist auch § 812 I 2, 1. Var. als Anspruchsgrundlage möglich.[189]

Obwohl diese Vorschrift zum Besonderen Schuldrecht gehört, müssen wir uns die Voraussetzungen für den Anspruch aus § 812 I 1 schon jetzt kurz ansehen. Dieser Anspruch ist unter anderem von Bedeutung, wenn ein Vertrag, der bereits erfüllt worden ist, durch Anfechtung (oder aus anderen Gründen) nichtig war oder (rückwirkend!) geworden ist.

Wenn K in unserem Fallbeispiel von V gem. § 812 I 1, 1. Var. den gezahlten Kaufpreis herausverlangt, müssen folgende Voraussetzungen erfüllt sein:

(a) V müsste »etwas erlangt« haben.

■ Was hat V erlangt?
▶ Den Kaufpreis, dh juristisch genau ausgedrückt: Besitz (§ 854) und Eigentum[190] an dem Geld.

(b) Dieses »Etwas« müsste V durch eine »Leistung« erlangt haben. Da K den Kaufpreis in Erfüllung des später angefochtenen Kaufvertrags an V leistete, indem er nämlich bewusst und zweckgerichtet dessen Vermögen vermehrte, liegt eine solche Leistung durch K vor.

(c) Schließlich müsste V den Kaufpreis »ohne rechtlichen Grund« erlangt haben!

■ Welcher rechtliche Grund lag vor, aufgrund dessen K den Kaufpreis bezahlte?
▶ Der Kaufvertrag!
■ Was aber ist mit dem Kaufvertrag passiert?
▶ Der Kaufvertrag ist wirksam angefochten worden!
■ Rechtsfolge?
▶ Gemäß § 142 I ist der Kaufvertrag als von Anfang an nichtig anzusehen! Somit hat K den Kaufpreis ohne rechtlichen Grund geleistet und kann ihn gem. § 812 I 1, 1. Var. von V herausverlangen.

189 Jauernig/*Stadler* § 812 Rn. 14 f.; ausführlich hierzu HK-BGB/*Wiese* § 812 Rn. 7 mwN.

190 Diese Begriffe werden in *Wörlen/Kokemoor* SachenR erklärt. Den »Leistungsbegriff« des Bereicherungsrechts der §§ 812 ff. finden Sie in *Wörlen/Metzler-Müller* SchuldR BT (Rn. 374) ausf. erläutert.

IV. Falllösungen zum Anfechtungsrecht

Anhand der beiden nächsten Übungsfälle können Sie Ihr Wissen über das Anfechtungsrecht und die Methodik der Fallbearbeitung überprüfen und vertiefen.

Übungsfall 14 249

Der bislang mittellose Student Klaus Klamm (K) ist auf unerklärliche Weise zu Geld gekommen und beschließt (im Jahr 2019), sich einen Porsche zu kaufen. Beim Gebrauchtwagenhändler Vinzenz Vauweh (V) zeigt ihm dessen Angestellter Albert Aalglatt (A) ein entsprechendes Modell, »Boxster Baujahr 2007, km-Stand 120.000, unfallfrei«, zum Preis von 18.000 EUR. K kauft den Wagen, bezahlt bar und fährt stolz davon. Wenige Wochen später stellt sich bei einer Inspektion heraus, dass der Wagen in Wahrheit Baujahr 1999 und 220.000 km gelaufen ist. Außerdem handelt es sich um einen Unfallwagen. Das hat wohl A, nicht aber V gewusst. K, der nur Medizin studiert, will sein Geld zurück, weiß aber nicht, auf welchem Weg. Welchen Anspruch hat K gegen V?

Wenn K »sein Geld zurück« will, so bedeutet das, dass er von V »Herausgabe« des Geldes (des Kaufpreises) verlangt.

- ■ Aus welcher Anspruchsgrundlage, die Sie soeben kennengelernt haben, könnte K sein Begehren herleiten? 250
- ▶ § 812 I 1, 1. Var. (nochmals lesen!)
- ■ Sind die beiden ersten Voraussetzungen für diesen Anspruch, dass V »etwas erlangt« hat, und dieses auch durch »Leistung des K« geschehen ist, erfüllt?
- ▶ V hat Besitz und Eigentum an dem Geld (Kaufpreis) erlangt und dies geschah auch durch Leistung des K, der ja mit der Zahlung seine vertragliche Leistungspflicht aus § 433 II erfüllen wollte.[191]
- ■ Wie sieht es mit dem rechtlichen Grund für diese Leistung aus? Was kommt als Rechtsgrund in Betracht?
- ▶ Der Kaufvertrag!
- ■ Was könnte K tun, damit sein Anspruch aus § 812 I begründet ist?
- ▶ K könnte seine auf Abschluss des Kaufvertrags gerichtete Willenserklärung anfechten, damit dieser gem. § 142 I von Anfang an nichtig ist. 251
- ■ Was ist die erste Voraussetzung, damit eine Anfechtung durch K Erfolg haben kann?
- ▶ K müsste einen Anfechtungsgrund haben.
- ■ Passt § 119 I? Liegt ein Inhaltsirrtum oder ein Erklärungsirrtum des K vor?
- ▶ Es sind keine Anhaltspunkte ersichtlich, dass K sich bei Vertragsschluss über den Inhalt seiner Willenserklärung irrte oder ein falsches Erklärungszeichen benutzte.
- ■ Wie steht es mit dem Anfechtungsgrund gem. § 119 II, dem sog. Eigenschaftsirrtum? Welche Vorstellung hatte K bei Abschluss des Kaufvertrags?
- ▶ K hat den Kaufvertrag mit V geschlossen, da er davon ausging, dass der Porsche erst zehn Jahre alt war, 120.000 km gelaufen und keinen Unfall hatte. Da dies alles nicht stimmte, irrte K über Baujahr, Kilometerstand und Unfallfreiheit des Autos.
- ■ Würden Sie darin einen Irrtum über verkehrswesentliche Eigenschaften iSd § 119 II (einen Irrtum über wertbildende Faktoren!) sehen?
- ▶ Ja! Dennoch kann K nicht gem. § 119 II anfechten.

Das falsche Baujahr, der falsche Kilometerstand und die nicht vorhandene Unfallfreiheit sind nämlich zugleich »Mangel« der Kaufsache. Liegt bei einer Kaufsache ein 252

191 In einer Klausur müsste man dazu allerdings etwas ausführlicher Stellung nehmen!

solcher Fehler vor, so hat der Käufer gegen den Verkäufer »Gewährleistungsansprüche« nach §§ 437 ff., die Sie jetzt allerdings nicht lesen sollen. Diese Vorschriften sind Spezialvorschriften des Kaufrechts und gehören zum Besonderen Teil des Schuldrechts, während § 119 zum Allgemeinen Teil des BGB gehört.

253 Wenn Sie sich an das erinnern, was Sie über den Aufbau und die Systematik des BGB gelernt haben, erinnern Sie sich vielleicht auch daran, dass Spezialvorschriften vor Vorschriften des Allgemeinen Teils immer Vorrang haben, wenn sie die gleiche Materie regeln und sich sogar widersprechen. Ein solcher Widerspruch ergibt sich aus § 438 I Nr. 3, II (ausnahmsweise – noch – nicht lesen), wonach die Gewährleistungsansprüche der §§ 437 ff. wegen eines Mangels der Kaufsache in zwei Jahren nach **Ablieferung** der (beweglichen) Sache beim Käufer verjähren, ohne dass es darauf ankommt, ob der Käufer von dem Mangel **Kenntnis** hatte. Da die Anfechtungsfrist des § 121, wie wir wissen, erst zu laufen beginnt, wenn der Anfechtungsberechtigte von dem Anfechtungsgrund nach § 119 II **Kenntnis** erlangt, könnte er theoretisch auch noch später als zwei Jahre nach **Ablieferung** der Kaufsache wegen Irrtums über das Nichtvorhandensein dieses Mangels anfechten. Dann aber wäre die Regelung des § 438 I Nr. 3 bezüglich der zweijährigen Verjährungsfrist sinnlos!

Wir kommen auf dieses Konkurrenzverhältnis im Kaufrecht noch einmal zu sprechen.[192] Merken Sie sich aber schon jetzt, dass die Anfechtung wegen Irrtums nach § 119 II ausgeschlossen ist, wenn zugleich ein Irrtum über das Vorhandensein oder Nichtvorhandensein eines Fehlers der Kaufsache vorliegt!

254 Niemals ausgeschlossen ist dagegen die Anfechtung gem. § 123 I wegen arglistiger Täuschung, sofern ihre Voraussetzungen vorliegen. Wenn der Verkäufer den Käufer bezüglich eines Mangels der Kaufsache arglistig täuscht, dh den Mangel arglistig verschwiegen hat, greift gem. § 438 III 1 auch die kurze Verjährungsfrist des § 438 I Nr. 3 nicht ein!

In unserem Fall müssen wir deshalb prüfen, ob K den Kaufvertrag wegen arglistiger Täuschung durch V gem. § 123 I (lesen!) anfechten kann.

■ Liegt ein Anfechtungsgrund gem. § 123 I vor? Worin könnte eine arglistige Täuschung gelegen haben?

▶ Sowohl in der Angabe des falschen Baujahrs und Kilometerstands als auch im Verschweigen des Unfalls!

■ Wer hat diese Täuschung dem K gegenüber vorgenommen?

▶ Nicht V selbst, sondern sein Angestellter A. Die Anfechtung nach § 123 I könnte deshalb gem. § 123 II 1 (lesen!) ausgeschlossen sein, wenn A Dritter im Sinne dieser Vorschrift wäre.

■ Trifft das für unseren Fall zu?

255 ▶ Nein! A ist als Angestellter des V dessen Vertreter und auch Erfüllungsgehilfe.[193] Als solcher ist er nicht »Dritter« iSv § 123 II 1. V muss sich deshalb die Täuschung des K durch A zurechnen lassen, sodass K einen Anfechtungsgrund gem. § 123 I hat. Wenn K deshalb gem. § 143 I (lesen!) die Anfechtung des Kaufvertrags gegenüber seinem Vertragspartner erklärt, wird die Anfechtung wirksam, sofern K auch die Anfechtungsfrist einhält!

192 Vgl. *Wörlen/Metzler-Müller* SchuldR BT Rn. 71.
193 → Rn. 241.

- ■ Welche Anfechtungsfrist gilt hier?
- ▶ Die Frist des § 124 I; gem. § 124 II beginnt diese Frist mit Entdeckung der Täuschung und dauert ein Jahr (§ 124 lesen!). Bei rechtzeitiger Anfechtung wäre der Kaufvertrag gem. § 142 I (lesen!) von Anfang an nichtig.
- ■ Welche Folge hat das für den Anspruch des K gegen V aus § 812 I 1, 1. Var.?
- ▶ Da K den Kaufpreis aufgrund eines nichtigen Kaufvertrags geleistet hat, hat V Besitz und Eigentum an dem Geld »ohne rechtlichen Grund« erlangt und muss es gem. § 812 I 1, 1. Var. an K herausgeben!

Übungsfall 15 256

Die Kaufverhandlungen zwischen Kilian Kiehl (K) und Volker Vorschot (V) über dessen Segelboot sind bisher stets am hohen Preis gescheitert. Eines Tages beobachtete K den V bei einer Unfallflucht. K teilt dem V mit, dass er dies gesehen habe und droht ihm mit Strafanzeige, wenn V das Boot nicht billigst verkaufe. V willigt notgedrungen ein. Nun ist seine Tat nach drei Jahren (gem. §§ 142 I, 78 III Nr. 5 StGB) strafrechtlich verjährt. Kann V noch zivilrechtliche Schritte gegen K unternehmen?

Ausnahmsweise ist einmal nicht nach einem Anspruch gefragt, sondern danach, welche rechtlichen Möglichkeiten V hat, um den billigen Notverkauf an K rückgängig zu machen.

- ■ Welche Möglichkeit könnte V haben?
- ▶ Anfechtung gem. § 123 I wegen widerrechtlicher Drohung! 257
- ■ Worin könnte die Drohung liegen?
- ▶ In der Anzeige wegen Unfallflucht!
- ■ Ist das eine Drohung?
- ▶ Da die Anzeige eine Bestrafung des V wegen Unfallflucht nach sich ziehen würde, ist in der Anzeige das Inaussichtstellen eines empfindlichen Übels zu sehen. V befindet sich in einer Zwangslage. Er muss sich entscheiden: Entweder Bestrafung oder billig verkauftes Segelboot.
- ■ Ist diese Drohung durch K auch widerrechtlich? Was ist dafür Voraussetzung?
- ▶ Entweder ist der Zweck oder das Mittel oder die Zweck-Mittel-Relation der Drohung verwerflich bzw. rechtswidrig.
- ■ Ist der Zweck rechtswidrig?
- ▶ Der Zweck, Abschluss eines Kaufvertrags, ist für sich gesehen völlig legitim.
- ■ Und das Mittel?
- ▶ Die Anzeige wegen einer Straftat ist ebenfalls nicht rechtswidrig.
- ■ Wie steht es mit der Zweck-Mittel-Relation?
- ▶ Da zwischen dem Kaufvertrag und der Straftat kein innerer Zusammenhang besteht, durfte K mit der Drohung der Anzeige keinen Zwang ausüben. Die Zweck-Mittel-Relation führt also zur Widerrechtlichkeit der Drohung. Somit liegt ein Anfechtungsgrund gem. § 123 I vor.
- ■ Welche Voraussetzungen müssen neben dem Vorliegen eines Anfechtungsgrunds weiterhin erfüllt sein, damit eine Anfechtung durch V wirksam ist?
- ▶ Anfechtungserklärung gegenüber dem richtigen Anfechtungsgegner gem. § 143 I sowie Einhaltung der Anfechtungsfrist, für die § 124 gilt. Gemäß § 124 II beginnt die Jahresfrist von Abs. 1 (§ 124 nochmals ganz lesen!) im Falle der Drohung mit dem Zeitpunkt, in welchem die Zwangslage aufhört.
- ■ Kann V die Frist noch einhalten?
- ▶ Die Zwangslage hört erst auf, nachdem die Straftat verjährt ist. Somit kann V auch nach drei Jahren den Kaufvertrag noch anfechten …

258 **Übungsfall 16**

Max Miet (M) buchte bei Volker Vorbau (V) Anfang Februar über das Internet für die Zeit vom 18.8.–8.9. (im selben Jahr) eine Ferienwohnung in der Toskana. Laut Katalog soll die wöchentliche Miete 600 EUR betragen. Am 21.2. erhielt M von V eine maschinelle Buchungsbestätigung zum Katalogpreis von 600 EUR. Die Buchungsbestätigung wurde im automatisierten Verfahren erstellt, wonach der Computer anhand der eingegebenen Nummer des gebuchten Objekts und des Mietzeitraums den jeweiligen Mietpreis selbstständig ermittelt und ausdruckt. Zum 28.2. übersandte V an M eine neue Buchungsbestätigung, in der der Mietpreis auf 1.200 EUR pro Woche angehoben wurde. Bei der Bestätigung vom 21.2. habe es sich um einen »Erklärungsirrtum« gehandelt, aufgrund dessen der Mietvertrag nunmehr mit der neuen Bestätigung vom 28.2. wirksam angefochten worden sei. M will nur den ursprünglichen Katalogpreis von 600 EUR bezahlen. Hat V einen Anspruch auf Bezahlung der »berichtigten« Miete in Höhe von 1.200 EUR oder ist der Vertrag für 600 EUR Miete zustande gekommen?

- Bevor Sie die folgende Lösung des Falles lesen, sollten Sie sich die Mühe machen, den Fall selbst klausurmäßig zu lösen. Nehmen Sie dazu die Lösung von Fall 13, der ähnlich gelagert ist, zu Hilfe (→ Rn. 227 ff.)! Beginnen Sie mit der Anspruchsgrundlage!
- Klausurmäßige Lösung:

259 (I) Ein Anspruch des V gegen M auf Zahlung der Miete in Höhe von 1.200 EUR könnte sich aus § 535 II ergeben.

(1) Voraussetzung dafür ist, dass zwischen V und M ein Mietvertrag über die Ferienwohnung zu 1.200 EUR Miete zustande gekommen ist. Dies wiederum setzt ein entsprechendes Angebot und dessen Annahme durch die Vertragspartner, also zwei übereinstimmende Willenserklärungen, voraus.

(a) Indem V den Katalogpreis im Internet mit 600 EUR angab, hat er noch keine rechtlich bindende Willensklärung abgegeben. Hier liegt vielmehr eine **inivitatio ad offerendum** vor, also eine unverbindliche Aufforderung an alle Leser des Katalogs, dem Ferienwohnungsvermieter ein Angebot zu machen. Ein Angebot, die Wohnung für 600 EUR zu mieten, hat somit M mit seiner Buchung Anfang Februar abgegeben.

260 (b) Indem V dem M am 21.2. die maschinelle Buchungsbestätigung über 600 EUR übersandt hat, könnte V das Angebot des M angenommen haben. Dabei ist zu berücksichtigen, dass diese Bestätigung vom 21.2. im automatisierten Verfahren erstellt wurde, indem der Computer anhand der eingegebenen Nummer des Mietobjekts und des Mietzeitraums die jeweilige Miete selbstständig ermittelt und ausgedruckt hat. Es handelt sich somit um eine **elektronische Willenserklärung**. Es ist heute in Rechtsprechung und Lehre allgemein anerkannt,[194] dass auch automatisierte Willenserklärungen als rechtsverbindliche Erklärungen eines menschlichen Willens anzusehen sind. Somit liegt eine Willenserklärung des V und damit eine wirksame Annahme des Angebots des M iHv 600 EUR vor.

(II) Zwischenergebnis: Ein Mietvertrag über 1.200 EUR ist nicht zustande gekommen, sodass der Anspruch des V nicht begründet ist. Der Mietvertrag zwischen V und M ist indessen über 600 EUR Miete zustande gekommen.

194 → Rn. 329 ff.

(III) Zu prüfen ist jedoch, ob V seine elektronische Willenserklärung mit Übersendung der »berichtigten« Buchungsbestätigung am 28.2. wirksam angefochten hat mit der Folge, dass der Mietvertrag gem. § 142 I als von Anfang an nichtig anzusehen ist. **261**

(1) Dann muss V einen Anfechtungsgrund haben. Indem V sich auf einen Erklärungsirrtum beruft, macht er einen Anfechtungsgrund iSv § 119 I, 2. Var. geltend. Ein Erklärungsirrtum liegt vor, wenn der Erklärende bei Abgabe seiner Willenserklärung versehentlich ein falsches Erklärungszeichen benutzt.

(a) Dabei ist es unerheblich, ob die zunächst wirksame Willenserklärung von einer Datenverarbeitungsanlage stammt. Erkennt man die Wirksamkeit elektronischer Willenserklärungen an, muss auch ihre Anfechtung möglich sein.

(b) Der Computer des V hat aufgrund des seinem eingegebenen Berechnungsprogramm zugrunde liegenden Datenmaterials die Miete selbstständig errechnet und mittels ausgedruckter Buchungsbestätigung dem M mitgeteilt. Die Mitteilung der wöchentlichen Miete von 600 EUR beruht also nicht auf einer Fehlbedienung des Computers, die eine Verwechslung der Erklärungszeichen »600 EUR« und »1.200 EUR« zur Folge hatte, sondern offenbar auf der Verwendung fehlerhaften Datenmaterials. Werden aber internen Berechnungen des Computers falsche Preise zugrunde gelegt, stellt die falsche Berechnung lediglich einen Kalkulationsirrtum dar, der als **unbeachtlicher Motivirrtum**[195] nicht zur Anfechtung berechtigt. **262**

(2) Somit hat V keinen Anfechtungsgrund.

(IV) Ergebnis: Der Anspruch des V gegen M gem. § 535 II auf Zahlung der Miete in Höhe von 1.200 EUR ist unbegründet. Der Mietvertrag zwischen V und M ist zu einer Miete von 600 EUR zustande gekommen.

Lesen Sie nun das folgende Prüfungsschema und die Übersicht 20 und dann gegebenenfalls etwas aus der Literatur zur Vertiefung.

262a

Prüfungsschema

Prüfungsfolge bei der Anfechtung, §§ 119 ff., 142 f.

I. Anfechtungsgrund (→ Rn. 217 ff.)
1. Inhaltsirrtum, § 119 I, 1. Var.
2. Erklärungsirrtum gemäß § 119 I, 2. Var.
3. Eigenschaftsirrtum iSd § 119 II
4. Irrtum wegen falscher Übermittlung, § 120
5. Irrtum durch arglistige Täuschung, § 123 I, 1. Var.
   Beachte § 123 II (Täuschung durch Dritten)
6. WE aufgrund widerrechtlicher Drohung nach § 123 I, 2. Var.

II. Anfechtungserklärung, § 143 (→ Rn. 243)
= empfangsbedürftige WE (dh Abgabe und Zugang erforderlich)
Erklärung gegenüber richtigem Anfechtungsgegner, § 143 II und III

III. Anfechtungsfrist (→ Rn. 244)
1. bei §§ 119, 120: § 121 (unverzüglich)
2. bei § 123: § 124 (binnen Jahresfrist)

195 → Rn. 222.

263 **Übersicht 20**

Anfechtungsrecht

1. Allgemeines

- Rechtsgeschäfte bestehen regelmäßig aus Willenserklärungen (WEen). Diese bestehen aus einem objektiven Teil (der äußeren Erklärung) und einem subjektiven Teil (Erklärungsbewusstsein + dem die Erklärung tragenden Handlungs- und Geschäftswillen).
- Aus **Vertrauensschutzgründen** werden die Rechtsfolgen einer WE vornehmlich nach dem äußeren Teil, der Erklärung, bestimmt: **Eine WE gilt grundsätzlich so, wie sie erklärt wurde**. Bei Mehrdeutigkeit ist sie auszulegen, um den Inhalt zu ermitteln.
- Weicht die objektive Erklärung (die ggf. durch Auslegung gem. § 133 ermittelt wurde) vom »inneren Willen« ab, so ist sie zunächst **gültig**!
- In einem solchen Fall des Willensmangels gibt das BGB dem Erklärenden die **Möglichkeit**, die WE durch Anfechtung zu beseitigen. **Ob** er anficht, ist seine freie Entscheidung.

264
2. Anfechtungsgründe

a) Irrtumstatbestände
§§ 119 f.

Inhaltsirrtum **§ 119 I, 1. Var.**	**Erklärungsirrtum** **§ 119 I, 2. Var.**	**Eigenschaftsirrtum** **§ 119 II**	**Irrtum wegen falscher Übermittlung** **§ 120**
Irrtum über Erklärungsinhalt, dh Abweichung der beigemessenen Bedeutung der (durchaus gewollten) WE von der wirklichen, evtl. durch Auslegung zu ermittelnden Bedeutung. Auslegung geht vor Anfechtung!	Erklärender will WE dieser Art nicht abgeben, dh der Irrtum liegt schon bei der Erklärungsäußerung.	Irrtum über verkehrswesentliche Eigenschaft einer Person oder Sache = wertbildender Faktor (nicht der Wert selbst).	Unbewusst unrichtige Übermittlung durch einen Boten.
Beispiel: Verwechslung Leih- und Mietvertrag	**Beispiel:** Verschreiben, Versprechen (450 statt 540 EUR)	**Beispiele:** Kreditwürdigkeit einer Person, Echtheit eines Bildes Wichtig: Bei Mangel der Kaufsache (§§ 434 ff.): keine Anfechtung wegen Eigenschaftsirrtums.	**Beispiel:** Bote übermittelt ein Zahlungsangebot über 450 EUR statt 540 EUR

= Irrtümer bei Willens**äußerung**.

Irrtum bei Willens**bildung** = unbeachtlicher Motivirrtum.
Beispiele: Kauf von Hochzeitsgeschenk und Hochzeit findet nicht statt; Kalkulationsirrtum.

b) Anfechtungsgrund
§ 123

Anfechtung wegen arglistiger Täuschung **§ 123 I 1. Var.**	**Anfechtung wegen widerrechtlicher Drohung** **§ 123 I 2. Var.**
Täuschung setzt Irrtumserregung voraus (durch Tun oder Unterlassen). Arglist: Bewusstsein, dass Erklärender ohne Täuschung WE nicht abgegeben hätte. Bedingter Vorsatz reicht aus. **Beispiel:** Zusicherung von Unfallfreiheit bei Kfz; Verschweigen von Unfall.	Drohung = Inaussichtstellen eines empfindlichen Übels = mittelbarer Zwang. Widerrechtlich: Mittel verwerflich (zB: Gewaltanwendung, wenn WE nicht abgegeben wird) oder Zweck verwerflich (zB Begehung von Betrug) oder Zweck-Mittel-Relation verwerflich (zB Abschluss von Darlehensvertrag, andernfalls Anzeige wegen Straftat).

Anfechtung wegen arglistiger Täuschung durch einen Dritten
§ 123 II

Dritter ist der an dem Geschäft völlig Unbeteiligte.
Dritter ist nicht Vertreter oder Erfüllungsgehilfe des Anfechtungsgegners!
§ 123 II gilt nicht bei Drohung, dh durch Drohung erzwungene WE ist immer anfechtbar!

3. Wirksame Durchführung der Anfechtung 265

Anfechtungserklärung **§ 143**	und	**Anfechtungsfrist**
• gegenüber richtigem Anfechtungsgegner (= idR Vertragspartner) • muss nicht wörtlich erklärt werden = auch »konkludent« → es genügt, wenn deutlich wird, dass der Anfechtende sich nicht mehr an seine WE binden lassen will.		• bei §§ 119, 120 → § 121: »unverzüglich« nach Kenntnis vom Anfechtungsgrund. • bei § 123 I → § 124: 1 Jahr nach Entdeckung der Täuschung oder nach Beendigung der durch Drohung bewirkten Zwangslage.

266

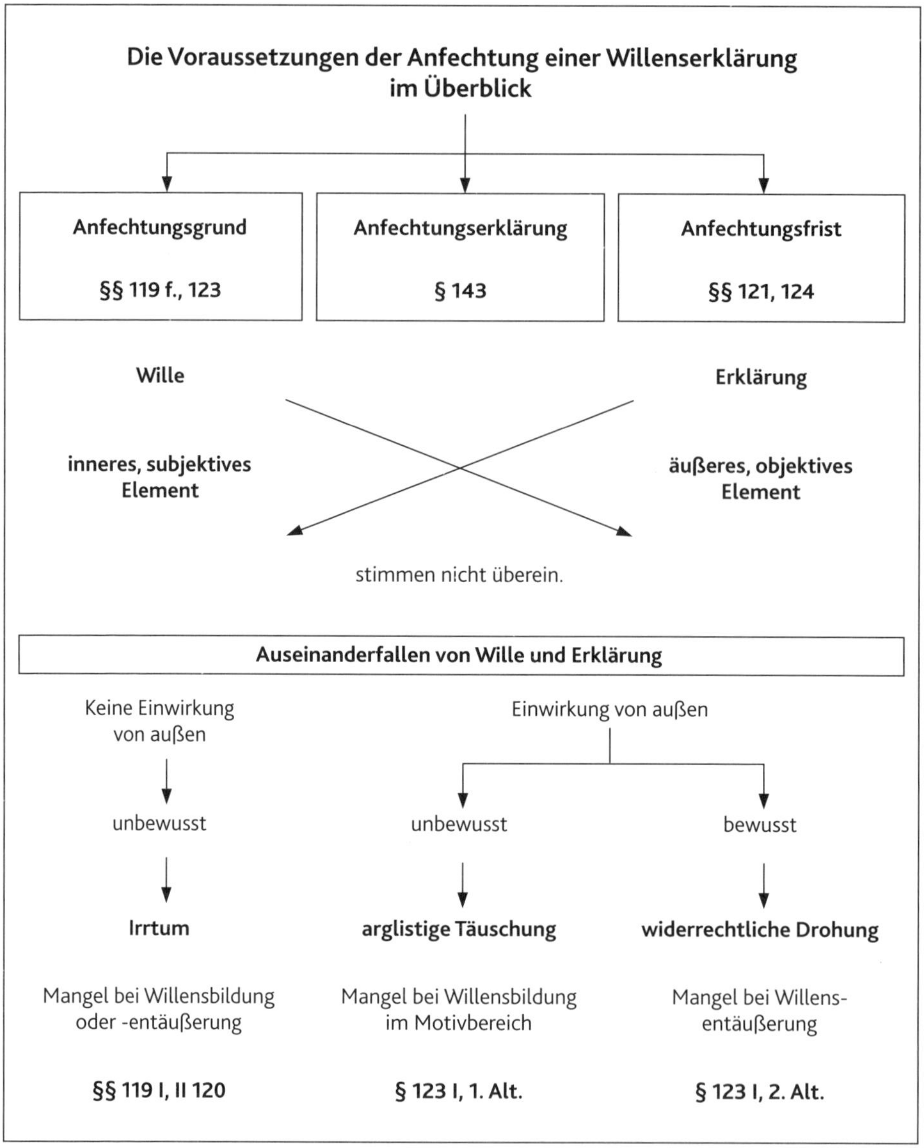
Die Voraussetzungen der Anfechtung einer Willenserklärung im Überblick
Anfechtungsgrund
§§ 119 f., 123
Anfechtungserklärung
§ 143
Anfechtungsfrist
§§ 121, 124
Wille
Erklärung
inneres, subjektives Element
äußeres, objektives Element
stimmen nicht überein.
Auseinanderfallen von Wille und Erklärung
Keine Einwirkung von außen
unbewusst
Irrtum
Mangel bei Willensbildung oder -entäußerung
§§ 119 I, II 120
Einwirkung von außen
unbewusst
arglistige Täuschung
Mangel bei Willensbildung im Motivbereich
§ 123 I, 1. Alt.
bewusst
widerrechtliche Drohung
Mangel bei Willens-entäußerung
§ 123 I, 2. Alt.

4. Wirkung der Anfechtung 267

§ 142 I: WE (und damit auch evtl. Vertrag) ist von Anfang an nichtig.	**Ggf. Schadensersatzanspruch nach § 122**	**Anspruch auf Herausgabe des Erlangten gem. § 812 I 1, 1. Var. »ungerechtfertigte Bereicherung«**
= vertragliche Leistungen erfolgten ohne rechtlichen Grund → Anspruch auf Herausgabe gem. § 812 I 1, 1. Var.	nur bei Anfechtung nach §§ 119, 120 sowie im Fall von § 118 (nicht bei § 123!): »Vertrauensschaden« **Beispiel:** Fall »Schwarzwaldglück«	Falls Leistungen bereits ausgetauscht sind. Anspruchsvoraussetzungen siehe unten

Voraussetzungen des § 812 I 1, 1. Var.:

- Jemand (Anspruchsgegner) hat »**etwas erlangt**« (= Bereicherung des Vermögens) zB Besitz und Eigentum an einer Sache (auch Geld ist eine Sache)
- durch die Leistung eines anderen (Anspruchsteller)
  »**Leistung**« = jede bewusste und zweckgerichtete Vermehrung fremden Vermögens
- **ohne rechtlichen Grund** – Rechtsgrund für eine berechtigte Vermögensvermehrung ist idR ein schuldrechtlicher Verpflichtungsvertrag (Kausalgeschäft), zB Kaufvertrag.
  Vertrag kann durch Anfechtung zB gem. § 142 I von Anfang an nichtig werden: dann kein Rechtsgrund für Leistung vorhanden!

Rechtsfolge: Herausgabe des ohne Rechtsgrund Geleisteten nach § 812 I 1, 1. Var.

Literatur zur Vertiefung (→ Rn. 214–266): *Alpmann und Schmidt* BGB AT 2, 1. Teil, 4. Abschn.; *Arnold*, Die arglistige Täuschung im BGB, JuS 2013, 865; *Bitter/Röder* BGB AT § 7; *Brox/Walker* BGB AT §§ 18–20; *Büchler*, Die Anfechtungsgründe des § 123 BGB, JuS 2009, 976; *Coester-Waltjen*, Die Anfechtung von Willenserklärungen, JURA 2006, 348; *Coester-Waltjen*, Die fehlerhafte Willenserklärung, JURA 1990, 362; *Conrad*, Die bereicherungsrechtliche Rückabwicklung nach Anfechtung wegen arglistiger Täuschung (§ 123 I Var. 1 BGB), JuS 2009, 397; *Cziupka*, Die Irrtumsgründe des § 119 BGB, JuS 2009, 887; *Führich* WirtschaftsPrivatR Rn. 190 ff.; *Hirsch* BGB AT §§ 19–24; *Keller/Purnhagen*, Klausur Zivilrecht: Anfechtung eines Computerkaufs im Internet, JA 2011, 894; *Kellermann*, Problemfelder des Anfechtungsrechts, JA 2004, 405; *Kocher*, Anfechtung bei falscher Preisauszeichnung im Internet, JuS 2006, 223; *Köhler* BGB AT § 7 Rn. 15 ff.; *Leenen*, Die Anfechtung von Verträgen, JURA 1991, 393; *Löhnig*, Irrtumsrecht nach der Schuldrechtsmodernisierung, JA 2003, 516; *Löhnig*, Vertragsaufhebung wegen fahrlässiger Täuschung, JA 2003, 553; *Mankowski*, Arglistige Täuschung durch vorsätzlich falsche oder unvollständige Antworten auf konkrete Fragen, JZ 2004, 121; *Martens*, Wer ist »Dritter«? – Zur Abgrenzung von § 123 I und II 1 BGB, JuS 2005, 887; *Medicus/Petersen* BürgerlR § 6; *Metzler-Müller* Privatrechtsfall 89 ff. sowie Fall 2, 71 ff., Fall 3, 81 ff.; *Musielak*, Die Anfechtung einer Willenserklärung wegen Irrtums, JuS 2014, 491, 583; *Musielak/Hau* GK BGB Rn. 364 ff.; *Petersen*, Der Dritte in der Rechtsgeschäftslehre, JURA 2004, 306 (dazu RÜ 2004, AS-aktuell, 73); *Petersen*, Der Irrtum im Bürgerlichen Recht, JURA 2006, 660; *Petersen*, Die Bestätigung des nichtigen und anfechtbaren Rechtsgeschäfts, JURA 2008, 666; *Petersen*, Täuschung und Drohung im Bürgerlichen Recht, JURA 2006, 904; *Preuß*, Geheimer Vorbehalt, Scherzerklärung und Scheingeschäft, JURA 2002, 815; *Prütting*, Repetitorium ZR: Vertragsnahe gesetzliche Schuldverhältnis: § 122 BGB, JURA 2016, 511; *Schade/Graewe* WirtschaftsPrivatR § 6 Rn. 86 ff.; *Schnorr*, Die rechtliche Behandlung irrtümlich angenommener Formerfordernisse, JuS 2006, 115; *Stadler* BGB AT § 25 III.; *Staudinger/Ewert*, Täuschung durch den Verkäufer, JA 2010, 241; *Süß*, Geld oder Leben! – Zum Verhältnis von Auslegung, Anfechtung und Mentalreservation, JURA 2011, 759; *Tychsen*, Anfechtungsrecht bei einem über das Internet »online« geschlossenen Kaufvertrag, RÜ 2003, 148 (OLG Frankfurt a.M., Urt. v. 20.11.2002 – 9 U 94/02 – www.judicialis.de) [»fSaE«]; *Tychsen*, Anfechtungsrecht des Vertreters ohne Vertretungsmacht, RÜ 2002, 243 (BGH Urt. v. 22.2.2002 – V ZR 113/01 – www.judicialis.de) [»fSaE« = vgl. Abkürzungsverzeichnis]; *Tychsen*, Arglistige Täuschung durch einen von mehreren Verkäufern, RÜ 2003, 103 (OLG Koblenz NJW-RR 2003, 119) [»fSaE«]; *Westermann* Grundbegriffe BGB Kap. 6 I, II; *Wieling*, Der Motivirrtum ist unbeachtlich! Entwicklung und Dogmatik des Irrtums im Beweggrund, JURA 2001, 577; *Wolf/Neuner* BGB AT § 41.

3. Kapitel. Das Trennungs- und Abstraktionsprinzip

Das Abstraktionsprinzip haben wir im vorigen Kapitel im Zusammenhang mit der Anfechtung, die gem. § 142 I zur Nichtigkeit eines schuldrechtlichen Vertrags führen kann, bereits angesprochen, ohne es als solches zu bezeichnen. Das Abstraktionsprinzip wird regelmäßig dem Sachenrecht zugeordnet, doch richtiger- und notwendigerweise häufig schon bei der Darstellung des Allgemeinen Teils des BGB erwähnt.[196] Dies muss so sein,[197] da im Allgemeinen Teil Regelungen – wie eben § 142, aber auch zB die §§ 125, 134, 138[198] – enthalten sind, die zur Nichtigkeit eines schuldrechtlichen Rechtsgeschäfts führen, während das (sachenrechtliche) Erfüllungs- bzw. Verfügungsgeschäft für sich wirksam war. Die dadurch erfolgte ungerechtfertigte Vermögensverschiebung wird durch § 812 wieder rückgängig gemacht. Dies ist nur möglich und nötig, weil das deutsche[199] Bürgerliche Recht das von Friedrich Carl von Savigny[200] entwickelte Abstraktionsprinzip aufgenommen hat. Das Abstraktionsprinzip enthält die strenge **rechtliche Trennung** eines wirtschaftlich einheitlichen Vorgangs, was sich am besten am Beispiel »Kaufvertrag« verdeutlichen lässt: 268

Wenn Sie sich an unsere Einführung erinnern, fällt Ihnen sicher auch noch der morgendliche Brötchenkauf beim Bäcker ein. Wir hatten gesagt, dass dort gleich mehrere Rechtsgeschäfte vorgenommen werden. 269

196 ZB *Wolf/Neuner* BGB AT § 29 Rn. 65 ff. sowie die in der Literatur zur Vertiefung (→ Rn. 284) genannten Lehrbücher.

197 Wegen seiner fundamentalen Bedeutung wird dem Trennungs- und Abstraktionsprinzip hier ein eigenes Kapitel gewidmet.

198 Dazu später mehr.

199 Für Interessenten: Ähnlich wie im BGB ist die Regelung im Schweizerischen Schuldrecht (»Obligationenrecht«), dessen Art. 184 I OR den Verkäufer (wie in § 433 I 1 BGB) verpflichtet, dem Käufer das Eigentum an dem Kaufgegenstand zu verschaffen. Ganz anders dagegen das französische Zivilrecht (vgl. *Sonnenberger/Classen*, Einführung in das französische Recht, 4. Aufl. 2012, Kap. 87 und 93), welches in Art. 1582 des »Code Civil« (= Zivilgesetzbuch) nicht nur (damit noch ähnlich wie § 433 BGB) bestimmt, dass der Verkäufer zur Übergabe der Sache und der Käufer zur Bezahlung des Kaufpreises verpflichtet ist, sondern in Art. 1583 hinzufügt, dass der wirksame Abschluss des Kaufvertrags zum sofortigen Eigentumserwerb an der Kaufsache führt, unabhängig davon, ob diese schon übergeben wurde (»... la propriété est acquise de droit à l'acheteur à l'égard du vendeur, dès qu'on est convenu de la chose et du prix, quoique la chose n'ait pas encore été livrée ni le prix payé.«). Ähnlich Italien, Art. 1376 Codice civile. Auch im englischen Recht geht im Regelfall das Eigentum an beweglichen Sachen schon mit Abschluss des Kaufvertrags über. Das Gesetz über den »Warenkauf« (»Sale of Goods Act«, 1893) betrifft eigentlich nicht den Kaufvertrag, sondern die entgeltliche Eigentumsübertragung. Soll ausnahmsweise das Eigentum nicht sofort auf den Käufer übergehen, so muss dazu eine besondere Kaufvereinbarung (»agreement to sell«) getroffen werden.
Ich teile Ihnen dies nicht mit, um Ihnen zu zeigen, dass ich die französische, italienische oder englische Sprache verstehe, sondern um Ihnen zu dokumentieren, dass das Abstraktionsprinzip eine Eigenart des deutschen BGB ist (an das sich das Schweizer OR – s. oben – und auch das Österreichische ABGB in Art. 1053 anlehnen).
Wenn Sie Lust und Interesse haben, einmal über den deutschen Rechtshorizont zu schauen: Im englischen Recht gibt es – wie den »Sale of Goods Act« – wenig Gesetze (»Statutes, Acts«), sondern das englische Recht ist vornehmlich ein »Case law« (Fall-Recht), was Sie »lustvoll« in *Wörlen/Balleis/Angress* »Introduction to English Civil Law – for German Speaking Lawyers and Law Students« (in englischer Sprache mit Übersetzungshilfen, Vol. 1, 5. Aufl. 2012) nachlesen können.

200 → Rn. 40.

■ Erinnern Sie sich noch, wie viele Verträge bei diesem wirtschaftlich einheitlichen Vorgang geschlossen werden?
▶ Drei! Überlegen Sie, welche drei Verträge dies sind!

(1) Der Kaufvertrag gem. § 433 – lesen Sie (nochmals) Abs. 1 S. 1 und Abs. 2! Danach ist also der Verkäufer **verpflichtet**, dem Käufer die Sache zu übergeben und ihm das Eigentum daran zu verschaffen, und nach Abs. 2 ist der Käufer **verpflichtet**, dem Verkäufer den Kaufpreis zu zahlen. Man nennt einen solchen schuldrechtlichen Vertrag (aus dem die Parteien zu etwas verpflichtet sind) deshalb auch **Verpflichtungsgeschäft**. Rechtsfolge dieses schuldrechtlichen Verpflichtungsgeschäfts ist vor allem die Begründung von Leistungspflichten. Der Verpflichtete, der Schuldner, schuldet dem anderen Vertragspartner, dem Gläubiger, eine bestimmte Leistung (»Schuldverhältnis«). Umgekehrt hat der Gläubiger eines Schuldverhältnisses das Recht bzw. den Anspruch, diese Leistung zu verlangen.

Bleiben wir beim Kaufvertrag über eine bewegliche Sache und wiederholen wir nochmals:

270 ■ Was sind die konkreten Rechtsfolgen dieses Vertrags, wenn er (durch Angebot und Annahme iSd §§ 145 ff.) wirksam zustande gekommen ist?
▶ Die Verpflichtung des Verkäufers zur Übergabe der Sache und zur Verschaffung des Eigentums an dieser Sache (§ 433 I 1) sowie die Verpflichtung des Käufers zur Zahlung des Kaufpreises und Abnahme der Kaufsache (§ 433 II).
■ Kann der Käufer somit schon durch **Abschluss** eines wirksamen Kaufvertrags Eigentümer der Kaufsache werden? (Überlegen Sie!)
▶ Nein! Durch Abschluss des wirksamen Kaufvertrags erlangt er nur das Recht auf Eigentumsverschaffung! Damit der Käufer Eigentümer wird, muss der Verkäufer erst den Vertrag erfüllen, der Verkäufer muss dem Käufer das Eigentum an der Sache noch verschaffen, anders ausgedrückt: Um den wirksamen Kaufvertrag zu erfüllen, muss der Verkäufer erst noch über sein Eigentum **verfügen**, indem er es dem Käufer überträgt.
Eine rechtsgeschäftliche Verfügung wirkt unmittelbar auf den Bestand eines Rechts ein, sei es durch Übertragung, Belastung, inhaltliche Änderung oder Aufhebung.

271 Die sachenrechtliche Eigentumsübertragung ist daher ein **Verfügungsgeschäft**.

(2) Ein solches Verfügungsgeschäft muss der Verkäufer tätigen, um seine aus § 433 I 1 folgende Verpflichtung zu erfüllen. In welcher sachenrechtlichen Vorschrift das Verfügungsgeschäft »Übertragung des Eigentums an beweglichen Sachen« bzw. der »Eigentumserwerb an beweglichen Sachen« geregelt ist, könnten Sie bereits wissen. Wenn Sie sich an diese oben[201] bereits erwähnte Vorschrift nicht mehr erinnern, üben Sie die Handhabung des Gesetzestexts, indem Sie dort im Index unter dem Stichwort »Eigentumserwerb« nachsehen!

Unter dem Stichwort »Eigentumserwerb« finden Sie darunter in der Sammlung »BGB – Beck-Texte im dtv« die Worte »– an beweglichen Sachen« und daneben die Zahlen **1** (für BGB) und »926, 929 ff.« (für die Paragrafen). Spätestens jetzt wissen Sie wieder, dass § 929 die Vorschrift ist, die wir suchen (§ 929 S. 1 lesen)!

201 → Rn. 43.

Danach muss der Eigentümer, im Kaufvertragsbeispiel der Verkäufer, dem Erwerber die Sache übergeben und sich mit ihm darüber einigen, dass das Eigentum übergehen soll. 272

- Was setzt eine solche »Einigung« zwischen zwei Personen begrifflich voraus?
- Zwei sich deckende (kongruente) Willenserklärungen, nämlich die Erklärung des Eigentümers: »Ich übertrage dir mein Eigentum« und die Erklärung des Erwerbers: »Ich nehme diese Eigentumsübertragung an«.

Die Einigung über den Eigentumsübergang ist somit ebenfalls ein Vertrag, und zwar ein sachenrechtlicher oder dinglicher Vertrag.

Die zu dieser Einigung erforderlichen beiden Willenserklärungen werden in der Praxis häufig, wie wir beim Brötchenkauf (→ Rn. 43) gesehen haben, konkludent abgegeben:

Wenn der Bäcker Ihnen die Brötchentüte auf die Theke legt und Sie packen die Tüte in Ihre Einkaufstasche, haben Sie die nach § 929 S. 1 erforderliche Einigung wortlos durch konkludentes Verhalten vollzogen. Damit ist im »Brötchenfall« das zweite Rechtsgeschäft vollzogen.

Das erste Rechtsgeschäft war, um daran zu erinnern, der schuldrechtliche Kaufvertrag, das Verpflichtungsgeschäft; das zweite Rechtsgeschäft ist das sachenrechtliche Verfügungsgeschäft bezüglich der Kaufsache, die Eigentumsübertragung an den Brötchen. 273

- (3) Worin besteht nun das dritte Rechtsgeschäft, das sich im Laden des Bäckers vollzieht?
- In der Kaufpreiszahlung, dh genauer: In der Verfügung über das Eigentum an dem Geld.

Indem Sie dem Bäcker den 1 EUR für zwei Brötchen hinlegen und dieser das Geld nimmt, haben Sie sich – ebenfalls konkludent – gem. § 929 S. 1 darüber geeinigt, dass der Bäcker Eigentümer des Geldes werden soll. Denn: Auch »das Geld« ist – sofern es sich um sog. »Geldzeichen« (= Scheine, Münzen) handelt – eine Sache im Sinne des BGB (vgl. §§ 90, 91)!

An diesem Beispiel haben wir gesehen, dass das schuldrechtliche Verpflichtungsgeschäft (im Beispiel der Kaufvertrag) und die beiden sachenrechtlichen Verfügungsgeschäfte (die Eigentumsübertragungen von Brötchen und Geld) jeweils **rechtlich** voneinander **getrennt** zu beurteilen sind, während sie **wirtschaftlich** gesehen einen einheitlichen Vorgang bilden. Wenn Sie das verstanden haben, dann haben Sie eigentlich schon das **Trennungsprinzip** verstanden. 274

Hinter diesem Namen verbirgt sich nämlich nichts anderes, als das, was eben analysiert wurde: Die **rechtliche Trennung** von schuldrechtlichem Verpflichtungsgeschäft (zB Kaufvertrag, § 433) und sachenrechtlichem Verfügungsgeschäft (zB Übereignung nach § 929 S. 1).

Das **Abstraktionsprinzip** bedeutet, dass die Wirksamkeit des sachenrechtlichen Verfügungsgeschäfts grundsätzlich **abstrakt**, also losgelöst, vom schuldrechtlichen Verpflichtungsgeschäft – und umgekehrt – zu beurteilen ist. Dass das BGB die Zerlegung eines einheitlichen wirtschaftlichen Vorgangs vornimmt, hat dogmatisch

(= »streng an Lehrsätze gebunden«[202]) Vor- und Nachteile, auf die wir nur kurz eingehen können:

275 Der Gesetzgeber wollte auf diese Weise das dingliche, absolut wirkende Verfügungsgeschäft von den Gefahren des zugrunde liegenden Verpflichtungsgeschäfts (zB zunächst nicht erkannte fehlende Geschäftsfähigkeit des Käufers) freihalten. Letztgenanntes bezeichnet man auch als Grund- oder Kausalgeschäft (lat. »causa« = Grund, Ursache).

»Der Hauptvorteil, den sich die Verfasser des BGB von der Zerlegung des lebensmäßig einheitlichen Vorgangs in mehrere Rechtsgeschäfte und von dem abstrakten Charakter des dinglichen Geschäfts versprochen haben, besteht« – nach *Larenz/Wolf*[203] – »darin, dass ein zweiter Erwerber, der die Sache von dem ersten Erwerber seinerseits erwirbt, ebenso wie ein Gläubiger des ersten Erwerbers, der sie bei ihm pfänden lassen will, sich nicht darum zu kümmern brauchen, ob der erste Erwerber das Eigentum aufgrund eines gültigen Kaufvertrags oder sonst eines von der Rechtsordnung anerkannten rechtlichen Grunds erworben hat. Genug, dass sein Eigentumserwerb auf einem gültigen **dinglichen** Vertrag beruht. Mängel des Kaufvertrags oder des sonst dem dinglichen Erwerbsakt zugrunde liegenden Rechtsgeschäfts zwischen dem Verkäufer und dem ersten Erwerber können dessen Gläubigern oder einem zweiten Erwerber nicht entgegengehalten werden. Der sinnhaften Zusammengehörigkeit des Verfügungsgeschäfts mit dem Grundgeschäft, zu dessen Ausführung es vorgenommen wird, trägt das Gesetz indessen dadurch Rechnung, dass es bei Fehlen oder Ungültigkeit des Grundgeschäfts demjenigen, der durch die gültige Verfügung ein Recht erlangt hat, die Verpflichtung auferlegt, das Erlangte zurückzuerstatten. Maßgebend sind hierfür die Vorschriften über die ungerechtfertigte Bereicherung (§§ 812 ff.)«, auf die bereits oben[204] hingewiesen wurde.

276 Die wichtigste Folge der abstrakten Betrachtung und der Trennung von Verpflichtungsgeschäft und Verfügungsgeschäft, auf die wir noch etwas ausführlicher eingehen müssen, ist also, dass die Wirksamkeit dieser Geschäfte unabhängig voneinander beurteilt werden muss. Das heißt: Auch wenn (zB) ein Kaufvertrag aus irgendeinem Grunde nichtig ist – etwa weil er angefochten wurde oder von einem Geschäftsunfähigen abgeschlossen wurde –, kann die sachenrechtliche Eigentumsübertragung für sich betrachtet wirksam sein.

Lernhinweis:
Trennungsprinzip: Das Verpflichtungs- und Verfügungsgeschäft bilden keine Einheit, sondern sind rechtlich voneinander zu trennen.
Abstraktionsprinzip: Verpflichtungs- und Verfügungsgeschäft sind außerdem auch in ihrem rechtlichen Bestand voneinander unabhängig.

202 Vgl. Duden »dogmatisch«.
203 Allgemeiner Teil des deutschen Bürgerlichen Rechts, 9. Aufl. 2004, § 18 II d. Diese Ausführungen, die den Sinn des Abstraktionsprinzips anschaulich erläutern, befinden sich nicht mehr in dem Nachfolgewerk von *Wolf/Neuner* (s. Literaturverzeichnis).
204 → Rn. 248.

Dazu

Übungsfall 17 277

»Krank und gesund«
Volker Verrückt (V) und Karl Kauffeld (K) schließen am 11.11. einen Kaufvertrag über ein Buch. Die Übereignung des Buchs und die des Kaufpreises finden am 13.11. statt. Bis zum 12.11. war V geisteskrank, am 13.11. ist er wieder gesund. Am 14.11. verlangt V sein Buch heraus. Zu Recht?

Abwandlung 17a:
Wie Ausgangsfall 17, nur war V am 11.11. voll geschäftsfähig und ist ab 13.11. geisteskrank.

Abwandlung 17b:
Wie Ausgangsfall 17, nur ist V an beiden Tagen geisteskrank.[205]

Lesen Sie den Ausgangsfall 17 noch einmal und verdeutlichen Sie sich die Vorgänge, die hier mitgeteilt werden, am besten mit einer **Skizze**.[206]

Dieser Fall ist »rein theoretisch« und erscheint durchaus ein wenig lebensfremd; zur Verdeutlichung der Wirkungen des Abstraktionsprinzips erscheint er mir aber nach wie vor gut geeignet!

11.11. V geisteskrank	V ◄—— § 433 ——► K	Kaufvertrag Buch
....		**(Trennungs- und Abstraktionsprinzip)**
13.11. V gesund	V —— § 929 S. 1 ——► K	Eigentumsübertragung Buch
13.11.	V ◄—— § 929 S. 1 —— K	Eigentumsübertragung Geld für Kaufpreis
14.11.	V ————————► K	verlangt Herausgabe des Buchs

Die Rechtsfolge »Herausgabe«, die V erstrebt, ist vor allem in den bereits erwähnten Anspruchsgrundlagen § 985 und § 812 geregelt. Sinnvollerweise beginnt man mit der Prüfung von § 985, da das Eigentum als absolutes, gegen jedermann wirkendes Recht grundsätzlich den »stärkeren« Anspruch gibt als ein schuldrechtlicher Anspruch, wie ihn § 812 enthält. V könnte sein Herausgabeverlangen folglich möglicherweise auf § 985 stützen (§ 985 lesen!).

■ Was ist zunächst Voraussetzung für diesen Anspruch? 278
► V müsste Eigentümer des Buchs sein!

Das wäre der Fall, wenn die Eigentumsübertragung, die V am 13.11. an K vorgenommen hat, unwirksam war.

■ Nach welcher Vorschrift erfolgt die Eigentumsübertragung?
► Nach § 929 S. 1 – nochmals lesen!

205 Dass der schnelle Wechsel von Geisteskrankheit zur Gesundheit medizinisch ungewöhnlich ist, wollen wir nicht erörtern ... Wir nehmen die Mitteilungen des Sachverhalts – wie immer – als Tatsachen hin!

206 Dass eine grafische Skizze stets anzuraten und hilfreich ist, wenn ein Sachverhalt zB viele Beteiligte nennt oder zahlreiche Daten mitteilt, wurde im Exkurs »Methodik der Fallbearbeitung II« (→ Rn. 195 ff., 201) erörtert.

■ Was ist danach neben der Übergabe des Buchs erforderlich?
▶ Die Einigung zwischen dem Veräußerer und dem Erwerber. Voraussetzung für die Einigung wiederum sind zwei wirksame sich deckende Willenserklärungen!
■ War die Willenserklärung, die V am 13.11. abgegeben hat, wirksam?
▶ Ja! V war an diesem Tage völlig gesund, dh voll geschäftsfähig.

Klausurtipp: Sofern ein Sachverhalt über das Alter einer Person keine Angaben enthält, müssen Sie von ihrer Volljährigkeit ausgehen!

Damit hat er sein Eigentum wirksam auf K übertragen. Unerheblich für den Eigentumsübergang ist, ob auch das zugrunde liegende Verpflichtungsgeschäft, der Kaufvertrag, wirksam war; denn dieses ist aufgrund des Abstraktionsprinzips neben dem Verfügungsgeschäft rechtlich völlig selbstständig zu beurteilen. Da V sein Eigentum an K verloren hat, kann er auch keinen Herausgabeanspruch gem. § 985 geltend machen.

279 ■ Welche Anspruchsgrundlage könnte dem V möglicherweise wieder zu seinem Buch verhelfen?
▶ § 812 I 1, 1. Var. – lesen!
■ Welche Voraussetzungen müssen dafür erfüllt sein?
▶ (1) K müsste »etwas erlangt« haben. Darunter ist jeder Vermögensvorteil zu verstehen.
■ Was hat K erlangt?
▶ Besitz und Eigentum an dem Buch. Dies ist durch Einigung und Übergabe gem. § 929 S. 1 geschehen.
(2) K müsste dies durch »Leistung« des V erlangt haben. Leistung iSv § 812 ist (verkürzt ausgedrückt) »jede bewusste und zweckgerichtete Vermögensmehrung«.
■ Ist eine solche Leistung V an K erfolgt?
▶ Ja! V hat das Buch an K geleistet, um in Erfüllung des Kaufvertrags das Vermögen des K um das Buch zu vermehren, indem er ihm das Eigentum an dem Buch übertragen hat.
(3) Diese Leistung müsste »ohne rechtlichen Grund« erfolgt sein.
■ Welcher Rechtsgrund (= schuldrechtliches Kausalgeschäft) lag der Verfügung über das Eigentum zugrunde?
▶ Der Kaufvertrag vom 11.11.!
■ War dieser Kaufvertrag wirksam?
▶ Nein! Da V an diesem Tag geisteskrank war, war er gem. § 104 Nr. 2 geschäftsunfähig, sodass seine Willenserklärung gem. § 105 I nichtig war (§§ 104 Nr. 2 und 105 I lesen!).

280 Somit hat V dem K das Eigentum an dem Buch ohne Rechtsgrund verschafft, sodass V das Buch gem. § 812 I 1, 1. Var. wieder herausverlangen kann.

Umgekehrt kann K (was in Fall 17 aber nicht gefragt war) selbstverständlich auch sein Geld (Kaufpreis) gem. § 812 I 1, 1. Var. herausverlangen! Prüfen Sie den Anspruch K gegen V selbst gutachtlich nach!

Lesen Sie Fall 17 nochmals und dazu die **Abwandlung 17a** und fertigen Sie selbst eine grafische Lösungsskizze an.

■ Welche Anspruchsgrundlage könnte zunächst wieder zugunsten des V eingreifen?

- ▶ »V könnte gegen K einen Anspruch auf Herausgabe des Buchs gem. § 985 haben.«
- ■ Welche Voraussetzung müsste hierfür erfüllt sein?
- ▶ V müsste Eigentümer des Buchs sein.
- ■ Wodurch könnte V aber das Eigentum verloren haben?
- ▶ Durch Übergabe des Buchs und Einigung über den Eigentumsübergang gem. § 929 S. 1 am 13.11.
- ■ Am 13.11. war V geisteskrank. Was hat das zur Folge?
- ▶ Seine im Rahmen der Einigung nach § 929 S. 1 abgegebene Willenserklärung war gem. § 105 I iVm § 104 Nr. 2 nichtig!
- ■ Welche Rechtsfolge zieht das nach sich?
- ▶ Die Eigentumsübertragung V an K war unwirksam. V ist Eigentümer des Buchs geblieben und kann gem. § 985 Herausgabe des Buchs verlangen.
- ■ Wie steht es in dieser Fallbearbeitung mit einem Anspruch V gegen K aus § 812 I 1, 1. Var.?
- ■ Diese Frage müssten Sie mit einem Satz beantworten können:
- ▶ Da V am 11.11. voll geschäftsfähig war, war der Kaufvertrag wirksam, sodass K das Buch, genauer: den **Besitz** an dem Buch, **mit** Rechtsgrund erhalten hat. Somit sind die Voraussetzungen für einen Anspruch aus § 812 I 1, 1. Var. nicht erfüllt.

Prüfen Sie selbst auch den (im Fall ebenfalls nicht gefragten) Anspruch des K gegen V gem. § 985!

Verlassen wir das Abstraktionsprinzip, mit dem wir zukünftig immer wieder konfrontiert werden, vorerst, indem wir abschließend die **Fallabwandlung 17b** lösen. Ändern Sie zuerst Ihre zu 17a angefertigte Skizze entsprechend um und überlegen Sie wieder selbst, welche Ansprüche V gegen K in diesem Fall haben könnte.

Beide Ansprüche, der Eigentumsherausgabeanspruch aus § 985 sowie der Herausgabeanspruch aus ungerechtfertigter Bereicherung gem. § 812 I 1, 1. Var. sind begründet!

- ■ Warum?
- ▶ Wegen der Geisteskrankheit und der damit verbundenen Geschäftsunfähigkeit des V an beiden Tagen waren sowohl der Kaufvertrag als auch die Eigentumsübertragung nichtig.
  Somit kann V seinen Herausgabeanspruch sowohl auf § 985 stützen, da er Eigentümer geblieben ist, als auch auf § 812, da K den Besitz an dem Buch ohne Rechtsgrund (= ohne wirksames Verpflichtungs-/Grund-/Kausalgeschäft = Kaufvertrag) erlangt hat.

Wenn Sie das Trennungs- und Abstraktionsprinzip nun wirklich verstanden haben, **281**
werden Sie in einer Klausur hoffentlich niemals mehr den Fehler machen, der manchen angehenden Juristen sogar noch in höheren Semestern unterläuft, wenn sie schreiben:

»**Durch** den Kaufvertrag mit V hat K das Eigentum (an dem Fernsehapparat zB) erworben.«

- ■ Wie muss es richtig heißen?
- ▶ »**Aufgrund** des Kaufvertrags mit V hat K **durch** Einigung und Übergabe nach § 929 S. 1 das Eigentum (am Fernsehapparat) erworben«!

282 In diesem Zusammenhang sollten Sie sich kurz[207] den Unterschied zwischen Besitz und Eigentum klar machen.

■ Lesen Sie dazu nochmals § 929 S. 1 und § 854 I und versuchen Sie, den Unterschied selbst zu formulieren, bevor Sie weiterlesen.

▶ Unter Besitz versteht man die **tatsächliche** Herrschaft über eine Sache, wie sich fast wörtlich aus § 854 I ergibt.
Eigentum wird gemeinhin als die **rechtliche** Herrschaft über eine Sache definiert. Diese Definition steht zwar nicht wörtlich in § 903 (den Sie kennen, → Rn. 11), wird aber aus der dort geregelten Freiheit des Eigentums hergeleitet.

Verdeutlichen Sie sich den Unterschied nochmals anhand von Übersicht 21 (→ Rn. 283), aus der Sie auch entnehmen können, dass Besitz und Eigentum nicht nur in einer Hand liegen müssen, sondern auch auf verschiedene Personen verteilt sein können. Mit dem umgangssprachlich so bezeichneten Haus**besitzer** wird in den meisten Fällen der Haus**eigentümer** gemeint sein: Der Mieter eines Hauses ist sein Besitzer, der Vermieter (der oft ganz woanders wohnt) ist Eigentümer.

Lesen Sie nun die folgenden Übersichten 21 und 22 und dann etwas aus der Literatur zur Vertiefung.

---

207 Ausführlicher *Wörlen/Kokemoor* SachenR Rn. 2–6.

Übersicht 21

Besitz und **Eigentum** 283

Besitz: Tatsächliche Herrschaft über eine Sache → § 854 I

Eigentum: Rechtliche Herrschaft über eine Sache → § 903 S. 1 → (Eigentümer kann mit Sache nach Belieben verfahren)

Besitz und Eigentum können bei einer Person (auch: Personenmehrheit) liegen oder sich auf verschiedene Personen verteilen.

Beispiele:

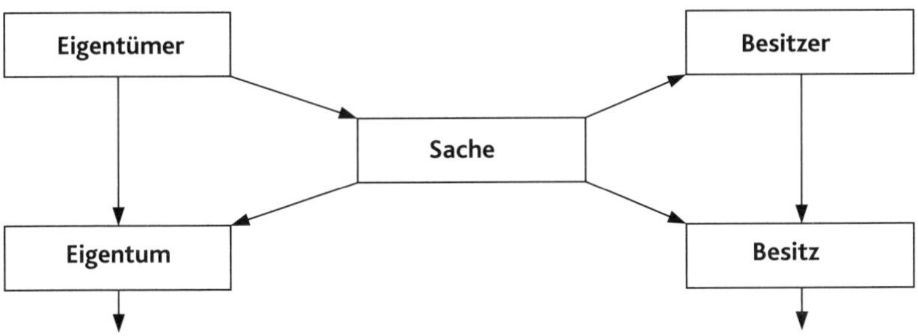

Eigentum		Besitz
Vermieter	§ 535	Mieter
Verpächter	§ 581	Pächter
Verleiher	§ 598	Entleiher
Hinterleger	§ 688	Verwahrer

und ähnliche
»Besitzmittlungsverhältnisse«
vgl. § 868

Ähnlich auch:
Eigentumsvorbehalt – § 449

284 **Übersicht 22**

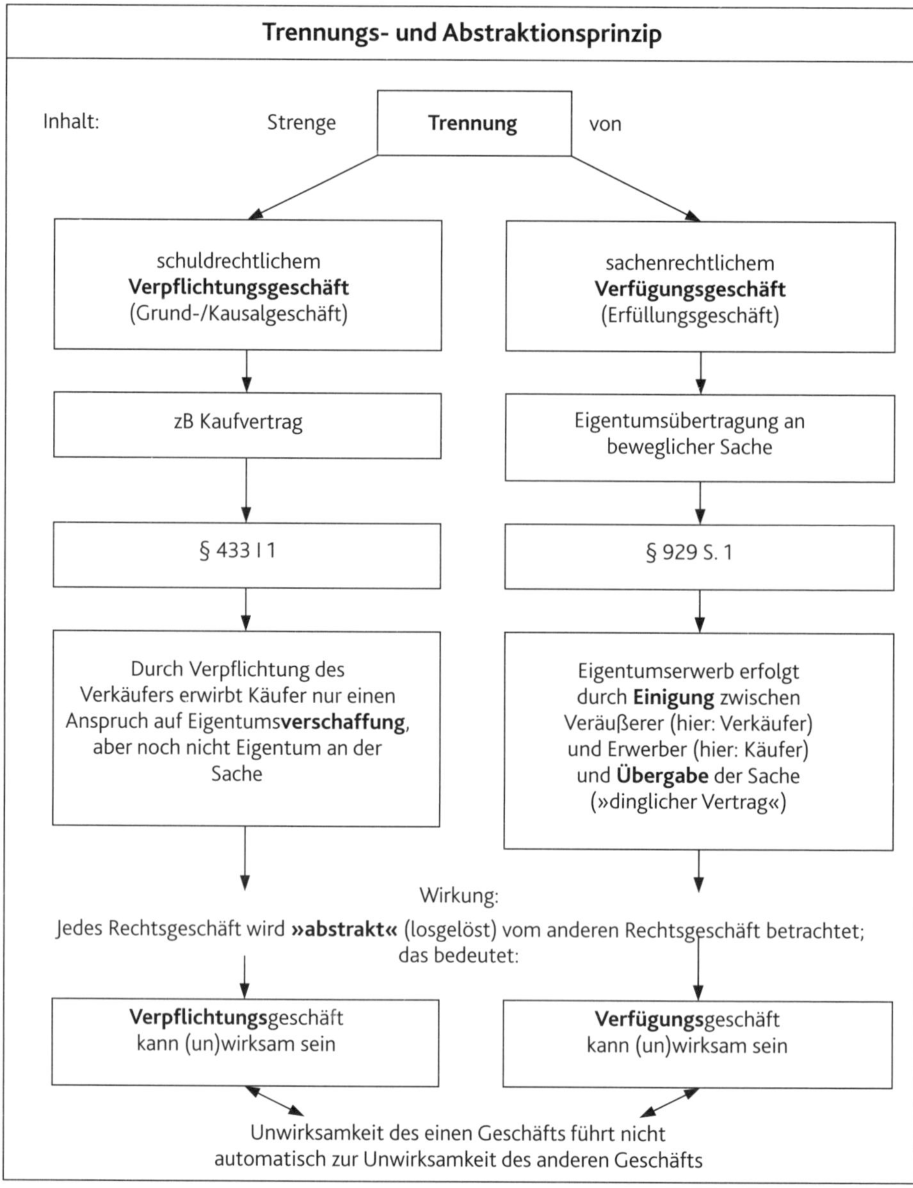

Literatur zur Vertiefung (→ Rn. 268–284): *Alpmann und Schmidt* BGB AT 1, 1. Teil, Rn. 14 ff.; *Baur/Stürner*, Sachenrecht, 18. Aufl. 2009, §§ 2–4; *Bitter/Röder* BGB AT § 5 Rn. 87 ff.; *Brox/Walker* BGB AT § 5 Rn. 15 ff.; *Haedicke*, Der bürgerlich-rechtliche Verfügungsbegriff, JuS 2001, 966; *Hirsch* BGB AT § 13; *Jauernig*, Trennungsprinzip und Abstraktionsprinzip, JuS 1994, 721; *Klunzinger* BürgerlR § 9 II 4; *Köhler* BGB AT § 5 Rn. 12–17; *Lieder/Berneith*, Echte und unechte Ausnahmen vom Abstraktionsprinzip, JuS 2016, 673; *Peters*, Kauf und Übereignung, JURA 1986, 449; *Petersen*, Das Abstraktionsprinzip, JURA 2004, 98 (dazu auch RÜ 2004, AS-aktuell, 25); *Stadler* BGB AT § 16 IV; *Strack*, Hintergründe des Abstraktionsprinzips, JURA 2011, 5; *Westermann* Grundbegriffe BGB Kap. 8; *Wolf/Neuner* BGB AT § 29 Rn. 65 ff.; *Zimmermann*, »Fasels Freund« (Grundprobleme des Abstraktionsprinzips), JuS 1982, 283 ff.

4. Kapitel. Form und Nichtigkeit von Rechtsgeschäften

Unter Titel 2 von Abschnitt 3 des »Allgemeinen Teils« enthält das BGB im Anschluss an die Darstellung der Voraussetzungen für eine wirksame Anfechtung (§§ 119–124) allgemeine Vorschriften (§§ 125–129) über die Formbedürftigkeit von Rechtsgeschäften sowie über die verschiedenen Arten der Form. 285

I. Grundsatz

Grundsätzlich können Rechtsgeschäfte formlos bzw. in jeder beliebigen Form abgeschlossen werden. Dieser Grundsatz der Formfreiheit, der eine Folge der sog. »Privatautonomie« ist, dient der Erleichterung des Rechtsverkehrs. Privatautonomie bedeutet »Vertragsfreiheit«. Der insbesondere für die Begründung von Schuldverhältnissen durch Vertrag bedeutsame »Grundsatz der Vertragsfreiheit« (die für das Schuldrecht aus § 311 I hergeleitet wird) bedeutet zum einen die Abschlussfreiheit und die Gestaltungsfreiheit, sofern das Gesetz keine Einschränkungen enthält. Zu der Gestaltungsfreiheit gehört die Formfreiheit, die es im Interesse der Erleichterung des Rechtsverkehrs ermöglicht, Verträge und andere Rechtsgeschäfte durch einfache, mündliche Vereinbarungen abzuschließen. 286

II. Zweck der Formbedürftigkeit

Da ein Wort erfahrungsgemäß schneller und bisweilen auch unüberlegter gesagt[208] als geschrieben wird und auch für mündliche Verträge die lateinische Rechtsregel »pacta sunt servanda« (zu Deutsch: »Verträge müssen eingehalten werden«) gilt, verlangt der Gesetzgeber aus Gründen der Rechtssicherheit für bestimmte Rechtsgeschäfte die Einhaltung einer besonderen Form. 287

»Aus Gründen der Rechtssicherheit« bedeutet, dass die Formbedürftigkeit verschiedene Funktionen erfüllen kann und soll.

1. Beweisfunktion

Ein Wort ist mündlich, wie erwähnt, sehr rasch geäußert und »hinterher kann man viel behaupten«, ohne es beweisen zu können; der Gegner behauptet einfach, das Gegenteil gesagt zu haben. »Mit Worten lässt sich trefflich streiten, mit Worten ein System bereiten, an Worte lässt sich trefflich glauben …«[209] – ein Streit lässt sich indessen verhindern, wenn man an gesprochene Worte nicht nur glaubt, sondern sie auch beweisen kann, wozu zB schon die einfache Schriftform[210] geeignet ist. Durch die Einhaltung der Schriftform können der Zeitpunkt des Abschlusses des Rechtsgeschäfts sowie dessen Inhalt klar und eindeutig festgelegt werden, was der Beweiserleichte- 288

208 Vgl. *Schiller* (Dichter und studierter – wenn auch nicht »examinierter« – Jurist übrigens!) »Wallensteins Tod« (II, 2): »Schnell fertig ist die Jugend mit dem Wort, das schwer sich handhabt, wie des Messers Schneide« …

209 Wir bleiben, nun mit *Goethe* (er war übrigens »Voll«-Jurist!), bei unserem klassischen Zitierkurs, hier: »Faust« (I, Studierzimmer, Schülerszene). Die hier zitierten Worte des Mephistopheles schließen mit dem Satz »von einem Wort lässt sich kein Jota« (= nicht das Geringste) »rauben«, was in diesem Zusammenhang nur für das schriftliche Wort gilt!

210 Dazu sogleich → Rn. 292.

rung bei Streitigkeiten dient. »Denn was schwarz auf weiß geschrieben steht, kann man (nicht nur) getrost nach Hause tragen«.[211]

2. Beratungsfunktion

289 Da sich der am Rechtsverkehr beteiligte Bürger häufig der rechtlichen Bedeutung, insbesondere der Rechtsfolgen eines Rechtsgeschäfts nicht bewusst ist, soll er durch Hinzuziehung eines juristischen Fachmanns, zB eines Notars, beraten, aufgeklärt und belehrt werden (daher identisch: »Aufklärungsfunktion«, »Belehrungsfunktion«).

3. Warn- und Schutzfunktion

290 Schließlich dienen die Formvorschriften dazu, die Beteiligten vor dem Aussprechen unbedachter, übereilter Worte zu warnen und sie vor dem Eintritt der damit verbundenen, unter Umständen schwer wiegenden Rechtsfolgen zu schützen. Da es sich zB bei einer Grundstücksübereignung meist um die Verfügung über erhebliche Werte handelt, ist nach § 311b I die notarielle Beurkundung des Kaufvertrages und gem. § 925 die Einigungserklärung der Vertragsparteien über die Eigentumsübertragung vor einer zuständigen Stelle, in der Regel vor dem Notar, erforderlich.

III. Arten der Form

291 Die verschiedenen Formtypen sind im BGB abschließend geregelt. Aufgrund der Privatautonomie können die rechtsgeschäftlich vereinbarten Formen frei bestimmt werden. In der Regel wird allerdings eine der gesetzlichen Formen vereinbart. Das BGB enthält im Allgemeinen Teil fünf Formen: Die Schriftform, die elektronische Form, die Textform, die notarielle Beurkundung und die öffentliche Beglaubigung. Es handelt sich hierbei um Regelungen, die aufzeigen, welche Anforderungen an die einzelnen Formtypen gestellt werden. Im Schuld-, Sachen-, Familien- und Erbrecht gibt es hingegen die Vorschriften, die vorschreiben, in welchen Fällen die betreffende Form eingehalten werden muss. Beispiele hierfür finden Sie unter → Rn. 299 ff.

1. Gesetzliche Schriftform

292 Lesen Sie hierzu § 126 ganz durch!

■ Welche Voraussetzungen nennt das Gesetz, damit die Schriftform eingehalten wird?
▶ Der Text der Urkunde muss **schriftlich**, aber nicht unbedingt handschriftlich, aufgesetzt sein. Hierbei ist es gleichgültig, wer diesen Text verfasst hat. Wichtig ist, dass der »**Aussteller**« (= der Erklärende) die Urkunde **eigenhändig unterschreibt**.

Die »Schriftform« ist also eine »Unterschriftsform«.

■ Was ist unter »eigenhändig« zu verstehen? Muss der Aussteller die Urkunde höchstpersönlich unterzeichnen? (Tipp: § 2247 I lesen und damit argumentieren.)
▶ »Eigenhändig« bedeutet nicht notwendigerweise eine persönlich geleistete Unterschrift. Sonst hätte der Gesetzgeber formuliert, dass die Erklärung »eigenhändig

211 In Anlehnung an *Goethe*, soeben Fn. 209, wo dieser den Schüler gegenüber Mephistopheles antworten lässt: »Denn was man schwarz auf weiß besitzt, kann man getrost nach Hause tragen.«

geschrieben und unterschrieben« werden muss, wie zum Beispiel beim handschriftlichen Testament nach § 2247 I.

Auch der Stellvertreter (→ Rn. 352 ff.) kann mit Wirkung für den Vertretenen unterschreiben, sofern er dies eigenhändig macht. Er muss mit seinem Namen und einem die Vertretung kennzeichnenden Zusatz, wie zum Beispiel »in Vertretung« oder »im Auftrag« unterschreiben. Hingegen reicht ein Unterschriftsstempel nicht aus, ebenso wenig eine Übermittlung der Unterschrift durch Telefax. Der Text der Urkunde muss durch die Unterzeichnung räumlich abgeschlossen werden. Denn nur das vor der Unterschrift Stehende wird durch diese gedeckt. Die Unterzeichnung hat also eine **Abschluss- und Deckungswirkung.**[212]

Die eigenhändige Namensunterschrift kann auch durch ein **notariell beglaubigtes Handzeichen** des Erklärenden (zB die berühmten »drei Kreuze« – »xxx« – des Analphabeten) ersetzt werden.

Da § 126 nicht regelt, wann zeitlich zu unterschreiben ist, genügt auch eine **Blankounterschrift** des Ausstellers, die geleistet wird, bevor der davon erfasste Text existiert.[213]

Bei einem **Vertrag** ist die Unterzeichnung der Parteien auf **derselben Urkunde** nach § 126 II 1 erforderlich.

2. Elektronische Form

Gemäß § 126 III kann – wie Sie soeben gelesen haben (?) – die schriftliche Form **293**
durch eine »erleichterte Unterform der Schriftform«[214], die elektronische Form, ersetzt werden, soweit das Gesetz dies nicht ausdrücklich ausschließt.

Ausdrücklich durch Gesetz ausgeschlossen sind unter anderem folgende Rechtsgeschäfte:

- § 623 (Beendigung von Arbeitsverhältnissen),
- § 766 S. 2 (Bürgschaftsversprechen),

da die Warnfunktion nicht mehr gewährleistet erscheint.

Der Aussteller der Erklärung muss bei der elektronischen Form dieser seinen Namen hinzufügen und das elektronische Dokument mit einer qualifizierten elektronischen Signatur versehen (§ 126a I). Bis 28.7.2017 waren Einzelheiten zu dieser elektronischen Identifizierung im Signaturgesetz[215] geregelt. Nunmehr sind sie in der eIDAS-VO[216] und im Vertrauensdienstegesetz (VDG)[217], das zur Ausführung der eIDAS-VO erlassen worden und am 29.7.2017 in Kraft getreten ist, normiert.

212 So auch *Brox/Walker* BGB AT § 13 Rn. 9.

213 Vgl. *Wolf/Neuner* BGB AT § 44 Rn. 30 mwN.

214 So *Kallwass/Abels* PrivatR S. 42.

215 Gesetz über Rahmenbedingungen für elektronische Signaturen (Signaturgesetz – SigG) v. 16.5.2001, BGBl. 2001 I 876.

216 Verordnung (EU) Nr. 910/2014 des Europäischen Parlaments und des Rates vom 23.7.2014 über elektronische Identifizierung und Vertrauensdienste für elektronische Transaktionen im Binnenmarkt und zur Aufhebung der Richtlinie 1999/93/EG, ABl. 2014 L 257/73 v. 28.8.2014.

217 v. 18.7.2017, BGBl. 2017 I 2745.

Elektronische Dokumente sind alle in elektronischer Form, insbesondere als Text-, Ton-, Bild- oder audiovisuelle Aufzeichnung gespeicherten Inhalte (vgl. die Definition in Art. 3 Nr. 35 eIDAS-VO), welche am Bildschirm oder durch Ausdruck in Schriftzeichen umgewandelt und somit lesbar gemacht werden können. Unter **elektronischen Signaturen** versteht man Daten in elektronischer Form, die anderen elektronischen Daten beigefügt oder logisch mit ihnen verbunden werden und die zur Authentifizierung dienen (vgl. die Definition in Art. 3 Nr. 10 eIDAS-VO). Eine **qualifizierte elektronische Signatur** ist nach der Definition in Art. 3 Nr. 12 eIDAS-VO eine fortgeschrittene elektronische Signatur, die von einer qualifizierten elektronischen Signaturerstellungseinheit erstellt wurde und auf einem qualifizierten Zertifikat für elektronische Signaturen beruht.

Nach Art. 25 II eIDAS-VO hat eine qualifizierte elektronische Signatur die gleiche Rechtswirkung wie eine handschriftliche Unterschrift. Um mit einer qualifizierten elektronischen Signatur am Rechtsverkehr teilnehmen zu können, muss die für die Speicherung und Anwendung des Signaturschlüssels geeignete Soft- und Hardware vorhanden sein (Anhang II eIDAS-VO), und es muss bei einem Zertifizierungsdiensteanbieter ein qualifiziertes Zertifikat (Anhang I eIDAS-VO) beantragt werden.[218]

Wie § 126 II 1 für die Schriftform bei einem Vertrag die Unterzeichnung der Parteien auf derselben Urkunde verlangt, müssen die Parteien zur Einhaltung der elektronischen Form bei einem **Vertrag** gem. § 126a II jeweils ein gleich lautendes Dokument in der eben beschriebenen Weise nach § 126a I elektronisch signieren.

3. Textform

294 Am 1.8.2001 ist das »Gesetz zur Anpassung der Formvorschriften des Privatrechts und anderer Vorschriften an den modernen Rechtsverkehr«[219] (im Folgenden »Formanpassungsgesetz«) in Kraft getreten.

Mit der durch das Formanpassungsgesetz in § 126b eingeführten **Textform** hat der Gesetzgeber eine neue Form für rechtsgeschäftliche Erklärungen geschaffen, die in ihren Anforderungen sowohl hinter der Schriftform als auch hinter der elektronischen Form zurückbleibt – eine »lesbare, aber unterschriftslose« Willenserklärung[220]. Diese Vorschrift wurde durch das Gesetz zur Umsetzung der Verbraucherrechterichtlinie[221] mit Wirkung zum 13.6.2014 geändert und der Terminologie der Verbraucherrechterichtlinie RL 2011/83/EU angepasst.

Nach § 126b S. 1 muss

- die **Erklärung lesbar** sein. Das ist der Fall, wenn die auf einem dauerhaften Datenträger abgegebene (zB zu Papier gebrachte) Erklärung unmittelbar gelesen werden kann
  und
- in der Erklärung die **Person des Erklärenden genannt** werden. Hierbei ist der Begriff des Erklärenden mit dem des Ausstellers in § 126, 126a identisch.[222]

218 Weitere Informationen bei Palandt/*Ellenberger* § 126a Rn. 4 ff.
219 BGBl. 2001 I 1542.
220 So *Klunzinger* BürgerlR 152.
221 v. 20.9.2013, BGBl. 2013 I 3642.
222 MüKoBGB/*Einsele* § 126b Rn. 5.

Nach der bis zum 12.6.2014 geltenden Fassung des § 126b musste **der Abschluss der Erklärung** durch Nachbildung der Namensunterschrift oder anders erkennbar gemacht werden. Diese Voraussetzung wird in der Neufassung nicht mehr ausdrücklich verlangt. Da der Gesetzgeber mit der Novellierung nach der Gesetzesbegründung keine inhaltliche Änderung beabsichtigt hat,[223] muss **der Abschluss der Erklärung weiterhin erkennbar** sein. Es bedarf keiner Unterschrift; diese ist allerdings zweckmäßig und braucht nicht eigenhändig zu sein. So genügt ein Faksimilestempel, eine eingescannte Unterschrift oder der Abschluss durch eine Datierung, eine Grußformel (zB »Mit freundlichen Grüßen, Ihre Versicherung«) oder in sonstiger Weise,[224] etwa die Formulierung »Ende der Erklärung«.

Die Erklärung muss auf einem **dauerhaften Datenträger** abgegeben werden, der in § 126b S. 2 definiert wird. Ein dauerhafter Datenträger ist danach jedes Medium, das es dem Empfänger ermöglicht, eine auf dem Datenträger befindliche, an ihn persönlich gerichtete Erklärung so aufzubewahren (betrifft die Erklärung auf einem Papier) oder zu speichern (betrifft die elektronische Erklärung), dass sie ihm während eines für ihren Zweck angemessenen Zeitraums, also für die Zeit, in der der Empfänger aus der Erklärung Rechte herleiten kann, zugänglich ist, vgl. § 126b S. 2 Nr. 1. Der Datenträger muss auch geeignet sein, die Erklärung unverändert wiederzugeben (§ 126b S. 2 Nr. 2).

Beispiele: Papier, USB-Stick, CD-ROM, Speicherkarten, Festplatten, E-Mails, Computerfax.[225]

Es genügt allerdings nicht, wenn die Erklärung auf einer herkömmlichen Internetseite zur Verfügung gestellt wird. Der Empfänger hat es hier nicht in der Hand, die Erklärung aufzubewahren oder zu speichern. Außerdem ist nicht sichergestellt, dass die Erklärung für einen bestimmten Zeitraum unverändert zugänglich ist.[226]

Die Textform hat folglich nur eine geringe Beweis- und Warnfunktion. Der Gesetzgeber lässt diese zu

- bei rechtsgeschäftsähnlichen Handlungen

  Beispiele: Mieterhöhungsverlangen nach §§ 558, 558a I und gem. §§ 559, 559b I, Unterrichtung der von einem Betriebsübergang betroffenen Arbeitnehmer über Zeitpunkt, Grund und Folgen des Betriebsübergangs gem. § 613a V, Mitteilung des Vertragsinhaltes eines Darlehensvermittlungsvertrages durch den Darlehensvermittler an den Verbraucher gem. § 655b I 3, Widerrufsbelehrung beim Verbrauchervertrag gem. Art. 246 III 1 EGBGB.

  oder

- Rechtsgeschäften von geringerer Bedeutung

  Beispiele: Vereinbarung hinsichtlich Abrechnungsmaßstab für Betriebskosten nach § 556a II, Erhöhung der Betriebskostenpauschale gem. § 560 I.

Die Textform wird, da sie das »geringste« Formerfordernis darstellt, auch durch jede andere »höhere« Form, wie zB Schriftform, notarielle Beglaubigung oder notarielle Beurkundung, gewahrt.[227]

223 BT-Drs. 17/12637, 44.
224 BGH NJW 2011, 295.
225 Palandt/*Ellenberger* § 126b Rn. 7.
226 BT-Drs. 17/12637, 44.
227 So auch *Brox/Walker* BGB AT § 13 Rn. 7.

4. Vereinbarte Form

295 Aufgrund der Gestaltungsfreiheit beim Abschluss von Rechtsgeschäften können die Parteien für ein nach dem Willen des Gesetzgebers an sich formfreies (also mündlich gültiges) Rechtsgeschäft selbst die Einhaltung einer Form vereinbaren und einvernehmlich diese Formvereinbarung wieder aufheben bzw. auf die anfangs vereinbarte Form verzichten, zB durch formlosen Abschluss des Vertrages in Kenntnis der Formabrede und Erfüllung der übernommenen Verpflichtungen. Es liegt hier der Gedanke der Beweissicherung zugrunde: Abschließend wollen die Parteien – zB bei umfangreichen Vertragswerken – idR feststellen, was endgültig verbindlich sein soll. Meist wird auch noch die Formulierung aufgenommen, dass mündliche Nebenabreden nur gültig sein sollen, wenn sie schriftlich bestätigt werden. Bei der rechtsgeschäftlich vereinbarten Form gibt es Erleichterungen, wie zum Beispiel die telekommunikative Übermittlung per Fax; hier weist die Urkunde keine eigenhändige Namensunterschrift auf – im Gegensatz zu § 126 I. Lesen Sie auch § 127 II und III!

Sollte nach Vereinbarung einer Form keine Einvernehmlichkeit über die Gültigkeit der Form bzw. des Rechtsgeschäfts bestehen, gelten gem. § 127 I (lesen!) die Regelungen von § 126 oder § 126a oder 126b **im Zweifel** – dh also, wenn die Parteien über die vereinbarte Form Meinungsverschiedenheiten haben – auch für die durch Rechtsgeschäft bestimmte Form.

Ein **Beispiel** für die vereinbarte, »gewillkürte« Schriftform ist der Mietvertrag, der grundsätzlich mündlich gültig ist (vgl. aber §§ 550, 578 I, wonach **nicht** schriftliche Mietverträge als für unbestimmte Zeit geschlossen **gelten**).

In der Praxis wird aber überwiegend die Schriftform – meist in Gestalt des »Einheitsmietvertrags«[228] – vereinbart.

5. Notarielle Beurkundung

296 Die notarielle Beurkundung ist die strengste Form, die der Allgemeine Teil des BGB für Rechtsgeschäfte vorsieht. Wenn Sie dazu § 128 lesen (!), erfahren Sie nur, dass ein Rechtsgeschäft, für das die notarielle Beurkundung vorgeschrieben ist, gültig ist, wenn das Angebot (der Antrag) und dessen Annahme von dem Notar getrennt oder einzeln beurkundet wurden. Im Einzelnen gilt für die notarielle Beurkundung das »Beurkundungsgesetz« vom 28.8.1969.[229] Aus den §§ 8 ff. BeurkG folgt, dass durch die notarielle Beurkundung nicht nur die Unterschriften der Parteien und deren Identität, sondern **auch der Inhalt der Urkunde** bestätigt werden. Gemäß § 127a wird die notarielle Beurkundung bei einem gerichtlichen Vergleich durch die Aufnahme der Erklärungen in ein nach den Vorschriften der Zivilprozessordnung errichtetes Protokoll ersetzt.

Die notarielle Beurkundung ersetzt als stärkste Form auch die öffentliche Beglaubigung sowie die Schriftform (§§ 124 IV, 129 II).

6. Öffentliche Beglaubigung

297 Lesen Sie zunächst § 129! Daraus ersehen Sie, dass diese Form im Wesentlichen der gesetzlichen Schriftform des § 126 gleicht, dass aber die **Identität** des Unterzeich-

228 Abdruck in *Wörlen/Metzler-Müller* SchuldR BT Rn. 213.
229 BeurkG – abgedruckt unter Nr. 7 in der Gesetzessammlung BGB – Beck-Texte im dtv.

nenden (nicht die Richtigkeit des Inhalts der Urkunde!) von einem Notar beglaubigt werden muss.

Damit dient die öffentliche Beglaubigung der Identitätskontrolle bzw. -garantie. Denn der Notar bestätigt, dass die Unterschrift auch tatsächlich von dem stammt, der sich vor Erstgenanntem als Träger dieses Namens ausgewiesen hat. Vor allem bei Anträgen zu einem öffentlichen Register, wie zB Vereinsregister oder Handelsregister, ist die öffentliche Beglaubigung der Unterschrift vorgeschrieben. Damit sollen Unbefugte gehindert werden, in öffentlichen Registern Unfug zu treiben.[230]

Die Zuständigkeit für die öffentliche Beglaubigung von Abschriften oder Unterschriften kann durch Landesrecht auch anderen Personen oder Stellen, wie zB in Hessen den Ortsgerichtsvorstehern nach § 13 Hess. Ortsgerichtsgesetz, übertragen werden (§ 68 BeurkG).

Lernhinweis: Von der öffentlichen Beglaubigung ist die **amtliche Beglaubigung** durch eine Verwaltungsbehörde – zB Bescheinigung der Übereinstimmung einer Kopie oder Abschrift mit der Originalurkunde – zu unterscheiden. Hier ist weder § 129 einschlägig noch sind die Vorschriften des BeurkG anwendbar (§ 70 BeurkG). Vielmehr gilt das Verwaltungsverfahrensgesetz des Bundes (vgl. §§ 33 f. VwVfG) bzw. entsprechendes Landesrecht.

7. Abgabe von Willenserklärungen bei gleichzeitiger Anwesenheit der Parteien vor zuständiger Stelle

Um jeglichen Rechtsmissbrauch auszuschließen, verlangt das Gesetz in bestimmten Fällen die persönliche, gleichzeitige (!) Anwesenheit beider Parteien des Rechtsgeschäfts vor der zuständigen Stelle (idR Notar). So zB bei der Einigung über den Eigentumsübergang an einem Grundstück, die das Gesetz in § 925 I (lesen!) »Auflassung«[231] nennt. Gleiches gilt gem. § 1311 S. 1 für die Eheschließung vor dem Standesbeamten. **297a**

Während bei der Auflassung auch ein **Stellvertreter** (§ 164 I) zulässig ist,[232] verlangt § 1311 S. 1 sinnvollerweise die **persönliche** Erklärung der Eheschließenden.

IV. Beispiele für gesetzliche Formvorschriften

Wie bereits erläutert (→ Rn. 291), enthält der Allgemeine Teil des BGB Vorschriften, die etwas über die Bedeutung und den Inhalt der verschiedenen Arten der Form von Rechtsgeschäften aussagen (§§ 126–129); hingegen finden sich in den nachfolgenden vier Büchern des BGB sowie auch im Handels- und Gesellschaftsrecht[233] Vorschriften, die festlegen, welche der vom Allgemeinen Teil des BGB (iVm dem BeurkG) zur Verfügung gestellten Formen bei dem jeweils beabsichtigten speziellen Rechtsgeschäft einzuhalten sind. **298**

Unterteilt nach den Rechtsgebieten Schuldrecht, Sachenrecht, Familienrecht, Erbrecht, Handelsrecht und Gesellschaftsrecht sollten Sie die folgenden, beispielhaft ge-

230 So auch *Kallwass/Abels* PrivatR S. 43.
231 Dazu mehr in *Wörlen/Kokemoor* SachenR Rn. 187 f.
232 HK-BGB/*Staudinger* § 925 Rn. 3.
233 Gesetzliche Grundlagen sind hier unter anderem HGB, GmbHG und AktG = vgl. Abkürzungsverzeichnis (dort auch: GBO)!

nannten Vorschriften, die die Einhaltung einer Form vorschreiben, zumindest einmal gelesen[234] haben:

299 1. Schuldrecht

Vorschrift	Inhalt/Stichwort	Form
§ 311b I 1	Grundstücksveräußerung (zB Grundstücksverkauf)	Notarielle Beurkundung (§ 128; BeurkG)[235]
§ 518 I 1	Schenkungsversprechen	Notarielle Beurkundung
§ 550 S. 1	Mietvertrag für längere Zeit als ein Jahr	Gesetzliche Schriftform (§ 126)
§ 766 S. 1	Bürgschaftserklärung	Gesetzliche Schriftform

Weitere schuldrechtliche Formvorschriften: §§ 311b III und V, 492 I 1, 761, 780, 781.

300 2. Sachenrecht

Vorschrift	Inhalt/Stichwort	Form
§ 925 I	Einigung (§ 873) über Eigentumsübertragung an Grundstücken (= Auflassung)	Notarielle oder gerichtliche Beurkundung bei gleichzeitiger Anwesenheit beider Parteien (Stellvertretung ist zulässig)
§ 1154 I	Abtretung der einer Hypothek zugrunde liegenden Forderung	Gesetzliche Schriftform
§ 1155	Mehrere Abtretungen von hypothekengesicherten Forderungen	Öffentliche Beglaubigung (§ 129)

Wichtig im Sachenrecht: § 29 GBO

301 3. Familienrecht

Vorschrift	Inhalt/Stichwort	Form
§ 1410	Ehevertrag	Notarielle Beurkundung[236] bei gleichzeitiger Anwesenheit beider Teile (Stellvertretung ist zulässig)

Wichtig auch: §§ 1310 f. = formähnlich wie §§ 925 und 1410, aber vor dem Standesbeamten (keine Stellvertretung, sondern persönliche Erklärung)

302 4. Erbrecht

Vorschrift	Inhalt/Stichwort	Form
§ 2247 I	Testament	Gesetzliche Schriftform: eigenhändig geschriebener (handschriftlicher) und unterschriebener Text!
§ 2276	Erbvertrag	Notarielle Beurkundung bei gleichzeitiger Anwesenheit

234 Sie werden einige noch etwas genauer kennen lernen, wenn wir uns in meinen anderen Lehrbüchern mit den jeweiligen Rechtsgebieten beschäftigen.

235 Zur Erinnerung: §§ ohne Bezeichnung sind in diesem Buch solche des BGB!

236 »Zur Niederschrift eines Notars« bedeutet das Gleiche!

Außerdem: §§ 1945, 2033, 2371, 2385

5. Handelsrecht 303

Vorschrift	Inhalt/Stichwort	Form
§ 12 HGB	Anmeldung zum Handelsregister	Öffentliche Beglaubigung (elektronisch)

6. Gesellschaftsrecht 304

Vorschrift	Inhalt/Stichwort	Form
§ 2 GmbHG	Gesellschaftsvertrag	Notarielle Beurkundung
§ 15 III, IV GmbHG	Abtretung (bzw. Verpflichtung dazu) von Gesellschaftsanteilen	Notarielle Beurkundung
§ 53 II GmbHG	Beschluss über Gesellschaftsvertragsänderung	Notarielle Beurkundung
§ 23 I AktG	Satzung der Aktiengesellschaft	Notarielle Beurkundung

V. Rechtsfolgen der Nichteinhaltung der Form

1. Grundsatz: Nichtigkeit des Rechtsgeschäfts

Bei Nichteinhaltung der gesetzlich vorgeschriebenen Form ist ein Rechtsgeschäft 305 grundsätzlich gem. § 125 S. 1 nichtig (lesen Sie § 125 ganz!). Aus § 125 S. 2 folgt, dass dies »im Zweifel«, dh, wenn sich die Parteien darüber nicht einig sind, auch gelten soll, wenn eine von ihnen vereinbarte Form nicht eingehalten wurde. Selbstverständlich können die Parteien die Geltung einer rechtsgeschäftlich vereinbarten Form, die nicht **gesetzlich** vorgeschrieben ist, einvernehmlich wieder aufheben! Dann bestehen keine »Zweifel« iSv § 125 S. 2, sodass das Rechtsgeschäft voll wirksam ist.

Beispiel: Volker (V) und Kurt (K) schließen einen Kaufvertrag über den gebrauchten Pkw des V und vereinbaren hierfür die Schriftform. V übereignet dem K den Wagen sofort gegen Barzahlung, ohne dass ein Dokument unterzeichnet worden ist. Der Kaufvertrag ist wirksam. Denn die beiderseitige Erfüllung des Vertrags spricht dafür, dass die Parteien auf die Formabrede verzichtet haben.

2. Ausnahmen

a) Heilung des Formmangels durch Erfüllung

Der Mangel der Form, die für schuldrechtliche Verpflichtungsgeschäfte vorgeschrieben ist, so zB in den §§ 311b I 1, 518 I 1 und 766 S. 1, führt ausnahmsweise nicht zur Nichtigkeit, wenn das formlos geschlossene Rechtsgeschäft erfüllt wurde (vgl. §§ 311b I 2, 518 II, 766 S. 3 – lesen Sie die genannten Vorschriften!). Der Grund dafür ist einleuchtend: Wenn die Verpflichtungen bereits erfüllt bzw. die versprochenen Leistungen bereits erbracht sind, sind die mit der Formvorschrift bezweckten Beweis-, Warn- und Schutzfunktionen überflüssig geworden. 306

b) Teilnichtigkeit

Ist ein Teil eines Rechtsgeschäfts nichtig, weil es etwa gegen eine Formvorschrift 307 (§ 125), gegen ein gesetzliches Verbot (§ 134) oder gegen die guten Sitten (§ 138) verstößt (→ Rn. 318 ff.), geht der Gesetzgeber in § 139 davon aus, dass das ganze Rechtsgeschäft nichtig ist, es sei denn, es wäre auch ohne den nichtigen Teil vorgenommen worden.

Beispiel:[237] Ein Kaufvertrag mit einem irakischen Unternehmen betrifft 20 Gegenstände, von denen zwei unter das Irak-Ausfuhrverbot[238] fallen.

Wenn anzunehmen ist, dass der Vertrag auch ohne die zwei »verbotenen« Gegenstände geschlossen worden wäre, folgt aus § 139, dass er bezüglich der nicht unter das Verbot fallenden 18 anderen Gegenstände gültig bleibt.

c) Umdeutung

308 Liegt ein nichtiges Rechtsgeschäft vor, das den Erfordernissen eines anderen Rechtsgeschäfts entspricht, so gilt gem. § 140 das Letztere, wenn anzunehmen ist, dass dessen Geltung bei Kenntnis der Nichtigkeit gewollt sein würde. In dem nichtigen Rechtsgeschäft muss somit ein wirksames Ersatzgeschäft enthalten sein, das die Beteiligten – bei Kenntnis von der Nichtigkeit des geschlossenen Geschäfts – geschlossen hätten. Die Umdeutung dient folglich der Aufrechterhaltung des nichtigen Geschäfts.[239] Das hört sich schwieriger an als es ist; deshalb ein

Beispiel: Gemäß § 626 I kann ein Dienstvertrag von jedem Vertragsteil fristlos gekündigt werden, wenn ein wichtiger Grund vorliegt. Liegt dieser wichtige Grund nicht vor, ist die außerordentliche (fristlose) Kündigung unwirksam. Sie kann aber gem. § 140 in eine wirksame ordentliche Kündigung umgedeutet werden.[240]

237 Nach *Däubler*, BGB kompakt – Allgemeiner Teil: Schuldrecht – Sachenrecht, 3. Aufl. 2008, Kap. 14 Rn. 26.

238 Dazu bei Interesse BGHZ 125, 30 = NJW 1994, 858.

239 *Brox/Walker* BGB AT § 15 Rn. 15.

240 Zur Umdeutung einer nichtigen Prokuraerteilung (§ 48 HGB) in eine wirksame Erteilung einer Handlungsvollmacht (§ 54 HGB) vgl. *Wörlen/Kokemoor* HandelsR Übungsfall 4 Rn. 72 und Rn. 100.

309

Übersicht 23

Form von Rechtsgeschäften

Grundsatz: Rechtsgeschäfte können grundsätzlich in jeder beliebigen Form abgeschlossen werden
= Grundsatz der Formfreiheit – dient Erleichterung des Rechtsverkehrs.

Ausnahmen: Für bestimmte Rechtsgeschäfte wird Form vom Gesetz bestimmt oder Parteien vereinbaren Form.

1. Zweck der Formbedürftigkeit

Beweisfunktion	**Warn- und Schutzfunktion**	**Beratungsfunktion**
Rechtssicherheit: Festlegung von Zeitpunkt des Abschlusses des Rechtsgeschäfts sowie von Inhalt. Beweiserleichterung bei Streitigkeiten. **Beispiel:** § 550 S. 1 = Mietvertrag von über 1 Jahr: Schriftform	Formvorschrift als Warnung vor übereilten Abschlüssen von wichtigen Rechtsgeschäften. **Beispiel:** § 766 S. 1 = Bürgschaftserklärung: Schriftform	Beratung durch juristischen Fachmann über Bedeutung und Auswirkungen des Rechtsgeschäfts. **Beispiel:** § 311b I 1 = Grundstückskaufvertrag: Notarielle Beurkundung

2. Arten der Form

Schriftform § 126 I	Elektronische Form § 126a	Textform § 126b	Vereinbarte Form § 127	Notarielle Beurkundung § 128	Öffentliche Beglaubigung § 129	Abgabe von WEen vor öff. Behörde bzw. zuständiger Stelle
Rechtsgeschäft muss schriftlich abgefasst (nicht unbedingt vom Unterzeichner!) und eigenhändig unterschrieben oder durch ein vom Notar beglaubigtes Handzeichen (zB: »xxx«) unterzeichnet sein. (Unterschied Testament – § 2247 I → ganzes Testament muss eigenhändig sein!) Bei Vertrag müssen beide Parteien unterschreiben → § 126 II Schriftform wird durch elektronische Form (wenn sich aus Gesetz nichts anderes ergibt, vgl. zB § 766 S. 2) → § 126 III oder notarielle Beurkundung ersetzt, § 126 IV.	Qualifizierte elektronische Signatur erfüllt Funktion von Unterschrift bei der Schriftform. Einzelheiten: eIDAS-VO VDG	»Schriftform ohne Unterschrift«, die im Gegensatz zur elektronischen Form die Schriftform nicht ersetzt.	Im Zweifel gelten §§ 126, 126a oder 126b.	Im Gegensatz zur öffentlichen Beglaubigung wird durch notarielle Beurkundung Unterschrift und Inhalt der Urkunde bestätigt; vgl. §§ 8 ff. BeurkG.	Beglaubigung der Unterschrift unter dem Text einer Urkunde durch öffentliche Behörde oder Notar → **Identitätsnachweis**, aber keine Bestätigung des Inhalts der Urkunde.	Abgabe von Willenserklärungen vor öffentlicher Behörde bzw. zuständiger Stelle (zB Notar). Willenserklärungen müssen bei gleichzeitiger Anwesenheit der Beteiligten abgegeben werden, zB Auflassung – § 925 I (Stellvertretung möglich). Außerdem: Eheschließung – § 1311 S. 1 (keine Vertretung möglich: persönliche Erklärung).

3. Rechtsfolgen von Formmängeln

Gesetzliche Formvorschrift nicht eingehalten	**Rechtsgeschäftlich vereinbarte Formvorschrift nicht eingehalten**	**Ausnahmen**
Rechtsgeschäft = grundsätzlich nichtig, § 125 S. 1. **Ausnahme:** Heilung des Formmangels, wenn formlos geschlossenes Rechtsgeschäft erfüllt wurde. **Beispiele:** §§ 311b I 2, 518 II, 766 S. 3 Grund: Warn- und Schutzfunktion ist überflüssig, wenn versprochene Leistung erbracht bzw. Verpflichtung erfüllt wurde.	Vertrag bzw. Rechtsgeschäft ist nur »im Zweifel« nichtig, dh wenn Parteien über Wirksamkeit streiten. Parteivereinbarung kann einvernehmlich aufgehoben werden.	• Heilung des Formmangels durch Erfüllung (zB §§ 311b I 2, 518 II, 766 S. 3), • Teilnichtigkeit (§ 139), • Umdeutung (§ 140).

VI. Nichtige Rechtsgeschäfte ohne Formverstoß

1. Verstoß gegen gesetzliche Verbote

a) Verbotsgesetze

310 Nach § 134 (lesen) ist ein Rechtsgeschäft, das gegen ein gesetzliches Verbot verstößt, nichtig, wenn sich aus dem Gesetz nicht etwas anderes ergibt. »**Gesetz**« iSd Bürgerlichen Gesetzbuchs ist jede **Rechtsnorm** (Art. 2 EGBGB). Darunter fallen alle materiellen und formellen Gesetze (→ Rn. 4–6, 8), also auch Rechtsverordnungen, Satzungen und das Gewohnheitsrecht.

Verbotsgesetze iSv § 134 sind solche Rechtsnormen, aus deren Formulierung sich ergibt, dass die Rechtsordnung die Vornahme eines bestimmten Rechtsgeschäfts missbilligt.

Beispiele: § 259 StGB stellt den Ankauf gestohlener Sachen (Hehlerei) unter Strafe. Die Nichtigkeit des schuldrechtlichen Rechtsgeschäfts (Kaufvertrag) folgt aus § 134.

Auf Bitte des B hatte der U eine Auffahrt des Grundstücks des B neu gepflastert. Dabei wurde ein Werklohn von 1.800 EUR vereinbart, der in bar ohne Rechnung und ohne Abführung von Umsatzsteuer gezahlt werden sollte. § 1 II Nr. 2 SchwarzArbG enthält das Verbot zum Abschluss eines Werkvertrages, wenn dieser Regelungen enthält, die dazu dienen, dass eine Vertragspartei als Steuerpflichtige ihre – sich aufgrund der nach dem Vertrag geschuldeten Werkleistungen ergebenden – steuerlichen Pflichten nicht erfüllt. Wenn der Unternehmer vorsätzlich hiergegen verstößt und der Besteller den Verstoß des Unternehmers kennt und bewusst zum eigenen Vorteil ausnutzt, ist der Vertrag gem. § 134 nichtig.[241]

b) Rechtsfolgen des Verstoßes

311 Nichtig ist das Rechtsgeschäft, das gegen ein gesetzliches Verbot verstößt, gem. § 134 (wie Sie eben gelesen haben) nur, »wenn sich nicht aus dem Gesetz ein anderes ergibt«. Ob verbotswidrige Rechtsgeschäfte nichtig sind, richtet sich daher in erster Linie nach dem Sinn und Zweck des Verbotsgesetzes. Die in § 134 angeordnete Nichtigkeit tritt nur ein, wenn das Verbotsgesetz selbst keine ausdrückliche Rechtsfolgenregelung vorsieht und seine Auslegung ergibt, dass das Rechtsgeschäft nach Sinn und Zweck des Verbotsgesetzes keine Wirksamkeit entfalten soll.[242] So gibt es Verbotsgesetze, die sich nur gegen die äußeren Umstände der Vornahme des Rechtsgeschäfts wenden. Solche **Ordnungsvorschriften** wollen nicht den Erfolg des Rechtsgeschäfts verhindern, sondern nur dessen ordnungsgemäßen Abschluss gewährleisten.

Beispiel: V ist stolzer Besitzer eines Tante-Emma-Ladens. Er beschließt, dass er gegen die Konkurrenz der Supermarktketten nur durch besondere Serviceleistungen ankommen kann. Um diesen Gedanken umzusetzen, öffnet er sein Geschäft auch an Sonntagen. Student K, dessen Kühlschrank am Sonntagmorgen eine gähnende Leere aufweist, geht unverzüglich ins Geschäft des V und kauft eine Tiefkühllasagne als »Sonntagsmahl». Ist der zwischen V und K geschlossene Kaufvertrag wirksam?
Gemäß § 3 S. 1 Nr. 1 LadSchlG ist es dem V untersagt, an Sonn- und Feiertagen Waren zu verkaufen. Auf den ersten Blick handelt es sich hierbei um ein Verbotsgesetz iSd § 134 BGB. Allerdings

241 BGH NJW 2013, 3167. Bei Interesse: Der BGH hat mit vorgenanntem Urteil darüber hinaus entschieden, dass in diesem Fall Mängelansprüche des Bestellers grundsätzlich nicht bestehen. Denn nach Erbringung und Abnahme der Pflasterung stellte sich heraus, dass das Pflaster wegen der Art der Verlegung nicht die notwendige Festigkeit aufwies. B forderte daraufhin U zur Nachbesserung auf. Der U verweigerte das. An Mängelbeseitigungsaufwendungen waren dem Besteller Kosten von über 6.000 EUR entstanden.

242 HK-BGB/*Dörner* § 134 Rn. 7 mit Hinweis auf BGHZ 118, 188 = NJW 1992, 2557, BGHZ 131, 389 = NJW 1996, 926 und BGH NJW 2014, 3568 Rn. 14.

will diese Norm nicht den Verkauf von Waren als solchen verhindern, sondern nur den Verkauf zu bestimmten Zeiten. Dieser Zweck erfordert nicht die Ungültigkeit von Kaufverträgen, die außerhalb der Ladenschlusszeiten geschlossen werden. Es reicht in diesen Fällen die Sanktionierung als Ordnungswidrigkeit (vgl. § 24 I Nr. 2a) LadSchlG) aus, um den Gesetzeszweck durchzusetzen. Der zwischen V und K geschlossene Kaufvertrag ist also wirksam.

c) Umgehungsgeschäfte

Ein Umgehungsgeschäft liegt vor, wenn ein Rechtsgeschäft abgeschlossen wird, das den von einem Verbotsgesetz missbilligten Erfolg auf einem Weg zu erreichen versucht, der von dem Verbotsgesetz nicht erfasst wird. Ein derartiges Umgehungsgeschäft kann ebenfalls gem. § 134 nichtig sein. **312**

Beispiel:[243] Nachdem dem Gastwirt W die Schanklizenz wegen Trunksucht entzogen wurde, verkauft W die Gaststätte an K und vereinbart mit ihm, als dessen Geschäftsführer die Gaststätte zu führen.

Sinn und Zweck der Verbotsnorm des Gaststättengesetzes (vgl. § 4 I 1 Nr. 1 GastG) ist es, zu verhindern, dass eine Gaststätte von einem Alkoholiker geführt wird. Dieses gesetzliche Verbot würde umgangen, wenn W aufgrund des mit K geschlossenen Anstellungsvertrags die Gaststätte als Geschäftsführer weiterhin leiten könnte. Der Anstellungsvertrag zwischen K und W ist daher wegen Umgehung eines Verbotsgesetzes gem. § 134 nichtig.[244]

2. Verstoß gegen die guten Sitten

a) Sittenwidrigkeit

Ein Rechtsgeschäft, das gegen die guten Sitten verstößt, ist gem. § 138 I nichtig. Darüber, was »gute Sitten« sind, kann man sicherlich ganz unterschiedliche Ansichten haben. **313**

- Was würden Sie als »sittenwidrig« bezeichnen?
- ▶ Nach ständiger Rechtsprechung[245] ist ein Rechtsgeschäft sittenwidrig, wenn es gegen »das Anstandsgefühl aller billig und gerecht Denkenden« verstößt. Was aber ist »billig«, was »gerecht« und wer »denkt« so?

Außerdem unterliegen die »guten Sitten« wie auch die Gesetze einem ständigen Wandel. Während früher Mietverträge mit nicht verheirateten Paaren oder mit Prostituierten ebenso als sittenwidrig angesehen wurden wie das sog. »Geliebtentestament«, sind solche Rechtsgeschäfte heutzutage grundsätzlich nicht anstößig.

Das Gleiche gilt inzwischen für Verträge, mit denen ein Entgelt für die Dienste von Prostituierten vereinbart wurde. Solche Verträge sind nicht mehr nach § 138 I nichtig, sondern § 1 des am 1.1.2002 in Kraft getretenen ProstG[246] gibt den Prostituierten einen einklagbaren Anspruch auf ihren Lohn.[247]

Verallgemeinernd kann man festhalten, dass ein Rechtsgeschäft objektiv sittenwidrig und damit nach § 138 I nichtig ist, wenn die Art und Weise seines Zustandekommens

243 Nach *Brox/Walker* BGB AT § 14 vor Rn. 1 Fall b) und Rn. 10 bzw. OLG Koblenz NJW RR 1994, 493.

244 Eine Vielzahl von Beispielen für Verstöße gegen gesetzliche Verbote finden Sie unter anderem bei Palandt/*Ellenberger* § 134 Rn. 14–25; speziell für Umgehungsgeschäfte (inkl. dem »Gastwirtfall«) dort Rn. 28 f.

245 Vgl. nur BGH NJW 1999, 2266 (2267).

246 »Gesetz zur Regelung der Rechtsverhältnisse der Prostituierten (Prostituiertengesetz)« v. 20.12.2001 (BGBl. 2001 I 3983) heißt das! »Prost«?

247 Vgl. dazu *Schnabl/Hamelmann* JURA 2009, 161.

anstößig oder sein Inhalt verwerflich ist oder die gesamten Umstände des Rechtsgeschäfts von Motiv bis Zweck zu missbilligen sind.

Dies kann zB der Fall sein bei Ausnutzung einer wirtschaftlichen Macht- und Monopolstellung, bei Knebelungsverträgen oder bei Ausnutzung familienrechtlicher Abhängigkeit.

Als **Beispiel** für einen »Verstoß gegen die herrschende Rechts- und Sozialmoral« wird häufig[248] der »Leihmutterfall« genannt:
Eine Frau schließt einen sog. Leihmuttervertrag gegen hohe Bezahlung, indem sie sich verpflichtet, ein durch künstliche Befruchtung empfangenes Kind auszutragen und danach zur Adoption durch den Samenspender freizugeben.
Dieser Leihmuttervertrag ist nach hM sittenwidrig und gem. § 138 I nichtig, weil das Kind zum Gegenstand eines Rechtsgeschäfts gemacht und damit zur Handelsware degradiert wird.[249] Die Ersatzmuttervermittlung wird durch § 13b AdVermiG verboten.

Anderes **Beispiel**: Ein Wirtschaftswissenschaftler schließt mit T einen Geschäftsbesorgungsvertrag, der die Verschaffung eines Doktortitels der Universität Washington gegen Zahlung einer größeren Geldsumme zum Inhalt hat. Dieser Vertrag ist nach § 138 I nichtig, denn der Doktortitel soll die in einem speziellen Verfahren nachgewiesene wissenschaftliche Qualifikation des Trägers bekunden. Durch einen gekauften Titel wird der Öffentlichkeit eine solche Qualifikation wahrheitswidrig vorgetäuscht.[250]

Um den Rahmen dieses Grundrisses nicht zu sprengen, muss ich für weitere Beispiele, Einzelfälle und Fallgruppen auf die nachfolgende »Literatur zur Vertiefung« und auf die gängigen Kommentare[251] verweisen.

b) Wucher

314 Nach § 138 II ist insbesondere ein Rechtsgeschäft nichtig, durch das jemand unter Ausbeutung der Zwangslage, der Unerfahrenheit, des Mangels an Urteilsvermögen oder der erheblichen Willensschwäche eines anderen sich oder einem Dritten für eine Leistung Vermögensvorteile versprechen lässt, die in einem auffälligen Missverhältnis zu der Leistung stehen. Soeben haben Sie den Gesetzestext von § 138 II gelesen, der einen Sondertatbestand darstellt, einen Rückgriff auf die »Generalklausel« von § 138 I allerdings nicht ausschließt.[252]

Beispiel: Aufgrund fehlgeschlagener Spekulationen steht der Geschäftsinhaber G kurz vor der Insolvenz. Um sein Geschäft fortführen zu können, benötigt er dringend Geld. Ein Bekannter B gewährt ihm deshalb ein Darlehen mit monatlichen Zinsen in Höhe von 15% (= Kreditwucher).

Auch hier muss ich mich im Rahmen dieses Grundrisses damit begnügen, diese Vorschrift (§ 138 II) kurz erwähnt zu haben und Interessierte bezüglich der Ausfüllung vieler dort verwendeter Begriffe auf die »Literatur zur Vertiefung« zu verweisen.

248 ZB bei *Brox/Walker* BGB AT § 14 Rn. 1.
249 OLG Hamm NJW 1986, 781 (782).
250 Urteil des OLG Koblenz NJW 1999, 2904. Das Gericht hat auch einen Rückforderungsanspruch des Titelkäufers (er hatte bereits eine größere Summe angezahlt) ausgeschlossen.
251 ZB HK-BGB/*Dörner* § 138 Rn. 7 ff.; Jauernig/*Mansel* § 138 Rn. 12 ff.; Palandt/*Ellenberger* § 138 Rn. 24 ff.
252 *Brox/Walker* BGB AT § 14 Rn. 29.

Übersicht 24 315

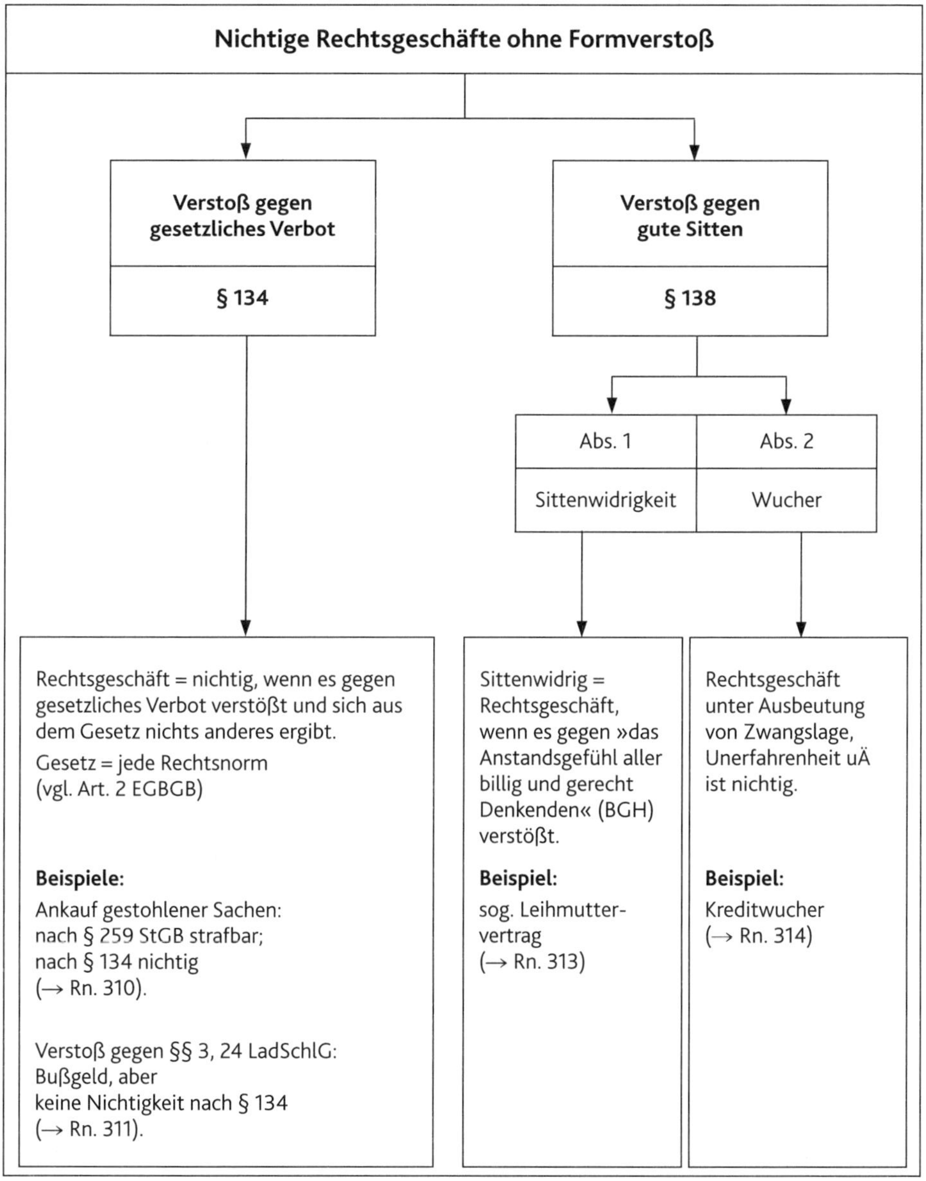

3. Nichtigkeit aufgrund von Willensmängeln

316 Bei den Anfechtungsgründen der §§ 119–120 (→ Rn. 217 ff.) hatten wir gesehen, dass, wenn wahrer Wille und Erklärung **unbewusst** auseinanderfallen, diese Willenserklärungen wirksam sind, aber durch Anfechtung vernichtet werden können und dann **nichtig** sind.

- ■ Lesen Sie die §§ 116–118! Welche Fälle von Willensmängeln betreffen diese Vorschriften mit welchen Konsequenzen?
- ▶ Die §§ 116–118 betreffen die Fälle, in denen der Erklärende **bewusst** eine fehlerhafte Willenserklärung abgibt. Die unter den dort genannten Voraussetzungen (bei § 116 nur in den in Satz 2 genannten Fällen) abgegebenen Willenserklärungen sind nichtig und entfalten keine Rechtswirkungen.

Diesen Tatbeständen ist gemeinsam, dass der Erklärende ohne Geschäftwillen (→ Rn. 142, 144) handelt und die von ihm erklärte Rechtsfolge nicht will.[253]

a) Geheimer Vorbehalt

317 Wenn der Erklärende eine Willenserklärung abgibt und sich insgeheim vorbehält, das Erklärte nicht zu wollen, liegt ein **geheimer Vorbehalt** (sog. **Mentalreservation**) vor. Unsere Rechtsordnung kann allerdings nur funktionieren, wenn die geäußerte Erklärung maßgeblich ist. Der »böse Spaßvogel« macht bewusst einen Scherz auf Kosten des anderen, der den Mangel der Ernstlichkeit gerade nicht erkennen soll. Das Gesetz macht allerdings diesen Spaß nicht mit: Nach § 116 S. 1 muss der Spaßvogel geradestehen; seine Willenserklärung ist wirksam.

> **Beispiel:**[254] Seiner auf dem Sterbebett liegenden Freundin Fanny möchte ihr Lebensgefährte Ludger eine Freude machen und schenkt ihr einen wertvollen Ring. Diese Schenkung wollte er allerdings nicht, sondern die Sterbende nur noch einmal glücklich sehen. Wenn die Alleinerbin Adelgunde nach dem Tod von Fanny den Ring verlangt, hat sie einen Herausgabeanspruch. Denn der Vorbehalt des Ludger ist nach § 116 S. 1 wirkungslos. Fanny konnte sich vielmehr auf dessen Willenserklärung verlassen – frei nach dem Motto »ein Mann, ein Wort«.
> Die noch lebende Fanny ist deshalb wirksam Eigentümerin des Ringes geworden.

Wenn allerdings der Erklärungsempfänger den Vorbehalt kennt, so ist er nicht schutzwürdig. In diesem Fall ist die Willenserklärung des Erklärenden gem. § 116 S. 2 nichtig.

> **Fortführung des Beispielsfalles:** Wenn Fanny von einer Freundin vor der Schenkung erfahren hatte, dass ihr Lebensgefährte Ludger ihr den Ring gar nicht schenken, sondern nur ein Lächeln von ihr erhalten wollte, ist Ludger an seine Willenserklärung nicht gebunden; diese ist nach § 116 S. 2 nichtig.

b) Scheingeschäft

318 ■ Lesen Sie nun die das Scheingeschäft betreffende Vorschrift des § 117, zunächst nur Absatz 1! Welche Gemeinsamkeit, welcher Unterschied besteht zu dem in § 116 geregelten geheimen Vorbehalt?

- ▶ Bei einer Scheinerklärung liegt der äußere Schein einer Willenserklärung vor; auch hier will der Erklärende die mit ihr verbundene Rechtsfolge nicht. Im Unterschied zu § 116 geschieht dies mit **Einverständnis des Erklärungsempfängers.** Der Gegner durchschaut also nicht nur den Erklärenden, sondern beide handeln

253 So auch *Brox/Walker* BGB AT § 17 Rn. 1.
254 Nach *Stadler* BGB AT § 25 Rn. 2.

einvernehmlich. Sie wollen durch bewusstes Zusammenwirken das Geschäft nur äußerlich vortäuschen. In Wirklichkeit soll dieses Geschäft nicht wirksam sein.

Die zum Schein abgegebene Erklärung wird auch **simulierte Erklärung** genannt. Die Parteien wollen auf diese Weise Dritte, wie zB das Finanzamt aus steuerlichen Gründen, den Notar wegen der Höhe der zu zahlenden Kosten, den Makler wegen der Höhe der Maklergebühren, täuschen. Ein solches Interesse ist allerdings nicht schutzwürdig und deshalb die Willenserklärung gem. § 117 I nichtig. Um dies besser zu verstehen, lösen wir den folgenden Übungsfall.

Übungsfall 18

Konrad Kegelbacher (K) will Viktor Vredestein (V) ein Grundstück abkaufen. Die beiden einigen sich auf einen Kaufpreis von 200.000 EUR und schließen darüber einen privatschriftlichen Vertrag. Um Grunderwerbssteuer und Notarkosten zu sparen, schließen sie alsdann vor einem Notar (vgl. § 311b I) zum Schein einen Kaufvertrag über nur 100.000 EUR. Als K von V die Übereignung des Grundstücks verlangt, weigert sich dieser, da er inzwischen einen Interessenten gefunden hat, der 230.000 EUR zahlen will. K will aber nur 200.000 EUR zahlen und verweist auf eine Klausel des privatschriftlichen Kaufvertrags, nach der beide Parteien trotz eventueller Formfehler an den Vertrag gebunden seien.

Kann K die Übereignung des Grundstücks zum Preis von 200.000 EUR von V verlangen?

- Welche Anspruchsgrundlage kommt für das Verlangen des K in Betracht?
- ▶ § 433 I 1 (lesen!)

K könnte demnach gegen V einen Anspruch auf Übereignung des Grundstücks zum Preis von 200.000 EUR gem. § 433 I 1 haben.

- Welche Voraussetzung muss für diesen Anspruch erfüllt sein?
- ▶ Zwischen K und V müsste ein entsprechender Kaufvertrag zustande gekommen sein.

Um dies prüfen zu können, muss man wissen, dass ein Vertrag, durch den sich je- **319**
mand verpflichtet, einem anderen ein Grundstück zu übertragen, gem. § 311b I (auf den im Sachverhalt eigens hingewiesen wird) der notariellen Beurkundung bedarf (§ 311b I noch einmal lesen).

- Haben K und V in unserem Fall diese Formvorschrift eingehalten? Welcher Vertrag wurde beurkundet?
- ▶ Der Kaufvertrag zum Preis von 100.000 EUR. Somit könnte man meinen, dass dieser Vertrag wirksam ist, sodass K das Grundstück für nur 100.000 EUR verlangen könnte.
- Was aber setzt ein wirksamer Vertrag, ob er nun notariell beurkundet ist oder nicht, immer voraus?
- ▶ Zwei sich deckende Willenserklärungen! Auch diese lagen scheinbar vor!

Aber eben nur scheinbar; denn sie wurden, wie im Sachverhalt ausdrücklich mitge- **319a**
teilt wird, nur zum Schein abgegeben, um Behörde und Notar über den wahren Kaufpreis zu täuschen. Lesen Sie nochmals § 117 I!

- Was folgt aus dieser Vorschrift für unseren Fall?

▶ Die Willenserklärungen von K und V sind nichtig und damit ist der Kaufvertrag zum Preis von 100.000 EUR trotz notarieller Beurkundung nichtig, da die Parteien den Inhalt dieses Rechtsgeschäfts nicht wollten.

Lesen Sie nun noch § 117 II.

■ Was könnte das für unseren Fall bedeuten? Welches Rechtsgeschäft wollten K und V durch ihre zum Schein abgegebenen Willenserklärungen bei dem Notar verdecken?

▶ Den Kaufvertrag über 200.000 EUR.

Nach § 117 II ist die Wirksamkeit des verdeckten Rechtsgeschäfts nach den für dieses Geschäft geltenden Vorschriften zu beurteilen.

■ Welche Vorschrift mussten K und V hier beachten, damit der Kaufvertrag über das Grundstück für 200.000 EUR wirksam werden konnte?

▶ Wiederum § 311b I.

K und V haben hierüber jedoch nur einen privatschriftlichen Vertrag ohne notarielle Beteiligung geschlossen. Sie haben somit die von § 311b I vorgeschriebene Form nicht eingehalten.

Der zwischen K und V geschlossene Vertrag weist, mit anderen Worten, einen Formmangel auf.

Welche Rechtsfolge dieser Formmangel hat, wissen Sie inzwischen: Der Vertrag ist gem. § 125 S. 1 nichtig!

■ Wäre es nicht denkbar, dass die Parteien aufgrund der Vertragsfreiheit einfach vereinbaren können, dass der Grundstückskaufvertrag ohne notarielle Beurkundung wirksam sein soll?

▶ Dann würden die Grenzen der Vertragsfreiheit überschritten.

Vertragsfreiheit bedeutet, wie bereits erwähnt, zweierlei:

1. Es steht den Parteien frei, ob sie einen Vertrag schließen.
2. Sie können die Verträge frei gestalten, solange sie dadurch nicht gegen ein zwingendes Gesetz verstoßen.

319b Um zwingendes Recht, dh um eine Vorschrift, die nicht durch Parteivereinbarung geändert oder abbedungen werden kann, handelt es sich aber bei § 311b I. Wenn es in der Macht der Parteien stünde, diese Vorschrift durch eine anders lautende Vereinbarung abzuändern, wäre § 125 S. 1 überflüssig. Trotz der Vereinbarung von K und V, dass sie bei evtl. Formfehlern an den Vertrag gebunden sein sollten, ist der privatschriftliche Kaufvertrag zwischen K und V gem. § 311b I iVm § 125 S. 1 nichtig.

■ Wie lautet daher das Ergebnis unseres Falls?

▶ K hat gegen V keinen Anspruch auf Übereignung des Grundstücks gem. § 433 I 1.

Lernhinweis: Das beurkundete Rechtsgeschäft ist nichtig, weil es nicht gewollt war (§ 117 I). Das gewollte Rechtsgeschäft ist nichtig, weil es nicht beurkundet wurde (§ 117 II). Der Formmangel wird jedoch nach § 311b I 2 geheilt, wenn Auflassung und Eintragung in das Grundbuch erfolgen. Das verdeckte (gewollte) Geschäft wird dann wirksam.

c) Scherzerklärung

Die in § 118 geregelte sog. Scherzerklärung betrifft den Fall, dass der Erklärende eine **nicht ernstlich gemeinte Willenserklärung** in der Erwartung abgibt, dass der Mangel der Ernstlichkeit erkannt wird. Wie bei § 116 ist die Willenserklärung vom Erklärenden nicht ernsthaft gemeint. Der »Spaßvogel« hat überhaupt keinen Geschäftswillen. **320**

- ■ Welcher Unterschied besteht zu dem in § 116 geregelten geheimen Vorbehalt?
- ▶ § 118 setzt im Unterschied zu § 116 voraus, dass der Erklärende davon ausgeht, der Erklärungsempfänger werde die Nichternstlichkeit der Erklärung erkennen.
- ■ Und wie unterscheidet sich die Scherzerklärung vom Scheingeschäft nach § 117?
- ▶ Vom Scheingeschäft unterscheidet sich die Scherzerklärung durch das fehlende Zusammenwirken mit dem Erklärungsempfänger.

Der Erklärende darf also keine Täuschungsabsicht haben. Man spricht auch vom »guten Scherz« im Gegensatz zu dem in § 116 geregelten »bösen Scherz«. Allerdings kommt es nicht darauf an, ob der andere die Nichternstlichkeit erkennt oder hätte erkennen können. Vielmehr kommt es bei § 118 nur auf die Sicht des Erklärenden an. Die Erklärung ist selbst dann nichtig, wenn der andere auf ihre Gültigkeit vertraut.

Nach § 118 wird der »Spaßvogel« nicht an der Erklärung festgehalten; seine Scherzerklärung ist **nichtig.** Sofern allerdings der Erklärungsempfänger auf die Gültigkeit der Erklärung vertraut hat, hat er für den Fall, dass er einen Vertrauensschaden erlitten hat, einen Schadensersatzanspruch nach § 122 I gegen den »Spaßvogel«.

Der Erklärungsempfänger ist so zu stellen, als hätte er von der nicht ernstlich abgegebenen Erklärung nie etwas gehört.

> **Beispiel:**[255] In einer Gaststätte bestellt jemand »Ein Schappi, ein Bier«. Die Kellnerin serviert daraufhin eine geöffnete Hundefutterdose sowie das Bier. Sie hatte nicht bemerkt, dass der Gast nur einen Scherz gemacht hat.
> Die Erklärung des Spaßvogels hinsichtlich des »Schappi« ist gem. § 118 nichtig. Allerdings muss er nach § 122 I Schadensersatz leisten, also die Kosten für das Hundefutter erstatten.

Der Erklärungsempfänger ist allerdings nicht schutzwürdig und kann keinen Schadensersatzanspruch geltend machen, wenn er den Grund der Nichtigkeit der Scherzerklärung kannte oder infolge von Fahrlässigkeit nicht kannte (= kennen musste, § 122 II), wenn er also besonders »begriffsstutzig« war.

Sofern der »Spaßvogel« erkennt, dass seine Scherzerklärung von dem anderen als ernst aufgefasst worden ist, ist er nach Treu und Glauben verpflichtet, den Erklärungsempfänger unverzüglich über diesen Irrtum aufzuklären. Ansonsten täuscht er diesen durch Unterlassen. Seine Erklärung wird in diesem Fall als gültig behandelt, was sich aus der Wertung des § 116 S. 1 ergibt: Derjenige, der etwas für sich behält, was er eigentlich offenbaren müsste, darf aus seinem Verhalten keinen Vorteil ziehen. Wenn sich der »Spaßvogel« auf die Nichternstlichkeit beruft, handelt er arglistig. Nur wenn der »böse Scherz« vom Gefoppten durchschaut wird, gilt § 116 S. 2,[256] die Scherzerklärung ist also nichtig.

255 Nach *Kallwass/Abels* PrivatR 63.
256 *Musielak/Hau* GK BGB Rn. 394.

320a **Übersicht 24a**

Nichtige Rechtsgeschäfte aufgrund von Willensmängeln

Bewusstes Abweichen von Wille und Erklärung

Geheimer Vorbehalt = Mentalreservation (sog. »böser Scherz«) § 116

I. Voraussetzungen:
- WE nicht ernst gemeint = Vorbehalt
- insgeheim (Täuschungsabsicht)

II. Rechtsfolge:
- Bei Unkenntnis des Erklärungsempfängers vom Vorbehalt: WE ist wirksam (§ 116 S. 1)
- bei Kenntnis des Erklärungsempfängers vom Vorbehalt: WE ist unwirksam (§ 116 S. 2)

Scheingeschäft § 117

I. Voraussetzungen:
- WE nicht ernst gemeint = Vorbehalt
- Einverständnis des Erklärungsempfängers

II. Rechtsfolge:
- WE ist nichtig (§ 117 I)
- Ggf. Wirksamkeit des durch das nichtige Scheingeschäft verdeckten anderen Rechtsgeschäfts (§ 117 II)

Mangel der Ernstlichkeit = Scherzerklärung (sog. »guter Scherz«) § 118

I. Voraussetzungen:
- WE nicht ernst gemeint = Vorbehalt
- Erwartung, dass Mangel der Ernstlichkeit erkannt wird (keine Täuschungsabsicht)

II. Rechtsfolge:
- WE ist nichtig (§ 118)
- Evtl. Anspruch auf Ersatz des Vertrauensschadens (§ 122)
- WE ist wirksam, wenn Erklärender erkennt, dass der Erklärungsempfänger die WE als ernst gemeinte auffasst und den Empfänger nicht über den Scherz aufklärt (arg. § 116 S. 1)

Exkurs: Zwingendes und nachgiebiges Recht

Nachdem Sie soeben erfahren haben, dass es sich bei § 311b I um »zwingendes« Recht handelt, werden Sie sich möglicherweise gefragt haben, ob es wohl auch **nicht** zwingendes Recht gibt. Dies gibt es im BGB in erheblichem Umfang. Während die Vorschriften des zwingenden Rechts (lat.: »ius cogens«) bedeuten, dass die dort getroffenen Regelungen durch Vereinbarung der an einem Rechtsgeschäft beteiligten Personen nicht ausgeschlossen oder verändert werden dürfen, kann eine Vielzahl von Vorschriften des Schuldrechts durch die Parteien ausgeschlossen oder verändert werden. Man spricht von abdingbarem oder nachgiebigem Recht. Das, was in diesen Vorschriften geregelt wird, wird aufgrund der allgemeinen Vertragsfreiheit des Schuldrechts zur Disposition gestellt. Man bezeichnet dieses nachgiebige Recht deshalb auch als »dispositives« Recht (lat.: »ius dispositivum«). 321

In einigen Vorschriften gibt das Gesetz selbst einen Hinweis, dass die getroffene Regelung nicht durch Rechtsgeschäft (= Vereinbarung) abbedungen oder verändert werden kann bzw. dass entgegenstehende Vereinbarungen unwirksam sind, so zB in den §§ 125, 138, 241a III, 555, 619, 925 II (Vorschriften lesen!). 322

Dass sich bei den meisten Vorschriften ein solcher Hinweis nicht findet, lässt indessen nicht den Umkehrschluss zu, dass alle anderen Vorschriften des BGB zum nachgiebigen Recht gehören! Ob es sich bei einer Vorschrift um zwingendes oder nachgiebiges Recht handelt, ist vielmehr aus dem Zweck der Vorschrift zu entnehmen, was für den Laien nicht einfach ist. Dies zu entscheiden, wird von Ihnen allerdings nicht verlangt. Sie müssen sich hierzu nur einige **Faustregeln** merken:

(1) Zwingend sind vor allem die in diesem Kapitel behandelten Formvorschriften (vgl. § 311b I iVm § 125), da sonst der Zweck der Formbedürftigkeit (Schutz- und Warnfunktion etc) nicht erreicht werden könnte.
(2) Zwingend sind Regelungen, deren Zweck es gerade ist, der Vertragsfreiheit Grenzen zu setzen (so zB § 134 und § 138).
(3) Zwingend sind Vorschriften, die etwas über die Rechtsstellung einer Person aussagen, wie zB die §§ 1 und 2 oder § 104 (lesen Sie nach, was darin steht!).
(4) Zwingend sind schließlich die meisten sachen-, familien- und erbrechtlichen Vorschriften, da hier die Ausgestaltung der möglichen Rechtsbeziehungen durch verbindliche Zuordnungstypen erfolgt. Dagegen handelt es sich bei den Vorschriften über die besonderen (vertraglichen) Schuldverhältnisse des achten Abschnitts des zweiten Buchs des BGB durchweg um dispositives Recht.

Ein typisches Beispiel für dispositives Recht sind die §§ 437 ff. Nach § 437 (ganz lesen) haftet der Verkäufer dem Käufer für Mängel an der Kaufsache. Sofern ein solcher Mangel vom Verkäufer nicht arglistig, also wissentlich, verschwiegen wurde, kann er die Haftung vertraglich ausschließen. In der Praxis von privaten Gebrauchtwagenverkäufern ist das gang und gäbe; da finden Sie in Vertragsformularen (vgl. Vordrucke vom ADAC!) häufig die Formulierung »gekauft wie gesehen, unter Ausschluss jeglicher Haftung« bzw. »unter Ausschluss der Sachmängelhaftung«. Da die §§ 437 ff. dispositives Recht enthalten, 323 ist dieser Haftungsausschluss möglich, solange er nicht gegen zwingendes Recht verstößt (beim sog. Verbrauchsgüterkauf ist allerdings § 475 I zu beachten!). Lesen Sie hierzu abschließend einmal § 444. Das ist wieder eine Vorschrift, die zwingendes Recht enthält: Die Haftung für Arglist kann vertraglich nicht ausgeschlossen werden; ein solcher Ausschluss ist nichtig.

324 ■ Welchen Umkehrschluss lässt die Formulierung von § 444 zu? (Überlegen Sie!)

▶ Alle Gewährleistungsansprüche können vertraglich ausgeschlossen werden, wenn der Verkäufer nicht arglistig gehandelt hat …

Literatur zur Vertiefung (→ Rn. 285–324): *Alpmann und Schmidt* BGB AT 2, 1. Teil, 2. und 3. Abschn.; *Blasche*, Notarielle Beurkundung; öffentliche Beglaubigung und Schriftform, JURA 2008, 890; *Boente/Riehm*, Das BGB im Zeitalter digitaler Kommunikation, Jura, 2001, 793; *Brox/Walker* BGB AT §§ 13, 14, 17; *Bülow*, Grundfragen der Verfügungsverbote, JuS 1994, 1; *Führich* WirtschaftsPrivatR Rn. 131 ff.; *Hähnchen*, Das Gesetz zur Anpassung der Formvorschriften des Privatrechts und anderer Vorschriften an den modernen Rechtsgeschäftsverkehr, NJW 2001, 2831; *Häsemeyer*, Die Bedeutung der Form im Privatrecht, JuS 1980, 1 ff.; *Kischko*, Bedeutung und Wandel des Maßstabs der guten Sitten im Zivil- und Wirtschaftsrecht, ZJS 2017, 396; *Köhler* BGB AT §§ 12, 13; *Lieder/Berneith*, Die Umdeutung nach § 140 BGB, JuS 2015, 1063; *Medicus/Petersen* BürgerlR § 9; *Müglich*, Neue Formvorschriften für den E-Commerce – Umsetzung der Signaturrichtlinie, MMR 2000, 7 ff.; *Musielak/Hau* GK BGB Rn. 57 ff.; *Petersen*, Der Verstoß gegen die guten Sitten, JURA 2005, 387; *Petersen*, Die Form des Rechtsgeschäfts, JURA 2005, 168; *Petersen*, Gesetzliches Verbot und Rechtsgeschäft, JURA 2003, 532; *Petersen*, Veräußerungs- und Verfügungsverbote, JURA 2009, 768; *Preuß*, Geheimer Vorbehalt, Scherzerklärung und Scheingeschäft, JURA 2002, 815; *Regenfus*, Gesetzliche Schriftformerfordernisse – Auswirkungen des Normzwecks auf die tatbestandlichen Anforderungen (Teil 1), JA 2008, 161; *Roßnagel*, Das neue Recht elektronischer Signaturen – Neufassung des Signaturgesetzes und Änderung des BGB und der ZPO, NJW 2001, 1817; *Schnabl/Hamelmann*, Das Ende der Sittenwidrigkeit sog. Geliebtentestamente, JURA 2009, 161; *Schnorr*, Die rechtliche Behandlung irrtümlich angenommener Formerfordernisse, JuS 2006, 115; *Schreiber*, Die Nichtigkeit von Verträgen, JURA 2007, 25; *Stadler* BGB AT §§ 24, 26; *Staudinger*, Die Nichtigkeit der Verfügungen von Todes wegen und der Erbstreit im Adelshause Hohenzollern, JURA 2000, 467; *Thomas*, Sittenwidrige finanzielle Überforderung durch bankähnliche Kreditgeber, RÜ 2002, 103 (BGH Urt. v. 13.11.2001 – XI ZR 82/01 – www.judicialis.de) [»fSaE« = vgl. Abkürzungsverzeichnis]; *Tychsen*, Anforderungen an die Heilung eines formmangelhaften Grundstückskaufvertrages, RÜ 2003, 153 (OLG Naumburg Urt. v. 12.11.2002 – 11 U 204/1 – www.judicialis.de) [»fSaE«]; *Tychsen*, Individualisierung der Vertragsparteien bei der Beurkundung, RÜ 2002, 245 (KG Beschl. v. 18.12.2001 – 1 W 1712/00 – www.judicialis.de) [»fSaE«]; *Tychsen*, Nichtigkeit der Abtretung von Ansprüchen auf Ersatz von Mietwagenkosten, RÜ 2003, 436 (BGH ZIP 2003, 1608) [»fSaE«]; *Tychsen*, Nichtigkeit einer Vollmacht zur Abgabe einer Vollstreckungsunterwerfung, RÜ 2003, 292, (BGH NJW 2003, 1594 = ZIP 2003, 943) [»fSaE«]; *Tychsen*, Zur Formwirksamkeit und zur Widerrufsbelehrung beim Finanzierungsleasingvertrag …, RÜ 2003, 107 (Aufarbeitung OLG Düsseldorf NJW-RR 2003, 126) [»fSaE«]; *Ulrici*, Verbotsgesetze und zwingendes Recht, JuS 2005, 1073; *Wolf/Neuner* BGB AT §§ 44–46.

5. Kapitel. Der Vertrag

Der Titel dieses Kapitels ist identisch mit »Titel 3« von »Abschnitt 3« von »Buch 1« des Bürgerlichen Gesetzbuchs. Obwohl der »Vertrag« **das** Rechtsgeschäft schlechthin darstellt, wird diesem Titel in Abschnitt 3 des ›Allgemeinen Teils‹ des BGB nur ein relativ kleiner Raum (§§ 145–157) gewidmet. Das liegt zum einen daran, dass nahezu alle Regelungen von Abschnitt 3 (= »Rechtsgeschäfte«) auch für den Vertrag gelten, zum anderen daran, dass das gesamte Buch 2 des BGB (»Recht der Schuldverhältnisse«) sowohl in seinem allgemeinen Teil (Abschnitte 1–7, §§ 241–432) als auch in seinem besonderen Teil (Abschnitt 8, §§ 433–853) sich im Wesentlichen mit Verträgen (= rechtsgeschäftlichen Schuldverhältnissen) befasst. 325

Nach § 311 I ist ein Vertrag grundsätzliche Voraussetzung für die Begründung eines Schuldverhältnisses. Aus § 311 I wird zudem die **schuldrechtliche Vertragsfreiheit** (→ Rn. 16 und 286) hergeleitet. 326

»Vertragsfreiheit« bedeutet zum einen, dass jede Partei frei entscheiden kann, ob sie überhaupt einen Vertrag schließt (**Abschlussfreiheit**). Zum anderen gehört zur Vertragsfreiheit, dass die Parteien Art und Inhalt des Vertrags frei gestalten können (**Gestaltungsfreiheit**). Einschränkungen der Abschlussfreiheit können sich insbesondere durch einen sog. **Kontrahierungszwang** ergeben. Dieser kann sich zB aus öffentlich-rechtlichen Vorschriften, aus solchen des GWB oder aus § 826 ergeben.[257]

Des Weiteren wird die Abschlussfreiheit nunmehr auch durch das am 18.06.2006 in Kraft getretene Allgemeine Gleichbehandlungsgesetz, namentlich durch § 1 AGG eingeschränkt.[258]

Ein Vertrag kommt durch zwei sich deckende Willenserklärungen zustande. Eine oder mehrere Willenserklärungen sind Voraussetzung für die Gültigkeit eines jeden Rechtsgeschäfts. Somit gilt alles, was Sie bisher in den vier vorhergegangenen Kapiteln des zweiten Abschnitts **dieses** Buchs über das Recht der Willenserklärungen gelernt haben, weitestgehend auch für den Vertrag. 327

Wir wollen uns daher in diesem Kapitel nur kurz mit einigen Besonderheiten befassen, die innerhalb der §§ 145–157 angesprochen werden. Wiederholungen sind dabei wieder bewusst einbezogen; denn: Wiederholungen fördern den Lernprozess!

I. Der Vertragsschluss

Sie wissen bereits, dass ein Vertrag durch zwei sich deckende Willenserklärungen, dem Antrag (Angebot, Offerte) und seiner Annahme, zustande kommt. Dies setzt der Gesetzgeber voraus, wie sich aus der Formulierung von § 151 S. 1, 1. Zeile ergibt, die verständlicher ausgedrückt lautet: »Der Vertrag kommt durch die Annahme des Antrags zustande. Dabei ist es nicht erforderlich, dass …« Im allgemeinen juristischen Sprachgebrauch ist anstelle von »Antrag« durchweg von Vertrags-»Angebot« die Rede. Dieses Angebot, bei dem es sich um eine empfangsbedürftige 328

257 Ausführlicher dazu in *Wörlen/Metzler-Müller* SchuldR AT Rn. 17–38.
258 Näheres dazu im »Arbeitsrecht« von *Wörlen/Kokemoor* ArbR Rn. 78b und Rn. 238.

Willenserklärung (vgl. § 130)[259] handelt, ist unter den Voraussetzungen von § 145 (lesen!) bindend. Dies wiederum setzt voraus, dass sich das Angebot konkret an einen bestimmten Vertragspartner richtet, was bei der sog. invitatio ad offerendum nicht der Fall ist.[260] Bindend ist ein Angebot, dessen Gebundenheit nicht vertraglich ausgeschlossen ist (vgl. § 145!), nur so lange, wie es nicht erloschen ist (§ 146 – lesen!).[261]

Es ist auch nach § 148 möglich, eine Frist für die Annahme zu bestimmen.

Die Annahme des Vertragsangebots ist ebenfalls eine empfangsbedürftige Willenserklärung. Für ihre Wirksamkeit sind insbesondere ihre Abgabe und ihr Zugang erforderlich, womit wir uns bereits eingehend beschäftigt haben.[262] Der Zugang der Annahmeerklärung ist ausnahmsweise gem. § 151 nicht erforderlich, wenn

- der Antragende auf die Erklärung der Annahme **verzichtet** hat

Beispiel: Gast G aus Frankfurt bestellt unmittelbar vor seiner Abreise per Telefax ein Hotelzimmer in Hamburg. Konkludent verzichtet er auf den Zugang der Annahmeerklärung, denn für den Hotelier ist er nicht mehr erreichbar, sofern er keine Mobiltelefonnummer angegeben hat.

oder

- eine Erklärung der Annahme nach der Verkehrssitte nicht zu erwarten ist

Beispiel: Im Versandhandel ist es meist nicht üblich, eine eingegangene Bestellung, also das Angebot, ausdrücklich zu bestätigen, also anzunehmen, oder eine Annahmeerklärung zurückzusenden. Die Annahme wird konkludent spätestens mit dem Absenden der Ware erklärt.[263]

Diese Bestimmung enthält folglich eine Ausnahme vom Zugangserfordernis. Dadurch wird das Zustandekommen des Vertrages beschleunigt. Allerdings ist auch im Fall des § 151 ein Annahmewille erforderlich, der unmissverständlich nach außen in Erscheinung treten muss.[264] Vom Standpunkt eines objektiven Dritten muss das äußere Verhalten auf einen wirklichen Annahmewillen schließen lassen.[265]

Gleichermaßen haben wir uns auch schon mit der Auslegung von Willenserklärungen und ihren Anfechtungsmöglichkeiten befasst.[266]

Bei der Auslegung von vertraglichen Willenserklärungen kann eine Situation eintreten, die wir bisher noch nicht behandelt haben: Es kann sich ergeben, dass zwar zwei wirksame Willenserklärungen vorliegen, dass aber nach objektiven Gesichtspunkten keine Einigung der Parteien vorliegt, ohne dass sich die Frage nach einer Anfechtungsmöglichkeit stellt! (→ Rn. 337 ff.)

---

259 → Rn. 178.
260 → Übungsfall 8, Rn. 155 ff.
261 §§ 146–148 und §§ 150, 151 haben Sie bei → Rn. 205 ff. bereits kennengelernt (= Lösung zu Übungsfall 12 – ggf. nachlesen!).
262 → Rn. 178 ff. (Übersicht 18 → Rn. 193 – wiederholen).
263 Palandt/*Ellenberger* § 151 Rn. 3 mit weiteren Beispielen. S. auch *Stadler* BGB AT § 19 Rn. 27.
264 BGH NJW 2004, 287.
265 *Brox/Walker* BGB AT § 8 Rn. 21.
266 → Übersicht 16/4 (→ Rn. 167) und 20 (→ Rn. 263 ff.).

II. Vertragsschluss im E-Commerce

329 **E-commerce** ist die Abkürzung für **electronic commerce** (= englisch, daher eigentlich klein geschrieben, zu Deutsch: »elektronischer Geschäftshandel« – zu »Neudeutsch«: »E-Commerce«) und gehört gegenwärtig zu den am schnellsten wachsenden Branchen. Die Zahl der Unternehmensgründungen ist so hoch wie in keinem anderen Wirtschaftszweig. Auch der Kreis der Internetbenutzer und damit potenzieller »elektronischer Käufer« weist extreme Wachstumsraten auf. Die bestehenden Gesetzeswerke konnten dieser rasanten Entwicklung bisher nur unvollständig angepasst werden, sodass eine Vielzahl von Unsicherheiten für E-Commerce-Anbieter und deren Abnehmer bestehen. Die zivilrechtlichen Probleme, die beim E-Commerce auftreten können, sind so vielfältig, dass sie in einem Einführungswerk für Studienanfänger zum BGB AT allenfalls angedeutet werden können. Für jetzt schon Interessierte verweise ich auf Speziallliteratur in der nachfolgenden »Literatur zur Vertiefung«. An dieser Stelle sollen daher nur einige Hinweise auf die Besonderheiten gegeben werden, die beim **Vertragsschluss im E-Commerce** (zB auch in einer Klausur) zu berücksichtigen sind.

1. Zustandekommen des Vertrags

330 Ein Vertragsschluss im E-Commerce wird überwiegend durch Werbung im oder für das Internet vorbereitet.

Dabei muss hier dahingestellt bleiben, ob solche Werbung, insbesondere die Zusendung von unangeforderten E-Mails (wie auch »Teleshopping«, Telefax- und Telefonvertrieb etc) zulässig ist und wie man ihr durch Schutzvorschriften Einhalt gebieten kann.[267] Einige Hilfen dazu geben die §§ 312b ff.[268]

Der Vertragsschluss setzt auch im E-Commerce voraus, dass sich die Parteien rechtsverbindlich über einen bestimmten Vertragsinhalt, der alle für diesen Vertrag wesentlichen Punkte enthalten muss, geeinigt haben. Für diese Einigung und das Zustandekommen des Vertrages gelten auch im E-Commerce grundsätzlich die allgemeinen Regeln des BGB, also die §§ 145 ff. Es müssen demnach zwei übereinstimmende Willenserklärungen, Angebot (»Antrag« – § 145) und Annahme vorliegen. Daran fehlt es bekanntlich bei der invitatio ad offerendum, die darauf abzielt, potenzielle Kunden dazu zu bewegen, ein Angebot zum Vertragsschluss abzugeben. Wie die Auslagen im Schaufenster eines Ladengeschäfts sind daher auch durch Internet oder Bildschirm übermittelte Aufforderungen zu Bestellungen regelmäßig nur als bloße Anpreisung bzw. invitatio ad offerendum anzusehen.

331 **Übungsfall 19**

Die in einem Hochschuldorf gelegene Buchhandlung (B) »Thesaurus« ist Inhaber einer Internetseite mit Bestellformular und bietet im Internet unter **das-buchhaus.de** Bücher an. Der Studierende Hubert Hurtig (H) füllt das Bestellformular aus, um sich ein Buch zum »BGB-AT« zu bestellen (das **Sie** bereits besitzen) und versendet das Formular per Mausklick.

Hat H gegen B einen Anspruch auf Lieferung des Buchs?

267 Dazu *Martinek* NJW 1998, 207.

268 Vgl. dazu *Wörlen/Metzler-Müller* SchuldR AT Rn. 79 ff. sowie *Boente/Riehm* JURA 2002, 222.

- Vergessen Sie kurz den E-Commerce! Welche Anspruchsgrundlage kommt für H in Betracht? Welche Voraussetzungen müssen erfüllt sein?
- H könnte gegen B einen Anspruch auf Lieferung des Buchs gem. § 433 I 1 haben.

Voraussetzung dafür ist ein wirksamer Kaufvertrag zwischen B und H.

Dann muss einer der Vertragspartner dem anderen ein Angebot gemacht haben, das von diesem angenommen wurde. Ein Angebot ist eine Willenserklärung, die auch elektronisch, sei es durch E-Mail, Fax, Telefonanruf oder durch Mausklick im Internet erfolgen kann.

Indem B ihre Bücher im Internet anbietet, hat sie jedoch noch keinen konkret bestimmten Vertragspartner angesprochen, sondern lediglich eine **invitatio ad offerendum**[269] verschickt. Das Angebot zum Vertragsschluss hat vielmehr H durch Ausfüllen des Bestellformulars und Absenden per Mausklick bzw. Betätigen der »Return-Taste« abgegeben. Der Mausklick oder das Betätigen der Taste »Return« bewirkt die Versendung eines elektronischen Signals. Die Willenserklärung wird dadurch in Richtung Empfänger auf den Weg gebracht. Das Signal wird vom Computer des Empfängers B umgewandelt, sodass für B der Rechtsfolgewille des Erklärenden H erkennbar wird. B ist die Bestellung mit Eingang in der Mailbox von das-buchhaus.de nach ihrer Abgabe abrufbar zugegangen. Mit der Kenntnisnahme der Bestellung ist im geschäftlichen Bereich – wie hier – zu rechnen, wenn sie während der Geschäftsstunden eingeht.[270]

Gemäß § 312i I 1 Nr. 3 muss B den Zugang dieser Willenserklärung unverzüglich auf elektronischem Weg dem H bestätigten; hierbei handelt es sich um eine allgemeine Pflicht im elektronischen Geschäftsverkehr. Das ohne Unterschrift bzw. Signatur wirksame (der Kaufvertrag über bewegliche Sachen ist formfrei!) Angebot des H muss B allerdings noch annehmen, sei es durch E-Mail-Antwort oder Zusendung (= konkludente Annahme) des Buches, damit ein Vertrag zustande kommt, der einen Anspruch des H begründet. Da B das Angebot von H noch nicht angenommen hat, ist kein Vertrag zwischen B und H zustande gekommen. H hat somit (noch) keinen Anspruch auf Lieferung des Buchs.

Auch bei **Onlineauktionen**, wie zB bei **eBay**, werden regelmäßig **Kaufverträge** über Waren geschlossen. § 156, nach dem bei einer Versteigerung der Vertrag erst durch den Zuschlag zustande kommt, findet keine Anwendung.[271] Die Einrichtung einer Angebotsseite stellt bereits das Angebot iSd § 145 dar. Es handelt sich um ein solches an eine nicht konkret bezeichnete Person. Man spricht auch von einem Angebot **ad incertas personas** (lat.), wenn sich dieses an eine unbestimmte Person bzw. an die Allgemeinheit richtet.[272] Der Kaufvertrag kommt ohne Zuschlag durch das Höchstgebot des Bieters am Ende der Laufzeit zustande. Der Anbieter kann sein Angebot nicht mehr zurückziehen, wenn er den gebotenen Preis für zu niedrig hält.[273]

---

269 Da Ihnen dieses Rechtsinstitut inzwischen gut bekannt sein sollte, empfehle ich Ihnen zur Weiterbildung den interessanten Aufsatz von *Muscheler/Schewe* JURA 2000, 565.

270 BGH NJW 2004, 1320.

271 BGH NJW 2005, 53; Palandt/*Ellenberger* § 156 Rn. 3.

272 Anderes Bsp.: Warenautomaten.

273 Vgl. BGHZ 149, 129 = JuS 2002, 290.

Bei einer Internetversteigerung kann die **Bindungswirkung des Angebots** dadurch **ausgeschlossen** werden (vgl. § 145 aE), dass sich der Anbieter das Recht vorbehält, sein Angebot vor Ablauf der Auktionszeit aus bestimmten Gründen zurückzunehmen. Eine solche Rücknahme ist nach der Rechtsprechung allerdings nur bei zB unverschuldetem Verlust der angebotenen Sache zulässig, nicht aber bei deren anderweitiger Veräußerung.

Beispiel:[274] Vorndran (V) stellt einen gebrauchten VW Passat für zehn Tage zur Internetauktion bei eBay mit einem Startpreis von 1 EUR ein. Kuno (K) nimmt das Angebot wenige Minuten später an, wobei er ein Maximalgebot von 555,55 EUR festlegt. Nach rund sieben Stunden bricht V die Auktion ab. Zu dieser Zeit ist K der einzige Bieter. Auf dessen Nachfrage teilt V mit, dass er einen Käufer außerhalb der Auktion gefunden habe. Nach § 6 Nr. 6 der zu dieser Zeit gültigen ebay-AGB kommt bei Abbruch der Auktion durch den Verkäufer »zwischen diesem und dem Höchstbietenden ein Vertrag zustande, es sei denn der Verkäufer war dazu berechtigt, das Angebot zurückzunehmen und die vorliegenden Gebote zu streichen«. Ein anderweitiger Verkauf gehört nicht zu diesen Gründen. Damit ist hier ein Kaufvertrag zu 1 EUR zwischen K und V zustande gekommen. Dieser ist auch nicht nach § 138 I sittenwidrig. K hat also ein »Schnäppchen« gemacht.

Wenn der Anbieter grundlos die Auktion vorzeitig abbricht, kommt der Vertrag mit dem zu dieser Zeit Höchstbietenden zustande. Dieser Bieter hat einen Erfüllungsanspruch auch in dem Fall, dass sein Maximalgebot unterhalb des Marktwertes liegt.[275] Falls der Veräußerer wegen Unmöglichkeit der Lieferung nicht erfüllen kann, ist er zum Schadensersatz statt der Leistung verpflichtet.[276]

2. Abgabe und Zugang von elektronischen Willenserklärungen

Für die Abgabe und den Zugang von elektronischen Willenserklärungen gilt grundsätzlich nichts anderes als für andere Willenserklärungen:

Der Erklärende hat eine Willenserklärung abgegeben, wenn er den Erklärungsvorgang beendet hat und wenn er sie willentlich in den Herrschaftsbereich des Empfängers gelangen lassen hat. Dies ist etwa bei der E-Mail der Fall, wenn der Absender den endgültigen Sendebefehl willentlich erteilt hat, und zwar durch Mausklick oder das Betätigen der Taste »Return«. Ein versehentlicher, reflexartiger Mausklick (aber wer mag das beweisen?) löst daher noch keine Willensklärung aus, da es am Handlungswillen fehlt. **332**

Zugegangen ist eine Willenserklärung bekanntlich(?), wenn sie so in den Machtbereich des Empfängers gelangt ist, dass dieser unter normalen Verhältnissen die Möglichkeit hat, vom Inhalt der Erklärung Kenntnis zu nehmen. So wie der Brief mit Einwurf in den Briefkasten ist die E-Mail zugegangen, wenn sie in der Mailbox **während der Geschäftszeit** abrufbar ist. Eine **elektronische Willenserklärung** ist daher, anders ausgedrückt, **zugegangen**, wenn sie in die Mailbox des Empfängers gelangt ist und (nach der Verkehrsanschauung) damit zu rechnen ist, dass er sie lesen bzw. unter gewöhnlichen Umständen abrufen konnte. Gemäß § 312i I 2 gelten Bestellung und Empfangsbestätigung bei Verträgen im elektronischen Geschäftsverkehr iSv § 312i I 1 Nr. 3 als zugegangen, wenn die Parteien, für die sie bestimmt sind, sie unter gewöhnlichen Umständen abrufen können. Man muss hier unterscheiden:

274 Nach BGH NJW 2015, 548 f.
275 BGH NJW 2015, 548 f.
276 Näheres hierzu *Wörlen/Metzler-Müller* SchuldR AT Rn. 216 ff.

- Bei **geschäftlicher E-Mail-Nutzung** ist die Willenserklärung in dem Zeitpunkt zugegangen, in dem nach den Gepflogenheiten des Geschäftsbetriebs mit der Kenntnisnahme zu rechnen ist. Das ist spätestens am Ende der täglichen Geschäftszeit der Fall. Sofern ein 24-Stunden-Service besteht, dann rund um die Uhr.
- Bei der **E-Mail-Nutzung zu privaten Zwecken** ist die Willenserklärung in dem Zeitpunkt zugegangen, in dem unter normalen Umständen mit einer Abfrage der E-Mails zu rechnen ist. Ähnlich wie bei der täglichen Leerung des Hausbriefkastens dürfte das auch einmal am Tag der Fall sein. Während der Hausbriefkasten meist zu einer einheitlichen Tageszeit am Morgen oder am Abend geleert wird, gibt es für die Abfrage von E-Mails idR keine einheitliche Tageszeit. Deshalb sollte von einem Zugang spätestens am Tag nach Eingang der abrufbar gespeicherten E-Mail in der Mailbox des Empfängers ausgegangen werden.[277]

3. Besonderheiten beim Vertragsschluss mit Verbrauchern im elektronischen Geschäftsverkehr

332a Für das Zustandekommen von Verträgen im elektronischen Geschäftsverkehr zwischen einem Unternehmer und einem Verbraucher (sog. Verbrauchervertrag), die eine **entgeltliche Leistung** des Unternehmers zum Gegenstand haben, enthält das Gesetz in § 312j II–IV zusätzliche Voraussetzungen. So muss der Unternehmer nach § 312j II dem Verbraucher **Informationen** gem. Art. 246a § 1 I 1 Nr. 1, 4, 5, 11 und 12 EGBGB unmittelbar vor Abgabe der Bestellung **klar und verständlich** sowie in **hervorgehobener Weise** zur Verfügung stellen.

Der Vertragsschluss erfolgt im elektronischen Geschäftsverkehr meist durch **Anklicken einer Schaltfläche** durch den Kunden, der auf diese Weise seine Willenserklärung (meist: Vertragsangebot) abgibt. In der Vergangenheit wurde dem Kunden nicht immer deutlich, dass er damit eine Zahlungsverpflichtung eingeht, zumal die Schaltflächen nicht immer klar und eindeutig beschriftet sind. Deshalb regelt § 312j III zum Schutz vor solchen Kostenfallen im Internet, wie der Unternehmer bei einem Vertrag iSv § 312j II die Bestellsituation für den Verbraucher gestalten muss, damit der Vertrag nach Maßgabe von § 312j IV für den Verbraucher bindend wird.[278] Nach § 312j III 1 hat der Unternehmer die Bestellsituation so zu gestalten, dass der Verbraucher mit seiner Bestellung **ausdrücklich bestätigt**, dass er sich zu einer Zahlung verpflichtet, es bedarf also einer Erklärung des Verbrauchers, die sich gerade auf den Umstand der **Zahlungspflichtigkeit** bezieht. Wenn die Bestellung über eine Schaltfläche erfolgt, ist die Pflicht des Unternehmers nur erfüllt, wenn diese Schaltfläche gut lesbar mit nichts anderem als den Wörtern »**zahlungspflichtig bestellen**« **oder** mit einer **entsprechenden eindeutigen Formulierung** beschriftet ist (sog. »**Button-Lösung**«, vgl. § 312j III 2).

Wenn gegen diese Pflicht verstoßen wird, ist der Vertrag nach § 312j IV nicht zustande gekommen – unabhängig davon, ob die Bestellung des Verbrauchers das Vertragsangebot aufgrund einer vorherigen invitatio ad offerendum des Unternehmers war oder aber die Annahmeerklärung.[279]

Fassen wir den Vertragsschluss mit der folgenden Übersicht zusammen.

277 So auch *Brox/Walker* BGB AT § 7 Rn. 13.
278 BT-Drs. 17/7745, 11.
279 Ausf. hierzu *Wörlen/Metzler-Müller* SchuldR AT Rn. 102 ff.

Übersicht 25 333

Vertragsschluss

Angebot **§ 145**	**Annahme**
= WE, die inhaltlich so bestimmt (oder bestimmbar) sein muss, dass die Annahme durch ein »Ja« erfolgen kann.	= WE, die die uneingeschränkte Zustimmung zum Angebot enthält.

§ 151 S. 1, 1. Zeile wie folgt lesen: »Der Vertrag kommt durch die Annahme des Antrags zustande. Dabei ist es nicht erforderlich, dass ... .«

• Abgabe der Erklärung mit Rechtsbindungswillen (nicht gegeben bei invitatio ad offerendum), • Zugang, § 130 I 1, • kein Widerruf, § 130 I 2, • hinreichend bestimmt (Inhalt, Vertragspartner).	• Zugang, § 130 I 1, sofern nicht entbehrlich (§ 151 S. 1), • kein Widerruf, § 130 I 2, • in Bezug auf das Angebot • Übereinstimmung mit Angebot, sonst: § 150 II (gilt als Ablehnung und neues Angebot) • rechtzeitig, §§ 147–149, sonst: § 150 I (verspätete Annahme gilt als neues Angebot)

Vertragsschluss zwischen Unternehmer und Verbraucher im elektronischen Geschäftsverkehr: Sonderregelungen in § 312j II–IV

4. Einbeziehung von Allgemeinen Geschäftsbedingungen (AGB)

Was »Allgemeine Geschäftsbedingungen« sind, haben Sie in diesem Buch zum Allgemeinen Teil des BGB noch nicht erklärt bekommen. Sie wurden bisweilen nur andeutungsweise darauf hingewiesen, dass es AGB gibt. 334

»AGB« sind alle für eine Vielzahl von Verträgen vorformulierten Vertragsbedingungen, die eine Vertragspartei **(Verwender)** der anderen Partei bei **Vertragsschluss** stellt, dh einseitig auferlegt (§ 305 I – lesen!).

Was dies im Einzelnen bedeutet, können Sie in meinem Buch »Schuldrecht AT«[280] erfahren. Ich habe die AGB erst dort ausführlicher behandelt, weil sie unter anderem Vertragsschlüsse im Rahmen der im »Schuldrecht« geregelten »Vertragsfreiheit« er-

280 *Wörlen/Metzler-Müller* SchuldR AT Rn. 39–63.

möglichen. Es ist dogmatisch und didaktisch durchaus sinnvoll, die AGB schon im »BGB-AT« unter »Vertragsschluss« darzustellen.[281]

335 Für den Vertragsschluss im **E-Commerce** gilt Folgendes: Unter den strengen Voraussetzungen von § 305 II und III (lesen!) werden AGB auf der Web-Seite nur durch deutliche Hinweise, zB als **Icon/Hyperlink** mit der Möglichkeit der zumutbaren Kenntnisnahme von kurzen und verständlichen Texten sowie mit Einverständnis des Kunden Bestandteil des geschlossenen Vertrages.

Wenngleich also ein Hinweis auf die AGB im Internet-Angebot durchaus möglich ist, stellt sich die Frage, wie dem Kunden (»Verbraucher«) Gelegenheit gegeben werden kann, sich in zumutbarer Weise vom Inhalt der jeweiligen AGB Kenntnis zu verschaffen. Es genügt nicht, wenn sich der Hinweis auf die AGB irgendwo auf der Homepage befindet. Er muss vielmehr so angeordnet sein, dass er auch bei flüchtiger Betrachtung nicht übersehen werden kann. Wenn die AGB des Anbieters über einen auf der Bestellseite gut sichtbaren Link aufgerufen und ausgedruckt werden können, ist den Anforderungen von § 305 II Nr. 2 (Kenntnisnahme vom Inhalt der AGB in zumutbarer Weise) genügt.[282]

Eine Möglichkeit, die bisweilen praktiziert wird, besteht darin, dem Verbraucher bei Aufruf der entsprechenden Anbieterseiten bereits vor der Präsentation des Produkts auf dem Bestellschein die AGB zur Kenntnis zu geben. Eine andere – ebenfalls praktizierte – Möglichkeit besteht darin, den Kunden (spätestens auf der Bestellseite) auf die Existenz von AGB hinzuweisen und den Zugriff auf den Volltext dieser AGB mittels eines **Links** zu ermöglichen. Dem Vertragspartner muss bei Verträgen im elektronischen Geschäftsverkehr gem. § 312i I Nr. 4 die Möglichkeit gegeben werden, die AGB in wiedergabefähiger Form zu speichern. Deshalb werden häufig die AGB als sog. PDF-File bereitgehalten.

Zur Möglichkeit der Kenntnisnahme in zumutbarer Weise gehört auch, dass die AGB einem Mindestmaß an müheloser Lesbarkeit, Übersichtlichkeit und Verständlichkeit genügen und dass der Umfang des AGB-Textes in einem angemessenen, vertretbaren Verhältnis zum Vertragstext steht. Sofern die Parteien keine besondere Verhandlungssprache vereinbart haben, müssen die AGB dem Kunden in einer mühelos verständlichen Sprache zugänglich gemacht werden. Im Internet soll es ausreichen, wenn die AGB in derselben Sprache wie das Bestellformular bzw. die Angebotsliste verfasst sind. Denn die Angebote sind weltweit verfügbar und dem Anbieter ist es daher nicht zumutbar, die AGB in sämtlichen Sprachen bereitzuhalten.

5. Widerrufsrecht des Verbrauchers

336 Ein Vertrag, der per Mausklick über das Internet abgeschlossen wurde, ist regelmäßig ein Vertrag, der zwischen einem Unternehmer und einem Verbraucher unter ausschließlicher Verwendung von Fernkommunikationsmitteln abgeschlossen wurde, dh ein »Fernabsatzvertrag«.

281 So unter anderem *Brox/Walker* BGB AT § 10; *Köhler* BGB AT § 16 und *Stadler* BGB AT § 21.
282 BGH NJW 2006, 2976.

Für Fernabsatzverträge gelten seit dem 1.1.2002 die mit Wirkung vom 13.6.2014 neugefassten §§ 312b–312h, auf die ausführlicher im »Schuldrecht AT«[283] eingegangen wird. Zum Schutz des Verbrauchers enthalten diese Vorschriften Regelungen, welche die Vertragsparität gewährleisten sollen. So sind dem Unternehmer zB umfangreiche Informationspflichten auferlegt. Da der Verbraucher aufgrund der Fernabsatzsituation bis zur Empfangnahme der Ware keine Möglichkeit hat, diese in Augenschein zu nehmen und ihre Beschaffenheit und den konkreten Nutzen zu testen, wird ihm in § 312g ein starkes **Widerrufsrecht** eingeräumt. Dieses Widerrufsrecht ist in § 355 verankert. § 355 regelt als »Widerrufsrecht bei Verbraucherverträgen« einheitlich die Ausgestaltung, Ausübung sowie Folgen aller verbraucherschützenden Widerrufsrechte[284] und wird durch zahlreiche Sonderregelungen in §§ 356 ff. ergänzt und modifiziert. Auf § 355 verweisen neben § 312g I insbesondere § 4 FernUSG, § 495 I (Verbraucherdarlehensvertrag), § 485 I (Teilzeit-Wohnrechteverträge) und § 510 II (Ratenlieferungsverträge).

Das Widerrufsrecht des § 312g I besteht auch bei einer Internet-Auktion (ebay), also einem Vertrag zwischen einem Unternehmer und einem Verbraucher.[285] Nach § 312g II Nr. 10 ist das Widerrufsrecht bei Fernabsatzverträgen, die in Form von Versteigerungen (§ 156) geschlossen wurden, ausgeschlossen. Allerdings bezieht sich das nur auf Versteigerungen, bei denen ein Vertrag durch einen Zuschlag zustande kommt. Da Verträge im Rahmen von Internet-Auktionen allerdings durch das Angebot des Verkäufers und die Annahme durch den Meistbietenden zustande kommen (→ Rn. 331), fallen diese nicht unter die Ausnahmeregelung.

Mehr über dieses Widerrufsrecht, das vom Verbraucher innerhalb von 14 Tagen nach abgeschlossener ausführlicher Unterrichtung durch den Unternehmer (vgl. § 312d), ausgeübt werden kann, erfahren Sie in meinem »Schuldrecht AT«[286]. Gleiches gilt für § 357, der § 355 ergänzt und weitere Rechtsfolgen des Widerrufs, unter anderem die Rückgewähr der Leistungen, regelt.

III. Einigungsmangel (Dissens)

Jeder Vertragsschluss, ob elektronisch oder nicht elektronisch, setzt voraus, dass sich Angebot und Annahme decken, dh die Parteien müssen sich über alle wesentlichen Punkte des Vertrags einig sein. Ist dies nicht der Fall, kann ein Dissens vorliegen. 337

»Dissens« bedeutet, schlägt man diesen Begriff im Fremdwörterbuch[287] nach: »Meinungsverschiedenheit in Bezug auf bestimmte Fragen … Ggs. Konsens«. Im BGB gibt es übrigens – wenn auch manchmal etwas umständlich erscheinendes Deutsch … – kaum Fremdwörter:[288] »Dissens« erscheint nur in Lehrbüchern und heißt im BGB »Einigungsmangel«. Solche Einigungsmängel beim Vertragsschluss können »offen« zutage treten oder zunächst »versteckt« sein.

283 *Wörlen/Metzler-Müller* SchuldR AT Rn. 79 ff.
284 Vgl. *S. Lorenz* JuS 2000, 833 (835).
285 BGH NJW 2005, 53 ff.
286 Dort Rn. 510.
287 *Duden* »Dissens«.
288 Sofern dies hier vorkommt, wird Ihnen die »Übersetzung« mitgeliefert … .

1. Offener Dissens

338 Lesen Sie zunächst § 154 I 1!

■ Was bedeutet das?

▶ Ein sog. offener Einigungsmangel oder »offener Dissens« liegt danach vor, wenn die Auslegung der Willenserklärungen zweier Vertragspartner ergibt, dass sich die Parteien noch nicht über alle Punkte eines Vertrags geeinigt haben und dies beiden Parteien bewusst ist. Bevor das Vorliegen eines Dissenses festgestellt werden kann, muss durch Auslegung der objektive Erklärungswert beider Willenserklärungen ermittelt werden. Ergibt die Auslegung, dass beide Parteien trotz scheinbar verschiedener Erklärungen dasselbe meinen, so liegt kein Dissens vor, sondern der Vertrag kommt zustande, da objektiv zwei sich deckende Willenserklärungen vorliegen. Ist dies aber nicht der Fall (zB wenn die eine Partei erklärt, sie wolle ein Grundstück pachten, während die Auslegung der Willenserklärung der anderen Partei ergibt, dass sie das Grundstück nur vermieten will), fallen die Willenserklärungen objektiv auseinander. Denn die Verpachtung (§ 581) bezieht sich vereinfacht auf die **Nutzung** (Früchteziehung) **und Benutzung** des Grundstücks, die Vermietung (§ 535) bezieht sich lediglich auf Benutzung des Grundstücks. Es liegt ein offener Dissens gem. § 154 I vor. Da die Parteien bei diesem offenen Dissens wissen, dass sie sich noch nicht über alle Punkte (inklusive Nebenabreden) des Vertrags geeinigt haben, ist der Vertrag »im Zweifel«, also »im Streitfall« noch nicht zustande gekommen.

2. Versteckter Dissens

339 Ein »versteckter Dissens« iSv § 155 liegt vor, wenn beide Parteien irrtümlich annehmen, einig zu sein, dies aber in Wirklichkeit gar nicht sind (§ 155 lesen!). Die Parteien haben möglicherweise einen Punkt übersehen, sich verlesen oder mehrdeutige Erklärungen abgegeben, die sich zwar äußerlich decken, inhaltlich aber von jeder Seite verschieden ausgelegt werden.[289]

> Dazu ein **Beispiel:** V sagt zu K: »Ich verkaufe dir meine Strauß-Biographie für 20 EUR«. V meint – ohne das ausdrücklich zu äußern – eine Biographie über den Komponisten Johann Strauß. K geht davon aus, dass es sich um eine Biographie über den Politiker Franz-Joseph Strauß handelt und antwortet: »O.k. Ich nehme die Strauß-Biographie«.
> V und K erklären objektiv mit »Strauß-Biographie« dasselbe, meinen aber subjektiv jeweils etwas anderes. Diese von beiden Parteien gebrauchte scheinbar gleichbedeutende Willenserklärung ist in Wirklichkeit mehrdeutig. Die Auslegung der beiden Willenserklärungen ergibt, dass keine Übereinstimmung besteht, sondern ein Dissens iSv § 155 vorliegt.
> Rechtsfolge ist: Der Vertrag kommt nicht zustande; die Frage nach einer Anfechtung stellt sich nicht.

340 Anders ist die Situation bei der »falsa demonstratio«, die wir im »Haakjöringsköd«-Fall (9 → Rn. 160 f.) kennengelernt haben. Von beiden Parteien wird zur Bezeichnung des Vertragsgegenstands wiederum ein Begriff benutzt, der den Vertragsgegenstand nicht richtig bezeichnet.

■ Worin aber liegt der wesentliche Unterschied zum versteckten Dissens?

▶ Beide Parteien meinen im »Haakjöringsköd-Fall« dasselbe, sodass der Vertrag über den von beiden Parteien tatsächlich gewollten, nur falsch bezeichneten Vertragsgegenstand zustande kam. Eine Anfechtung ist demnach nicht nötig bzw. möglich!

289 Vgl. *Creifelds* RechtWB »Vertrag« (1.).

Da die Bedeutung des Dissenses nicht immer ganz einfach zu durchschauen ist, wollen wir noch einen dreiteiligen Übungsfall zur Abgrenzung von Dissens, Inhaltsirrtum und »falsa demonstratio« lösen.

3. Abgrenzung: Dissens, Inhaltsirrtum und falsa demonstratio

Übungsfall 20 341

a) Vinzenz Vierbein (V) hat einen wertvollen Hund und ein Pferd. Beide Tiere heißen »Hektor«. Kurt Kolli (K) sucht einen Begleiter für seine Spaziergänge und sagt zu V: »Ich will den Hektor für 1.000 EUR kaufen«, wobei er den Hund meint. V hingegen weiß, dass K Reiter ist, und glaubt, K wolle sein – nicht mehr so wertvolles – Pferd kaufen und antwortet: »O.k., ich verkaufe dir Hektor zum Freundschaftspreis von 1.000 EUR.«

b) Der Amerikaner Ventura Vermont (V) bietet aus seiner Geschäftsfiliale in Chicago dem Kanadier Kirk Kentucky (K) in Toronto ein Sortiment von 25 Flaschen Whiskey für »1.000 Dollar« an. K nimmt dieses Angebot an. Hinterher behauptet K, er habe kanadische Dollar (CAD) gemeint, während V von amerikanischen Dollars (USD) ausging.

c) Der reiche Viktor Vielhaber (V) hat zwei »Porsche«, einen »911« und einen »944«[290]. Kurt Kümmerling (K) ist nur Richter geworden und kann sich soeben den billigeren »944« leisten. Nachdem er mit V über diesen verhandelt hat, sagt V zu K: »Gut, ich verkaufe dir den ›911‹ zum Preis von 10.000 EUR«, wobei er glaubt, dass er damit die Typenbezeichnung für den billigen Porsche gewählt hat. K geht ebenfalls davon aus, dass mit »911« der billigere Typ gemeint ist und nimmt das Angebot an.

Fragen zu a) – c):

Ist ein Vertrag zustande gekommen? Wenn ja, was ist Vertragsgegenstand?

Die Fallfrage ist in allen drei Varianten konkret gestellt, sodass jeweils sofort die Voraussetzungen für das wirksame Zustandekommen eines Vertrags [dass es sich hier um einen Kaufvertrag handelt (§ 433), ist für die Lösung dieses konkreten Falls uninteressant!] geprüft werden können.

Lösen wir zunächst **Fall 20a)**: 342

- Welche Voraussetzung muss für das Zustandekommen eines Vertrags erfüllt sein?
- ▶ Es müssen zwei übereinstimmende Willenserklärungen, Angebot und Annahme, vorliegen.
- In welcher Willenserklärung ist ein Angebot zu sehen?
- ▶ In der Äußerung des K »Ich will deinen Hektor für 1.000 EUR kaufen.«
- Worin liegt die Annahme?
- ▶ In der Äußerung des V »O.k., ich verkaufe dir Hektor zum Freundschaftspreis von 1.000 EUR«.

  Beide meinen aber mit ihrer gleich lautenden Willenserklärung »Hektor« etwas anderes; K meint den Hund, V meint das Pferd.
- Was müssen wir mit den beiden Willenserklärungen deshalb machen, um festzustellen, ob und worüber hier ein Vertrag zustande gekommen ist?
- ▶ Wir müssen den Inhalt jeder Willenserklärung durch Auslegung gem. § 133 iVm § 157[291] (beide §§ lesen!) ermitteln.

290 Dieser Porsche-Typ ist heutzutage fast »ausgestorben«; aus »dogmatischen« Gründen bleibt auch er hier erhalten! (Ähnlich wie der unerkannt Geisteskranke in Fall 17, → Rn. 277.)

291 Zum Verhältnis von § 133 und § 157 vgl. Jauernig/*Mansel* § 133 Rn. 7.

§ 133 kennen wir schon. Er bezieht sich auf die Auslegung jeder Willenserklärung. Handelt es sich dabei um eine Willenserklärung, die auf den Abschluss eines Vertrags gerichtet ist, müssen wir auch noch § 157 berücksichtigen (lesen Sie die Vorschrift nochmals!).

343 Über das, was alles unter Treu und Glauben und unter der Verkehrssitte zu verstehen ist, ist in der juristischen Literatur so viel geschrieben worden, dass man Regale damit füllen kann. Wir wollen uns hierzu nur zwei Aussagen merken.[292]

(1) Der Grundsatz von Treu und Glauben besagt unter anderem, dass bei der Auslegung von vertraglichen Willenserklärungen von der Redlichkeit der Erklärenden und von objektiven Gesichtspunkten auszugehen ist.
(2) Verkehrssitte ist die allgemeine Anschauung bestimmter Lebens- und Rechtsvorgänge, die sich aufgrund langjähriger Übung entwickelt hat, wobei die Beteiligten zu gegenseitiger Rücksichtnahme verpflichtet sind.

■ Welche Bedeutung hat nun die Willenserklärung des K, wenn wir sie gem. § 133 nach objektiven Maßstäben auslegen?

▶ »Hektor« kann, wie gesagt, sowohl »Hund« wie auch »Pferd« bedeuten. Wenn uns im Sachverhalt mitgeteilt wird, dass K einen Begleiter für seine Spaziergänge sucht, kann das an der Mehrdeutigkeit der Erklärung vom Standpunkt eines objektiven Beobachters nichts ändern: Da V nun einmal einen wertvollen Hund namens »Hektor« und ein gleichnamiges Pferd hat, bleibt die Erklärung weiterhin mehrdeutig. Wenn K »Hund« meinte, dann ist das sein innerer Wille, der für einen objektiven Erklärungsempfänger nicht erkennbar ist. Die Auslegung kann in einem solchen Fall die Mehrdeutigkeit der Willenserklärung nicht beseitigen!

■ Wie ist die Willenserklärung des V zu deuten?

▶ Auch seiner Willenserklärung kann durch Auslegung die Mehrdeutigkeit nicht genommen werden, selbst wenn V glaubte, dass der »Freundschaftspreis« auf das Pferd schließen ließe. Da es durchaus auch wertvolle Hunde für über 1.000 EUR gibt, kann ein objektiver Erklärungsempfänger daraus nicht entnehmen, dass V das Pferd meinte.

344 Damit liegt hier ein typischer Fall des versteckten Einigungsmangels nach § 155 vor, welchen Sie daraufhin – mit unterbrechenden Hinweisen – noch einmal langsam lesen sollen:

»Haben sich die Parteien bei einem Vertrag, den sie als geschlossen ansehen ...«. – Passt dieser Wortlaut auf unseren Fall? – Ja! – »über einen Punkt, über den eine Vereinbarung getroffen werden sollte ...« – Über welchen Punkt sollte eine Einigung getroffen werden? – Darüber, welches Tier mit »Hektor« gemeint ist ... – »in Wirklichkeit nicht geeinigt« – Trifft das zu? – Ja ... – »so gilt das Vereinbarte« – Was ist vereinbart? Kauf des Tiers Hektor! – »sofern anzunehmen ist, dass der Vertrag auch ohne Bestimmung über diesen Punkt geschlossen sein würde.«

■ Welcher Punkt ist wieder gemeint?

▶ Die Art des Tiers; dh für unseren Fall: Wenn V und K irgendein Tier, Hauptsache es heißt »Hektor«, verkaufen und kaufen wollten, wäre der Vertrag trotz der ver-

292 In Klausuren sind hierzu in der Regel keine Ausführungen zu machen, sondern es genügt, wenn man bei der Auslegung von vertraglichen Willenserklärungen neben § 133 den § 157 mitzitiert.

schiedenen Bedeutung, die V und K mit der Willenserklärung »Hektor« verbunden haben, zustande gekommen.

Da dies aber nicht der Fall ist, sondern es den beiden nicht um irgendein Tier, sondern K um den Hund und V um das Pferd geht, kann der versteckte Einigungsmangel hier nicht zu einem Vertragsschluss führen. Ein Vertrag ist nicht zustande gekommen.

Wenn wir versuchen, diesen Vorgang anhand einer grafischen Skizze, die das Verständnis des Dissenses erleichtert, darzustellen, könnte das etwa folgendermaßen aussehen:

[Die Willenserklärung (WE) »Hektor« kann Hund (»x«) oder Pferd (»y«) bedeuten.]

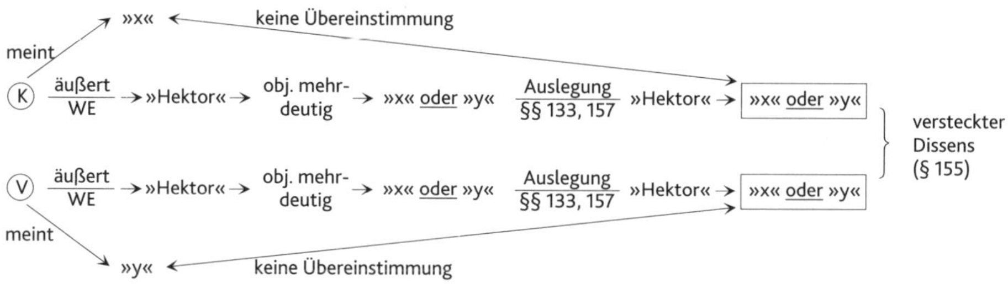

345

Rechtsfolge: Mangels zweier übereinstimmender Willenserklärungen ist kein Vertrag zustande gekommen.

Lesen Sie nun nochmals **Fall 20b)**! – Lösung: 346

Voraussetzung für das Zustandekommen eines wirksamen Vertrags zwischen V und K sind wiederum zwei sich deckende Willenserklärungen (Angebot und Annahme).

Da das Angebot des V »25 Flaschen Whiskey für 1.000 Dollar« mehrdeutig ist (amerikanische Dollars – USD – oder kanadische – CAD?) muss die Bedeutung durch Auslegung (§§ 133, 157) ermittelt werden (→ Rn. 160 ff., 214). Vom Standpunkt eines vernünftigen objektiven Erklärungsempfängers kann das Angebot nur ›USD‹ lauten. Dafür spricht zum einen die Nationalität des Anbietenden V, der als Amerikaner regelmäßig ein Verkaufsangebot in seiner eigenen Währung machen wird, zum anderen der Preis von 1.000 Dollar. K kann dieses Angebot nicht zu seinen Gunsten dahin gehend auslegen, dass V damit die für K günstigere Währung von CAD (= ca. 665 EUR) meinte. Er musste entweder nachfragen, welche Währung V meint, oder die Erklärung des V vom objektiven Empfängerhorizont nach dessen wirklichen Willen erforschen und hätte dann erkennen müssen, dass der in den USA lebende V im Normalfall nur zu USD (also zu einem Gegenwert von ca. 895 EUR) verkaufen wollte. Wenn K aber von CAD ausging, irrte er sich über den Inhalt seiner Erklärung »Dollar«. Rechtsfolge ist, dass der Vertrag zunächst zu 1.000 USD zustande gekommen ist und dass K seine Willenserklärung gem. § 119 I anfechten kann.

Auch diesen Fall verdeutlichen wir uns an einer grafischen Skizze:

[Die Willenserklärung (WE) »Dollar« kann »USD« (»x«) oder »CAD« (»y«) bedeuten].

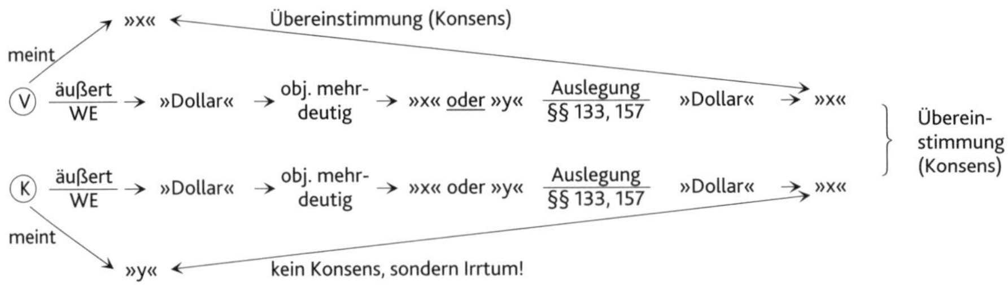

Rechtsfolge: Vertrag zustande gekommen, aber Anfechtung durch K möglich!

347 Lesen Sie schließlich auch noch einmal **Fall 20c)**! – Lösung:
Voraussetzung für einen Vertragsschluss sind wiederum ein wirksames Angebot und seine Annahme.

■ Wie lautet das Angebot?
▶ V sagt: »Ich verkaufe dir meinen Porsche 911!«

K nimmt dieses Angebot ohne Einschränkung an. Beide Parteien äußern »Porsche 911«, meinen und wollen aber (verkaufen und kaufen) das billigere[293] Modell »Porsche 944«.

■ An welches Fallbeispiel erinnert Sie diese Konstellation? (Überlegen Sie!)
▶ An den »Haakjöringsköd-Fall«[294]!

Ergebnis: Kein Dissens, keine Anfechtung, da die Willenserklärungen nach Auslegung nicht mehr mehrdeutig sind und sich nicht widersprechen. Der Vertrag kommt über den »Porsche 944« zustande!

Dazu die grafische Skizze:

[Die Willenserklärung »Porsche 911« bedeutet »x«; beide Vertragspartner meinen damit »Porsche 944« (= »y«)].

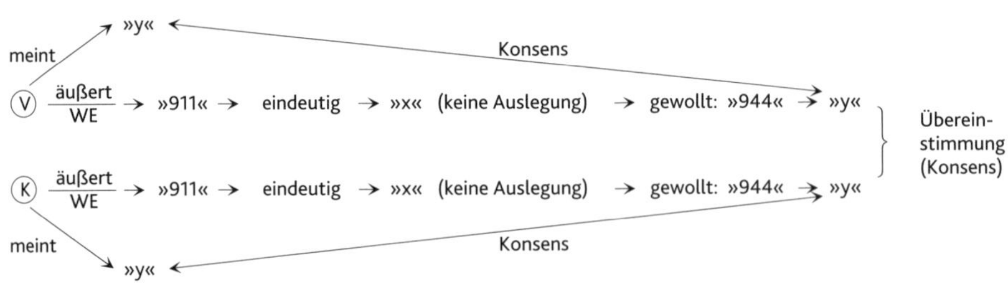

Rechtsfolge: »falsa demonstratio non nocet«, dh eine **falsche Bezeichnung** des Vertragsgegenstands **schadet nicht**, wenn beide Parteien die Erklärung nicht in ihrer wahren Bedeutung verstehen, sondern übereinstimmend in einem anderen Sinn begreifen = Vertrag über »y« – Porsche 944 – trotz falscher Bezeichnung (911) zustande gekommen!

Bevor wir ein neues Kapitel beginnen, auch hierzu nachfolgend eine Übersicht (26).

293 Der Preisunterschied zwischen dem billigsten 911-Typ und dem teuersten 944-Typ war nicht sehr gravierend, aber es waren zwei sehr verschiedene Modelle!

294 → Rn. 161.

Übersicht 26 348

Abgrenzung: Dissens, Irrtum und »falsa demonstratio«

1. Dissens

versteckter Dissens **§ 155**	**offener Dissens** **§ 154**
Voraussetzung: Willenserklärung (zB »z«) ist mehrdeutig = »x« oder »y«. Auslegung: Mehrdeutigkeit bleibt bestehen. V meint »x«, sagt »z«; K meint »y«, sagt »z«. Wenn Vertrag jedenfalls über »z« geschlossen werden sollte, gilt Vereinbarung »z«; ansonsten: kein Vertrag = »versteckter Dissens« (§ 155) **Fallbeispiel:** Tier (z) »Hektor« = Hund (x) oder Pferd (y). (→ Rn. 342–345)	Voraussetzung: Verschiedene Willenserklärungen beider Vertragsparteien (zB »x« »y«) Auslegung ergibt: V sagt : x K sagt : y = Dissens – »offener Einigungsmangel« Rechtsfolge: Da eine Partei (V) Vereinbarung über Punkt x wollte und eine Partei (K) Vereinbarung über Punkt y wollte, ist Vertrag (im Zweifel) weder über x noch über y zustande gekommen = kein Vertrag! **Beispiel:** Alle Punkte des Kaufvertrags sind besprochen, nur Vereinbarung über Kaufpreis fehlt: V sagt »Verkaufe zu 4.800 EUR«, K sagt »Kaufe zu 4.500 EUR« → offener Dissens bedeutet: Ablehnung von Angebot iVm neuem Angebot, vgl. auch § 150 II.

2. (Inhalts-)Irrtum

Voraussetzung: Mehrdeutige WE (»z«) – Auslegung ergibt: V sagt »z«, meint »x«, »z« bedeutet objektiv »x«; K sagt »z«, meint »y«, objektive Erklärung »z« bedeutet »x« = Vertrag über »x« zustande gekommen.
Rechtsfolge: K kann anfechten nach § 119 I, 1. Var.
Fallbeispiel: Dollar (USD/CAD) → Rn. 346

3. »falsa demonstratio (non nocet)«

Voraussetzung: Gleichlautende WEen beider Parteien (»x«) hat andere Bedeutung (»y«) → V sagt »x«, meint »y« – K sagt »x«, meint »y«. Rechtsfolge: Vertrag kommt über »y« zustande, da V und K »y« wollten; falsche Bezeichnung schadet nicht!
Fallbeispiel: Porsche 911 und 944 (→ Rn. 341, 347); vgl. auch »Haakjöringsköd« (→ Rn. 161)

Literatur zur Vertiefung (→ Rn. 325–348): *Alpmann und Schmidt* BGB AT 1 2. Teil, 3. Abschn.; *Becker*, Das Fernabsatzgesetz ... und die Trendwende des Gesetzgebers zum »Verbraucherschutz AT«, RÜ 2000 AS-aktuell, 83; *Bitter/Röder* BGB AT § 5; *Brox/Walker* BGB AT §§ 8, 11; *Coester-Waltjen*, Schuldverhältnis – Rechtsgeschäfte – Vertrag, JURA 2003, 819; *Cordes*, Der Haakjöringsköd-Fall, JURA 1991, 352 ff.; *Ernst*, Der Mausklick als Rechtsproblem – Willenserklärungen im Internet, NJW-CoR 1997, 165 ff.; *Fischinger*, Grundfälle zur Bedeutung des Schweigens im Rechtsverkehr – Reden ist Silber, Schweigen ist Gold?, JuS 2015, 294, 394; *Führich* WirtschaftsPrivatR Rn. 144 ff.; *Hergenröder*, Vertragsschlüsse im E-Commerce. Eine kompakte Darstellung für Studium und Examen, ZJS 2017, 131; *Hirsch* BGB AT §§ 6–8; *Jung*, Die Einigung über die »essentialia negotii«[295] als Voraussetzung für das Zustandekommen eines Vertrages, JuS 1999, 28; *Klunzinger* BürgerlR § 10; *Köhler* BGB AT § 8; *Köhler/Arndt*, Recht des Internet, 7. Aufl. 2011; *Lettl*, Die wirksame Ausübung eines Widerrufsrechts nach §§ 312 ff. BGB und dessen Rechtsfolgen (§§ 355, 357 BGB), JA 2011, 9; *Lettl*, Haustürgeschäft (§ 312 I 1 BGB) und Fernabsatzvertrag (§ 312d I 1 BGB), JA 2010, 694; *Lettl*, »Internetauktion«, JA 2009, 686 [Schwieriger Klausurfall für Fortgeschrittene]; *Loock-Wagner*, Das Internet und sein Recht; *S. Lorenz*, Im BGB viel Neues: Die Umsetzung der Fernabsatzrichtlinie, JuS 2000, 833; *Martinek*, Verbraucherschutz im Fernabsatz – Lesehilfe mit Merkpunkten zur neuen EG-Richtlinie, NJW 1998, 207; *Medicus/Petersen* BürgerlR § 4; *Mehrings*, Vertragsschluss im Internet, MMR 1998, 30 ff.; *Muscheler/Schewe*, Die invitatio ad offerendum auf dem Prüfstand, JURA 2000, 565; *Musielak/Hau* GK BGB Rn. 110 ff.; *Oechsler*, Der Allgemeine Teil des Bürgerlichen Gesetzbuchs und das Internet, JURA 2012, 422 (1. Teil), 497 (2. Teil) und 581 (3. Teil); *Petersen*, Das Zustandekommen des Vertrags, JURA 2009, 183; *Petersen*, Der Dissens beim Vertragsschluss, JURA 2009, 419; *Schade/Graewe* WirtschaftsPrivatR § 7; *Schöne/Vorwinckel*, Vertragsschluss bei Internetauktionen, JURA 2001, 680; *Stadler* BGB AT § 19; *Taupitz-Kritter*, Electronic Commerce Probleme bei Rechtsgeschäften im Internet, JuS 1999, 839; *Tychsen*, Vertragsschluss bei Internetauktionen, RÜ 2001, 152; *Ulrici*, Zum Vertragsschluss bei Internetauktionen, NJW 2001, 1112; *Wolf/Neuner* BGB AT §§ 37, 38; *Zerres* BürgerlR 2.3.

295 Lat. = »Wesentliche Bestandteile eines Vertrags« hätte man durchaus schreiben können.

6. Kapitel. Das Recht der Stellvertretung

I. Zulässigkeit der Stellvertretung

Beim Recht der Willenserklärungen ging es bisher immer um Fälle, in denen zwei Personen direkt miteinander verhandelten. Möglich ist aber auch, dass bei den Verhandlungen über den Abschluss eines Rechtsgeschäfts eine dritte Person eingeschaltet wird, sei es als Bote oder als sog. »Stellvertreter«, den das Gesetz nur als »Vertreter« bezeichnet. Stellvertretung bedeutet, vereinfacht ausgedrückt, das Handeln anstelle eines anderen mit Wirkung für diesen. 349

Beispiel: V will mit K einen Vertrag schließen und möchte, da er selbst keine Zeit hat, den S zu K schicken, mit der Vollmacht, die zum Vertragsschluss mit K erforderliche Willenserklärung für ihn abzugeben. Die folgende Grafik verdeutlicht diesen Vorgang:

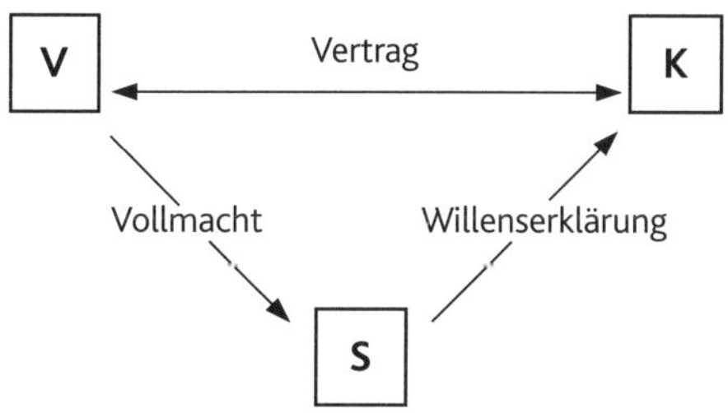

Die Willenserklärung, die S für V gegenüber K abgab, wirkt unmittelbar für und gegen V, dh, der Vertrag kommt direkt zwischen V und K zustande.

Die Möglichkeit zu dieser Art des Vertragsschlusses wird dem V durch die §§ 164 ff. (jetzt noch nicht lesen!) eröffnet, die das Recht der rechtsgeschäftlichen Vertretung regeln.

Im Schuld- und Sachenrecht ist Stellvertretung stets zulässig. Bei **höchstpersönlichen Rechtsgeschäften** im Familien- und Erbrecht gibt es allerdings Ausnahmen; hier verlangt das Gesetz den persönlichen Abschluss durch die jeweilige Person.

Beispiele: Bei der Eheschließung müssen die Ehewilligen persönlich und bei gleichzeitiger Anwesenheit vor dem Standesbeamten erklären, die Ehe miteinander eingehen zu wollen (§ 1311 S. 1). Dies gilt auch für die Begründung einer Lebenspartnerschaft (§ 1 LPartG). Ein Testament kann nur persönlich vom Erblasser errichtet werden (§ 2064); Gleiches gilt für den Erbvertrag (§ 2274).

Auch in weiteren Fällen wird die Vertretung vom Gesetz für unzulässig erklärt.

Beispiele: Die Einwilligung in eine Adoption kann nicht durch einen Vertreter erteilt werden (§ 1750 III 1). Der Erblasser kann die Anfechtung des Erbvertrages nicht durch einen Vertreter erklären lassen (§ 2282 I 1).

Die Vertretung kann auch durch vertragliche Abreden der Parteien abbedungen werden, sog. **gewillkürte Höchstpersönlichkeit.**[296]

Sofern die Stellvertretung unzulässig ist, ist die Willenserklärung des Vertreters nichtig; eine Genehmigung durch den Vertretenen ist nicht möglich.

296 Palandt/*Ellenberger* Einf. v. § 164 Rn. 4 unter Hinweis auf BGHZ 99, 94 = NJW 1987, 650.

Lernhinweis: Das Gesetz verlangt in bestimmten Fällen die gleichzeitige Anwesenheit beider Vertragsparteien, wie zB bei den Einigungserklärungen bei der Eigentumsübertragung durch Auflassung im Grundstücksrecht (§ 925 I 1). Eine Stellvertretung ist hier zulässig. Denn die gleichzeitige Anwesenheit ist nicht identisch mit der persönlichen Anwesenheit. Der Vertreter der einen Vertragspartei kann also gleichzeitig mit der anderen Vertragspartei anwesend sein.

II. Arten der Stellvertretung

1. Gesetzliche Vertretung

350 Voraussetzung für jede wirksame Vertretung ist eine Berechtigung des Handelnden, als Vertreter für einen anderen aufzutreten (Vertretungsmacht). Für bestimmte Personen wird die Vertretungsmacht durch das Gesetz selbst festgesetzt. Die beiden wichtigsten Fälle der »gesetzlichen Vertretung« habe ich bereits einmal angedeutet.[297]

- Welche sind das?
- Gemäß § 1626 I iVm § 1629 I 1 (lesen!) sind die Eltern gesetzliche Vertreter ihrer (minderjährigen) Kinder und der Vormund ist gem. §§ 1773 I, 1793 I (lesen!) gesetzlicher Vertreter des Mündels. Weitere gesetzliche Vertreter sind der Betreuer (§ 1902) und der Pfleger (§§ 1915, 1793 I).

Schließlich sind die Ehepartner im Rahmen der »Schlüsselgewalt«, also der »Geschäfte zur angemessen Deckung des Lebensbedarfs der Familie«, gem. § 1357 I (lesen!) jeweils berechtigt, den anderen Ehepartner rechtsgeschäftlich mit zu verpflichten, und somit ebenfalls gesetzliche Vertreter.

2. Organschaftliche Vertretung

351 Die organschaftliche Vertretung, dh die Vertretung der juristischen Personen durch ihre Organe, ist, wie die Formulierung von § 26 I 2 (lesen!) für den Vereinsvorstand zeigt, der gesetzlichen Vertretung gleichgestellt. Ähnliche Vorschriften finden sich zB in § 35 I GmbHG und § 78 AktG.

3. Rechtsgeschäftliche Vertretung (Stellvertretung)

352 Für die rechtsgeschäftliche (auch: gewillkürte) Vertretung gelten die §§ 164–181, die zum Teil auf die beiden erstgenannten Vertretungsarten entsprechende Anwendung finden.

Die rechtsgeschäftliche Vertretung wird im Folgenden den Schwerpunkt dieses Kapitels bilden und verkürzt nur noch mit »Stellvertretung« bezeichnet werden.

297 → Rn. 55.

III. Voraussetzungen und Wirkungen der wirksamen Stellvertretung

Übungsfall 21

Valentin Vauxner (V) möchte seinen gebrauchten englischen Sportwagen verkaufen. Er will dafür 10.000 EUR. Konrad Krösus (K) will nur 5.000 EUR zahlen.
V, dem die Feilscherei lästig wurde, schickt, nachdem er sich mit K noch nicht einigen konnte, seinen Freund Speedy Schnell (S) zu K. S soll für V mit K verhandeln und ist von V ermächtigt, das Angebot bis auf 7.500 EUR zu verkürzen. S einigt sich mit K auf einen Preis von 8.000 EUR und vereinbart mit K, dass dieser sich die endgültige Annahme noch eine Woche überlegen könne.
Als K den V zwei Tage später aufsucht, erklärt er diesem, er sei mit dem von S gemachten Angebot einverstanden. Daraufhin übergibt V ihm den Wagen. Als nach 14 Tagen noch keine Zahlung von K eingegangen ist und V ihn dazu auffordert, antwortet K, auf 8.000 EUR könne er sich doch nicht einlassen, mehr als 5.000 EUR sei der Oldie einfach nicht wert. Welchen Betrag kann V von K verlangen?

Die Summe, die V von K verlangen **will**, beträgt 8.000 EUR.

- ■ Welche vertragliche Anspruchsgrundlage des besonderen Schuldrechts, die Sie bereits kennen, kommt für dieses Verlangen in Betracht? [Überlegen Sie zunächst, welche Vorschrift (genau zitieren!) dies ist (im Gesetz suchen!), und versuchen Sie, den möglichen Anspruch des V gegen K im Gutachtenstil zu formulieren!] 353
- ▶ »V könnte gegen K einen Anspruch auf Zahlung von 8.000 EUR gem. § 433 II haben« (falls noch nicht geschehen: Vorschrift lesen!).
- ■ Was ist Voraussetzung für diesen Anspruch?
- ▶ Ein gültiger Kaufvertrag, der wiederum ein wirksames Angebot und dessen Annahme voraussetzt.
- ■ Wer hat dem K ein Angebot gemacht?
- ▶ Nicht V, sondern S!

Fraglich ist nun, ob dieses Angebot unmittelbar für V wirkt. Dies ist der Fall, wenn S für V als Vertreter gem. § 164 I 1 gehandelt hat (§ 164 I 1 lesen).

1. Merkmale der Vertretung

Nach § 164 I 1 wirkt eine Willenserklärung, die jemand innerhalb der ihm zustehenden Vertretungsmacht im Namen des Vertretenen abgibt, unmittelbar für und gegen den Vertretenen. Der Vertreter iSv § 164 I 1 muss demnach drei Voraussetzungen erfüllen. 354

- ■ Welche drei Voraussetzungen sind dies? Versuchen Sie, diese drei Voraussetzungen aus dem Wortlaut von § 164 I 1 zu entnehmen! (Schreiben Sie sie auf ein Blatt Papier, bevor Sie weiterlesen!)
- ▶ **Erste Voraussetzung:** Der Vertreter – in unserem Falle S – muss selbst eine Willenserklärung abgeben.
- ■ Ist dies geschehen?
- ▶ S hat im Rahmen der Verhandlungen, zu denen V ihm Verhandlungsspielraum eingeräumt hatte, über den Autokauf das Angebot über 8.000 EUR gemacht.

Zweite Voraussetzung: Diese Willenserklärung muss erkennbar im Namen des Vertretenen, dh allgemeiner ausgedrückt, in fremdem Namen, abgegeben worden sein. Dabei stellt § 164 I 2 klar, dass es unerheblich ist, ob die Willenserklärung ausdrücklich oder konkludent in fremdem Namen abgegeben wurde.

- ■ Ist diese Voraussetzung in unserem Fall erfüllt?

▶ Da S mit K verhandelt hat und K den V zwei Tage später aufsucht, ist davon auszugehen, dass S dem K gegenüber zu erkennen gegeben hat, im Namen des V zu handeln. Somit hat S dem K als Vertreter des V ein Angebot gemacht.

Damit dieses Angebot unmittelbar für V wirkt, muss schließlich noch eine **dritte Voraussetzung** erfüllt sein, die in § 164 I 1 ausdrücklich genannt ist.

■ Welche Voraussetzung haben wir noch nicht geprüft?

355 ▶ S müsste »innerhalb der ihm zustehenden Vertretungsmacht« gehandelt haben. (Sollten Sie diese Voraussetzung als zweite notiert haben, entspricht das zwar dem Wortlaut von § 164 I 1; man prüft die Voraussetzungen aber in der Reihenfolge wie hier geschehen.)

Dies ist der Fall, wenn V den S zur Abgabe von Willenserklärungen in seinem Namen bevollmächtigt bzw. ihm dazu Vollmacht erteilt hat. Auf welche Weise der Vertretene dem Vertreter Vollmacht erteilt, folgt aus § 167 I (lesen!). Die Erteilung der Vollmacht kann entweder gegenüber dem Vertreter selbst, dem »zu Bevollmächtigenden«, erfolgen (= **Innenvollmacht**), oder gegenüber dem Dritten, mit dem der Vertreter verhandeln soll (= **Außenvollmacht**).

■ Hat V eine solche Vollmacht erteilt?

▶ Ja! Er hat den S zu den Verhandlungen mit K ausdrücklich ermächtigt und ihm dabei einen Verhandlungsspielraum nach unten bis zu einem Preis von 7.500 EUR eingeräumt. Somit hatte S auch die für sein Angebot von 8.000 EUR notwendige Vertretungsmacht. Damit liegen alle drei Voraussetzungen für eine wirksame Vertretung des V durch S vor, sodass das von S gegenüber K abgegebene Angebot gem. § 164 I 1 unmittelbar für und gegen den Vertretenen V wirkt.

356 Die Wirkungen (Rechtsfolgen) dieses Angebots sind die gleichen, als hätte V dieses Angebot selbst abgegeben.

■ Hat K dieses Angebot angenommen?

▶ Ja! Er hat sich ausdrücklich damit einverstanden erklärt.

Da diese Annahme durch K unter Anwesenden erfolgte, hätte K ihre Wirksamkeit allenfalls durch gleichzeitigen Widerruf verhindern können.

■ Aus welcher Ihnen bekannten Vorschrift ergibt sich das?

▶ § 130 I analog – lesen!

Zwischen V und K ist ein gültiger Kaufvertrag über das Auto zum Preis von 8.000 EUR zustande gekommen, sodass der Anspruch des V aus § 433 II begründet ist.

Lesen Sie nun § 164 III.

Wenn Sie diese Vorschrift verstanden haben, können Sie die Lösung der folgenden kleinen **Abwandlung von Fall 21** selbst finden:

■ »Wie wäre es, wenn K die Annahme des Angebots nicht dem V, sondern gleich dem Vertreter S gegenüber mitgeteilt hätte?« (Überlegen Sie, bevor Sie weiterlesen!)

357 ▶ S hat als »aktiver« Vertreter des V dem K nicht nur ein wirksames Angebot gemacht, sondern er hat als Vertreter des V an dessen Stelle zugleich die Annahmeerklärung des K entgegengenommen. S handelte somit auch als »passiver« Vertreter. Gemäß § 164 III gilt Abs. 1 entsprechend auch bei passiver Vertretung, dh, hier erfolgt durch den Vertreter keine Abgabe einer Willenserklärung für den Ver-

tretenen, sondern der Vertreter nimmt für diesen eine Willenserklärung entgegen. Somit würde die gegenüber S abgegebene Annahme des Angebots durch K ebenfalls für und gegen V wirken: Der Vertrag kommt zwischen V und K zustande. Für unseren Fall ergäbe sich daraus im Ergebnis keine Änderung.

Fassen wir als Fazit unseres Übungsfalls noch einmal zusammen:
Damit jemand wirksam als Vertreter für einen anderen handeln kann, müssen drei Voraussetzungen erfüllt sein.

■ Nämlich (erst nachdenken, dann weiterlesen!)?

► (1) Vertreter gibt eine eigene Willenserklärung ab.
(2) Diese Willenserklärung gibt er erkennbar in fremdem Namen ab.
(3) Die Willenserklärung gibt er innerhalb der ihm zustehenden Vertretungsmacht ab.
Letzteres bedeutet zweierlei
(a) Es muss überhaupt Vertretungsmacht vorhanden sein (vgl. § 167) und
(b) der Vertreter darf die vorhandene Vertretungsmacht nicht überschreiten (dazu später noch mehr).

2. Vertreter und Bote

Übungsfall 22

a) Der grippekranke Kurt Kümmerling (K) bittet seinen Freund Sigbert Sorgsam (S), ihm beim Zeitschriftenhändler Volker Vox (V), bei dem K immer anschreiben lässt und monatlich abrechnet, einige interessante Zeitschriften zu besorgen. S tut dies und V notiert den Kaufpreis auf der Monatsrechnung für K.

b) Wie a), nur bittet K den S lediglich, ihm bei V »DIE ZEIT« zu besorgen.

c) Wie a), nur gibt S gegenüber V nicht zu erkennen, dass er für K handelt und bezahlt die Zeitschriften von den 10 EUR, die K ihm diesmal mitgegeben hat.

Worin der wesentliche rechtliche Unterschied von Fall 22a und b liegt, müssten Sie **358**
nach dem, was Sie bisher über die Stellvertretung erfahren haben, und wenn Sie sich an Fall 10[298] erinnern, eigentlich selbst herausfinden können!

■ Welche Stellung hat S in Fall 22a und welche in Fall 22b?

► Im ersten Fall ist S Vertreter, im zweiten Fall nur Bote!

Während der Vertreter S mit Wirkung für K aufgrund seines Entscheidungsspielraums eine eigene Willenserklärung abgibt, hat der Bote S keinerlei Entscheidungsbefugnis, sondern übermittelt nur eine vorformulierte Willenserklärung. Der Bote ist lediglich Reproduzent fremder Willenserklärungen, der Vertreter hat Vertretungsmacht und ist Produzent eigener Willenserklärungen, die seinen Vollmachtgeber (den Vertretenen) rechtlich binden. Der Vertreter muss daher mindestens beschränkt geschäftsfähig sein (vgl. § 165 – lesen!), der Bote kann dagegen auch geschäftsunfähig sein. Dementsprechend sind auch die Folgen von falsch geäußerten Willenserklärungen: Gibt der Vertreter eine fehlerhafte Willenserklärung ab, so sind gem. § 166 I (lesen) seine eigenen Fehlvorstellungen maßgeblich; übermittelt der Bote eine falsche Willenserklärung, so sind die Fehlvorstellungen seines Auf-

298 → Rn. 179.

traggebers maßgeblich, der die falsch übermittelte Willenserklärung dann gem. § 120 anfechten kann.

Merke:

Vertreter	Bote (im BGB nicht definiert)
• hat eigenen Entscheidungsspielraum • ist Produzent eigener Willenserklärungen • hat immer Vertretungsmacht • kann beschränkt geschäftsfähig sein (§ 165)	• hat keinen Entscheidungsspielraum • ist Reproduzent fremder Willenserklärung • hat nur »Auftrag«, nie Vertretungsmacht • »Ist das Kindlein noch so klein, kann es doch schon Bote sein« (dh auch geschäftsunfähig)

3. Offenkundigkeitsprinzip

359 ■ Welche Voraussetzung des § 164 I für eine wirksame Vertretung des K durch S ist im Fall 22c nicht erfüllt?

▶ Es fehlt am Handeln in fremdem Namen!

Lesen Sie dazu § 164 II!

§ 164 II dient dem Schutz des Erklärungsempfängers, der in diesem Fall nicht wissen oder ahnen kann, dass sein Gegenüber für jemand anderen handeln will. Wenn S nicht zu erkennen gibt, dass er für K handelt, sondern dies nur will, wird nicht K, sondern S selbst Vertragspartner des V. Die Wirkungen der §§ 164 ff. treten für den Vertretenen nur ein, wenn der Vertreter seine Vertretungsmacht nach außen zu erkennen gibt. Das Stellvertretungsrecht wird vom sog. Offenkundigkeitsprinzip beherrscht. Das Offenkundigkeitsprinzip wurde in Fall 22c bezüglich der Vertretung beim Kaufvertrag nicht gewahrt. Mangels Erkennbarkeit der Vertretungsmacht lag bei Abschluss des Kaufvertrags keine wirksame Vertretung durch S vor.

Zu bedenken ist jedoch, dass dieser Kaufvertrag durch Bezahlung des Kaufpreises und Übergabe der Zeitschriften bereits erfüllt ist.

360 Wenn Sie sich an das Abstraktionsprinzip erinnern, wissen Sie, dass in Erfüllung des schuldrechtlichen Kaufvertrags zwei sachenrechtliche Verfügungsgeschäfte stattgefunden haben.

■ Nämlich welche?

▶ (1) Die Übereignung der Zeitschriften gem. § 929 S. 1 und
(2) die Übereignung des Gelds gem. § 929 S. 1.

■ Welche beiden Voraussetzungen müssen gem. § 929 S. 1 erfüllt sein, damit der Eigentumsübergang an einer beweglichen Sache wirksam ist?

▶ Einigung und Übergabe!

Dabei enthält die Einigung, wie Sie wissen, zwei Willenserklärungen. Deshalb kann es in Fall 22c noch gleichgültig sein, ob S die Einigungserklärung bezüglich des Eigentumsübergangs an dem Geld für V erkennbar im Namen des Vertretenen K abgegeben hat oder nicht. Es würde im Streitfall anstelle des V kaum jemand auf den Gedanken kommen, sich auf § 164 II zu berufen, indem er zB sagt: »Ich bin nicht Eigentümer des Gelds geworden; S konnte mir das Geld nicht wirksam übereignen, weil er erstens nicht selbst Eigentümer war und weil er zweitens mangels Erkennbarkeit seiner Vertretungsmacht gem. § 164 II die Einigungserklärung auch nicht wirksam als Vertreter für K abgegeben hat.« V wird vielmehr das Geld für die Zeitschriften gerne entgegennehmen und sich darüber, ob S ihm das Geld nun als Eigentümer oder als Vertreter eines Eigentümers verschaffte, keine Gedanken machen.

Anders sieht das bezüglich der Eigentumsübertragung an den Zeitschriften aus. S nimmt als passiver Vertreter für K die Einigungserklärung des V, dass das Eigentum an den Zeitungen auf ihn übergehen solle, entgegen.

■ Was hätte das zur Folge, wenn wir mangels der Erkennbarkeit des Vertreterhandelns des S für K § 164 II streng anwenden würden?

▶ Dann hätte V dem S das Eigentum an den Zeitschriften übertragen, obwohl dieser sie mit Geld des K bezahlt hat.

Bei strenger Einhaltung des Offenkundigkeitsprinzips hätte die Einigung über den Eigentumsübergang an den Zeitschriften zwischen K und V nur wirksam werden können, wenn V ein Einigungsangebot an K abgegeben hätte bzw. S dieses (erkennbar) als Vertreter des K angenommen hätte. Um dennoch in einem solchen Fall den K sofort zum Eigentümer zu machen, haben Rechtsprechung[299] und Lehre[300] eine Ausnahme von dem aus § 164 II folgenden Offenkundigkeitsprinzip anerkannt und den Fall folgendermaßen gelöst: **361**

Voraussetzung für den Eigentumserwerb des K ist, wie gesagt, neben der Übergabe der Zeitschriften gem. § 929 S. 1 die wirksame Einigung mit V. Da die Einigungserklärung des V nicht von K selbst angenommen wurde, sondern von S, der ja wirklich Vertretungsmacht hatte, diese nur nicht zu erkennen gab, ist zu prüfen, ob es für V besondere Bedeutung hatte, wem er das Eigentum der Sache übertragen wollte. Ist das nicht der Fall, ist es dem Veräußerer einer Sache also gleichgültig, wer Eigentümer dieser Sache wird, dann hat er im Rahmen der Einigung gem. § 929 S. 1 ein **Einigungsangebot an den, den es angeht**, abgegeben.

■ War es in unserem Fall dem V wichtig zu wissen, wer schließlich Eigentümer der Zeitschriften wurde?

▶ Nein, »Hauptsache, er hat seine 10 EUR«!

Bei sog. Bargeschäften des täglichen Lebens, die ein Vertreter mit wirksamer Vertretungsmacht abschließt, ohne zu offenbaren, für wen er als Vertreter auftritt, handelt es sich aus der Sicht des Geschäftsgegners um ein **»Geschäft für den, den es angeht«**. **362**

Unter den beiden Voraussetzungen, dass

(1) dem Geschäftsgegner die Person des Vertragspartners gleichgültig ist und
(2) beim Vertreter tatsächlich Vertretungsmacht und der Wille zur Vertretung vorlagen
wirkt deshalb unter Durchbrechung des Offenkundigkeitsprinzips die Willenserklärung des Vertreters gem. § 164 I unmittelbar für und gegen den Vertretenen.

■ Was bedeutet das in Fall 22c bezüglich der Einigungserklärung des V gem. § 929 S. 1, die er dem S gegenüber abgab?

▶ Mit der Einigung und Übergabe an S wurde K sofort Eigentümer der Zeitschriften, während S nur unmittelbarer Besitzer wurde.

299 Nachw. bei Jauernig/*Mansel* § 164 Rn. 5.
300 Vgl. *Wolf/Neuner* BGB AT § 49 Rn. 47 ff. sowie *Brox/Walker* BGB § 24 AT Rn. 11 f. mwN.

Lernhinweis: Beim schuldrechtlichen Verpflichtungsgeschäft (zB Kaufvertrag) sind die Grundsätze über das »Geschäft für den, den es angeht« grundsätzlich auch anwendbar. Anders als bei der dinglichen Einigung sind jedoch strengere Anforderungen zu stellen; denn oft wird es dem Verkäufer nicht gleichgültig sein, wem gegenüber er schuldrechtliche Pflichten begründet, weil der Käufer uU Gewährleistungsansprüche nach §§ 437 ff. gegen ihn geltend machen kann.

Dass das Offenkundigkeitsprinzip immer gewahrt ist, wenn das Vertreterhandeln nur konkludent erkennbar gemacht worden ist, wurde bereits erwähnt. Das ist zB auch der Fall, wenn der Angestellte A des Versicherungsunternehmers V in den Räumen des V mit dem Kunden K einen Vertrag schließt. Alle Umstände sprechen dafür, dass A konkludent als Vertreter für V handelt. Dass es dabei Abgrenzungsschwierigkeiten geben kann, werden wir noch sehen.

363 Streng zu unterscheiden von dem für die Vertretung maßgeblichen Handeln »in« fremdem Namen ist das Handeln »unter« fremdem Namen.

Beispiele: X, der nicht kreditwürdig ist, geht zur Bank und benutzt den Namen des kreditwürdigen Y, um ein Darlehen zu bekommen.
Ein Hotelgast bestellt ein Zimmer unter falschem Namen.

Die Antwort auf die Frage, wer Vertragspartner der Bank bzw. des Hotelinhabers geworden ist, ist davon abhängig, ob die Person des Vertragspartners für den anderen wesentlich war oder nicht. Ist das nicht der Fall, stellt sich die Frage nach der Vertretungsmacht gar nicht. Vertragspartner wird der, der einen falschen Namen benutzt! Im **Beispiel**: X wird Vertragspartner der Bank.

Im Hotelzimmerbeispiel wird es dem Hotelinhaber in der Regel gleichgültig sein, wie sein Vertragspartner heißt, »Hauptsache er zahlt« (siehe oben)! Anders ist dieser Fall allerdings zu beurteilen, wenn ein Hotelgast einen prominenten Namen benutzt.

■ Warum?

▶ Weil es dann dem Hotelinhaber regelmäßig darauf ankommt, gerade mit dieser Person den Vertrag abzuschließen.

In diesem Fall müsste man die Voraussetzungen einer wirksamen Vertretung prüfen und die §§ 164 ff., insbesondere die §§ 177 und 179 entsprechend anwenden,[301] sodass der echte Namensträger das Geschäft über § 177 noch an sich ziehen bzw. den »Vertreter ohne Vertretungsmacht« über § 179 in Anspruch nehmen kann (Näheres zu §§ 177, 179 → Rn. 373 ff.).

4. Inhalt der Vertretungsmacht

364 Die Vertretungsmacht folgt in den Fällen der gesetzlichen und organschaftlichen Vertretung unmittelbar aus dem Gesetz; bei der rechtsgeschäftlichen Vertretung beruht sie allein auf dem Parteiwillen. Das Gesetz regelt in den §§ 164 ff. die Rechtsfolgen der wirksamen Vertretung, die Art und Weise, wie die Vertretungsmacht erteilt wird sowie schließlich die Rechtsfolgen des Handelns ohne Vertretungsmacht.

a) Vertretungsmacht durch Vollmachtserteilung

365 Die durch Rechtsgeschäft erteilte Vertretungsmacht heißt, wie sich aus der Definition in § 166 II 1 ergibt, »Vollmacht« (Zeile 1 – lesen!).

301 Palandt/*Ellenberger* § 164 Rn. 10.

Die Art und Weise der Erteilung einer wirksamen Vollmacht bestimmt, wie Sie bereits gelesen haben, § 167 (nun ganz lesen!).

Einer Form bedarf die Vollmacht nach § 167 grundsätzlich nicht. Das gilt nach § 167 II selbst dann, wenn das Rechtsgeschäft, für das die Vollmacht erteilt wurde, der Form bedarf (zB für den Grundstückskauf, § 311b I 1).

Ausnahmen sind beispielsweise:

- § 1945 III 1 (öffentlich beglaubigte Vollmacht bei Ausschlagung der Erbschaft durch einen Bevollmächtigten),
- § 80 ZPO (schriftliche Prozessvollmacht für den Anwalt),
- 29 I 1 GBO (öffentliche oder öffentlich beglaubigte Urkunden bei Grundbuchantrag).

Allgemeinere Vorschriften werden bekanntlich durch speziellere Regelungen verdrängt!

Zu Beweiszwecken wird die Vollmacht meistens schriftlich erteilt (vgl. §§ 172–176 – zur Information lesen!).

Schließlich kann die Erteilung der Vertretungsmacht, wie andere Willenserklärungen, auch konkludent erfolgen! Bevor wir auf die konkludente Vollmacht zurückkommen, befassen wir uns mit der Vertretungsmacht kraft guten Glaubens und mit zwei ähnlichen, aber nicht identischen Vollmachten, die eine wirksame Vertretungsmacht begründen können:

b) Vertretungsmacht kraft guten Glaubens bzw. kraft Rechtsscheins

Vom Gesetz wird in der Regel derjenige, der an einen nicht bestehenden Umstand **365a**
glaubt, nicht geschützt. Denn im Rechtsverkehr muss jede Person in eigener Verantwortung in Erfahrung bringen, ob die von ihr angenommenen Umstände der Wahrheit entsprechen. Ausnahmsweise wird der **Geschäftspartner**, der auf den Bestand einer Vollmacht **vertraut**, also **gutgläubig** ist, durch die §§ 170–173 geschützt. Voraussetzung ist, dass der Vollmachtgeber durch die Kundgabe der Bevollmächtigung an den Dritten einen **Rechtsschein für das Bestehen einer Vollmacht** gesetzt hat. Letztgenannter ist nur dann schutzwürdig, wenn er das Erlöschen der Vollmacht nicht kannte und auch nicht kennen musste (§ 173). Der gutgläubige Geschäftspartner wird aufgrund des bestehenden Rechtsscheins so behandelt, als würde die Vollmacht weiterhin bestehen. Der Schutz des Dritten besteht in folgenden Fällen:

- Wenn die **Vollmacht** durch **Erklärung gegenüber einem Dritten erteilt** worden ist (= **Außenvollmacht**) bleibt sie diesem gegenüber so lange wirksam, bis ihr Erlöschen vom Vollmachtgeber angezeigt wird (§ 170). Das betrifft zB den Fall, dass eine Vollmacht gegenüber dem Bevollmächtigten widerrufen wurde (§§ 168 S. 3, 167 I).
- Der Dritte, dem die bereits erfolgte Bevollmächtigung eines anderen mitgeteilt oder durch **öffentliche Bekanntmachung kundgetan** wurde, darf nach § 171 auf den Fortbestand der Vollmacht vertrauen, solange nicht die Kundgabe in derselben Weise widerrufen wird, wie sie erfolgt ist.
- Wenn der Vollmachtgeber **dem Vertreter** eine **Vollmachtsurkunde ausgehändigt** und der Vertreter diese **dem Dritten vorgelegt** hat, wird der Dritte gem. § 172 in seinem Vertrauen auf die Urkunde geschützt. Der Vollmachtgeber kann den Rechtsschein der bestehenden Vollmacht dadurch zerstören, dass er die Voll-

machtsurkunde vom Vertreter herausverlangt, wozu Letztgenannter nach § 175 verpflichtet ist, oder aber die Urkunde nach § 176 für kraftlos erklären lässt.[302]

Aus Gründen des Minderjährigenschutzes kann nur ein voll Geschäftsfähiger zurechenbar einen Rechtsschein iSd §§ 171, 172 setzen.[303]

c) Duldungsvollmacht und Anscheinsvollmacht

366 **Übungsfall 23**

Siggi Schlau (S) ist als Vermittlungsvertreter der Argus-Versicherung (V) tätig. Er soll möglichst viele Verträge vermitteln, während die V sich den Abschluss der Verträge selbst vorbehält. Nachdem S mehrere Verträge mit der Firma Karalus (K) vermittelt hat, schließt er mit K im Namen der V einen Feuerversicherungsvertrag zu Sonderkonditionen. V erfüllt diesen Vertrag zwar, weist aber den S ausdrücklich darauf hin, dass dies nur eine Ausnahme sei und er die K darüber informieren solle, dass weitere Verträge nur direkt mit V abgeschlossen werden können. S unterlässt dies und schließt bei einem erneuten Besuch bei K mit dieser im Namen der V einen Hausratversicherungsvertrag zu Sonderkonditionen ab. V lehnt die Erfüllung dieses Vertrags unter Berufung auf die fehlende Vertretungsmacht des S ab. K besteht auf Einhaltung des Vertrags.
Wer hat Recht?

- ■ Was ist Voraussetzung, damit K gegen V einen Anspruch auf Erfüllung des Versicherungsvertrags hat?
- ▶ Zwischen V und K müsste ein gültiger Versicherungsvertrag zustande gekommen sein!

Da V nicht selbst mit K verhandelt hat, ist dies nur der Fall, wenn S die V bei Vertragsschluss wirksam vertreten hat.

- ■ Welche drei Voraussetzungen müssen dazu gem. § 164 I 1 erfüllt sein? (Überlegen Sie erst, bevor Sie weiterlesen!)
- ▶ (1) S müsste eine eigene Willenserklärung abgegeben haben.
  (2) Die Willenserklärung müsste S erkennbar im Namen der V abgegeben haben und
  (3) S müsste innerhalb der ihm zustehenden Vertretungsmacht gehandelt haben.
- ■ Sind diese Voraussetzungen erfüllt?
- ▶ Voraussetzungen eins und zwei sind sicherlich problemlos:
  K hat ein Vertragsangebot (eigene Willenserklärung) abgegeben und dies ausdrücklich im Namen der V getan.

367 Fraglich ist allerdings, ob er dazu auch Vertretungsmacht hatte!

- ■ Wie wird die Vertretungsmacht erteilt?
- ▶ Gemäß § 167 I durch Erteilung der Vollmacht, wobei dies nicht ausdrücklich ausgesprochen werden muss, sondern auch konkludent geschehen kann.
- ■ Liegt eine solche Vollmachtserteilung vor?
- ▶ V hat den S weder ausdrücklich noch konkludent dazu ermächtigt, für sie Verträge abzuschließen. Sie hat ihn im Gegenteil ausdrücklich darauf hingewiesen, dass sie sich den Abschluss der von S vermittelten Verträge selbst vorbehalte und dass die Erfüllung des von S abgeschlossenen (Feuerversicherungs-)Vertrags nur ein

302 Ausführlich hierzu mit Beispielen: *Stadler* BGB AT § 30 Rn. 33 ff.
303 BGH NJW 1977, 623.

Sonderfall war. Aufgrund dieser Tatsache war dem S bekannt, dass er ohne Vertretungsmacht handelte.

Dabei sind allerdings die Interessen des Vertragspartners (hier: K) völlig unberücksichtigt. In bestimmten Fällen muss sich deshalb der Vertretene aus Gründen des Vertrauensschutzes des Geschäftsgegners so behandeln lassen, als habe der vollmachtlose Vertreter für ihn mit wirksamer Vertretungsmacht gehandelt.

Dies sind die Fälle der »Duldungsvollmacht« und der »Anscheinsvollmacht«. Eine **Duldungsvollmacht** liegt unter folgenden Voraussetzungen vor:

(1) Der Erklärende muss eine Willenserklärung in fremdem Namen, dh, im Namen des Vertretenen, abgegeben haben.

■ Wie steht es damit in unserem Fall?

▶ Diese Voraussetzung ist erfüllt. (Wortlaut des Sachverhalts!)

(2) Der Vertretene muss den Rechtsschein der Vertretung zurechenbar gesetzt haben. Das ist der Fall, wenn er von dem Auftreten des Vertreters ohne Vertretungsmacht Kenntnis hatte und dies nicht verhindert, sondern bewusst duldet.

■ Liegt diese Voraussetzung vor?

▶ Die V hat zwar den S darauf hingewiesen, dass er künftig keine Verträge mehr abschließen dürfe und dass S die K darüber informieren solle. Ansonsten hat V das Auftreten des S bewusst geduldet und somit den Rechtsschein gesetzt, dass S als Vertreter für V handelte.

(3) Weitere Voraussetzung für eine Duldungsvollmacht ist, dass der Vertragspartner auf die Vertretungsmacht vertraute und dabei gutgläubig war, dh, keinerlei Anlass hatte, an ihrem Vorliegen zu zweifeln.

■ Liegt diese Voraussetzung in unserem Fall vor?

▶ Da V bereits einen Vertrag (den Feuerversicherungsvertrag), den S mit K abgeschlossen hatte, akzeptiert hatte, konnte K gutgläubig davon ausgehen, dass S aufgrund einer wirksamen Vollmacht tätig wurde.

Die Duldungsvollmacht wird von der hM als **Rechtsscheinsvollmacht** angesehen, da das bloße Schweigen ebenso wie das Dulden keine Willenserklärung darstellt.[304] Gemäß § 164 I 1 wirkt das Vertretergeschäft unmittelbar für und gegen den Vertretenen.[305]

■ Ergebnis in unserem Fall somit?

▶ Da die Duldungsvollmacht die gleichen Rechtswirkungen wie eine gültige Vollmacht begründet, gilt S als von V bevollmächtigt und hat die V daher gem. § 164 I 1 wirksam vertreten. Ein Hausratversicherungsvertrag ist zwischen K und V, vertreten durch S, zustande gekommen. K kann also auf der Einhaltung dieses Vertrags zu Sonderkonditionen bestehen.

---

304 BGH NJW 2014, 3150 Rn. 24; BGH NJW 2005, 2985; MüKoBGB/*Schubert* § 167 Rn. 107 f.; *Wolf/Neuner* BGB AT § 50 Rn. 86 ff. Die Gegenansicht sieht in der Duldungsvollmacht eine rechtsgeschäftlich erteilte Vollmacht, denn wer bewusst einen anderen für sich handeln lasse, tue in einem rechtsgeschäftlichen Sinne kund, dass diese Person Vertretungsmacht habe; vgl. *Flume*, Allgemeiner Teil des Bürgerlichen Rechts, Zweiter Band: Das Rechtsgeschäft, 4. Aufl. 1992; Palandt/*Ellenberger* § 172 Rn. 8 mwN.

305 *Wolf/Neuner* BGB AT § 50 Rn. 93.

368 Mit einem Unterschied gelten für die **Anscheinsvollmacht** die gleichen Voraussetzungen wie für die Duldungsvollmacht:

(1) Der Erklärende muss eine rechtsgeschäftliche Erklärung in fremdem Namen, dh im Namen des Vertretenen, abgegeben haben.
(2) Der Vertretene muss den Rechtsschein der Vertretung zurechenbar dadurch gesetzt haben, dass er vom Auftreten des Vertreters zwar nichts weiß und dies nicht wissentlich duldet, dass er aber bei Anwendung verkehrsüblicher Sorgfalt hätte wissen müssen und verhindern können, dass ein Auftreten des angeblichen Vertreters vorliegt (= Unterschied zur Duldungsvollmacht!).
(3) Der Vertragspartner muss auf den Rechtsschein der Vertretungsmacht gutgläubig vertraut haben.

Die Anscheinsvollmacht verleiht nach hM entsprechend dem Umfang des gesetzten Rechtsscheins Vertretungsmacht. Der Geschäftsherr muss sich so behandeln lassen, als habe er den Handelnden tatsächlich bevollmächtigt.[306] Denn das Vertrauen des Vertragspartners auf das Bestehen einer Vollmacht ist in der Weise schutzwürdig, dass ihm gegenüber der Rechtsschein als Wirklichkeit gilt. Sie ist also auch eine Rechtsscheinsvollmacht.[307]

Beispiel: Die als Telefonistin bei V beschäftigte Bella (B) hat sich seit einiger Zeit angewöhnt, Bestellungen von Kunden selbst anzunehmen, anstatt die Kunden mit dem bevollmächtigten Angestellten A zu verbinden. Der Dauerkunde K verlangt von V Erfüllung eines Vertrags. V verweigert diese, weil er die B, von deren Handeln er nichts gewusst hat, nicht bevollmächtigt habe.[308]
V muss sich das Verhalten der B nach den Grundsätzen der Anscheinsvollmacht zurechnen lassen, da man von ihm verlangen kann, dass er sich um sein Geschäft entweder selbst derartig kümmert, dass das Handeln der B verhindert worden wäre, oder dass V zumindest einen zuverlässigen Mitarbeiter damit betraut, sich um die ordnungsgemäße Arbeitsausführung seiner Bediensteten zu kümmern. Bei Anwendung verkehrsüblicher Sorgfalt hätte V jedenfalls das Auftreten der B vermeiden können. V muss sich also so behandeln lassen, als hätte sie der B eine entsprechende Vertretungsmacht eingeräumt.

Lernhinweis:
Duldungsvollmacht: Vertretener kennt und duldet das wissentliche Auftreten eines Vertreters.
Anscheinsvollmacht: Vertretener kennt das wiederholte Handeln des Vertreters zwar nicht, hätte es aber erkennen und verhindern können.

d) Vollmacht durch konkludentes Handeln

369 Nicht verwechseln darf man die Duldungsvollmacht und die Anscheinsvollmacht, denen ja in Wirklichkeit keine echte Vollmachtserteilung zugrunde liegt, mit der stillschweigenden Vollmacht, die durch konkludentes Handeln erteilt wurde. Eine konkludente Willenserklärung ist, wie Sie wissen, eine echte, vollgültige Willenserklärung; somit ist auch die stillschweigend, konkludent erteilte Vollmacht eine echte Vollmacht, bei deren Vorliegen ebenfalls die §§ 164 ff. gelten!

Beispiel: Eine stillschweigende, konkludente Vollmachtserteilung iSd § 167 I liegt zB vor, wenn der Geschäftsinhaber G seinen neu eingestellten Angestellten A innerhalb seines Geschäfts mit Aufgaben betraut, zu deren Erfüllung notwendigerweise Verträge mit Dritten abgeschlossen werden und der Vorgänger des A diese Verträge stets auch selbstständig abgeschlossen hat. Ohne dass

306 BGH NJW 1981, 1727 (1728); Palandt/*Ellenberger* § 172 Rn. 11; jurisPK-BGB/*Weinland* § 173 Rn. 8; *Brox/Walker* BGB AT § 25 Rn. 32 mwN.
307 Vgl. MüKoBGB/*Schubert* § 167 Rn. 112; *Stadler* BGB AT § 30 Rn. 46 mwN.
308 Nach *Brox/Walker* BGB AT § 25 vor Rn. 1, Fall d.

der Geschäftsherr dem A ausdrücklich Vollmacht erteilte, konnte A seinen Einsatz zu dieser Tätigkeit nicht anders verstehen, als dass er zum Abschluss der Verträge bevollmächtigt wurde.

e) Erlöschen der Vollmacht

Lesen Sie hierzu zunächst § 168! Danach erlischt die Vollmacht entweder, wenn 370

- der Vertreter das Rechtsgeschäft, zu dessen Vornahme er bevollmächtigt war, für den Vertretenen abgeschlossen hat (Satz 1),
  oder
- wenn die Vollmacht widerrufen wurde (Satz 2).

Der Widerruf kann sowohl gegenüber dem zu Bevollmächtigenden (= Vertreter) als auch gegenüber dem Dritten (= Vertragspartner) erfolgen (Satz 3). Ohne dass wir alle Details des Stellvertretungsrechts im Rahmen dieses Grundrisses behandeln konnten, haben Sie doch schon so viel darüber erfahren, dass Sie das Erlernte anhand des folgenden Prüfungsschemas und der Übersicht 27 erst einmal repetieren (= wiederholen) sollten.

Prüfungsschema 370a

Prüfungsfolge bei der Stellvertretung, § 164

I. Zulässigkeit der Stellvertretung (→ Rn. 349)
unzulässig zB: § 1311 (Eheschließung), §§ 2064, 2274, 2284 (letztwillige Verfügungen)
Falls unzulässig: WE des Vertreters = nichtig; keine Genehmigungsmöglichkeit

II. Eigene Willenserklärung des Vertreters (→ Rn. 354, → Rn. 358)
§ 164 I 1 – Abgrenzung zum Boten
§ 165 – Vertreter kann beschränkt geschäftsfähig sein

III. Handeln in fremdem Namen – Offenkundigkeitsprinzip (→ Rn. 359 ff.)
§ 164 I 1 und 2; ansonsten Eigengeschäft nach § 164 II
Ausnahme: Geschäft für den, den es angeht (Bargeschäfte des täglichen Lebens)

IV. Vertretungsmacht des Handelnden (→ Rn. 364 ff.)
1. gesetzliche (zB Eltern, §§ 1626, 1629)
2. organschaftliche (§ 26 I 2)
3. rechtsgeschäftliche = Vollmacht (Legaldefinition § 166 II 1)
   a) wirksame Erteilung, § 167
      aa) Spezialregelungen: §§ 170–173
      bb) Duldungsvollmacht
      cc) Anscheinsvollmacht
   b) kein Erlöschen der Vollmacht, § 168
   c) keine Überschreitung der Vertretungsmacht
   Beachte bei Fehlen oder Überschreitung der Vertretungsmacht:
   Vertrag = schwebend unwirksam bis Genehmigung durch Vertretenen (§ 177 I)

371 Übersicht 27

Das Recht der Stellvertretung

Stellvertretung (kurz: »Vertretung« – vgl. Gesetzestext) bedeutet das Handeln anstelle eines anderen mit Wirkung für diesen.

I. Im BGB: drei Arten der Vertretung

1. Gesetzliche Vertretung	**2. Organschaftliche Vertretung**	**3. Rechtsgeschäftliche (gewillkürte) Vertretung**
zB §§ 1626 I; 1629 I 1: Eltern/Kind; § 1793 I: Vormund/Mündel	zB § 26 I 2 Vorstand/Verein	§§ 164 ff. (gelten zum Teil auch für 1. und 2.); nur für 3.: §§ 166 II–176

II. Voraussetzungen für wirksame Stellvertretung nach §§ 164 ff.

1. Abgabe **eigener Willenserklärung** durch Vertreter	2. Abgabe der Willenserklärung im Namen des Vertretenen = »**in fremdem Namen**« für den Dritten erkennbar (»**Offenkundigkeitsprinzip**«) – vgl. § 164 II	3. Abgabe der WE innerhalb **zustehender Vertretungsmacht**
Abgrenzung Bote – Vertreter: **Bote:** • kein Entscheidungsspielraum bei Willenserklärung • Reproduzent fremder Willenserklärung • hat nur »Auftrag«, nie Vertretungsmacht **Vertreter:** • Entscheidungsspielraum bei Willenserklärung • Produzent eigener Willenserklärung • hat immer Vertretungsmacht, • manchmal inklusive Auftrag (vgl. schon jetzt = § 662) • muss mindestens beschränkt geschäftsfähig sein (§ 165)	Vertreter handelt in fremdem Namen, gibt dies aber nicht zu erkennen. Rechtsfolge: § 164 II = Verstoß gegen »Offenkundigkeitsprinzip«. Ausnahme von diesem Prinzip: »**Geschäft für den, den es angeht**« → Wirksames Vertreterhandeln liegt vor, wenn dem Geschäftsgegner die Person des Vertragspartners gleichgültig ist und Vollmacht sowie Wille des Vertreters zur Vertretung vorliegen. **Keine** Vertretung, wenn »Handeln unter fremden Namen« Rechtsfolge: Vertragspartner wird der unter fremdem Namen Handelnde. Ausnahme: Benutzung von »prominentem« Namen, da Name bei Vertragspartner für Vertragsschluss entscheidend! Rechtsfolge: wie bei »Vertreter ohne Vertretungsmacht« (→ Rn. 384).	Die rechtsgeschäftlich erteilte Vertretungsmacht heißt »**Vollmacht**« (§ 166 II). Erteilung (§ 167): Innenvollmacht (§ 167, 1. Var.) oder Außenvollmacht (§ 167, 2. Var.), formfrei (vgl. § 167 II) Oft: Aushändigung von Vollmachtsurkunde (vgl. § 172) → Beweisfunktion! Möglichkeiten der Erteilung von Vertretungsmacht: ausdrücklich oder »stillschweigend« durch konkludentes Verhalten Rechtsfolge: Direkte Anwendung der §§ 164 ff. Falls (-): evtl. Duldungs- oder Anscheinsvollmacht (→ Rn. 372).

Übersicht 27 (Fortsetzung) 372

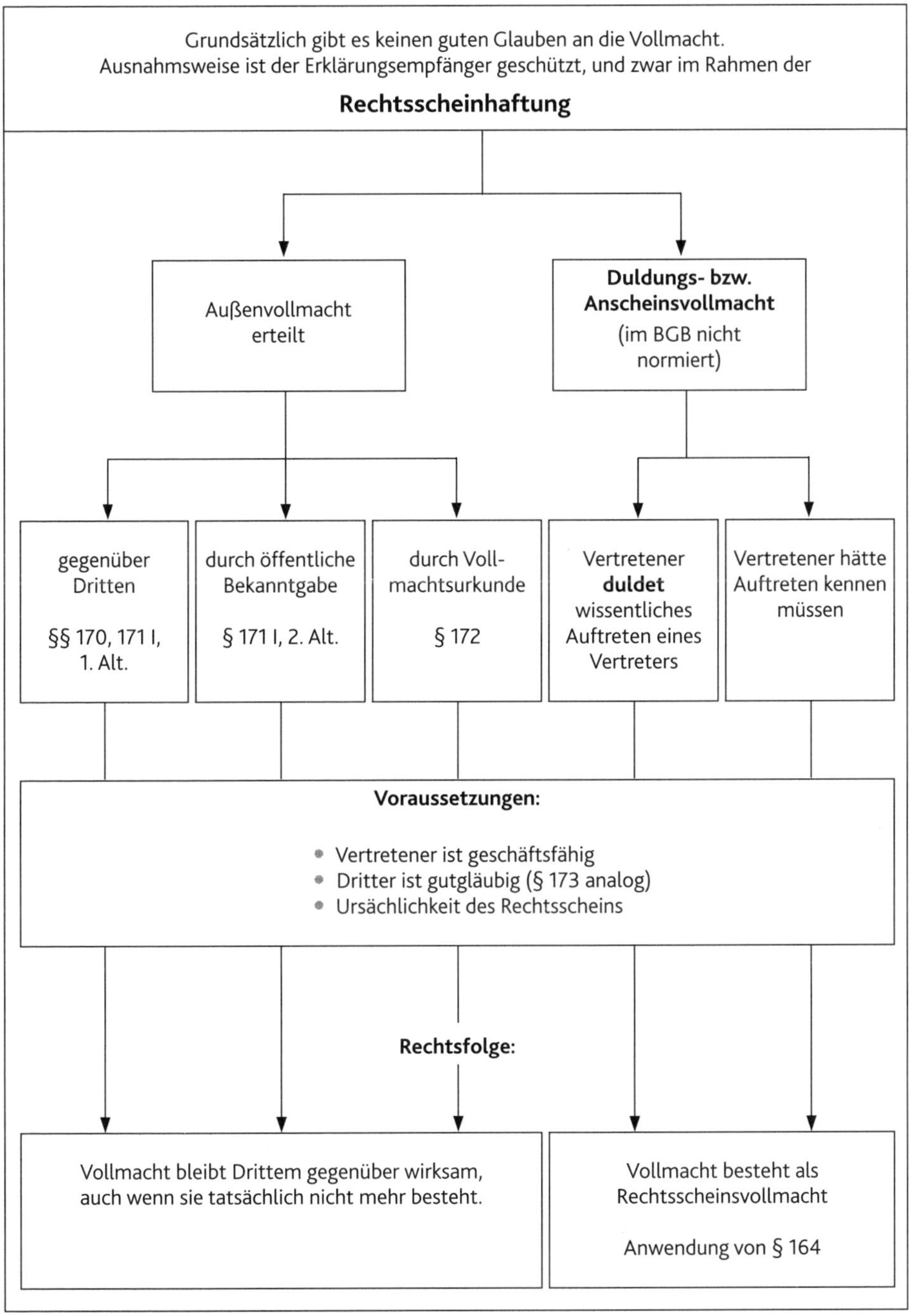

IV. Vertretung ohne Vertretungsmacht

373 Möglich ist schließlich auch, dass jemand für einen anderen auftritt, ohne überhaupt Vertretungsmacht zu haben, oder dass er seine Vertretungsmacht überschreitet. Soweit er die eigentlich vorliegende Vertretungsmacht überschreitet, handelt er ebenfalls ohne Vertretungsmacht.

Für das Handeln ohne Vertretungsmacht sieht das Gesetz im Stellvertretungsrecht bestimmte Rechtsfolgen vor, die wir uns gleich ansehen werden. Zuvor ist nochmals darauf hinzuweisen, dass man in einem Fall, in dem die Vertretungsmacht offensichtlich fehlt, dies für den Geschäftsgegner aber nicht so eindeutig ist, **gedanklich** zunächst prüfen sollte, ob das Vertretungsrecht nicht nach den Grundsätzen über die Duldungs- oder Anscheinsvollmacht analog anzuwenden ist.

1. Genehmigung des Vertragsschlusses durch den Vertretenen

374 Zum Handeln des Vertreters ohne Vertretungsmacht folgender Fall:

Übungsfall 24

Siggi Schlau (S) kauft im Namen des Karlo Kaufgut (K), ohne von diesem dazu bevollmächtigt zu sein, im Geschäft des Vinzenz Video (V) eine Stereoanlage. Die Lieferung soll in 14 Tagen erfolgen. Als S dem K davon erzählt, erklärt K sich mit dem Geschäft einverstanden. Kurz darauf sieht K das gleiche Gerät wesentlich preisgünstiger in einem anderen Laden. Deshalb verweigert er gegenüber V die Abnahme und Bezahlung des Geräts, da S keine Vollmacht gehabt habe. V verlangt Erfüllung des Vertrags durch K. Zu Recht?

375
- ■ Welchen Anspruch macht V gegenüber K geltend?
- ▶ Den Anspruch auf Erfüllung des Kaufvertrags gem. § 433 II (Anspruch auf Kaufpreiszahlung).
- ■ Welche Voraussetzung muss dazu vorliegen?
- ▶ Es muss ein gültiger Kaufvertrag zwischen K und V zustande gekommen sein.

Da K und V nicht direkt miteinander verhandelt haben, ist zu prüfen, ob S als Vertreter den K wirksam verpflichten konnte.

- ■ Welche Voraussetzung muss gem. § 164 I 1 zunächst erfüllt sein?
- ▶ S muss gegenüber V eine eigene Willenserklärung abgegeben haben.
- ■ Ist das geschehen?
- ▶ S hat aus eigenem Entschluss ein Kaufvertragsangebot abgegeben.
- ■ Welches ist die zweite Voraussetzung dafür, dass S als Vertreter des K handelte?
- ▶ S muss eine Willenserklärung in fremdem Namen abgegeben haben, dh im Namen des Vertretenen.

Auch diese Voraussetzung ist erfüllt: S hat ausdrücklich »im Namen des K« gehandelt.

376
- ■ Welche dritte Voraussetzung muss schließlich gegeben sein?
- ▶ Der Vertreter muss erkennbar innerhalb der ihm zustehenden Vertretungsmacht gehandelt haben!
- ■ Ist dies der Fall?

- ▶ S war von K nicht zu dem Kauf bevollmächtigt. Somit sind die Voraussetzungen des § 164 I 1 mangels Vertretungsmacht des S nicht erfüllt, sodass die von S für K abgegebenen Willenserklärungen grundsätzlich nicht für diesen wirken.
- ■ Welche Auswirkungen hat dies auf den Kaufvertrag K–V? (Überlegen Sie selbst!)
- ▶ Man könnte durchaus meinen, dass der Vertrag unwirksam ist. Dieser Gedanke ist auch nicht abwegig. Der Gesetzgeber gibt aber für den Fall, dass sich jemand anmaßt, für einen anderen unberechtigt als Vertreter aufzutreten, dem vermeintlich Vertretenen die Möglichkeit, das vom Vertreter ohne Vertretungsmacht geschlossene Geschäft »an sich zu ziehen«. Der Vertretene kann, wenn er von diesem Geschäft erfährt und es ihm günstig erscheint, das Geschäft noch genehmigen und die fehlende Vertretungsmacht heilen.
- ■ Suchen Sie selbst im Stellvertretungsrecht oder im Index unter »Vertreter (ohne Vertretungsmacht)«, aus welcher Vorschrift sich diese Rechtsfolge ergibt!
- ▶ Wenn Sie fündig geworden sind, haben Sie § 177 I gelesen! 377
- ■ An welche Ihnen schon bekannte Vorschrift erinnert Sie diese Formulierung? (Überlegen Sie!)
  Der Wortlaut dieser Vorschrift ist ähnlich wie der von § 177 I und die Rechtsfolge, die eintritt, ist die gleiche.
- ▶ Gemeint ist § 108 I (lesen!)!

Rechtsfolge des ohne Einwilligung[309] des gesetzlichen Vertreters geschlossenen Vertrags des beschränkt Geschäftsfähigen ist, dass der Vertrag bis zur Erteilung oder Verweigerung der Genehmigung (vgl. § 108 I) »schwebend unwirksam« ist. Dies gilt auch für den Vertragsschluss des Vertreters ohne Vertretungsmacht. Bis zur Erteilung oder Verweigerung der Genehmigung durch K, die er sowohl gegenüber V als auch S aussprechen kann (vgl. § 182 I – lesen!), ist der Vertrag »schwebend unwirksam« (§ 177 I).

Indem K sich S gegenüber mit dem Geschäft einverstanden erklärte, hat er somit den Vertrag genehmigt, sodass dieser gem. § 184 I von Anfang an wirksam wurde (§ 184 I nochmals lesen). V verlangt zu Recht Bezahlung und Abnahme der Stereoanlage.

2. Haftung des Vertreters ohne Vertretungsmacht

Der in der Praxis häufigere Fall wird in der Regel sein, dass der Vertretene einen Vertrag, der in seinem Namen ohne Vertretungsmacht geschlossen wurde, nicht genehmigt, sondern die Genehmigung verweigert. In diesem Fall ist der Vertrag endgültig unwirksam. 378

Das ist natürlich unter Umständen für den Vertragspartner (zB) eines Kaufvertrags sehr ärgerlich, wenn er im Vertrauen auf die Wirksamkeit der Vertretung und damit auf die Wirksamkeit des Vertrags andere Kaufinteressenten abgewiesen hat und nun sozusagen auf seiner Sache »sitzen bleiben« müsste. Dieses Vertrauen hat der Gesetzgeber grundsätzlich als schutzwürdig angesehen und deshalb dem Vertragspartner für diesen Fall Ansprüche gegen den vollmachtlosen Vertreter gegeben.

a) Bewusstes Handeln ohne Vertretungsmacht

Diesen Fall regelt § 179 I, den Sie lesen müssen. 379

309 Zur Wiederholung: Oberbegriff = Zustimmung (§§ 183 S. 1 und 184 I).

Aus der Formulierung, dass jemand unter bestimmten Voraussetzungen einem anderen zur Erfüllung oder zum Schadensersatz verpflichtet ist, ersehen Sie, dass § 179 I eine »Anspruchsgrundlage« ist. Wenn in Fall 24 der K den Vertragsschluss mit V durch S nicht genehmigt hätte, wären wir zu dem Ergebnis gekommen, dass V gegen K mangels eines gültigen Kaufvertrags keinen Anspruch auf Bezahlung gem. § 433 II hat.

In einem Gutachten hätte man dann fortfahren können:

»V könnte aber einen Anspruch auf Erfüllung des Kaufvertrags gegen S gem. § 179 I iVm § 433 II haben«.

380 Wenn V in diesem Fall Erfüllung des Vertrags verlangt, kann er von S den Kaufpreis verlangen, und S muss die Stereoanlage abnehmen. Verlangt V statt der Erfüllung Schadensersatz, dann haftet der Vertreter ohne Vertretungsmacht auf das sog. »Erfüllungsinteresse« oder »positive Interesse«.

- ■ Was bedeutet das?
- ▶ Das bedeutet zunächst: Der Vertrag wird nicht erfüllt! V liefert nicht und S muss weder die Kaufsache abnehmen noch den Kaufpreis zahlen. S muss aber im Rahmen der Schadensersatzleistung den V so stellen, wie dieser (wertmäßig) stehen würde, wenn ordnungsgemäß erfüllt worden wäre! Da V als Verkäufer an der Stereoanlage verdienen muss, wird der Kaufpreis höher sein als der reine Wert der Anlage. Hätte der Kaufpreis zB 3.000 EUR betragen, während der Wert der Anlage nur mit 2.500 EUR zu beziffern war, könnte V als Schadensersatz die Differenz von 500 EUR verlangen und die Stereoanlage behalten.

b) Unbewusstes Handeln ohne Vertretungsmacht

381 Für die Haftung des Vertreters ohne Vertretungsmacht macht das Gesetz in § 179 II (lesen!) eine Einschränkung. Vereinfacht ausgedrückt bedeutet das: In dem Fall, dass er selbst den Mangel der Vertretungsmacht nicht kannte, haftet der Vertreter nur begrenzt, dh, er muss nur den Vertrauensschaden bzw. das sog. »negative Interesse« ersetzen (dazu gleich noch).

- ■ Können Sie sich einen Fall denken, in dem der Vertreter ohne Vertretungsmacht selbst nichts vom Fehlen der Vertretungsmacht weiß?
- ▶ Das kommt sicher nicht allzu oft vor. Denkbar ist folgender Fall:

Der beschränkt geschäftsfähige 17-jährige K gibt S, der ihn für volljährig hält, Vollmacht, für ihn ein Auto beim Autohaus V zu kaufen. V liefert daraufhin das Auto zum Haus von K. Die Eltern weisen auf die Nichtigkeit der Vollmachtserteilung nach § 111 hin.

Diese »Dreierbeziehung« machen wir uns mit folgender Lösungsskizze deutlich:

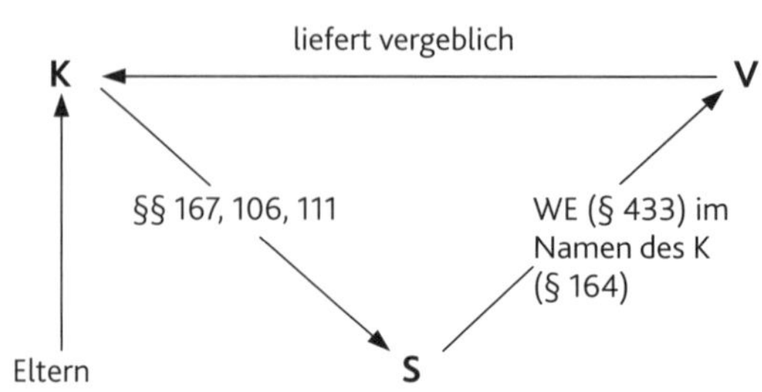

- ■ Wenn Sie § 111 (nochmals?) gelesen haben, können Sie die Antwort auf die Frage geben, ob der zwischen K und V geschlossene Vertrag wirksam ist!
- ▶ Der zwischen K und V geschlossene Vertrag ist unwirksam.
- ■ Muss S als Vertreter ohne Vertretungsmacht gegenüber V (voll) haften?
- ▶ Nach § 179 II ist, da S den Mangel der Vertretungsmacht nicht gekannt hat, S nur zum Ersatz des Vertrauensschadens verpflichtet.
- ■ Was bedeutet Ersatz des Vertrauensschadens, des »negativen Interesses«, iSv § 179 II?
- ▶ Das bedeutet, dass der Vertreter ohne Vertretungsmacht den Vertragspartner so stellen muss, wie dieser gestanden hätte, wenn er auf das Zustandekommen des Vertrags **nicht** vertraut hätte.

Mit anderen Worten: Der Vertreter muss dem anderen Teil den Schaden ersetzen, den dieser im Vertrauen auf das Zustandekommen des gescheiterten Vertrags erlitten hat.

- ■ Haben Sie eine Vorstellung, was das zB für ein Schaden sein könnte? (Überlegen Sie!)
- ▶ Möglich wäre, dass der Vertragspartner V im Vertrauen auf das Zustandekommen des Vertrags irgendwelche Aufwendungen getätigt hat, zB musste er den Vertragsgegenstand erst zu sich transportieren lassen. In diesem Fall wären die Transportkosten als Vertrauensschaden zu ersetzen. Typischer Vertrauensschaden sind auch evtl. Fahrtkosten, die für die Fahrt zum Ort des Vertragsschlusses nötig waren.

c) Handeln ohne Vertretungsmacht bei Kenntnis des Vertragspartners

Schließlich regelt das Gesetz in § 179 noch den Fall, in dem der Vertreter trotz **382**
Fehlens der Vertretungsmacht dem Vertragspartner gar nicht haftet. Lesen Sie § 179 III 1!

- ■ Was ist wohl der Grund dafür, dass hier eine Haftung entfällt?
- ▶ Wenn der Vertragspartner vom Fehlen der Vertretungsmacht weiß, verdient er auch keinen Vertrauensschutz mehr!

Lesen Sie nun § 179 III 2!

- ■ Warum muss der beschränkt geschäftsfähige Vertreter ohne Vertretungsmacht, der ohne Zustimmung seines gesetzlichen Vertreters handelt, nicht haften?
- ▶ Weil der Gesetzgeber dem Minderjährigenschutz den Vorrang vor dem Vertrauensschutz gibt.

Am Beispiel der drei Absätze von § 179 können wir sehr gut erkennen, dass der Gesetzgeber das Vertrauensschutzprinzip sehr ernst nimmt und versucht, den Interessen der Beteiligten so gut wie möglich gerecht zu werden.

Nach § 180 (ganz lesen!) ist eine **Vertretung ohne Vertretungsmacht** bei einem **einseitigen** Rechtsgeschäft grundsätzlich **unzulässig.**

382a **Prüfungsschema**

Haftung des Vertreters ohne Vertretungsmacht gem. § 179

I. Voraussetzungen:
1. Vertreter hat in fremdem Namen ohne Vertretungsmacht gehandelt
2. Keine Genehmigung des Geschäftsherrn oder Fiktion der Verweigerung, § 177 II 2
3. Keine sonstigen Wirksamkeitshindernisse, wie zB §§ 125, 134, 138, 142 I
4. Kein Haftungsausschluss nach § 179 III

II. Rechtsfolgen:
Geschäftsgegner hat
- Wahlrecht: Erfüllung oder Schadensersatz (positives Erfüllungsinteresse), falls Vertreter vom Fehlen seiner Vertretungsmacht weiß (§ 179 I)
- ggf. Anspruch auf Vertrauensschaden (§ 179 II)

V. Insichgeschäft

383 Bei einem Insichgeschäft nach § 181 wirkt dieselbe Person auf beiden Seiten des Rechtsgeschäfts mit. Dies birgt die Gefahr eines Interessenkonflikts und damit die Schädigung eines Teils. Durch den Abschluss des Insichgeschäfts überschreitet der Vertreter seine Vertretungsmacht. Nach § 181 ist ein Insichgeschäft grundsätzlich verboten. Trotz des Wortlauts (»kann nicht«) ist das vorgenommene Geschäft allerdings nicht nichtig, sondern entsprechend § 177 I schwebend unwirksam.[310]

§ 181 nennt zwei Arten des Insichgeschäfts:

- **Das Selbstkontrahieren**

Beispiel:

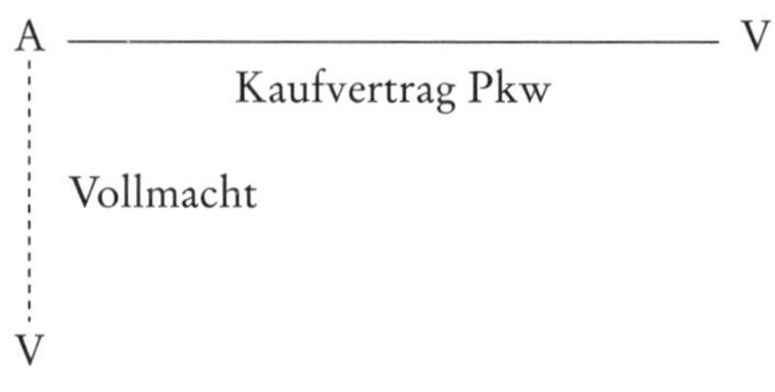

A erteilt V Vollmacht zur Veräußerung seines gebrauchten Pkw. Da V selbst ein gebrauchtes Fahrzeug sucht, setzt er einen Vertrag auf, nach dem das Fahrzeug von A an V verkauft wird. Er unterzeichnet die Vertragsurkunde zweimal: als Vertreter des Verkäufers und als Käufer.

Der Vertrag ist schwebend unwirksam nach § 177 I. A kann den Kauf genehmigen. Dann wird der Kaufvertrag zwischen A und V von Anfang an wirksam, §§ 177 I, 184 I.

310 Palandt/*Ellenberger* § 181 Rn. 15 mwN.

- **Die Mehrvertretung**

Beispiel:

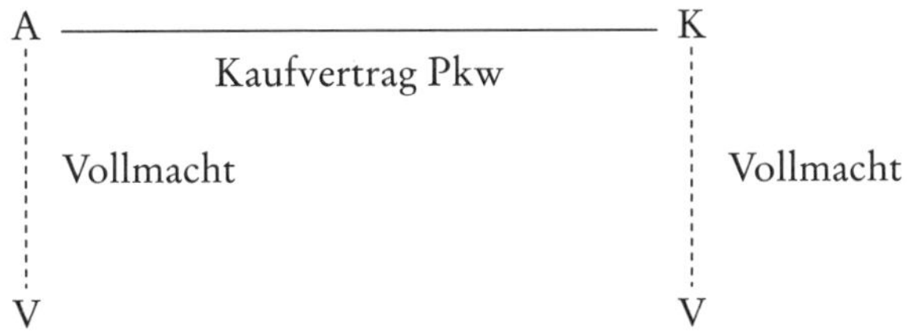

V wurde von A zum Verkauf und von K zum Kauf eines gebrauchten Fahrzeugs bevollmächtigt. Er schließt einen Vertrag und tritt dabei auf der Verkäuferseite als Vertreter des A und auf der Käuferseite als Vertreter des K auf. Zur Gültigkeit des Kaufvertrags ist eine Genehmigung von beiden Vertretenen, also A und K, erforderlich.

Das Gesetz regelt zwei Ausnahmen, bei deren Vorliegen das Insichgeschäft gültig ist:

Das Geschäft ist wirksam, wenn

- es dem Vertreter durch Rechtsgeschäft[311] (also aufgrund einer Vollmacht) oder durch das Gesetz gestattet war (zB § 1009 II, § 125 II HGB, § 78 IV AktG, § 10 III BBiG) oder
- das Rechtsgeschäft in der Erfüllung einer Verbindlichkeit besteht (zB erstattet sich der vertretungsbefugte Angestellte A in Abwesenheit seines Chefs die ihm tatsächlich entstandenen Fahrtkosten aus der Firmenkasse).

Außerdem ist § 181 nicht einschlägig, wenn das Geschäft dem Vertretenen lediglich einen rechtlichen Vorteil bringt. Genannte Vorschrift wird in diesem Fall einschränkend ausgelegt. Denn eine Interessenkollision kann zu Lasten des Vertretenen nicht eintreten, wenn dieser aus dem Geschäft ausschließlich Vorteile zieht.[312] Das ist zB der Fall, wenn die Eltern ihrem minderjährigen Kind ein Wertpapierdepot schenken. Dieses Geschäft ist für den Vertretenen (= das Kind) vorteilhaft.

§ 181, der unter den Vorschriften über die **rechtsgeschäftliche (gewillkürte)** Vertretung angesiedelt ist, gilt gleichermaßen auch für die **organschaftliche** und die **gesetzliche** Vertretung.[313]

Namentlich bei Letzterer durch die Eltern (§ 1629 II 1, welcher auf die Anwendung von § 1795 verweist) oder durch den **Vormund** (§ 1795) kommt § 181, der gem. § 1795 II »unberührt« bleibt (also anwendbar ist), besondere Bedeutung zu, auf die in diesem Rahmen nicht näher eingegangen wird.[314]

Zum Meinungsstreit über den Anwendungsbereich von § 181 verweise ich auf die nachfolgende (→ Rn. 403) Literatur zur Vertiefung.[315]

311 ZB sehen viele GmbH-Verträge routinemäßig vor, dass der Geschäftsführer mit der Gesellschaft Verträge schließen darf und insoweit von den Beschränkungen des § 181 befreit ist.
312 Palandt/*Ellenberger* § 181 Rn. 9 mwN.
313 HK-BGB/*Dörner* § 181 Rn. 3.
314 Mehr dazu in *Wörlen* FamR Rn. 400.
315 Vgl. dort vor allem den Aufsatz von *Petersen* JURA 2007, 418 sowie *Brox/Walker* BGB AT § 26 Rn. 11 ff.

Für die Haftung im Stellvertretungsrecht gelten folgende Grundsätze, die wir uns an Übersicht 28 verdeutlichen wollen:

384 **Übersicht 28**

Rechtsfolgen der Vertretung/Haftung im Stellvertretungsrecht

I. Vertreter handelt mit Vertretungsmacht

Grundregel
§ 164 I 1

Voraussetzungen:
1. eigene Willenserklärung des Vertreters
2. Willenserklärung »im Namen des Vertretenen« = in fremdem Namen
3. innerhalb der zustehenden Vertretungsmacht

Rechtsfolge:
Willenserklärung wirkt unmittelbar für und gegen Vertretenen.

Grundsatz des Stellvertretungsrechts

Für ein Verschulden des Vertreters nach bürgerlichem Recht haftet grundsätzlich der Vertretene.[316]
Begründung: Der Vertretene räumt dem Vertreter gegenüber seinem Geschäftspartner eine besondere Vertrauensstellung ein. Das Vertrauen des Geschäftspartners wird dadurch geschützt, dass der Vertretene für das Handeln seines Vertreters einstehen muss.

316 Dieser Grundsatz gilt weitestgehend auch für das Handelsrecht sowie für bürgerlich-rechtliche Nebengebiete wie zB das Versicherungsrecht. Hier haftet grundsätzlich das Versicherungsunternehmen für ein Verschulden des Versicherungsvertreters (auch: Versicherungsagenten) aufgrund der Vertrauensstellung, die es dem Agenten gegenüber dem Versicherungsnehmer eingeräumt hat.

Übersicht 28 (Fortsetzung) 385

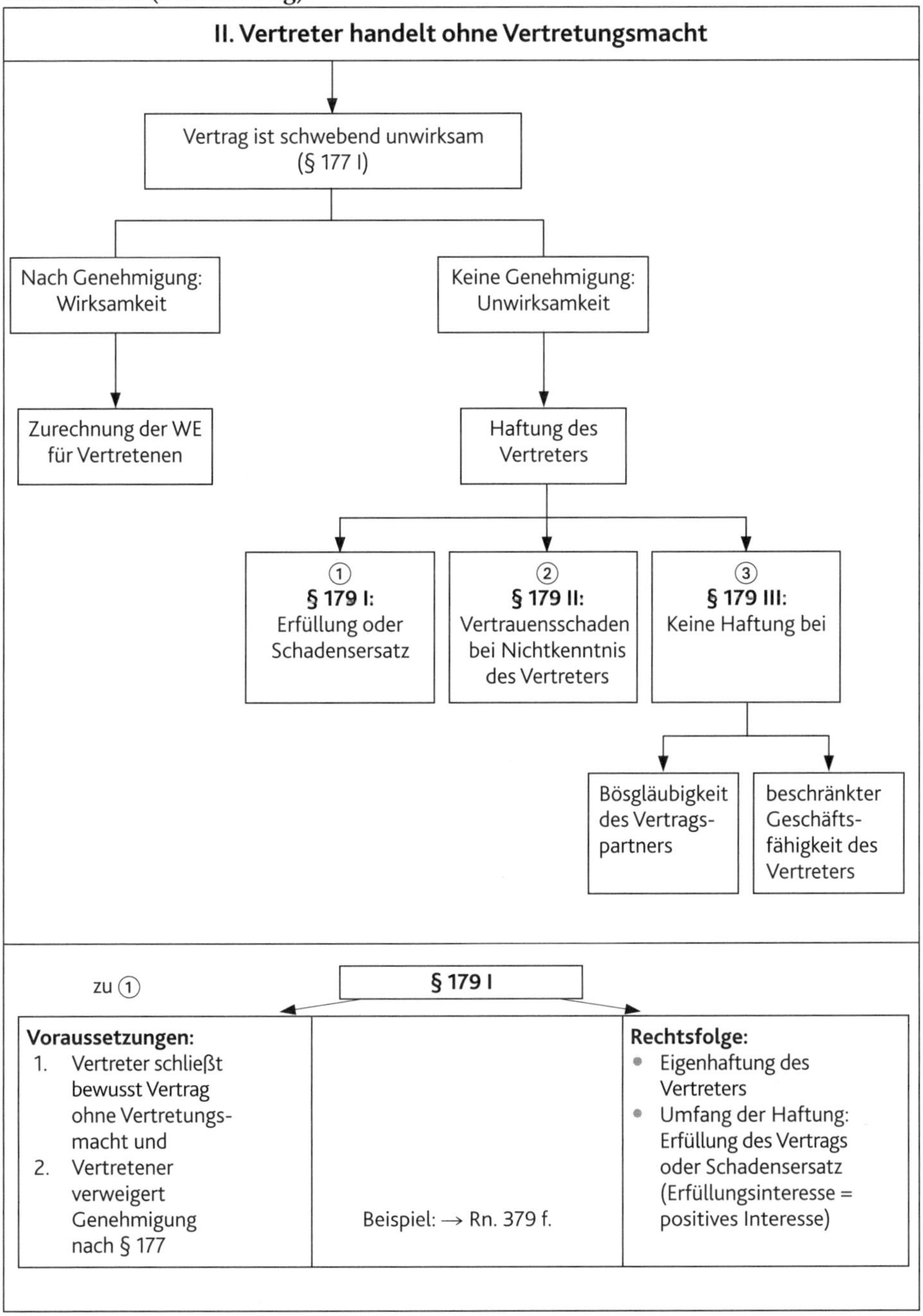

zu ②

§ 179 II

Voraussetzungen:

1. Vertreter schließt Vertrag ohne Vertretungsmacht,
2. Vertretener verweigert Genehmigung nach § 177 und
3. Vertreter wusste nichts vom Fehlen der Vertretungsmacht

Beispiel: → Rn. 381

Rechtsfolge:

- eingeschränkte Haftung des Vertreters
- Umfang: Schadensersatz (»Vertrauensinteresse« = negatives Interesse)

zu ③

§ 179 III 1

Voraussetzungen:

1. Vertreter schließt bewusst Vertrag ohne Vertretungsmacht,
2. Vertretener verweigert Genehmigung nach § 177 und
3. Vertragspartner wusste vom Fehlen der Vertretungsmacht

Rechtsfolge:

- Keine Haftung des Vertreters (kein Vertrauensschutz geboten!)

§ 179 III 2

Voraussetzungen:

1. Vertreter schließt bewusst Vertrag ohne Vertretungsmacht,
2. Vertretener verweigert Genehmigung nach § 177 und
3. Vertreter ist beschränkt geschäftsfähig

Rechtsfolge:

- Keine Haftung des Vertreters, es sei denn, die gesetzlichen Vertreter hatten zugestimmt

VI. Die Eigenhaftung des Vertreters mit Vertretungsmacht als Dritter iSv § 311 III

Die Eigenhaftung des Vertreters mit Vertretungsmacht war lange Zeit ein Spezialproblem des Vertretungsrechts, das mit der analogen Anwendung von § 179 II gelöst wurde. Dieses Problem gehört seit dem 1.1.2002 nach der Schuldrechtsreform eigentlich nicht mehr ins Vertretungsrecht, sondern, wie die folgenden Ausführungen zeigen werden, ins Allgemeine Schuldrecht, da der neue § 311 III nicht nur den »Vertreter«, sondern jeden »Dritten« erfasst. Da die dort angesprochenen Dritten in der Praxis aber zumeist als »Vertreter« auftreten, wird weiterhin an dieser Stelle darauf eingegangen. 386

Mit § 179 hat das BGB die Haftung des Stellvertreters, als Ausnahme von der grundsätzlichen Haftung des Vertretenen, abschließend geregelt. Dennoch hat die Praxis gezeigt, dass es Fälle gibt, in denen die Regelung des Gesetzes nicht ausreicht. Es sind dies die Fälle, in denen der Vertreter zwar **mit** Vertretungsmacht handelt, aber trotzdem persönlich anstelle des Vertretenen für einen Schaden des Vertragspartners haften muss!

Diese »**Eigenhaftung des Vertreters**« **mit Vertretungsmacht** als Dritter zwischen dem Vertretenen und dessen Vertragspartner verdeutlichen die beiden folgenden Fälle.

1. Die besondere Vertrauensinanspruchnahme durch Dritte

Übungsfall 25 387

»Der missglückte Gebrauchtwagenkauf«

Volker Vogelbacher (V) möchte seinen gut gepflegten alten BMW 320i für 2.000 EUR verkaufen. Er bittet seinen Freund Donald Donisel (D), der eine Kfz-Werkstatt hat und mit Gebrauchtwagen handelt, dies für ihn zu tun. V hatte den Wagen damals selbst gebraucht gekauft und sagte dem D, seines Wissens sei das Auto unfallfrei. Kunibert Keule (K) ist an dem Kauf des BMW interessiert. Als er den D nach der Unfallfreiheit fragt, gibt dieser die Auskunft V's an K weiter. Auf Verlangen des K fügt D auf dem Kaufvertragsformular, aus dem hervorgeht, dass D den Wagen »im Namen des V« verkauft, den Zusatz »unfallfrei«, »Unterschrift D« hinzu. K bezahlt die 2.000 EUR und nimmt das Auto mit. Kurze Zeit später »baut« er einen Unfall mit Totalschaden. Die Untersuchung ergibt, dass der Wagen einen Rahmenriss hatte, der aus einem früheren Unfall herrührt und der für den neuen Unfall ursächlich war. K verlangt 2.000 EUR Schadenersatz von V, der jedoch auf den Kaufvertrag verweist, in dem die Haftung des Verkäufers für evtl. Schäden wirksam ausgeschlossen ist.

K verlangt daraufhin die 2.000 EUR von D, weil dieser ihm die Unfallfreiheit schriftlich zugesichert habe. Zu Recht?

Da es sich um einen Beispielsfall für die Eigenhaftung des Vertreters mit Vertretungsmacht handelt, wissen Sie die Antwort auf die Fallfrage natürlich schon! Wir wollen uns indessen nicht mit einem kurzen »Ja« als Antwort begnügen, sondern die Gründe kennenlernen, die eine Eigenhaftung des Vertreters anstelle der grundsätzlich vorgesehenen Haftung des Vertretenen rechtfertigen.

- Welches war der Grund des Gesetzgebers, gem. § 164 I 1 dem Vertretenen Willenserklärungen des Vertreters zuzurechnen bzw. ihn gegebenenfalls gem. § 278 für ein Verschulden seines Erfüllungsgehilfen haften zu lassen? 388
- ▶ Der Vertrauensschutz! Das heißt: Schutzwürdig ist das Vertrauen des Vertragspartners K, welches er trotz Kontaktes mit dem Vertreter D in erster Linie seinem Vertragspartner V entgegengebracht hat.

■ Hat K seinem Vertragspartner, dem Verkäufer V, ein derartiges Vertrauen bezüglich der Unfallfreiheit des BMW entgegengebracht?

▶ K hat den V nicht einmal gekannt! Obwohl er wusste, dass D das Auto im Namen des V verkaufte, hat er sich die Unfallfreiheit ausdrücklich schriftlich von D bestätigen lassen! Versetzen Sie sich einmal in die Lage des K: Sie kommen zu einem Gebrauchtwagenhändler und Kfz-Werkstattbesitzer, weil Sie sich für eines der auf seinem Hof ausgestellten Gebrauchtautos interessieren. Auch Sie fragen den Gebrauchtwagenhändler, der Ihnen sagt, dass er das Auto in fremdem Namen verkaufe, nach der Unfallfreiheit.

■ Was erwarten Sie, wenn Ihnen der Gebrauchtwagenhändler die Unfallfreiheit ausdrücklich und schriftlich zusichert und diese Zusicherung mit seiner Unterschrift versieht?

▶ Dass der Wagen auch wirklich unfallfrei ist!

■ Wie kann ein Gebrauchtwagenhändler und Kfz-Werkstattbesitzer die Unfallfreiheit feststellen? Worauf richtet sich Ihr Vertrauen?

▶ Sie vertrauen normalerweise darauf, dass er sich vorher von der Unfallfreiheit überzeugt hat! Schließlich hat er als Fachmann die Möglichkeiten und Kenntnisse, das Auto gründlich zu untersuchen. Er kann es zB in seiner Werkstatt aufbocken und vorhandene Fehler besser erkennen als Sie, ich und jeder andere Laie.

D hat in unserem Fall jedoch nichts von alledem getan, sondern die Unfallfreiheit nur auf die Auskunft des V hin durch seine Unterschrift bestätigt.

389 ■ Wie würden Sie dieses Verhalten des D rechtlich charakterisieren? Welche Pflicht hat der Gebrauchtwagenhändler D verletzt?

▶ D hat eine Sorgfaltspflicht verletzt; denn zu den Sorgfaltspflichten eines Kfz-Händlers gehört es, ein Auto, dessen Unfallfreiheit er zusichert, vorher daraufhin zu untersuchen. Dabei spielt es keine Rolle, ob er das Auto in eigenem oder in fremdem Namen verkauft!

■ In welchem Stadium befanden sich übrigens die Vertragsverhandlungen, als D dem K die Unfallfreiheit zusicherte? War der Vertrag schon geschlossen?

▶ Nein! Über den Vertragsschluss wurde noch verhandelt. D sicherte dem K die Unfallfreiheit, ohne seiner Untersuchungspflicht nachgekommen zu sein, vor Vertragsschluss zu. Somit stellt die **Pflichtverletzung** des Vertreters D ein sog. »Verschulden bei/vor Vertragsschluss«[317] dar.

■ Wer haftet nach dem Grundsatz des Stellvertretungsrechts normalerweise für ein Verschulden im Zusammenhang mit einem Vertragsschluss durch den Vertreter?

▶ Der Vertretene (vgl. § 164)!

390 Dennoch muss in unserem Fall der Gebrauchtwagenhändler D nach den von der Rechtsprechung entwickelten[318] und seit 1.1.2002 im BGB normierten Grundsätzen ausnahmsweise selbst haften.

■ Was könnte wohl der Grund dafür sein? Wem hat K sein Vertrauen auf die Unfallfreiheit entgegengebracht?

---

317 Zur Haftung für »Verschulden beim Vertragsschluss« (lat. »culpa in contrahendo«) nach § 311 II vgl. *Wörlen/Metzler-Müller* SchuldR AT Rn. 359 ff.

318 Nachw. bei MüKoBGB/*Emmerich* § 311 Rn. 188 f.; Palandt/*Grüneberg* § 311 Rn. 60.

▶ K hat ein »besonderes, persönliches Vertrauen« **nicht** seinem Vertragspartner V, sondern dem als Vertreter handelnden Gebrauchtwagenhändler D entgegengebracht. (Sind Sie auch dieser Meinung?)

§ 311 II iVm III und § 241 II sind für den vorliegenden Fall relevant. Deshalb müssen **391**
Sie die genannten Vorschriften des allgemeinen Schuldrechts schon jetzt kennenlernen.[319] Lesen Sie zunächst § 241 II.

Diese Vorschrift setzt ein **bestehendes** Schuldverhältnis voraus, aus dem sog. Schutz-, Sorgfalts- und Rücksichtnahmepflichten entstehen können. Begeht nun der Schuldner eine **Pflichtverletzung**, so ist er gem. § 280 I (lesen) dem Gläubiger grundsätzlich zum Schadensersatz verpflichtet. Die Pflichten, die gem. § 241 II bei einem bereits **bestehenden** Schuldverhältnis existieren, können aber auch schon **vor** Zustandekommen eines Schuldverhältnisses entstehen. Dies ist in § 311 II (lesen!) bestimmt. Pflichten aus § 241 II können daher bereits bei der Aufnahme von Vertragsverhandlungen, bei der Anbahnung eines Vertrags oder bei ähnlichen geschäftlichen Kontakten entstehen.

■ Zwischenfrage: Wer ist, allgemein ausgedrückt, Beteiligter eines »Schuldverhält- **392**
nisses«?

▶ Gläubiger und Schuldner, also **zwei** Parteien. Somit gilt auch § 311 II nur für das Verhältnis zwischen zwei Vertragspartnern.

■ Was aber gilt, wenn sich ein Dritter sozusagen in dieses vorvertragliche Schuldverhältnis »einmischt«?

▶ Diesen Fall regelt § 311 III. Lesen Sie Satz 1 und insbesondere Satz 2 genau! **393**

■ Woran erinnert das, was dort beschrieben bzw. geregelt ist?

▶ Hoffentlich(!) an unseren Übungsfall 25!

■ Die Person, die nach § 311 III 1 »nicht selbst Partei werden soll« entspricht in § 311 III 2 – ja, welcher Person?

▶ Das ist »der Dritte«.

■ Wer ist dieser Dritte in unserem Fall?

▶ Es ist weder der Vertragspartner V noch der Vertragspartner K, sondern D.

Die Skizze verdeutlicht diese »Dreierbeziehung«:

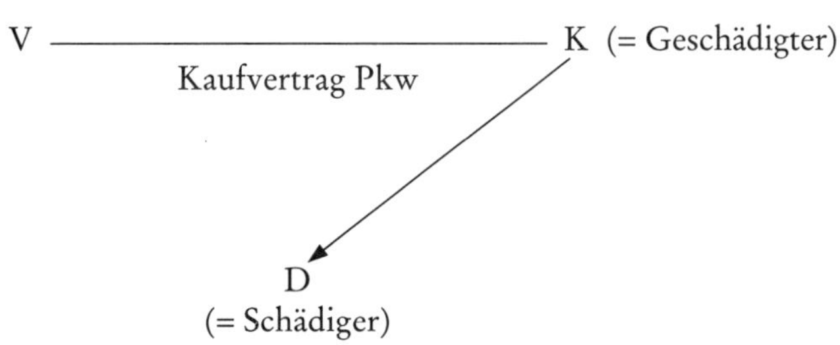

D als »Dritter«, der nicht selbst Vertragspartner sein soll, wird also – gleichgültig, ob als »Vertreter« oder in anderer Eigenschaft – unter den Voraussetzungen von § 311 III Beteiligter eines (vorvertraglichen) Schuldverhältnisses iSv § 311 II mit den Pflichten aus § 241 II. Diese Pflichten hat er auch gegenüber Personen, die nicht (sei-

319 Und ggf. bei *Wörlen/Metzler-Müller* SchuldR AT Rn. 359 ff. vertiefen.

ne) Vertragspartei werden sollen, also auch gegenüber K, der ja Vertragspartei von V werden soll.

Wenn Sie diesem Gedankengang folgen konnten und alle zitierten Vorschriften genau gelesen und durchdacht haben, sollten Sie die folgende Frage beantworten können:

394 ■ Was könnte die Folge davon sein, wenn D eine ihm aus § 241 II auferlegte Pflicht gegenüber K (schuldhaft) verletzt, also eine **Pflichtverletzung** begeht, aus der dem K ein Schaden entsteht? Konkreter: Aus welcher **Anspruchsgrundlage** könnte K gegen D einen Anspruch auf Schadensersatz herleiten?

▶ Damit Ihr Blick nicht sofort auf die §§-Zahlen fällt, bitte ich Sie, ein Blatt Papier zu nehmen und die folgenden Zeilen hier und jetzt und sofort (= unverzüglich: § 121!) abzudecken, nachzudenken und sich die §§ … zu notieren, bevor Sie die Lösung lesen.

Damit Ihr Blick nicht sofort auf die §§-Zahlen fällt, die Sie finden sollten, »schwätze« ich noch etwas weiter. »Lernen im Dialog« soll »Spaß« machen. In welcher Reihenfolge Sie sich die §§ notiert haben, ist nicht so wichtig. Hauptsache, Sie haben sie gefunden. Im »HK-BGB« von *Schulze* und anderen (vgl. Literaturverzeichnis) sind unter Randnummer 13 zu § 311 vier Vorschriften genannt: »§§ 311 II und III, 241 II, 280«.

Als Anspruchsgrundlage würde ich sie wie folgt ordnen und formulieren: »K könnte gegen D einen Anspruch auf Schadensersatz in Höhe von 2.000 EUR gem. § 280 I iVm §§ 241 II, 311 II und III haben«.

Da wir hier kein Gutachten anfertigen wollen, folgt die Lösung mehr oder minder im Urteilsstil:

395 § 280 I setzt ein (bestehendes) Schuldverhältnis und eine vom Schuldner zu vertretende **Pflichtverletzung** voraus. Ein Schuldverhältnis kann nach § 241 II auch bestimmte Rücksichtnahme- und ähnliche Schutz- und Sorgfaltspflichten begründen. Gemäß § 311 II kann ein Schuldverhältnis mit den Pflichten aus § 241 II auch ein **vorvertragliches** sein. Und ein solches Schuldverhältnis kann sich gem. § 311 III 1 auch zwischen Personen, die nicht selbst Vertragsparteien werden sollen, und Dritten ergeben (gem. § 311 III 2) – vor allem dann bzw. »**insbesondere**, wenn der Dritte in besonderem Maße Vertrauen für sich in Anspruch nimmt und dadurch die Vertragsverhandlungen oder den Vertragsschluss erheblich beeinflusst«.

396 Mit dieser Formulierung hat der Gesetzgeber all das, was früher von Rechtsprechung und Lehre zur Haftung Dritter aus »culpa in contrahendo« (c. i. c.) entwickelt wurde, zum 1.1.2002 ins BGB aufgenommen, wobei ihm die »besondere Vertrauensinanspruchnahme« durch den Dritten offenbar am wichtigsten erschien, um die Haftung des Dritten zu begründen. Durch das Wort »insbesondere« hat der Gesetzgeber aber nicht ausgeschlossen, dass außer der »besonderen Vertrauensinanspruchnahme« auch andere Kriterien zur Haftung des Dritten aus »c. i. c.« iSv § 311 II und III führen können.[320]

320 Vgl. HK-BGB/*Schulze* § 311 Rn. 19; Palandt/*Grüneberg* § 311 Rn. 60 ff.

Bevor wir zu einem anderen solchen Kriterium kommen, können wir als Ergebnis der Falllösung festhalten: 397

In der Person des D liegen alle unter → Rn. 391 ff. genannten Voraussetzungen vor, namentlich eine schuldhafte Sorgfaltspflichtverletzung iSv § 241 II, indem D dem K die Unfallfreiheit des Autos zusicherte. Der Anspruch des K gegen D aus § 280 I iVm §§ 241 II, 311 II und III ist daher begründet.

2. Das besondere wirtschaftliche Eigeninteresse von Dritten

Übungsfall 26 398

»Der gierige Versicherungsagent«

Daniel Dahlenburg (D) ist freier Mitarbeiter auf Provisionsbasis bei der Argus-Krankenversicherung (A). Die A bietet ihm an, ihn gegen ein zusätzliches festes Grundgehalt als Leiter ihrer Bezirksabteilung einzustellen, wenn er bis zum 31.12. noch 100 Versicherungsabschlüsse vermitteln könnte. Kurz vor Büroschluss am 31.12. hat D erst 99 Verträge vermittelt, als Bruno Bauchweh (B) ihn aufsucht und um die Vermittlung einer Krankenversicherung bittet. B erklärt wahrheitsgemäß, dass er früher an Magengeschwüren gelitten habe, jetzt aber beschwerdefrei sei. Wider besseres Wissen erklärt D, dann brauche man die frühere Krankheit auch nicht in das Antragsformular der A mit aufzunehmen. Daraufhin unterschreibt B den Antrag und bekommt einige Zeit später den Versicherungsschein der A als Bestätigung des Vertragsschlusses. D wird Bezirksleiter der A. Kurze Zeit danach muss B für zwei Wochen ins Krankenhaus, wo ihm ein Magengeschwür wegoperiert wird. Als er seine Arzt- und Krankenhausrechnung iHv 4.900 EUR bei A zur Erstattung einreicht, verweigert diese den Versicherungsschutz unter Hinweis auf § 19 Versicherungsvertragsgesetz (VVG),[321] weil B die frühere Krankheit nicht angegeben hat, und tritt vom Vertrag wirksam zurück. B verlangt daraufhin von D die 4.900 EUR als Schadensersatz, weil dieser ihn bei Vertragsschluss falsch beraten habe. Zu Recht?

Da der Sachverhalt ausdrücklich sagt, dass das Versicherungsunternehmen gem. § 19 VVG wirksam vom Vertrag zurückgetreten ist, können wir sogleich die Frage prüfen, warum der Versicherungsagent D selbst haften muss.

- Liegt die Ausnahme der »besonderen persönlichen Vertrauensinanspruchnahme« vor? (Überlegen Sie selbst!)
- ▶ Dieser Fall weist eine andere Konstellation auf: Der Vermittlungsagent D nimmt zwar durchaus eine gewisse Vertrauensstellung ein. Anders als der Gebrauchtwagenhändler, dem der Käufer regelmäßig als Fachmann das größere Vertrauen entgegenbringt, nimmt grundsätzlich das Versicherungsunternehmen selbst, sozusagen »über den Agenten«, das Vertrauen des Versicherungsnehmers in Anspruch.

Dies wird klarer, wenn man die Situation einmal sehr unjuristisch mit Begriffen aus der »Sportbranche« betrachtet: 399

321 Versicherungsvertragsgesetz (VVG)
§ 19 Anzeigepflicht
(1) Der Versicherungsnehmer hat bis zur Abgabe seiner Vertragserklärung die ihm bekannten Gefahrenumstände, die für den Entschluss des Versicherers, den Vertrag mit dem vereinbarten Inhalt zu schließen, erheblich sind und nach denen der Versicherer in Textform gefragt hat, dem Versicherer anzuzeigen. Stellt der Versicherer nach der Vertragserklärung des Versicherungsnehmers, aber vor Vertragsannahme Fragen im Sinn des Satzes 1, ist der Versicherungsnehmer auch insoweit zur Anzeige verpflichtet.
(2) Verletzt der Versicherungsnehmer seine Anzeigepflicht nach Absatz 1, kann der Versicherer vom Vertrag zurücktreten.
(3)...

In Fall 25 wird ein »Amateur«, der Verkäufer V, von einem »Profi«, dem Gebrauchtwagenhändler D, gegenüber einem anderen »Amateur«, dem Käufer K vertreten …

■ Wem brachte V mehr Vertrauen entgegen?
▶ Selbstverständlich dem »Profi«, dem Gebrauchtwagenhändler D.

In Fall 26 lässt sich nun ein »großer Profi«, das Versicherungsunternehmen A, von einem »kleinen Profi«, dem Versicherungsagenten D, gegenüber einem »Amateur«, dem Versicherungsnehmer B, vertreten.

■ Wem gilt das Vertrauen des Amateurs B wohl in erster Linie?
▶ Der Versicherungsnehmer vertraut vor allem dem »großen Profi«, also dem Versicherungsunternehmen, seinem Vertragspartner! Von ihm erwartet er den Versicherungsschutz! Nicht der Vermittlungsagent hat letztlich die Kenntnisse und die Befugnis zu entscheiden, ob und dass tatsächlich auch der Versicherungsschutz gewährt wird, sondern grundsätzlich nur das Versicherungsunternehmen! In unserem Fall hat auch D, wie wir festgestellt haben, zweifellos ein gewisses Vertrauen des Versicherungsnehmers B in Anspruch genommen. Dieses Vertrauen ist aber nicht mit dem besonders hohen persönlichen Vertrauen vergleichbar, das der Gebrauchtwagenhändler D gegenüber K in Fall 25 in Anspruch genommen hat. Es muss daher noch einen anderen Tatbestand geben, der ausnahmsweise eine Eigenhaftung des Versicherungsagenten mit Vertretungsmacht eintreten lässt.

400 Fraglich ist, ob auch »wirtschaftliches Eigeninteresse« des Dritten zu den Voraussetzungen für ein Schuldverhältnis nach § 311 III gehört. Die Antwort wurde in → Rn. 396 bereits gegeben: Durch das Wort »insbesondere« in § 311 III 2 wollte der Gesetzgeber das »wirtschaftliche Eigeninteresse« und andere Fallgruppen, die früher von Rechtsprechung und Lehre entwickelt wurden, als Haftungsvoraussetzung nicht ausschließen.[322]

401 ■ Hat D in unserem Fall ein solches eigenes wirtschaftliches Interesse? Worin könnte es liegen? Provision?
▶ Dieser Gedanke liegt nahe; man wird kaum bestreiten können, dass die Einnahme von Provisionen für den Versicherungsagenten ein (allgemeines) wirtschaftliches Interesse darstellt. Und persönlichen Nutzen hat D durch die Provisionszahlung sicher auch!

Dieses allgemeine Interesse des Versicherungsagenten an der Provisionszahlung lässt die Rechtsprechung aber als Haftungsgrund nicht ausreichen.

■ Warum wohl nicht? Was hätte das generell für Konsequenzen? (Überlegen Sie!)
▶ Wenn allein die Provisionszahlung als wirtschaftliches Interesse für eine Eigenhaftung ausreichen würde, müsste ja **jeder** Versicherungsagent **immer** für jeden Fehler haften!
Die Eigenhaftung des Vertreters wäre nicht die Ausnahme, sondern die Regel!
Deshalb wird ein besonderes wirtschaftliches Interesse gerade an **diesem** Vertrag gefordert! Das besondere wirtschaftliche Interesse und der persönliche Nutzen des Versicherungsagenten müssen also über das allgemeine wirtschaftliche Interesse an der Provisionszahlung hinausgehen!

322 HK-BGB/*Schulze* § 311 Rn. 19.

Der Vertreter muss, so die Rechtsprechung,[323] dem Vertrag so nahe stehen, als ob er, wirtschaftlich betrachtet, gleichsam in eigener Sache verhandele.

■ Liegen diese Voraussetzungen bei D vor?

▶ D brauchte den hundertsten Vertrag für seine Bezirksleiteranstellung! Deshalb forcierte er das Verschweigen der früheren Krankheit des B.

■ Was hätte zB passieren können, wenn die Krankheit in das Antragsformular aufgenommen worden wäre?

▶ A hätte möglicherweise den Vertrag mit B gar nicht geschlossen oder eine höhere Prämie verlangt, um das höhere Risiko abzudecken. Die höhere Prämie wiederum hätte den B vom Vertragsschluss abhalten können.
D hat den B bewusst falsch beraten, weil er ein ganz besonderes wirtschaftliches Interesse an diesem Vertrag hatte und einen persönlichen Nutzen aus dem Geschäft erstrebte!

■ Welche Rechtsfolge tritt deshalb wieder ein?

▶ B hat gegen D einen Schadensersatzanspruch gem. § 280 I iVm §§ 241 II, 311 II 402
und III.

■ Welchen Umfang hat der Schadenersatz?

▶ D muss den B gem. § 249 I so stellen, wie dieser stehen würde, wenn er nicht auf das ordnungsgemäße Zustandekommen des Vertrags mit A vertraut hätte: Hätte B auf das ordnungsgemäße Zustandekommen des Vertrags nicht vertraut, hätte er die Krankheit angegeben und gegebenenfalls den Vertrag zu anderen Konditionen abgeschlossen oder aber gar nicht, sondern bei einem anderen Versicherungsunternehmer, sodass ihm die 4.900 EUR jedenfalls erstattet worden wären. Diese 4.900 EUR muss D daher an B als Schadensersatz leisten.

Prüfungsschema 403

Eigenhaftung des Vertreters mit Vertretungsmacht gem. § 280 I iVm §§ 241 II, 311 II und III

(Vertreter ist Dritter iSv § 311 III)

I. Voraussetzungen:

1. vorvertragliches Schuldverhältnis iSv § 311 II
   Dritter ist nicht Vertragspartner (§ 311 III 1), hat aber
   - persönliches Vertrauen für sich in Anspruch genommen und dadurch die Vertragsverhandlungen oder den Vertragsschluss erheblich beeinflusst (§ 311 III 2)
     oder
   - am Vertragsschluss eigenes wirtschaftliches Interesse
2. Pflichtverletzung des Dritten, § 241 II
3. Vertretenmüssen, § 280 I 2 iVm § 276 I
4. Schaden beim Vertragspartner

II. Rechtsfolge:
Schadensersatz (Umfang: § 249 I)

323 ZB BGHZ 56, 87 (84) = NJW 1971, 1309; BGH NJW 1986, 587.

Literatur zur Vertiefung (→ Rn. 349–403): *Alpmann und Schmidt* BGB AT 1, 4. Teil; *Bartels,* Die Bestimmung der Vertragssubjekte und der Offenheitsgrundsatz des Stellvertretungsrechts, JURA 2015, 438; *Bayer/Schneider*, Leckere Bananen und Schweizer Schokolade: Der getäuschte und unzuverlässige Vertreter, JURA 2001, 540; *Bien/Heim/Jocham*, Das Stellvertretungsrecht im Zeitalter von WhatsApp, JURA 2019, 193; *Bitter/Röder* BGB AT § 10; *Brox/Walker* BGB AT §§ 23–27; *Chiusi*, Geschäftsfähigkeit im Recht der Stellvertretung, JURA 2005, 532; *Dannreuther/Morbach*, »Über den Dächern von Regensburg«, JuS 1984, 840; *Dieckert/Costede*, »Das Geschäft mit der Bluse«, JURA 1989, 309; *Führich* WirtschaftsPrivatR Rn. 216 ff.; *Giesen/Hegermann*, Die Stellvertretung, JURA 1991, 357; *Hauck*, Handeln unter fremdem Namen, JuS 2011, 967; *Himmen,* Der stellvertretungsrechtliche Abstraktionsgrundsatz, JURA 2016, 1345; *Joussen*, Abgabe und Zugang von Willenserklärungen unter Einschaltung einer Hilfsperson, JURA 2003, 577; *Kallwass/Abels* PrivatR § 28; *Kleinhenz*, Der Widerruf der Vollmacht gegenüber dem beschränkt Geschäftsfähigen, JURA 2007, 810; *Klunzinger* BürgerlR §§ 18–20; *Köhler* BGB AT § 11; *Lieder*, Missbrauch der Vertretungsmacht und Kollusion, JuS 2014, 681; *Lieder*, Trennung und Abstraktion im Recht der Stellvertretung, JuS 2014, 393; *S. Lorenz*, Grundwissen Zivilrecht: die Vollmacht, JuS 2010, 771; *S. Lorenz*, Grundwissen Zivilrecht: Stellvertretung, JuS 2010, 382; *Medicus/Petersen* BürgerlR § 5; Metzing, Das Erlöschen von rechtsgeschäftlicher Vertretungsmacht und Rechtsscheinsvollmacht, JA 2018, 413; *Metzler-Müller* Privatrechtsfall, 63 ff. sowie Fall 1, 49 ff.; *Meyer*, Bürgerliches Recht: Streit um ein EKG, JuS 1996, 86; *Musielak*, Referendarexamensklausur – Bürgerliches Recht: Probleme der Rechtsscheinhaftung, JuS 2004, 1081; *Paulus*, Stellvertretung und unternehmensbezogenes Geschäft, JuS 2017, 301, 399; *Payrhuber*, Die Genehmigungsfähigkeit von ohne Vertretungsmacht erklärten Kündigungen, JuS 2018, 222; *Petersen*, Bestand und Umfang der Vertretungsmacht, JURA 2003, 310; *Petersen*, Das Offenkundigkeitsprinzip, JURA 2009, 734; *Petersen*, Der Dritte in der Rechtsgeschäftslehre, JURA 2004, 306; *Petersen,* Der gesetzliche Vertreter, JURA 2017, 907; *Petersen*, Die Abstraktheit der Vollmacht, JURA 2004, 829; *Petersen*, Die Haftung bei der Untervollmacht, JURA 1999, 401; *Petersen*, Die Wissenszurechnung, JURA 2008, 914 (betr. § 166); *Petersen*, Insichgeschäfte, JURA 2007, 418; *Petersen*, Unmittelbare und mittelbare Stellvertretung, JURA 2003, 744; *Petersen*, Vertretung ohne Vertretungsmacht, JURA 2010, 904; *Pioch*, »Der minderjährige Stellvertreter«, JA 2018, 815; *Prütting/Schirrmacher*, Vertragsnahe gesetzliche Schuldverhältnisse: § 179 BGB, JURA 2016, 1156; *Schade/Graewe* WirtschaftsPrivatR § 8; *Schimikowski*, Eigenhaftung des Stellvertreters und des Verhandlungsgehilfen, JA 1986, 345; *Schreiber*, Vertretungsmacht: Offenkundigkeit und Vertretungsmacht, JuS 1998, 606; *Schwab*, Wissenszurechnung in arbeitsteiligen Organisationen, JuS 2017, 481; *Schreiber*, Rechtsschein im Vertretungsrecht, JURA 1997, 104; *Stadler* BGB AT §§ 29–32; *Weber*, Das Handeln unter fremdem Namen, JA 1996, 426; *Westermann* Grundbegriffe BGB Kap. 7; *Westermann/Schmidt*, »Bines und Rolands Kindermoden«, JURA 1989, 209; *Wieling*, Duldungs- und Anscheinsvollmacht, JA 1991, 222; *Willems*, Ersatz von Vertrauensschäden und Begrenzung auf das Erfüllungsinteresse nach § 122 und § 179 II BGB, JuS 2015, 586; *Wolf/Neuner* BGB AT §§ 49–51; *Zerres* BürgerlR 2.8.

7. Kapitel. Bedingung, Befristung; Fristen, Termine; Auflage; Verjährung

Übungsfall 27 404

Versicherungsunternehmer Allvers (A) aus Köln möchte in der Gemeinde Bergheim (B) eine Zweigstelle eröffnen und zu diesem Zweck ein Grundstück kaufen. Er stellt folgende »Bedingungen«:

1. Die Gemeinde soll ihm 1000 qm Baugrund zum Preis von 40 EUR/qm als »Gewerbegelände« verkaufen.
2. Auf dem Gelände muss sich ein Brunnen bohren lassen, der den Betrieb von der öffentlichen Wasserversorgung unabhängig macht.
3. Bis zum 30.6.2019 muss die Gemeinde das Gelände erschlossen haben.

Die Gemeinde B stellt ebenfalls »Bedingungen«:

a) A soll sämtliche Kinder (bzw. deren Eltern) des gemeindlichen Kindergartens »Sozialhilfe e.V.« kostenlos gegen Unfall und Krankheit versichern.
b) A soll auf dem Grundstück eine eigene Kläranlage bauen, und zwar innerhalb von drei Jahren nach Eröffnung der Zweigstelle, spätestens bis zum 31.10.2023.

Alle vorstehenden »Bedingungen« werden Inhalt des Grundstückskaufvertrags, den die Parteien am 1.12.2018 geschlossen haben.

I. Bedingung

■ Warum ist in diesem Sachverhalt wohl der Begriff »Bedingungen« in Anführungsstriche gesetzt? 405

▶ Weil der Begriff »Bedingung« im allgemeinen Sprachgebrauch häufig anders verwendet, als er im BGB verstanden wird.

Im bürgerlichen Recht versteht man unter Bedingung nicht nur Bedingungen wie »Allgemeine Geschäftsbedingungen« oder »Versicherungsbedingungen«. Die »Bedingung« iSd BGB ist (abgesehen von einer »allgemeinen Geschäftsbedingung« iSd §§ 305 ff.) vielmehr die einer rechtsgeschäftlichen Willenserklärung hinzugefügte Bestimmung, nach der die Wirkung des Rechtsgeschäfts von einem zukünftigen, ungewissen Ereignis abhängen soll.

Sehen wir uns die einzelnen Punkte des Vertrags auf diese Definition hin an:

■ Ist der Kaufpreiswunsch des A bezüglich der Höhe des Kaufpreises eine Bedingung in diesem Sinne?

▶ Nein! Der Kaufpreiswunsch war Verhandlungsgegenstand **vor** Abschluss des Vertrags. Offenbar hatte A so feste Preisvorstellungen, dass er nur für 40 EUR pro qm kaufen wollte. Das bedeutet, dass dieser Preis nur die wirtschaftliche Voraussetzung für den Abschluss des Kaufvertrags war. Ungewiss war nur, ob eine rechtliche Einigung über diesen Preis zustande kommen würde. Diese Ungewissheit liegt aber zeitlich **vor** dem Vertragsschluss. Haben sich die Parteien aber einmal über den Preis geeinigt, so wird er zur bekannten Größe des Vertrags. Da die Bedingung ein zukünftiges, ungewisses Ereignis ist, über dessen Eintreten sich die Parteien nicht sicher sind, kann ein in der Vergangenheit liegender Umstand wie die Kaufpreisvorstellungen des A keine Bedingung iSd BGB sein.

Die echte Bedingung, also der Eintritt des zukünftigen Ereignisses, kann von verschiedenen Umständen abhängen:

Es kann

- sich um einen für die Vertragspartner rein zufälligen Umstand handeln

  Beispiel: »Ich werde das Grundstück kaufen, wenn die Grundstückspreise nicht steigen« (sog. **kasuelle** Bedingung),

- der Eintritt des Ereignisses allein vom Willen einer Partei abhängen

  Beispiel: »Wenn du nicht wieder heiratest« (sog. **Potestativ**bedingung)

  oder

- der Eintritt des Ereignisses von beiden, also Zufall und Wille einer Partei, abhängig sein

  Beispiel: »Wenn du dein Examen bestehst« – Neben »Zufall und Wille« ist dabei »Bedingung«: Arbeiten!! (sog. **gemischte** Bedingung).[324]

1. Aufschiebende Bedingung

406 Wenn Sie das wissen, können Sie entscheiden, ob es sich bei dem zweiten Vertragspunkt in Fall 27 um eine echte Bedingung iSd BGB handelt:

■ Ist der Umstand, dass sich auf dem Gelände ein Brunnen bohren lässt, eine echte Bedingung?

► Ja! Denn ob sich auf dem Gelände ein ausreichend ergiebiger Brunnen bohren lässt, ist ein zufälliger Umstand, der erst in Zukunft geklärt werden kann. Man hätte das zwar vorher klären können, hat es aber offensichtlich nicht getan! Die Feststellung, ob das Gelände zum Bohren eines Wasserbrunnens geeignet ist, ist somit ein ungewisses, zukünftiges Ereignis, das die Parteien zur echten Bedingung des Vertrags gemacht haben. Das hat zur Folge, dass der Kaufvertrag erst und nur wirksam wird, wenn diese Bedingung tatsächlich eintritt. Man spricht deshalb von einer »aufschiebenden Bedingung«, die das BGB in § 158 I regelt (lesen!).

Klassisches Beispiel für die aufschiebende Bedingung iSv § 158 I ist der »Kauf unter Eigentumsvorbehalt«. Lesen Sie dazu einmal § 449 I!

Die Parteien haben ein voll wirksames schuldrechtliches Verpflichtungsgeschäft vereinbart, den Kaufvertrag. Dabei hat der Verkäufer dem Käufer die Sache bereits übergeben, ihm also den Besitz daran verschafft. Zugleich hat er dem Käufer den Kaufpreis als Kredit gewährt, der erst später zurückzuzahlen ist.

Das sachenrechtliche Verfügungsgeschäft, die Übertragung des Eigentums (Abstraktionsprinzip!), soll erst voll wirksam werden unter der aufschiebenden Bedingung, dass der Käufer den Kaufpreis vollständig bezahlt hat. Da man nie wissen kann, ob der Käufer immer zahlungsfähig bleibt, ist die Zahlung der letzten Kaufpreisrate ein zukünftiges, ungewisses Ereignis. Die Wirksamkeit der Übertragung des Eigentums an der Kaufsache wird aufgeschoben, bis dieses Ereignis eintritt.

324 Beispiele nach *Creifelds* RechtWB »Bedingung« [2.]).

2. Auflösende Bedingung

Neben der aufschiebenden Bedingung des § 158 I kennt das BGB die »auflösende Bedingung«, die in § 158 II geregelt ist (lesen!). 407

Typisches Beispiel dafür ist die »Wiederverheiratungsklausel« in einem Testament, in dem ein Ehepartner den anderen zum Alleinerben einsetzt, unter der auflösenden Bedingung, dass er (sie) nicht wieder heiratet.

Heiratet der überlebende Ehepartner, ist Folge dieser auflösenden Bedingung gem. § 158 II, dass die Wirksamkeit des Testaments zu diesem Zeitpunkt endet. Das bedeutet, dass der überlebende Ehepartner nicht mehr der Alleinerbe ist, sondern er muss sich die Erbschaft mit den gesetzlichen Erben teilen, was durch das Testament ausgeschlossen war. Die auflösende Bedingung führt dazu, dass mit Eintritt des zunächst ungewissen, zukünftigen Ereignisses die Wirksamkeit des vorher wirksamen Rechtsgeschäfts endet.

II. Befristung (Zeitbestimmung)

Ähnliche Wirkungen wie die echte Bedingung nach § 158 I und II hat die »Befristung« oder »Zeitbestimmung« iSv § 163 (lesen!). 408

- Versuchen Sie, aus dieser Gesetzesformulierung den Unterschied zur Bedingung selbst zu erkennen! (Überlegen Sie!)
- Während es bei der Bedingung um ein ungewisses, zukünftiges Ereignis geht, geht es bei der Befristung um ein gewisses, mit Sicherheit eintretendes Ereignis. Die Parteien können ein Datum bestimmen, dh, sie können bestimmen, ab wann das Rechtsgeschäft wirksam werden soll; dann liegt entsprechend (analog) § 158 I eine »aufschiebende Befristung« vor. Oder sie können bestimmen, wie lange bzw. bis wann das Rechtsgeschäft wirksam sein soll; dann liegt entsprechend § 158 II eine »auflösende Befristung« vor.

Beispiel: Mietvertragsschluss im November, Mietbeginn: 1.1.2019 = aufschiebende Befristung; Mietende: 31.12.2019 = auflösende Befristung.

Hier ist der Eintritt des zukünftigen Ereignisses gewiss; ebenso ist sicher, wann es eintritt. **Dass** das Ereignis eintritt, ist bei der Befristung immer sicher. **Wann** es eintritt, kann allerdings durchaus ungewiss sein; zum Beispiel, wenn festgelegt wird, dass die Wirkungen eines Rechtsgeschäfts mit dem Tod einer Partei enden sollen.

III. Fristen und Termine

Nicht zu verwechseln mit der Befristung, bei der die Wirkung eines Rechtsgeschäfts mit Eintritt eines bestimmten Ereignisses eintreten oder enden soll, ist die Fristsetzung zur Vornahme einer Handlung oder zur Erfüllung einer bestehenden Verpflichtung aus einem bereits wirksamen Vertrag. 409

Wie wichtig Fristbestimmungen mitunter sein können, haben Sie bereits erfahren, als es um den Zeitpunkt des Zugangs von Willenserklärungen ging.

Um eine Fristsetzung geht es auch bei Punkt 3 unseres Grundstücksvertrags, sowie bei der »Gegenbedingung« b) der Gemeinde. Bei der Erschließung des Grundstücks handelt es sich um eine typische vertragliche Verpflichtung der Gemeinde, die sie auf jeden Fall erfüllen muss.

Indem die Parteien bei Vertragsschluss am 1.12.2018 vereinbarten, dass die Gemeinde diese vertragliche Pflicht bis zum 30.6.2019 erfüllen soll, haben sie eine Frist festgesetzt, innerhalb derer dies geschehen muss.

410 Unter »Frist« versteht man deshalb einen »fest abgegrenzten, bestimmten oder bestimmbaren, Zeitraum«. Den Anfangs- und Endpunkt einer Frist bezeichnet man als »Termin«. Typische Fristen sind zB Kündigungsfristen bei Mietverträgen oder Arbeitsverträgen. Bei Fristen kann manchmal zweifelhaft sein, wann genau eine Frist beginnt und wann sie endet. Da aus Gründen der Rechtssicherheit Klarheit herrschen muss, gibt das BGB gem. § 186 für die in Gesetzen und Verträgen enthaltenen Frist- und Terminbestimmungen in den §§ 187–193 bestimmte Auslegungsvorschriften. Lesen Sie zunächst § 186 und § 187 I.

Zum Fristbeginn nach § 187 I sogleich ein kurzes Beispiel:

Am 5.1. wird ein Vertrag geschlossen, in dem festgelegt wird, dass jede Partei innerhalb einer Frist von zehn Tagen zurücktreten kann.

Nach § 187 I beginnt diese Frist erst am 6.1. zu laufen. Die Parteien können ihr Rücktrittsrecht noch am 15.1. (bis 24.00 Uhr) ausüben. Würde man den Tag des Vertragsschlusses schon zur Frist rechnen, wäre der 14.1. letzter Termin zur Rücktrittsausübung.

Mitgerechnet wird der erste Tag gem. § 187 II nur dann, wenn er für den Beginn einer Frist ausdrücklich maßgebend ist (§ 187 II lesen!). Wenn zB § 2 BGB bestimmt, dass man mit Vollendung des 18. Lebensjahres volljährig wird, dann bedeutet das nach § 187 II, dass man bereits während seines Geburtstags volljährig ist und nicht erst nach **Ablauf** des Tags. (Ebenso: »Mietvertrag ab 1.12.« = der 1.12. wird mitgerechnet!)

Nach § 188 I endet eine Frist, die nach Tagen bestimmt ist, mit dem Ablauf des letzten Tags der Frist, dh in unserem Rücktrittsfall, bei dem der Vertrag am 5.1. geschlossen wurde, endet die am 6.1. beginnende Frist, wie gesehen, am 15.1. um 24.00 Uhr (§ 188 I lesen).

411 Während die Lektüre von § 188 I Ihnen sicherlich keine Verständnisschwierigkeiten bereitet haben wird, kann sich dies bei der Lektüre von § 188 II durchaus ändern (lesen!) … Sie können sich das Verständnis dieser Vorschrift wesentlich erleichtern, wenn Sie sich in Ihrem Text die Worte »**Woche(n)**« und »**Benennung**« mit einem Textmarker gleicher Farbe kennzeichnen sowie mit einer anderen Farbe die Worte »**Monaten/Monats**« und »**Zahl**« markieren.

> **Beispiel: § 188 II** (den vorgeschlagenen verschiedenen Farben entsprechen die verschiedenen Druckarten, also fett bzw. fett und unterstrichen):
> »Eine Frist, die nach **Wochen**, nach **Monaten** oder nach einem mehrere Monate umfassenden Zeitraume – Jahr, halbes Jahr, Vierteljahr – bestimmt ist, endigt im Falle des § 187 I mit dem Ablaufe desjenigen Tages der letzten **Woche** oder des letzten **Monats**, welcher durch seine **Benennung** oder seine **Zahl** dem Tage entspricht, in den das Ereignis oder der Zeitpunkt fällt, im Falle des § 187 II mit dem Ablaufe desjenigen Tages der letzten **Woche** oder des letzten **Monats**, welcher dem Tage vorhergeht, der durch seine **Benennung** oder seine **Zahl** dem Anfangstage der Frist entspricht.«

Anhand der folgenden Beispiele können Sie sich nun in der Berechnung von Fristen etwas üben:

(1) Einem Versicherungsnehmer ist wegen nicht rechtzeitiger Zahlung der Prämie am Dienstag, dem 10.9.2019, eine Zahlungsfrist von vier **Wochen** gesetzt worden.
   a) Wann endet die Frist?
   b) Wann würde die Frist enden, wenn die Versicherung nicht vier Wochen, sondern einen Monat als Frist gesetzt hätte?

■ Die Lösung enthält § 188 II, 1. Var. (betrifft den Fristbeginn nach § 187 I). Lesen Sie die genannten Vorschriften nochmals und versuchen Sie die Lösung selbst zu finden!

▶ Die richtige Lösung zu a) lautet: Die Frist endet am **Dienstag**, den 8.10. um 24.00 Uhr. In der Abwandlung b) endet die Frist mit Ablauf des 10.10.

Sofern Sie dieses Ergebnis problemlos selbst gefunden haben, können Sie gleich das nächste Fallbeispiel (2) lösen. Falls Ihnen die Lösung nicht gelungen ist, lesen Sie zunächst die Erläuterung:

(a) Am Dienstag, den 10.9. wurde eine Zahlungsfrist von vier Wochen gesetzt. Nach § 187 I beginnt die Frist zu laufen mit Beginn von Mittwoch, dem 11.9.; die erste Woche, die bekanntlich sieben Tage hat, läuft ab am Dienstag, den 17.9., 24.00 Uhr, die vierte und letzte Woche der Frist am Dienstag, den 8.10., 24.00 Uhr. Die »Benennung« dieses Tags – nämlich Dienstag – entspricht der Benennung des Tags – »Dienstag« (10.9.) –, in den das Ereignis, die Setzung der Zahlungsfrist nämlich, fällt.

(b) Bei der Monatsfrist dagegen ist nicht die »Benennung« des Tags, sondern die »Zahl« des Tags maßgebend, die der Zahl des Tags entspricht, in den das Ereignis fällt, hier der 10.9. Eine Ein-Monatsfrist endet daher am 10.10., eine Zwei-Monatsfrist am 10.11. usw.

(2) In einem kurzfristigen Mietvertrag ist festgesetzt, dass die Mietzeit am Dienstag, den 1.10. beginnt und nach vier Wochen enden soll. Wann endet die Frist?

(Versuchen Sie zunächst wieder, das Fristende – hier: gem. § 187 II iVm § 188 II, 2. Var. – selbst zu bestimmen!)

Lösung:

Für den Fristbeginn gilt § 187 II (lesen!).

■ Mit Beginn welchen Tags beginnt danach die Vier-Wochenfrist zu laufen?

▶ Dienstag, 1.10.

■ Und mit dem Ablauf welchen Tags endet die Frist gem. § 188 II?

▶ Im Falle des § 187 II endet gem. § 188 II die Wochenfrist mit Ablauf desjenigen Tags der letzten Woche, welcher dem Tage vorhergeht, der durch seine Benennung dem Anfangstage der Frist entspricht.

■ Anfangstag der Frist?

▶ Dienstag, 1.10.

■ Welcher Tag der letzten (vierten) Woche der Frist entspricht diesem Tag seiner Benennung nach?

▶ Dienstag, 29.10.!

■ Fristende also?

▶ Ablauf des vorhergehenden Tags, Montag, 28.10., 24.00 Uhr.

(3) Wann würde die Frist gem. § 188 II ablaufen, wenn der Mietvertrag bestimmen würde, dass das Mietverhältnis am 1.10. beginnt und nach einem Monat endet?

Lösung:
Fristbeginn: 1.10.; Tag, dessen Zahl dem Anfangstag der Frist einen Monat später entspricht: 1.11.; vorhergehender Tag: 31.10.; Fristende: 31.10., 24.00 Uhr!

(4) Beginn des Mietverhältnisses 30.9.; Mietvertragsende nach einem Monat. An welchem Tag endet das Mietverhältnis?

Fristbeginn: Gemäß § 187 II = 30.9. Tag, dessen Zahl dem Anfangstag einen Monat später entspricht? 30.10.; Fristende gem. § 188 II: ein Tag vorher = 29.10., 24.00 Uhr!

(5) Beginn des Mietverhältnisses: 31.1.; Ende nach einem Monat.

■ Wann ist das? An welchem Tag endet das Mietverhältnis?
▶ Fristbeginn 31.1.! Tag, dessen Zahl dem Anfangstag der Frist einen Monat später entspricht: 31.2.??
Ein Tag vorher = 30.2.??
Kein Grund, Ihr BGB wegzuwerfen, sondern: § 188 III lesen!
■ Wann endet also die Frist?
▶ Je nachdem (= Schaltjahr), am 28. oder 29.2.!

Schließlich kommt es in der Praxis nicht selten vor, dass eine Frist an einem Samstag, Sonntag oder Feiertag endet. Auch diesen Fall hat das Gesetz berücksichtigt, nämlich in § 193, der im Vergleich zu § 188 relativ einfach zu verstehen ist – lesen!

■ An welchem Tag endet zB eine Frist, wenn Sie nach § 188 ausgerechnet haben, dass das Fristende auf Donnerstag, den 25.12., 24.00 Uhr, fällt? (Überlegen Sie! Antwort: Fußnote[325])

IV. Auflage

412 Im Übungsfall 27 hat die Gemeinde unter »a)« (nachlesen!) eine weitere »Bedingung« mit dem Vertragsschluss verbunden.

■ Überlegen Sie, warum dies keine »Bedingung« iSv § 158 ist!
▶ Es wird nicht auf ein ungewisses, zukünftiges Ereignis Bezug genommen, sondern es wird eine besondere Verpflichtung des A ausgesprochen. Von ihm wird eine ganz bestimmte Leistung verlangt. Empfänger dieser Leistung soll aber nicht der Vertragspartner des A, die Gemeinde B, sein, sondern außerhalb des Vertrags stehende Dritte, die Kinder des Kindergartens bzw. deren Eltern.

Eine solche Verpflichtung, durch die ein Vertragspartner dem anderen eine bestimmte Leistung an einen Dritten auferlegt, nennt man im privatrechtlichen Sprachgebrauch nicht Bedingung, sondern »Auflage« (vgl. dazu die Legaldefinition im Erbrecht, § 1940: der Begünstigte hat keinen direkten Anspruch gegen den Beschwerten [= Erben]!). Sie ist zu unterscheiden von den öffentlich-rechtlichen Auflagen, die zB im Baurecht häufig vorkommen.

325 Am Montag, den 29.12., 24.00 Uhr!

Öffentlich-rechtliche Auflagen muss (!) der Bürger akzeptieren, privatrechtliche Auflagen kann (!) er akzeptieren (= vereinbaren). Von der Bedingung des BGB unterscheidet sich die Auflage dadurch, dass sie bestimmte Leistungspflichten begründet, deren Erfüllung nicht von dem Eintritt eines ungewissen Ereignisses abhängt.

V. Verjährung/Ausschluss- und Verjährungsfristen/Einwendungen und Einreden

Bisher haben wir uns in diesem Kapitel nur mit dem Beginn und Ende des Fristablaufs beschäftigt, aber noch nicht berücksichtigt, dass das BGB zwei grundsätzliche Arten von Fristen kennt: »Ausschlussfristen« und »Verjährungsfristen«! 413

1. Ausschlussfristen/Einwendungen

Ausschlussfristen beziehen sich regelmäßig auf Gestaltungsrechte, wie zB das Recht, ein(en) Antrag (Angebot) anzunehmen, einen Versicherungsschaden anzumelden, einen Vertrag anzufechten, mit einer Forderung gegen eine andere aufzurechnen, Klage zu erheben usw. 414

Wesen einer Ausschlussfrist ist es, dass eine Handlung innerhalb oder binnen eines Zeitraums vorgenommen bzw. ein Recht ausgeübt werden muss, wenn nicht ein bestimmter Rechtsnachteil eintreten soll. Dabei trifft die Beweislast dafür, dass das Recht innerhalb der Ausschlussfrist ausgeübt worden ist, den Rechtsinhaber, da die Fristeinhaltung zum Nachweis des Rechts gehört.

Mit Ablauf der Frist ist das Recht erloschen. Die Ausschlussfrist ist somit eine »rechtsvernichtende Einwendung«.

Daneben unterscheidet man im juristischen Sprachgebrauch auch noch »rechtshindernde Einwendungen«. Eine rechtshindernde Einwendung bewirkt, dass ein Recht oder ein Anspruch gar nicht erst zum Entstehen kommt.

Beispiel: Wenn ein Geschäftsunfähiger ein Auto kauft, wird die Wirksamkeit des Kaufvertrags durch die Einwendung der Geschäftsunfähigkeit verhindert.

Einwendungen sind vor Gericht grundsätzlich »von Amts wegen« zu berücksichtigen; dh, wenn einem eingeklagten Anspruch eine Einwendung entgegensteht, darf das Gericht der Klage nicht stattgeben!

2. Verjährungsfristen/Einreden

Das Verjährungsrecht wurde nach der »Schuldrechtsreform« durch das »Gesetz zur Anpassung von Verjährungsvorschriften an das Gesetz zur Modernisierung des Schuldrechts«[326] grundlegend und durch das am 1.1.2010 in Kraft getretene »Gesetz zur Änderung des Erb- und Verjährungsrechts«[327] geändert. Im Folgenden begnüge ich mich damit, den Begriff »Verjährung« kurz zu erläutern und Ihnen die wichtigsten Verjährungsfristen zu nennen. 415

326 BGBl. 2004 I 3214.
327 BGBl. 2009 I 3142.

Im Unterschied zu den Einwendungen muss das Gericht sog. **Einreden** nur berücksichtigen, wenn eine Partei sich ausdrücklich darauf beruft. Zu unterscheiden sind folgende Arten:

- Die **dauernden** (»peremptorische«) **Einreden**; bei ihrer Geltendmachung wird die gerichtliche Durchsetzung des Anspruchs für immer verhindert.

  Beispiel: Wenn sich der Käufer gegenüber dem Zahlungsanspruch des Verkäufers auf die Einrede der Verjährung (§ 214 I) beruft, ist die Durchsetzung des Kaufpreiszahlungsanspruchs für immer ausgeschlossen.

und

- die **aufschiebenden** (»dilatorische«) **Einreden**; durch sie wird die Anspruchsdurchsetzung nicht für immer, sondern nur auf Zeit verhindert, bis das Durchsetzungshindernis wieder entfallen ist.

  Beispiele: Sofern sich der Käufer gegenüber dem Zahlungsanspruch des Verkäufers auf die Einrede des nicht erfüllten Vertrags (§ 320 I) beruft, wird der Zahlungsanspruch des Verkäufers bis zur Lieferung der Kaufsache, also nur vorübergehend, gehemmt. Oder: Einrede der Vorausklage des Bürgen (§ 771).

Im BGB wird der Unterschied zwischen Einwendungen und Einreden leider nicht immer einheitlich verwendet: zB sind in § 334 und § 404[328] mit »Einwendungen« auch »Einreden« gemeint! Eine typische Einrede ist zB die »Verjährung« von Ansprüchen. Unter Verjährung versteht man den Zeitablauf, der für den Schuldner das Recht begründet, die Erfüllung eines Anspruchs zu verweigern: Nach Eintritt der Verjährung ist der Schuldner berechtigt, die Leistung zu verweigern. Dafür gelten bestimmte Verjährungsfristen. Im Unterschied zu den Ausschlussfristen führt der Ablauf einer Verjährungsfrist nicht dazu, dass der Anspruch erloschen ist, sondern er besteht rechtlich weiter; der Schuldner kann (!) sich jedoch darauf berufen, dass der Anspruch verjährt ist und die Erfüllung des Anspruchs verweigern. Tut er es nicht, macht er also von der Einrede der Verjährung keinen Gebrauch (zB, weil er einen nachlässigen Rechtsanwalt hat!), darf das Gericht ihn nicht auf die Verjährung des Anspruchs hinweisen, sondern muss der Klage des Gläubigers stattgeben, sofern sie begründet ist!

416 Schlagen Sie zum Stichwort Verjährung die §§ 194 ff. auf! § 194 (nochmals lesen!) kennen Sie schon. Er definiert den Begriff des »Anspruchs« und weist darauf hin, dass Ansprüche der Verjährung unterliegen. Je nach Art des Anspruchs ist die Verjährungsfrist unterschiedlich lang.

Sofern in einer speziellen Verjährungsvorschrift keine andere Frist genannt ist, gelten die allgemeinen Verjährungsfristen des Allgemeinen Teils.

Wenn Sie § 195 lesen, sehen Sie, dass das BGB als regelmäßige Verjährungsfrist drei Jahre ansetzt.

Diese Frist beginnt, soweit nicht ein anderer Verjährungsbeginn bestimmt ist, gem. § 199 I Nr. 1 und 2 mit dem Schluss des Jahres, in dem der Anspruch entstanden ist und der Gläubiger von den den Anspruch begründenden Umständen Kenntnis erlangt oder ohne grobe Fahrlässigkeit Kenntnis erlangen müsste.

328 Vgl. *Wörlen/Metzler-Müller* SchuldR AT Rn. 418 und 433.

Ausnahmen davon sind in §§ 199 II–IV, 200 und 201 geregelt. 417

Besondere Verjährungsfristen enthalten § 196 (zehn Jahre bei Rechten an Grundstücken) und § 197 (30 Jahre bei den dort genannten speziellen Ansprüchen).

Außerhalb des Allgemeinen Teils des BGB gibt es eine Reihe von Vorschriften, in denen eine andere als die regelmäßige Verjährungsfrist und (oder) verschiedene Termine für den Fristbeginn bestimmt sind. 418

Die wichtigsten davon sind (lesen Sie die Vorschriften ganz): 419

- Verjährungsfrist von Gewährleistungsansprüchen im **Kaufrecht**: Gemäß § 438 I Nr. 3 beträgt die grundsätzliche Verjährungsfrist hier zwei Jahre (Ausnahmen vgl. § 438 I Nr. 1 und 2) und beginnt gem. § 438 II mit der Ablieferung der Sache bzw. der Übergabe des Grundstücks.
- **Ersatzansprüche des Vermieters** verjähren gem. § 548 I in sechs Monaten, ebenso **Ansprüche des Mieters** auf Aufwendungsersatz oder Gestattung der Wegnahme (§ 548 II).
- Gemäß § 604 V beginnt die Verjährung des Anspruchs auf Rückgabe der Sache mit Beendigung der **Leihe**.
- Im **Werkvertragsrecht** beträgt die Verjährungsfrist im Fall der Herstellung, Wartung oder Veränderung einer Sache (vorbehaltlich der Nr. 2) gem. § 634a I Nr. 1 zwei Jahre.

Grundsätzlich können Verjährungsfristen (mit den Einschränkungen von § 202 I und II – lesen) frei vereinbart werden.

Wir wollen unsere Einführung in den Allgemeinen Teil des BGB damit abschließen und uns den Stoff dieses Kapitels anhand der folgenden Übersicht 29 nochmals verdeutlichen.

420 **Übersicht 29**

Bedingung, Befristung, Fristen, Auflage, Verjährung, Einreden, Einwendungen

I. Bedingung …

… ist die einer rechtsgeschäftlichen WE hinzugefügte Bestimmung, nach der die Wirkung des Rechtsgeschäftes von einem zukünftigen, ungewissen Ereignis abhängen soll.
Die echte Bedingung kann abhängen von

- einem zufälligen Umstand (»wenn die Grundstückspreise nicht steigen«)
- dem Willen einer Partei (»wenn Du nicht wieder heiratest«)
- Zufall und Willen (»wenn Du Dein Examen bestehst«)

Das BGB kennt zwei Arten der Bedingung:
§ 158 I = aufschiebende Bedingung = Wirkung des Rechtsgeschäfts wird bis zum Eintritt der Bedingung aufgeschoben (zB Eigentumsvorbehalt: § 449 I)
§ 158 II = auflösende Bedingung = Wirkung des Rechtsgeschäfts endet mit Eintritt der Bedingung (zB Wiederverheiratungsklausel im Testament)

II. Befristung (Zeitbestimmung)

§ 163 – Wirkung eines Rechtsgeschäfts hängt vom Eintritt eines gewissen Ereignisses ab
= analoge Anwendung von § 158 I, wenn Anfangstermin der Wirkung des Rechtsgeschäfts, von § 158 II, wenn Endtermin bestimmt ist.
Zeitpunkt des sicher eintretenden Ereignisses kann ungewiss sein (zB Tod eines Menschen)

III. Frist …

… ist ein bestimmter Zeitraum, in dem etwas geschehen muss (zB Kündigungsfrist bei Miet- oder Arbeitsverträgen).
Anfangs- und Endpunkt einer Frist = Termine
Frist = Zeitraum, Termin = Zeitpunkt
Für die Berechnung des Beginns und des Endes von Fristen gelten die §§ 186 ff. – Einzelheiten vgl. dort! – Merke: »Tag« iSv §§ 187 ff. = 0.00 Uhr – 24.00 Uhr.

IV. Auflage …

… im privatrechtlichen Sinn ist eine Verpflichtung, durch die ein Vertragspartner dem anderen eine bestimmte Leistung an einem Dritten auferlegt (kein Anspruch des Dritten gegen den Verpflichteten).

V. Ausschluss- und Verjährungsfristen, Einwendungen und Einreden

1. Ausschlussfristen …

… beziehen sich auf Gestaltungsrechte, zB Anfechtung, Aufrechnung, Klage etc.

- Wesen: Wenn Recht innerhalb der Ausschlussfrist nicht ausgeübt wird, erlischt das Recht. (Beweislast für Ausübung des Rechts trifft Rechtsinhaber.)
- Ausschlussfrist ist rechtsvernichtende Einwendung.
- Außerdem: Rechtshindernde Einwendung = Recht/Anspruch gelangt nicht zur Entstehung – zB »Einwendung der Geschäftsunfähigkeit«
- Einwendungen sind (vom Gericht) »von Amts wegen« zu berücksichtigen!

Übersicht 29 (Fortsetzung) 421

2. Verjährungsfristen ...

... beziehen sich auf Ansprüche (vgl. § 194): Ablauf der Verjährungsfrist führt nicht zum Erlöschen des Anspruchs, sondern bewirkt nur Recht des Schuldners, sich auf Verjährung zu berufen und Erfüllung des Anspruchs zu verweigern = »Einrede der Verjährung«.

- Auf eine Einrede muss Schuldner sich berufen = keine Berücksichtigung von Amts wegen!
- Verjährungsfrist frei vereinbar – Schranken: § 202

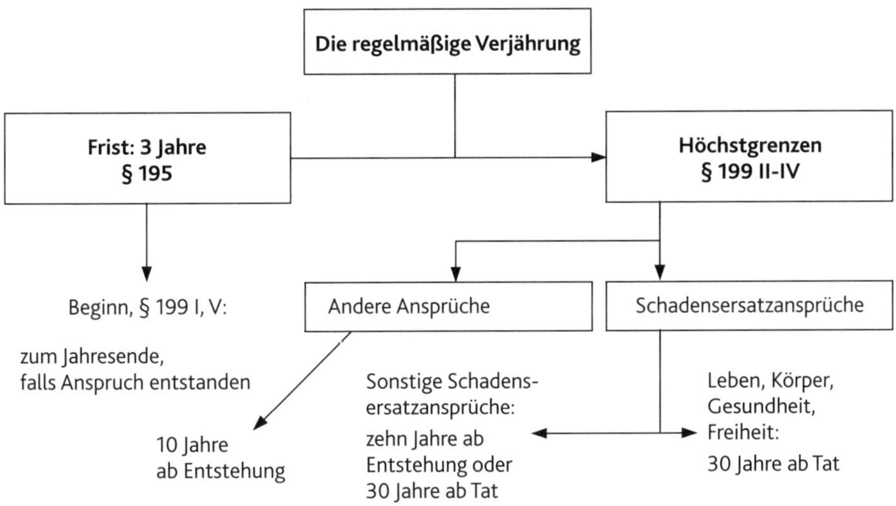

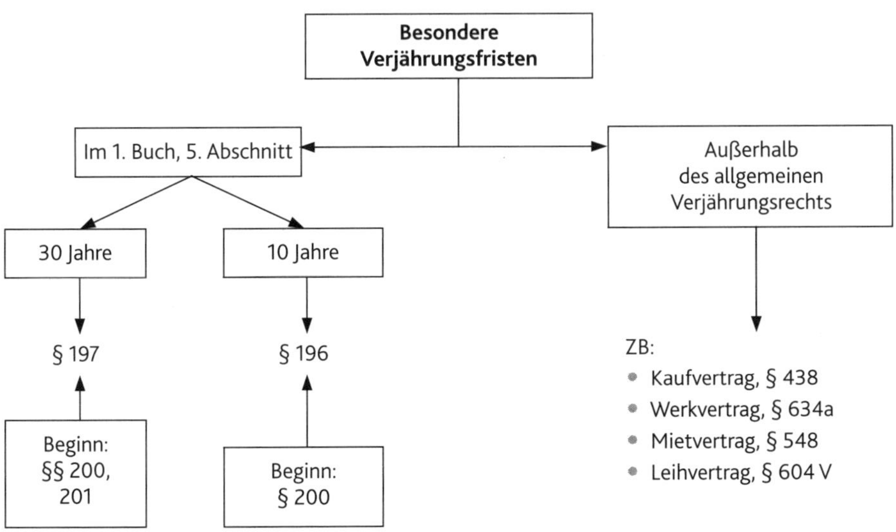

Literatur zur Vertiefung (→ Rn. 404–421): *Alpmann und Schmidt* BGB AT 1, 3. Teil; *Becker*, Verjährung, insbes. Berechnung der Verjährungsfrist in juristischen Fallbearbeitungen, RÜ 2003, AS-aktuell, 9, 17 und 25; *Blasche*, Aktuelle Probleme des Verjährungsrechts, JURA 2009, 481; *Brox/Walker* BGB AT §§ 21, 31 III, 37; *Hahne/Goldmann*, Der Beginn der regelmäßigen Verjährungsfrist nach § 199 I BGB, JA 2015, 407; *Hakenberg*, Die Neuregelung des Verjährungsrechts durch das Schuldrechtsmodernisierungs-Gesetz, DRiZ 2002, 370; *Hirsch* BGB AT § 17; *Köhler* BGB AT §§ 14, 18; *Lorenz/Eichhorn*, Grundwissen – Zivilrecht: Bedingung und Befristung, JuS 2017, 393; *Mansel/Budzikiewicz*, Einführung in das neue Verjährungsrecht, JURA 2003, 1; *Martens*, Grundfälle zur Bedingung und Befristung, JuS 2010, 481 und 578; *Meller-Hannich*, Die Einrede der Verjährung, JZ 2005, 656; *Petersen*, Bedingung und Befristung, JURA 2011, 275; *Petersen*, Die Berechnung von Fristen und Terminen, JURA 2012, 432; *Petersen*, Die Verjährung der Ansprüche, JURA 2011, 657; *Petersen*, Einwendungen und Einreden, JURA 2008, 422; *Stadler* BGB AT §§ 9, 20; *Ulrici/Purmann*, Einwendungen und Einreden, JuS 2011, 104; *Wernecke*, Die Einrede der Verjährung – Schnittpunkt zwischen materiellem Recht und Zivilprozessrecht, JA 2004, 331; *Witt*, Schuldrechtsmodernisierung 2001/2002 – Das neue Verjährungsrecht, JuS 2002, 105; *Wolf/Neuner* BGB AT §§ 52–54; *Zerres* BürgerlR 2.9; *Ziegeltrum*, Grundfälle zur Berechnung von Fristen und Terminen gem. §§ 187 ff. BGB, JuS 1986, 705 und 784.

Sachverzeichnis

(Die Zahlen beziehen sich auf die Randnummern.)